U0716781

普通高等教育"十四五"经济与管理类专业核心课程系列教材

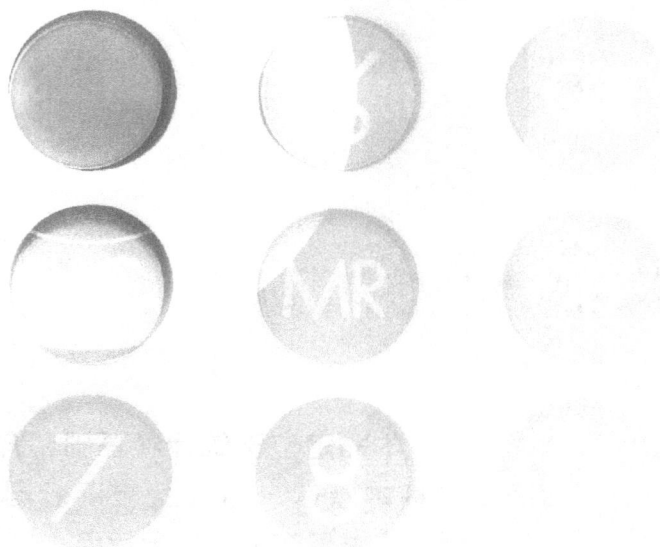

统计学 ——原理、方法及应用

主 编　汪 朋
副主编　苟凌滨　苏 婕

西安交通大学出版社
XI'AN JIAOTONG UNIVERSITY PRESS

内 容 提 要

　　本书定位于统计学基础，介绍了统计学的基本原理、方法及应用。同其他教材相比，本书具有以下几个特点：

　　（1）注重统计学原理的讲述，淡化统计方法本身的数学背景。

　　（2）通过案例来驱动统计学原理与方法的学习和应用。

　　（3）结合统计软件，实现统计方法的应用。

　　（4）在各章后面安排了类型和数量较多的思考与练习题。

　　本书可以作为理、工、经济、管理、人文社会科学专业以及其他领域的统计学教材，也可以作为其他人员学习统计方法的参考书。

前言
Foreword

  统计学是关于数据的学科,而数据每时每刻都在产生,遍布于自然界与人类社会的每一个角落。因此,统计学是每个领域、每个人都会用到的科学,不论你是否接受或是否意识到,统计学事实上已经渗透到我们的工作、学习和生活中。在大学,统计学是许多专业的研究生、本科生必修的课程。实际上,随着信息化和大数据时代的到来,不仅是大学生,对于任何人而言,学习一些统计学知识,掌握基本的统计学原理、方法和统计分析工具,都是十分重要和必要的。因此,统计学被称为 21 世纪最有发展前途的学科之一。长期以来,统计学一直被教育部列为诸多专业的核心课程。

  在多年的统计学学习、教学和应用实践中,我们体会到只有真正理解了统计的一些基本原理,才能很好地应用统计方法解决实际问题。因此本书定位于统计学基础,介绍统计学的基本原理、方法及应用,其基本框架是:第一章为总论,介绍统计学的形成、内容体系与分支、研究对象、研究方法及一些基本的概念,这一章是全书的总纲,同时也是全书的基础;第二章和第三章介绍描述统计,研究如何搜集数据、整理数据、显示数据并描述现象的基本数量特征;第四章和第五章介绍动态数据描述和分析的方法,这在社会经济统计中有较大的应用;第六章和第七章介绍推断统计,研究抽样推断中参数估计和假设检验两大基本问题;第八章和第九章介绍方差分析和回归分析,这是统计学中较为基础且应用极为广泛的两类统计模型。

  同其他教材相比,本书具有以下几个特点:

  (1)注重统计学原理的讲述,淡化统计方法本身的数学背景,写作的过程中尽量避免复杂的数学推导,具有高中水平的读者就可以读懂。

  (2)通过案例来驱动统计学原理与方法的学习和应用。本书各章开头都安排了"案例引子",通过实际生活中的各种实例引导读者进行学习,既可以激发读者学习的兴趣,又可以将复杂的事物简单化、具体化,帮助读者更好地理解和学习统计学的原理和方法。同时,在各章理论内容结束后都安排了"应用案例"模块,这些案例与实践联系极为紧密,在对应用案例进行分析的过程中,我们力求统计实践的严格性与现实性。例如,一般而言,每种统计学方法和模型都是有其假定条件的,这些假定在我们介绍理论内容时都阐述过,但限于本书内容的深度,我们没有过多地从理论上去探讨,而是将其放在了应用案例中,直接使用高深一些的统计学方法验证这些假定是否满足。这么做,既可以保证统计应用的严谨性与真实性,培养读者良好的科学素养,同时还可以开拓读者的视野,激发其学习的热情,为其统计学后续内容的学习提前埋下伏笔,作好铺垫。

  (3)结合统计软件,实现统计方法的应用。一方面,现代统计涉及大量的计算,不借助于统计软件,是很难完成数据的整理和分析的;另一方面,统计软件的学习,必须结合相应的统计理论,要在应用中进行学习。为此,我们在本书中增加了对统计软件操作的介绍。所有的统计软件可以分为两类,一种是界面菜单式,如 Excel 和 SPSS 等;另一类是语言编程型,如 SAS、R 等。本书在这两类中分别选择了 Excel 和 R 进行了介绍。当然,本书的内容较为基础,大部分都可以用 Excel 去实现,因此,本书主要以 Excel 为主,以 R 软件为辅,来介绍统计操作的实现。而本书之所以选择 R 软件作为辅助的统计软件,一方面是为了弥补 Excel 等界面操作型软件的不足;另一方面是由于该软件具有免费性、开源性、编程简单直观等诸多优势,在国外十分流行,在国内近几年也逐渐流行和火热起来,然而与统计基础理论相结合介绍 R 软件操作的书籍却比较少见。为此,我们把 R 软件如何实现基础的统计方法纳入到本书的编写中,并在附录中增加了对 R 软件基本操作的介绍。

(4)统计的学习离不开练习,因此为了帮助读者理解和巩固所学的知识,提高实际动手的能力,我们在各章后面安排了类型和数量较多的思考与练习题。这些习题中,一部分是基础理论型,是为巩固知识所设立的;另一部分属于实训操作型,通过这部分习题的练习,不仅能够提高动手能力,激发学习兴趣,还能够促使读者从实验结果的分析中更好地去理解所学的统计学内容。

本书可以作为理、工、经济、管理、人文社会科学专业以及其他领域的统计学教材,也可以作为其他人员学习统计方法的参考书。

本书由汪朋担任主编,苟凌滨和苏婕担任副主编,这三位老师负责全书编写大纲的设计以及编写组的管理工作。编写内容的具体分工为:汪朋负责各章应用案例的选取和撰写,并负责第一章,第四章的第四、五节和第六章的编写;苟凌滨负责第一章至第五章的情景导入的选取和撰写,并负责第三章和第五章的编写;苏婕负责第六章到第九章的情景导入的选取和撰写,并负责了第二章和第八章的编写;侯淑静负责第九章的编写;陶青负责第七章的编写;刘颖负责第四章的第一、二、三节的编写。最后,由汪朋、苟凌滨和苏婕三位老师对全书进行了最后的修改、总纂和技术处理,并提供了配套的思考与练习题。

本书的编写过程中,我们参考了国内外出版的大量本学科教材和专著,敬列于参考文献中。对编写这些著作的学界前辈、专家和同行们,我们表示崇高的敬意和衷心的感谢!

本书课件、例题、案例和习题及有关的 R 代码等相关资料可以向西安交通大学出版社索取,也可以通过电子邮件向作者索取,邮件地址为:pwang@xzmy.edu.cn。

本书是西藏民族大学"特色教材建设"项目、"经济统计学专业综合改革"项目和"统计学专业实践教学模式创新研究"项目的阶段性成果,本书的出版得到了西藏民族大学特色教材建设项目的经费支持,在此表示感谢。本书的出版也得到了西安交通大学出版社的大力支持和帮助,特别是出版社的李逢国老师为本书的组稿、编辑做了大量的工作,在此一并表示衷心的感谢。

最后,由于作者水平有限,加之时间紧迫,书中不妥甚至错误之处在所难免,恳请使用本教材的老师、同学和其他读者批评指正。

编者

2016 年 1 月

目 录
Contents

第一章　总论 ·· (1)

情景导入 ·· (1)

第一节　统计的产生和发展 ·· (2)

第二节　统计的研究对象和方法 ·· (5)

第三节　统计学中的一些基本概念 ·· (10)

第四节　统计软件介绍 ·· (18)

应用案例 ·· (19)

思考与练习 ··· (20)

第二章　统计数据的搜集与整理 ·· (22)

情景导入 ·· (22)

第一节　统计数据的搜集 ··· (22)

第二节　统计数据的整理 ··· (40)

第三节　次数分布数列 ·· (47)

第四节　统计表和统计图 ··· (52)

应用案例1 ·· (64)

应用案例2 ·· (65)

思考与练习 ··· (68)

第三章　统计数据分布特征的描述 ··· (71)

情景导入 ·· (71)

第一节　分布集中趋势的描述 ·· (72)

第二节　分布离散程度的描述 ·· (87)

第三节　分布形状的描述 ··· (94)

第四节　应用 Excel 计算描述性统计指标 ··· (96)

应用案例 ·· (99)

思考与练习 ·· (102)

第四章　时间数列 ·· (107)

情景导入 ··· (107)

第一节　时间数列概述 ··· (108)

第二节　时间数列的水平分析 ··· (111)

第三节　时间数列的速度分析 ··· (119)

第四节　时间数列因素分解与测定 ·· (126)

第五节　时间数列预测 ……………………………………………………… (141)

应用案例 ……………………………………………………………………… (148)

思考与练习 …………………………………………………………………… (153)

第五章　统计指数 ………………………………………………………………… (159)

情景导入 ……………………………………………………………………… (159)

第一节　统计指数概述 ……………………………………………………… (159)

第二节　综合指数 …………………………………………………………… (162)

第三节　平均指数 …………………………………………………………… (168)

第四节　指数体系与因素分析 ……………………………………………… (171)

第五节　几种常见的经济指数介绍 ………………………………………… (179)

应用案例 ……………………………………………………………………… (186)

思考与练习 …………………………………………………………………… (187)

第六章　抽样分布与参数估计 …………………………………………………… (192)

情景导入 ……………………………………………………………………… (192)

第一节　概率基础 …………………………………………………………… (192)

第二节　抽样分布 …………………………………………………………… (203)

第三节　参数估计 …………………………………………………………… (209)

第四节　样本容量的确定 …………………………………………………… (225)

应用案例 ……………………………………………………………………… (227)

思考与练习 …………………………………………………………………… (229)

第七章　假设检验 ………………………………………………………………… (234)

情景导入 ……………………………………………………………………… (234)

第一节　假设检验概述 ……………………………………………………… (235)

第二节　单个正态总体的检验 ……………………………………………… (242)

第三节　两个正态总体的检验 ……………………………………………… (248)

第四节　假设检验的 P 值 ………………………………………………… (255)

应用案例 ……………………………………………………………………… (258)

思考与练习 …………………………………………………………………… (260)

第八章　方差分析 ………………………………………………………………… (264)

情景导入 ……………………………………………………………………… (264)

第一节　方差分析的基本原理 ……………………………………………… (265)

第二节　单因子方差分析 …………………………………………………… (268)

第三节　双因子方差分析 …………………………………………………… (273)

应用案例 ……………………………………………………………………… (283)

思考与练习 …………………………………………………………………… (288)

第九章　相关与回归分析 ………………………………………………………… (292)

情景导入 ……………………………………………………………………… (292)

第一节　变量间的关系及其度量 ……………………………………………………（292）

第二节　一元线性回归分析 …………………………………………………………（300）

第三节　多元线性回归分析 …………………………………………………………（313）

第四节　非线性回归分析介绍 ………………………………………………………（318）

第五节　用于回归分析的 R 函数介绍 ………………………………………………（323）

应用案例 ………………………………………………………………………………（326）

思考与练习 ……………………………………………………………………………（332）

附录一　R 软件的基本操作简介 ………………………………………………………（341）

附录二　常用统计表 ……………………………………………………………………（367）

附表 1　标准正态分布函数表 ………………………………………………………（367）

附表 2　标准正态分布分位数表（下侧）……………………………………………（369）

附表 3　t 分布分位数表（上侧）……………………………………………………（371）

附表 4　χ^2 分布分位数表（上侧）………………………………………………（373）

附表 5　F 分布分位数表（上侧，$\alpha = 0.05$）………………………………………（374）

参考文献 …………………………………………………………………………………（376）

第一章

总 论

情景导入

无处不在的统计

下面的现象或问题你能够解释或解决吗？想一想为什么？

1. 当你买了一台电脑时，被告知三年内可以免费保修。那么，厂家凭什么这样说？说多了，厂家会损失，说少了，会失去竞争力，也是损失。到底这个保修期是怎样决定的呢？

2. 电视上经常播放一些比赛，比如"全国青年歌手大赛"，在比赛评分中，我们总会听到诸如"去掉最高分、去掉最低分，选手最后得分 95.23 分"之类的话语，为什么要这么做呢？

3. 1936 年，美国《文学文摘》杂志根据收回的 237.6 万张关于总统选举的民意测验问卷预言，阿尔夫·兰登（Alf Landon）将以 57% 对 43% 的优势超过富兰克林·罗斯福（Franklin Roosevelt）。但结果是：罗斯福以 62% 对 38% 的一边倒优势赢得了 1936 年的选举。样本量如此之大，为什么还会产生这么大的误差呢？

4. 某班在同一门课程的两次考试中平均分数分别 80 分和 70 分，而小红在这两次考试中的分数分别为 90 分和 80 分，你认为小红哪一次考试成绩更理想？为什么？

5. 战争是残酷的，没有人喜欢战争，当战争真的来临时，如何确定应征入伍、走上前线的人员名单是一件很重要的事。在越南战争中，美国政府制定了一个"抓阄"的征兵计划：把 1～366 的号码随机分配给一年中的每一天，然后由军事部门按分配的号码顺序把生日与之对应的年轻人分批征召入伍。具体办法是把 366 个写上日期的乒乓球放进一个大容器中，然后随机抽取，第一个拿出来的乒乓球上的日期是 9 月 14 日，那么这一天出生的适龄青年就将第一批入伍。抽取的结果发现，在较小的号码（1～183）中，有 73 个分配给了前半年的日子，而 110 个分配给了后半年的日子，这意味着后半年出生的人有更大的可能性先上前线，这在一定程度上背离了保证大家机会均等的初衷，那么是什么原因导致这种结果呢？

6. 很多人都读过莎士比亚的作品，人们为莎翁的才华所折服，但是也有人根据历史背景分析怀疑这些作品是否真的属于莎士比亚。统计学家利用统计侦探方法帮助莎士比亚捍卫了尊严，他们是怎么做的？你能想到更好的方法吗？同样道理，对于一个从来没有研究过《红楼梦》的统计学家来说，如何根据比较写作习惯就能找出从哪一段落开始就不是曹雪芹的手笔呢？

回答以上问题或多或少都需要借助于统计学的知识和方法。随着人们认识自我、认识自然、认识社会的要求不断提高，仅仅进行定性的分析和描述已远不能满足需要，定量研究已成必然趋势。如今，作为定量研究重要手段的统计学已经几乎应用于所有领域：战略管理、人力资源管理、市场营销学、生产管理、质量控制、工业工程、金融、精算、审计学、经济分析与预测、教育学、医学、气象学、工业、农业、动物学、生态学、人口统计学、地质学、遗传学、政治学、心理学、文学、体育学等。

随着科技日趋发达,尤其是互联网这一令人惊叹的新生事物的出现,催生着大数据时代的来临,人们有越来越多的途径接触到越来越多的数据信息,以至于我们的大脑在很多时候处于超载状态——在海量的信息和数据面前难辨真伪、不知所措。而统计学知识则可以借给我们一双慧眼,帮助我们去伪存真,从浩瀚的信息中提取出真正有用的数据,得到有价值的结论。因此,统计学绝不是摆弄数字的乏味游戏,而是真正帮助我们生活、工作、学习的重要方法和工具。下面我们通过第一章介绍统计的含义、它的历史渊源、研究对象和方法及一些重要的概念和要素,为后面各章的学习打好基础。

第一节　统计的产生和发展

一、统计活动的产生和发展

统计实践活动先于统计学的产生。从历史上看,统计实践活动自人类社会初期,即还没有文字的原始社会起就有了。最初的统计,是社会统计,即只是反映社会基本情况的简单的计数工作。在原始社会,人们按氏族、部落居住在一起打猎、捕鱼,分配食物时就要算算有多少人、多少食物才能进行分配。所以,从结绳记事开始,就有了对自然社会现象的简单的计量活动,有了统计的萌芽。

在奴隶社会,奴隶主国家为了对内统治和对外战争的需要,进行征兵、征税,开始了人口、土地和财产统计。我们现在能够看到的我国最早的统计资料,就是关于公元前21世纪(夏朝)人口和土地数字的记载:夏朝时分中国为九州,人口约1355万人,土地约2438万顷。另据历史记载,在秦穆公时期,商鞅变法,在其调查研究中明确提出:"强国知十三数,欲强国,不知国十三数,地虽利,民虽众,国愈弱至削。"这说明我国古代的一些清醒的政治家、军事家早就意识到统计的重要性。在国外,古希腊、罗马时代,已开始了人口数和居民财产的统计工作。公元前3050年,埃及为建造"金字塔",在全国进行人口和财产的调查。

在封建社会,由于经济十分落后,统计发展缓慢。统计广泛迅速地发展是在资本主义社会。资本主义社会取代封建社会后,经济文化有了很大的发展,社会分工日益发达,引起对情报、信息和统计的新的需要。统计已不限于人口、土地、财产等内容,它逐步扩展到了更为广泛的领域,产生了诸如工业、农业、商业、银行、保险、交通、邮电、外贸、劳动、就业等各个方面形成的各种专业的社会经济统计。1830—1849年,欧洲出现"统计狂热"时期,各国相继成立了统计机关和统计研究机构,统计成为社会分工中的一种专门的行业。

17世纪以后,随着统计实践的发展,客观上要求总结丰富的实践经验,使之上升为理论,并进一步指导实践。统计学作为一门科学,便在这样的背景下应运而生。

二、统计学的产生和发展

从上面的叙述可以看到,统计活动虽有几千年的历史,但在学术上作为一门学科的统计学的历史却没有这么长。一般认为,统计学产生于17世纪中叶的欧洲,距现在只有300多年。其发展主要可分为三个阶段:

（一）古典统计学时期

17世纪中叶至18世纪中叶是古典统计学时期,在这一时期,统计学理论初步形成了一定的学术派别,主要有国势学派和政治算术学派。

1.国势学派

国势学派又称记述学派,产生于17世纪的德国。由于该学派主要以文字记述国家的显著事项,故称记述学派。其主要代表人物是海尔曼·康令(Hermann Conring,1606—1681)和阿亨华尔(Gottfried Achenwall,1719—1772)。康令于1660年把国势学从法学、史学和地理学等学科中独立出来,在大学中讲授"实际政治家所必需的知识";阿亨华尔在哥廷根大学开设"国家学"课程,其主要著作是《近代欧洲各国国势学纲要》,书中讲述"一国或多数国家的显著事项",主要用对比分析的方法研究了国家组织、领土、人口、资源财富和国情国力,比较了各国实力的强弱,为德国的君主政体服务。因在外文中"国势"与"统计"词义相通,后来阿亨瓦尔正式将它命名为"统计学"。国势学派只是对国情的记述,偏重事物性质的解释,未能进一步揭示社会经济现象的规律,也不研究事物的计量分析方法,不注重数量对比和数量计算,只是用比较级和最高级的词汇对事物的状态进行描述。所以,人们也把它叫做记述学派(旧学派或德国学派),并认为国势学派有统计学之名而无统计学之实。

2.政治算术学派

政治算术学派产生于17世纪资本主义的英国,代表人物是威廉·配第(William Petty,1623—1687),他在1671—1676年间写成《政治算术》一书。在撰写该部代表作时,正值第三次英荷战争,国内经济困难,国外面临着荷、法两国的威胁。威廉·配第为了让人们知道和确信"英国的事业和各种问题,并非处于可悲的状态",在《政治算术》中用数字比较分析了英、荷、法三国的经济实力和造成这种实力差距的原因,并从贸易、税制、分工、资本和利用闲散劳动力等多方面提出了英国的强盛之道。这种用数字来表述,用数字、重量和尺度来计量,并配以朴素的图表,是前所未有的,是现代描述统计学广为采用的方法和内容。由于威廉·配第对于统计学的形成有着巨大的功绩,因此马克思评价道:"威廉·配第——政治经济学之父,在某种程度上也是统计学的创始人。"

政治算术学派的另一个代表人物是约翰·格朗特(John Graunt,1620—1674),他以1604年伦敦教会每周一次发表的"死亡公报"为研究资料,在1662年发表了《关于死亡公报的自然和政治观察》的论著。书中通过大量观察发现了人口各年龄组的死亡率、性别比例等重要的数量规律,并对人口总数进行了较为科学的估计;并且第一次编制了"生命表",对死亡率与人口寿命作了分析,从而引起了普遍的关注。因此,他被认为是人口统计学的创始人。

比较遗憾的是,政治算术学派的学者没有使用"统计学"这个名称,他们的著作有统计学之实,却没有统计学之名,存在着名不副实的缺陷。

国势学派和政治算术学派共存了将近200年,两派互相影响互相争论,但总的来说,政治算术学派的影响要大得多。

历史上,曾就"国势学"和"政治算术"哪一个才是统计学的真正起源问题产生过持续长达一个多世纪的争论。1850年,德国人克尼斯(K. G. Kniex,1821—1898)根据当时统计学的发展实践,概括了大多数人的意见,写了《独立科学的统计学——关于统计学的理论和实际上的纠纷的解决——同时即是关于阿亨瓦尔以来的统计学的批判的历史的一篇论文》一书,提出了国家论和统计学的分工,主张将政治算术称为统计学,而国势学派所称的统计学仍称为国势学。这个意见,逐渐为大多数人所接受,从而使得"国势学"与"政治算术"的争论告一段落。

(二)近代统计学时期

这个时期大致是从 18 世纪末到 19 世纪末。著名的大数法则、最小平方法、相关与回归分析、指数分析法、时间数列分析法以及正态分布等理论都是这个时期建立和发展起来的。代表学派主要有数理统计学派和社会经济统计学派。

1. 数理统计学派

统计学的另一个重要起源是概率论。14 世纪,在工商业比较繁荣的意大利以及地中海沿岸其他地区,由于赌博游戏盛行和保险活动的萌起,人们已经对"机会"问题产生了兴趣。不过真正意义上的概率论,是从 17 世纪开始的。帕斯卡(B. Pascal)和费马(P. Fermat)关于"得点问题"的讨论,奠定了概率论的基础。在早期概率论的研究中,做过重要贡献的数学家有:莱布尼茨(G. Leibniz)、贝努利(J. Bernoulli)、棣莫佛(A. de Moivre)、贝叶斯(T. Bayes)、拉普拉斯(F. Laplace)、高斯(C. Gauss)、勒让德(A. Legendre)、辛普逊(T. Simpson)、布丰(C. de Buffon)、泊松(S. Poisson)等。其中,拉普拉斯是古典概率的极大成者,他给出了概率的"古典"解释,并把数学分析方法系统地引进概率论,建立了较为严格的概率数学体系。高斯和勒让德在误差研究过程中提出了最小二乘法,高斯还导出了正态分布曲线。

"政治算术"研究的是简单的、确定的数量关系,而概率则研究复杂的、随机性现象,因此将概率论引入到统计学中,极大地充实和深化了数量问题研究的内容,而作出这一开创性工作,同时也在统计学史上起着承前启后作用的是 19 世纪比利时的凯特勒(A. Quetet,1796—1874),其著有《社会物理学》等著作。他最先提出,用数学中的大数定律——平均数定律,作为分析社会经济现象的一种工具。他提出,社会现象的发展并非偶然,而是具有其内在规律性的。但他在解释社会规律时,不能正确地把社会规律与自然规律区分开,提出社会规律与自然规律一样永恒不变的错误观点。凯特勒写过不少运用概率论的著作,到 19 世纪 60 年代,他又进一步将国势学、政治算术、概率论的科学方法结合起来,使之形成近代应用数理统计学。

其后,经过多方面的研究,特别是数理统计学吸取生物学研究中的有益成果,由高尔顿(F. Galton,1822—1911)、皮尔逊(K. Pearson,1857—1936)、戈塞特(W. S. Gosset,1876—1937)和费希尔(R. A. Fisher,1890—1963)等统计学家,提出并发展了回归和相关、假设检验、χ^2 分布和 t 分布等理论,数理统计学逐渐发展成为一门完整的学科。

2. 社会统计学派

社会统计学派产生于 19 世纪后半叶,创始人是德国经济学家、统计学家克尼斯,主要代表人物有厄恩斯特·恩格尔(Ernst Engel)、乔治·冯·梅尔(Georg von Mayr,1841—1925)等人。他们融合了国势学派与政治算术学派的观点,沿着凯特勒的"基本统计理论"向前发展,但在学科性质上认为统计学是一门社会科学,是研究社会现象变动原因和规律性的实质性科学。

由于数理统计学的产生和发展,在一些根本性的问题上,与社会统计学派有了分歧。社会统计学专门研究社会现象,而数理统计学既研究社会现象又研究自然现象,这就发生了统计学研究领域的争论。另外,社会统计学原是一门实质性科学,而数理统计学是一门方法论科学,这就又发生了统计学到底是一门什么性质的科学的争论。时至今日,这两派仍在争论,在争论中两派又互相渗透。一方面,由于数理统计方法在社会实践中的广泛应用,对社会统计学发生了深刻的影响,由此,社会统计学逐渐由原来的实质性科学向方法论科学转变;另一方面,数理统计学中的"应用统计",则逐渐向社会统计学靠拢。

(三)现代统计学时期

20 世纪至今为现代统计学时期,这一时期的主要特征是描述统计学已转向推断统计学,1907 年,英国人戈塞特提出了小样本 t 统计量理论,丰富了抽样分布理论,为统计推断奠定了基础。英国的费希尔提出了极大似然估计量的概念,迅速成为了估计参数的重要方法,他还提出样本相关系数的分布、实验设计和方差分析等方法。英国科学家高尔顿提出了相关与回归思想,并给出计算相关系数的明确公式。英国统计学者 K. 皮尔逊发展了拟合优度检验,还给出了卡方统计量及其极限分布,波兰学者奈曼(J. Neyman,1894—1981)创立了区间估计理论,并和 E. 皮尔逊发展了假设理论。美国学者瓦尔德提出决策理论和序贯抽样方法。美国化学家威尔科克松(Frank Wilcoxon)发展了一系列非参数统计方法,开辟了统计学的新领域。由马哈拉诺比斯领导的印度统计研究所和 20 世纪 30 年代后期奈曼发表的两篇论文,使抽样的数学理论在 20 世纪 30 年代得到了迅速发展。

统计学大致经过以上三个阶段发展到今天,随着统计学理论知识的发展与健全,统计学的应用领域得到了极大地扩展,出现了许多新型的交叉学科,比如统计应用到法律、文学等学科。同时,伴随着计算机技术的飞速发展,统计学还在模糊现象、突变现象及混沌现象等方面开辟新的研究领域。

第二节　统计的研究对象和方法

一、"统计"一词的含义

统计的英文词为"Statistics",其语源最早出自中世纪拉丁语的"Status"(各种现象的状态和状况),由这一词根组成的意大利语"State",表示国家的概念及关于国家结构和国情这方面知识的总称。

统计一词作为学科名称最早使用的是 18 世纪德国哥丁根大学政治学教授阿亨瓦尔,他把国势学称为"Statistik",即统计学。在英国,早在 17 世纪就出现用数字来说明社会的科学,但使用的是另一个完全不同的名称:"政治算术"(Political arithmetic),直到 18 世纪末,英语"Statistics"才作为德语"Statistik"的译文传入英国,即用数字表示事实。

随着社会经济和统计学自身的发展,"统计"的含义已经起了变化,它包含有统计工作(活动)、统计资料和统计学等三种含义。比如,"统计一下学生人数",是指统计工作;"看一下天气的统计",是指统计资料;"今天我们开始学习统计",是指统计科学。

统计工作:即统计实践或统计活动。它是指对社会、政治、经济、文化等现象的数量方面进行搜集、整理、分析的工作活动过程的总称,即一种调查研究活动。

统计资料:是统计工作的成果。它是指统计部门或单位进行工作所搜集、整理、编制的各种统计数据资料的总称,包括数据资料和统计分析资料。如统计资料汇编、统计年鉴、统计手册、统计图表、统计分析报告等。

统计学:是有关数据的学科,是一门搜集、整理和分析统计数据的方法论科学,即统计理论。

统计的这三种含义具有密切的联系:统计工作是人们的统计实践,是主观反映客观的认识过程;统计资料是统计工作的结果。统计工作与统计资料是过程与成果的关系,通过统计工作可以取得统计资料,反过来进行统计工作,往往需要一定的统计资料作为工作的依据。统计学是统计工作经验的总结和概括,反之,统计学所阐述的理论和方法又是指导统计工作的原则和方法。因此,统计学和统计工作之间存在着理论和实践的辩证关系。

从"统计"一词的三种含义中可以看到,处于中心地位的是"统计工作"这一层含义,因为统计工作是否科学合理完全决定了统计资料的合理性,而"统计学"的建立和完善则是为了更好地指导统计工作。一个完整的统计工作大致会经历统计设计、数据的搜集、数据的整理、数据的统计分析和统计资料的积累与应用等五个基本环节。

统计设计就是要根据研究问题的性质,在有关科学理论的指导下,制定统计指标、指标体系和统计分类,给出统一定义、标准;同时提出搜集、整理和分析数据的方案和工作进度等。统计设计是统计研究的前期工程,其完成质量关系到整个统计研究的质量。做好统计设计不仅要有统计学的一般理论和方法作为指导,还要求设计者对所要研究的问题本身具有深刻的认识和相关学科的知识。

经过统计设计,形成方案之后,就可以进入统计数据的搜集阶段。统计数据的搜集就是根据统计研究任务的要求,有计划、有组织地向调查单位搜集原始资料的工作。通过数据的搜集取得丰富的资料,增强人们对研究对象的感性认识。统计数据的搜集是认识事物的起点,同时也是数据整理和统计分析的基础。

统计数据的整理就是根据一定的目的和任务,将搜集得到的大量原始资料进行科学分组和综合汇总。它处于统计工作过程的中间环节,起着承前启后的作用。

数据的统计分析是将加工整理好的统计资料加以分析研究,采用各种分析方法,计算各种分析指标,来揭示社会经济过程的本质及其发展变化的规律性。通过这一过程由感性认识上升到理性认识。

统计资料的积累与应用是统计工作过程的后续环节。通过统计整理和分析,可以得到有关的统计资料,但统计资料的提供并不意味着统计研究的终结。统计的目的在于认识客观世界的规律。对于已经公布的统计资料需要加以积累,还可以进一步地加工,同时结合相关的实质性学科的理论知识去进行分析和利用。如何更好地将统计数据和统计方法应用于各自的研究领域是应用统计学研究的一个重要方面。

二、统计研究的对象与特点

(一)统计的研究对象

关于统计到底研究什么?统计学究竟是属于方法论科学,还是属于实质性科学?这个问题在理论界至今没有一个统一的明确说法,回答这个问题对于全面认识这门学科和为以后的论述铺平道路具有重要意义。目前比较流行的有以下三种观点:

第一种,规律派:认为统计学是研究社会经济现象发展规律的,即通过研究在一定时间、地点条件下的社会经济现象的数量表现,来揭示社会经济发展规律的独立的社会科学,是一门实质性科学。

第二种,数理统计学派:认为统计学的研究对象是随机现象,是以概率论为基础的应用数学,是一门通用的数理方法学科。认为并不存在独立的社会经济统计学,它只不过是数理统计方法在研究社会经济现象时的应用。

第三种,方法论派:这一派认为统计工作和统计科学是不同的。统计工作研究的是大量的具体现象的数量方面,包括数量特征、数量关系和数量界限。而统计学研究的则是大量具体现象具体数量规律的方法,即统计工作的方法论。

目前第三种观点为大多数人所接受,本教材采用的便是这种观点。即我们认为,统计学属于认识具体现象数量方面的方法论科学,或者说是对一定总体现象的定量认识的方法论。

(二)统计的研究特点

统计的研究特点可以从统计学的学科特点和工作方法的特点两个方面来看。从学科上看,统计学是一门既不属于数学也不属于其他相关实质性科学的一门具有"寄生性"的独立性的方法论科学。说统计学具有"寄生性"是因为统计学从来都不是靠解决自身的问题发展壮大起来的,而是靠解决其他领域的问题发展起来的一门学科,可以这么说没有其他实质性学科的发展,就不会有统计学的产生、发展和壮大。

从统计工作的方法上看,具有数量性、总体性、具体性、客观性、变异性和广泛性等六个方面的特点。

1.数量性

统计的认识力首先表现在它以准确的和无可争辩的事实为基础,同时,这些事实用数字加以表现,具有简短性和明显性。数量性的特点,是统计工作方法的重要特点,这一特点也把统计学和其他实质性的社会科学(如政治经济学)区别开来。

统计的特点是用大量数字资料说明事物的规模、水平、结构、比例关系、差别程度、普遍程度、发展速度、平均规模和水平、平均发展速度等。例如,国家统计局发布的关于 2012 年国民经济和社会发展公报时指出:全年国内生产总值 519322 亿元,比上年增长 7.8%;全年居民消费价格比上年上涨 2.6%,其中食品价格上涨 4.8%;全年全国公共财政收入 117210 亿元,比上年增加 13335 亿元,增长 12.8%;其中税收收入 100601 亿元,增加 10862 亿元,增长 12.1%。年末国家外汇储备 33116 亿元,比上年年末增加 1304 亿元。还有其他领域的许多统计数字。这些统计数字都从各方面表明我国当前社会经济发展和深化改革的基本情况。

应当注意:统计不是单纯地研究社会现象的数量方面,而是在质与量的密切联系中研究现象的数量方面。唯物辩证法的质与量的辩证统一关系是:没有质量就没有数量,没有数量也就没有质量,量变引起质变,质变又能促进新的量变。这种质与量相互关系的哲学观点,是统计研究具体现象数量关系的准则。

2.总体性

统计研究具体现象的数量方面指的是总体的数量方面。从总体上研究具体现象的数量方面,是统计学区别于其他实质性科学的一个主要特点。

统计对具体现象总体数量方面的调查研究,用的是综合研究方法,而不是对单个事物的研究,但其研究过程是从个体到总体,即必须对足够大量的个体(这些个体都表现为一定的差别、差异)进行登记、整理和综合,使它过渡到总体的数量方面,从而把握具体现象的总规模、总水平及其变化发展的总趋势。比如,了解市场物价情况,统计着眼于整个物价指数的变动,而不是某一种商品价格的变动,但物价统计必须从了解每种有关商品(即代表规格品)的价格变动情况开始,才能经过一系列的统计工作过程,达到对于物价总体数量变动情况的认识。

3.具体性

统计学研究的数量方面是指客观现象的具体的数量方面,而不是抽象的数量关系,这是它不同于数学的重要特点。

任何现象都是质量和数量的统一。一定的质规定一定的量,一定的量表现一定的质。因此,必须对现象质的规定性有了正确认识后,才能统计它们的数量。数学研究抽象的数量关系和空间形式,而统计则反映一定时间、地点条件下具体现象的数量特征,它是从定性认识开始,进行定量研究的。比如,只有对工资、利润的科学概念有确切的了解,才能正确地对工资、利润进行统计。

统计研究现象的具体性特点,把它和研究抽象数量关系的数学区别开来,但要注意,统计在研究数量关系时,也要遵守数学表明的客观现象量变的规律,并在许多方面运用数学方法。

4.客观性

统计数量是客观事物的反映,表示客观现象在具体时间、空间,具体条件作用下,实际已经达到的水平和程度。它独立存在于外部世界,不是人的意志所能转移的。统计资料虽然是经过人们有意识的搜集、整理、汇总、加工,但都不能改变它的客观性。统计资料的客观性是统计质量的基础,基于此,统计资料不但确凿而且雄辩。统计工作只唯"实",不唯"上",维护统计资料客观性和真实性,是统计的基本传统。

然而,在统计实践中,"渗水"统计由来已久。最突出的是 20 世纪 50 年代后期"大跃进"那几年,为求"卫星上天"虚报产量,虚假的统计数字造成了严重恶果。改革开放几十年来,统计工作大有改进,但在新的历史条件下,由于利益格局变动等原因,有些地方或单位在统计数字里"渗水"的现象又有所露头。这种现象既违背了统计对象的客观性,也是一种不法行为,我们必须坚决抵制。

5.变异性

统计研究的变异性是指构成统计对象的总体各单位,除了在某一方面必须是同质的以外,在其他方面又要有差异,而且这些差异并不是由某种特定的原因事先给定的。就是说,总体各单位除了必须有某一共同标志表现作为它们形成统计总体的客观依据以外,还必须要在所要研究的标志上存在变异的表现。否则,就没有必要进行统计分析研究了。例如,高等院校这个统计对象,除了都是从事高等教育的教学活动这一共同性质之外,各高等院校在隶属主管部门、院校性质、招生规模、专业设置等各方面又有差异。工人作为统计数据资料对象,每个工人在性别、年龄、工龄、工作性质、工资等方面是会有不同表现的。这样,统计分析研究才能对其表现出来的差异探索统计规律性。

6.广泛性

统计学几乎不同程度地渗透到所有人类活动的领域。统计研究对象的范围,既包括社会经济现象,也包括自然科技现象;既包括生产力,又包括生产关系;既有经济基础,又有上层建筑。此外,还要从社会经济与自然技术条件的联系中,研究技术条件对社会经济现象总体的影响。

(三)统计学的学科分类

根据统计学研究对象的内容可以将统计学分为描述统计学和推断统计学两大类。描述统计学(Descriptive Statistics)研究如何取得反映客观现象的数据,并通过图表形式对所搜集的数据进行加工处理和显示,进而通过综合概括与分析得出反映客观现象的规律性数量特征。内容包括统计数据的搜集方法、数据的加工处理方法、数据的显示方法、数据分布特征的概括与分析方法等。推断统计学(Inferential Statistics)则是研究如何根据样本数据去推断总体数量特征的方法,它是在对样本数据进行描述的基础上,对统计总体的未知数量特征做出以概率形式表述的推断。

显然,描述统计和推断统计是统计方法的两个组成部分。描述统计是整个统计学的基础,推断统计则是现代统计学的主要内容。由于在对现实问题的研究中,所获得的数据主要是样本数据,因此,推断统计在现代统计学中的地位和作用越来越重要,已成为统计学的核心内容。当然,这并不等于说描述统计不重要,如果没有描述统计搜集可靠的统计数据并提供有效的样本信息,即使再科学的统计推断方法也难以得出切合实际的结论。从描述统计学发展到推断统计学,既反映了统计学发展的巨大成就,也是统计学发展成熟的重要标志。

三、统计研究的方法

研究方法在科学研究活动中是一个非常重要的问题,方法正确,事半功倍;方法不正确,事倍功半。统计学在研究客观现象总体数量特征的过程中,要使用多种统计方法,包括大量观察法、统计分组法和综合指标法、统计模型法和归纳推断法,等等。

1. 大量观察法

所谓大量观察法就是对所要研究的具体现象事物的全部或足够多的单位进行观察,以反映总体数量特征的方法。

大量观察法的数学依据是大数定律。大数定律是关于随机事件和随机变量分布规律的描述,其基本含义是:随机事件在大量重复性试验中的频率一般总是稳定在它的概率附近;随机变量在多次观测中所得到的平均数也总会稳定在它的期望值附近。大数定律可以通过掷硬币试验加以证明。在掷硬币试验中,每掷一次只有两种结果:正面朝上或反面朝上。试验次数越多,正面朝上(或反而朝上)的频率就越接近于 50% 的概率。通过大量观察,一方面可以掌握认识事物所必需的总体的各种总量;另一方面还可以通过个体离差的相互抵消,在一定范围内排除某些个别现象偶然因素的影响,从数量上反映总体的本质特征。

在我国统计实践中,广泛运用大量观察法组织多种统计调查,例如全面统计报表、普查、重点调查和抽样调查等。当然,在统计观察和分析中,也常常对个别典型单位进行深入细致的研究,但是,它的最终目的仍然是为了说明总体的本质特征。

2. 统计分组法

根据统计研究目的和所研究现象总体的特点,按照一定的标志,把所研究的现象总体划分为两个或两个以上组成部分(或组)的统计研究方法称为统计分组法。

从数量方面认识事物不能离开对事物的质的分析,将所研究的现象总体区分为不同性质的组成部分是统计进行加工整理和深入分析的前提。例如,要研究工业行业结构及其对国民经济的影响,就必须首先把工业区分为冶金、电力、煤炭、石油、化工、机械、建材、食品、纺织、造纸等若干部门,然后分别调查和分析各个部门的产量、固定资产、能源消耗、资金占用、利润及职工工资总额等方面的情况。

统计分组法在整个统计工作研究过程中具有重要意义,贯穿于统计工作全过程。统计数据的搜集离不开分组,在对统计资料的加工整理过程中,统计分组更是关键的环节,统计指标和指标体系是统计分析的基本工具,在统计分析中综合指标的应用更是建立在统计分组的基础之上。

3.综合指标法

所谓综合指标法就是指利用综合指标对现象总体的数量特征和数量关系进行描述、研究和分析的方法。如前所述,统计研究对象的基本特点之一是数量性,即研究具体现象总体的数量表现、数量关系和质量互变的数量界限和规律性。而对大量具体现象总体数量特征的研究当然离不开统计指标和指标体系。所以,综合指标法理所当然地成为统计研究的基本方法之一。

在统计实践中,广泛应用着总量指标、相对指标、平均指标等综合指标,分别从静态和动态上综合反映和分析现象总体的规模、水平、结构、比例和依存关系等数量特征和数量关系。

综合指标和统计分组是密切联系、相互依存的。统计分组如果没有相应的统计指标来反映现象的规模水平,就不能揭示现象总体的数量特征;而综合指标如果没有科学的统计分组就无法划分事物变化的数量界限,掩盖现象的矛盾,成为笼统的指标。所以在研究具体现象的数量关系时,必须科学地进行分组,合理地设置统计指标,统计指标体系和统计分组体系应该相适应。综合指标法和统计分组法是结合起来应用的。

4.统计模型法

统计模型法是根据一定的理论和假定条件,用数学方程去模拟客观现象数量关系的一种研究方法。利用这种方法可以对客观现象和过程中存在的数量关系进行描述,并利用模型对现象的变化进行数量上的评估和预测。

统计模型法是统计研究方法系统化和精确化发展的产物,它把客观存在的总体内部结构、各因素的相互关系,通过一定的数学形式有机地结合起来,大大提高了统计的认识能力。

5.归纳推断法

在统计研究过程中,常常从总体中各单位的特征入手,通过逻辑推理得出总体的某种信息。这种从个别到一般,从矛盾的特殊性到矛盾的普遍性,从事实到概括的推理方法,称为归纳推断法。这种方法可以使我们从具体的事实得出一般的知识,扩大知识领域,增长新的知识。

归纳推断法既可以用于总体数量特征的估计,也可以用于对总体某些假设的检验。从某种意义上说,统计所观察的资料都是一种样本资料,因而归纳推断法也就广泛地应用于统计研究的许多领域,例如建立统计模型存在模型参数的估计和检验问题,根据时间序列进行预测也存在原序列的估计和检验问题。因此,可以说归纳推断法是现代统计学最基本的方法之一。

第三节 统计学中的一些基本概念

一、统计总体及总体单位

统计总体简称总体,是由客观存在的、具有某种共同性质的许多个别事物构成的整体,它是由特定研究目的确定的统计研究对象。构成总体的这些具有某种共同性质的个别事物就是总体单位。根据研究目的的不同，总体单位可以是人、物、企业或机构等。例如，研究某大学学生的素质状况，则该大学的所有大学生构成统计总体，每一个大学生为总体单位；研究某市生产设备的利用状况，则该市的所有生产设备是总体，每一台生产设备是总体单位。又如，研究全国工业企业生产发展情况，则全国所有工业企业就构成了总体，每一个工业企业就是总体单位。全国工业企业之所以能够构成一个总体作为统计研究的对象，是因为每个工业企业是客观存在的，且具有某种共同性质，即它们都是从事工业产品生产经营并向社会提供工业产品和服务的单位。明确界定了这一研究对象，我们就可以具体研究全国工业企业的从业人数、技术装备程度、产品质量、资金规模、经济效益等一系列问题。显然，作为一个统计总体是有质的规定性和量的规定性的，只有同时具备了客观性、大量性、同质性和变异性四个基本特征，才能形成统计总体。

（一）统计总体的基本特征

1.客观性

组成统计总体的总体单位必须是客观存在的，否则就无法提供统计研究的具体对象。

2.大量性

大量性是指总体的形成要有一个相对规模的量，即总体单位要足够多，仅仅个别单位或少数单位不能形成统计总体。因为研究客观现象总体数量特征的目的在于揭示现象的内在规律性，统计研究的大量观察法表明，只有观察足够多的个体，在对大量现象的综合汇总中才能抵消偶然因素的影响，显示出规律性的东西。当然，大量性也是一个相对性的概念，它与统计研究的目的、精密度要求、客观现象的现存规模以及总体各单位的差异程度等都密切相关。

3.同质性

同质性就是总体中各单位具有一个或一个以上的共同性质，它是构成统计总体的必要条件。如果违反同质性将不同质的单位混合在一起进行研究，不仅没有实际意义，甚至会产生虚假和歪曲的结论。

另外，要注意的是，同质性是相对的，是有层次的，它是依据一定的研究目的而确定的，研究目的的不同，同质性的意义也就不同。

4.变异性（也称差异性）

总体各个单位除了具有某种或某些共同的性质以外，在其他方面又各不相同，具有质和量的差异，这种差异统计上称为变异性或差异性。变异性是统计研究的前提，有变异才有统计。

（二）统计总体的分类

按构成总体的单位数目是否有限可以将总体分为有限总体和无限总体。总体所包含的单位数是有限的，称为有限总体，如人口总体、企业总体、商店总体等。总体所包含的单位数是无限的，称为无限总体，如连续生产的某种产品构成的总体、大海里的鱼资源构成的总体等。对有限总体可以进行全面调查，也可以进行非全面调查。但对无限总体只能抽取一部分单位进行非全面调查，据以推断总体。

按组成总体的同质性是否可以用数量来表达可以将总体分为属性总体和数量总体。如果构成总体的同质性只能用文字来表达，则这样的总体称为属性总体，如妇女总体、学生总体、教师总体、大学生总体、工业企业总体等；如果构成总体的同质性是用数字来表达的，则这样的总体称为变量总体，如考试在 60 分以上（及格）的学生，60 岁以上的老人等。

按总体单位是否可以相加可以将总体分为可相加总体与不可相加总体。企业总体、人口总体、农作物播种土地构成的总体等是可加总体；固定资产总体、工业生产成本总体、零售商品总体等是不可加总体，因为不能把构成固定资产总体的总体单位——每一件固定资产，如一座化铁炉与一台机床加在一起，而却可以将构成企业总体的总体单位——每个企业相加为企业数。

(三)总体与总体单位的关系

总体和总体单位的概念是相对一定的统计研究目的而言的，并不是固定不变的。随着研究目的和范围的不同，两者可以相互转化。例如，研究某一个机械工业企业的生产情况时，该企业是一个统计总体；而研究该企业所在行业所有企业的生产情况时，该企业又称为一个总体单位。

二、标志和指标

(一)标志

标志是用来说明总体单位特征或属性的名称。总体单位则是标志的直接承担者。

根据标志的表现的性质可以将标志分为品质标志和数量标志。品质标志用以表现总体单位属性方面（质的方面）的特征，只能用文字表现；数量标志用以表明总体单位数量方面的特征，可以用数字来表示。例如企业作为总体单位，其登记注册类型、隶属关系为品质标志，而职工人数、产品产量、利润等则为数量标志。

根据变异情况不同，标志可以分为不变标志和可变标志。不变标志是指某一总体中所有总体单位在这一标志上的表现都是相同的，否则称为可变标志。例如一个有男生和女生组成的统计学专业的班集体中，班级、专业都是不变标志，而年龄、学号、姓名、身高、体重、性别等都是可变标志。显然，不变标志体现了总体的同质性，是构成总体同质性的基础；可变标志体现了总体的差异性。因此对于一个总体而言，其中的总体单位必须既有不变标志、也有可变标志。

另外，要注意的是，标志虽然是用来说明总体单位的，但不变标志和可变标志则是从总体的角度去区分的。

(二)统计指标

1.统计指标的含义及特点

统计指标简称指标，是用来反映总体数量特征的概念及具体数值。与标志不同的是，它依附于统计总体。一个完整的统计指标一般包括指标名称、计量单位、核算方法、时空范围（时间范围和空间范围）、计算价格、指标的具体数字六大要素。其中核算方法和计算价格一般是需要在介绍指标时作出特殊说明的。从事统计指标的理论设计主要是制定和规范前三个要素，而从事具体的统计调查和数据整理工作的准则是后三个要素的准确核算。

统计指标具有三个特点：①数量性。统计指标用以反映客观现象总体的数量特征，都是可以用数字来表现的，没有不能用数字来表现的统计指标。②综合性。统计指标既是同质总体、大量个别单位的总计，又是个别单位标志值的差异综合。它通过将总体各单位的数量差异抽象概括,来反映现象总体的综合数量特征。③具体性。统计指标是现象总体在一定时间、地点、条件下的数量特征的具体表现,并不是抽象的概念和数字,它是客观存在的事实的映像。

2.指标与标志的区别和联系

标志和指标,两者既有区别,又有联系。区别有以下四点:

第一,两者说明的对象不同。标志是用来说明总体单位特征的,而指标是用来说明总体特征的;

第二,所有指标都能用数值表示,而标志中的品质标志则不能用数字来表示;

第三,指标都是经过汇总而来的,而标志不一定经过汇总,可直接取得;

第四,标志一般不具备时间、地点等条件,但作为一个完整的统计指标,一定要讲时间、地点、范围。

标志和指标的联系有以下两点:

第一,两者之间具有汇总关系。统计指标都是由各总体单位的标志汇总而来。指标的数值既可由数量标志汇总得到,也可由品质标志汇总得到。例如,某地区工业增加值指标是由该地区的每个工厂的工业增加值汇总而来的;某班女生人数是由该班在性别标志上表现为女性的同学汇总而来。

第二,两者存在着一定的变换关系。这主要是总体和总体单位之间存在着变换关系,即由于研究目的不同,原来的统计总体如果变成总体单位了,则相应的统计指标也就变成数量标志了(这时,指标名称变成标志,指标数值变成标志值或变量值);反之亦然。例如,在研究某厂职工情况时,这时,该厂的全部职工是总体,该厂的工资总额为统计指标。而在研究该厂所属的某工业局职工工资情况时,该厂就是总体单位,则该厂的工资总额为数量标志,具体的工资总额数值为标志值。于是,该厂的工资总额由统计指标相应变为数量标志了。

3.统计指标的分类

(1)统计指标按其所反映的总体内容的不同,可分为数量指标和质量指标。数量指标指说明总体规模和总水平的指标。例如,工业企业单位数、职工人数、产品产量、工资总额等。质量指标指反映现象总体内部对比关系和一般水平的指标,例如,企业职工的平均工资、劳动生产率、出勤率、人口密度等。

(2)统计指标按表现形式的不同,有总量指标、相对指标和平均指标三种。总量指标表现为绝对数,用来反映现象总体规模与水平,因此总量指标与数量指标在含义上是对等的。绝对数的计量单位一般为实物单位或价值单位,有时也采用复合单位。实物单位可以是自然计量单位,也可以是物理计量单位,如人口数用"人"计量,机器数用"台"计量,对于一些化工产品和燃料,常常还折合成标准实物单位计量。价值单位是以货币形式进行计量,如国内生产总值、进出口总额等就是以价值单位为计量单位的。复合计量单位是由两种或两种以上计量单位复合而成的,如以"吨公里"为货物周转量的计量单位,以"千瓦时"为用电量的计量单位。相对指标表现为相对数,反映现象总体内部的对比关系。相对数的形式有两种,一种是有名数,另一种是无名数。有名数是将对比的分子指标和分母指标的计量单位结合使用,以表明事物的密度、普遍程度和强度等。如人口密度用人/平方公里,平均每人分摊的粮食产量用克/人等。无名数是一种抽象化的数值,没有计量单位,一般分为系数、倍数、成数、百分数、千分数等。平均指标表现为平均数,反映现象总体在一定条件下在某个数量标志上所达到的一般水平。

总量指标按其反映的内容不同,分为总体标志总量和总体单位总量两种。总体标志总量是总体各单位某种数量标志值的总和,是说明总体特征的总数量,如总产量、总产值、工资总额、税金总额等。总体单位总量是总体各单位在某个品质标志上的汇总得到的数量,如一个班级中男生的人数、女生的人数等。总体中所有总体单位的总数目称为总体单位总数,这是一个比较特殊的总体单位总量,这个指标对于一个总体而言,只有一个。要注意的是,总体标志总量和总体单位总数会随着研究目的不同和研究对象的变化而发生相互转化。例如,学生人数这一总量指标,当学校作为总体时,它就是总体标志总量;如果学生作为总体时,它就是总体单位总数。

总量指标按其反映的时间状况不同,分为时期指标和时点指标。时期指标反映现象在某一时期发展过程的总数量,如一定时期的产品产量、产值、商品销售量、工资总额等。时点指标反映现象在某一时刻(瞬间)上的总量,如人口数、企业数、商品库存数、流动资金额等。

相对指标由于研究目的和任务的不同,对比基础的不同,通常分为:计划完成相对指标、结构相对指标、比例相对指标、比较相对指标、强度相对指标和动态相对指标。

①计划完成相对指标。它是用来检查、监督计划执行情况的相对指标,通常以"%"表示,又称计划完成百分比。其计算公式为:

$$计划完成相对数 = (实际完成的绝对数/计划完成的绝对数) \times 100\% \qquad (1.1)$$

用这个公式计算出来的相对数,表示计划的完成程度,而子项数值减母项数值的差额(正或负)则表明执行计划的绝对效果。

例 1.1 设某工厂某年计划工业增加值为 200 万元,实际完成 220 万元,则:

$$增加值计划完成相对数 = \frac{220}{200} \times 100\% = 110\%$$

$$超额的绝对值 = 220 - 200 = 20(万元)$$

计算结果表明该厂超额 10% 完成增加值计划,超产 20 万元。

例 1.2 设某工厂某年计划工业增加值提高 10%,实际提高 20%,则:

$$增加值计划完成相对数 = \frac{1 + 20\%}{1 + 10\%} \times 100\% = 109.09\%$$

计算结果表明该厂超额 9.09% 完成增加值计划。

例 1.3 设某企业生产某种产品,本年度计划单位成本降低 6,实际降低 7.6%,则:

$$成本降低率计划完成相对数 = \frac{1 - 7.6\%}{1 - 6\%} \times 100\% = 98.29\%$$

计算结果表明,成本降低率比计划多完成 1.71%。

②结构相对指标。结构相对指标就是利用分组法,将总体区分为不同性质(即差异)的各部分,以部分数值与总体全部数值对比而得出比重或比率,来反映总体内部组成状况的综合指标。其计算公式为:

$$结构相对数 = (总体部分数值/总体全部数值) \times 100\% \qquad (1.2)$$

结构相对数也称为比重,一般用百分数表示,用以反映总体内部结构的特征。其各组结构相对数的总和等于 100%。

③比例相对指标。比例相对指标是同一总体内不同组成部分的指标数值对比的结果,用来表明总体内部的比例关系。其计算公式为:

$$比例相对数 = 总体某部分数值/总体另一部分数值 \qquad (1.3)$$

比例相对指标可以用百分数表示,也可以用一比几或几比几形式表示。例如,2012 年末全国总人口 135404 万人,其中,城镇人口 71182 万人,乡村人口 64222 万人,则城镇人口与乡村人口的比例可表示为 53∶47,也可以表示为 1∶0.9。分析总体中若干部分的比例关系时可采用连比形式。例如,我国 2012 年末从业人员为 76704 万人,其中第一产业为 25773 万人,第二产业为 23241 万人,第三产业为 27690 万人,三个产业从业人数比例为 100∶90∶107。

④比较相对指标。比较相对数又称类比相对数,是将两个同类指标作静态对比得出的综合指标,表明同类现象在不同条件(如在各国、各地、各单位)下的数量对比关系。其计算公式为:

$$比较相对数 = 某总体某一指标数值/另一总体同类指标数值 \qquad (1.4)$$

式中,分子与分母现象所属统计指标的含义、口径、计算方法和计量单位必须一致。比较相对数一般用百分数或倍数表示,也可以采用一比几或几比几形式表示。

比较相对数可以用总量指标进行对比,也可以用相对指标或平均指标进行对比。但由于总量指标易受总体范围大小的影响,因而,计算比较相对数时,更多地采用相对指标或平均指标。

利用比较相对数,其作用主要是对事物发展在不同地区、不同部门、不同单位或不同个人之间进行比较分析,以反映现象之间的差别程度。另外,计算比较标准典型化的比较相对数,还可以找出工作中的差距,从而为提高企业的生产水平和管理水平等提供依据。

⑤强度相对指标。分析不同事物之间的数量关系,需要计算强度相对数。强度相对数是两个性质不同、但有一定联系的总量指标对比的结果,用来表明现象的强度、密度和普通程度的综合指标。其计算公式为:

$$强度相对数 = 某一总量指标数值/另一有联系而性质不同的总量指标数值 \qquad (1.5)$$

例如,2012 年末我国人口为 135404 万人,则人口密度计算如下:

$$人口密度 = \frac{135404}{960} = 141(人/平方公里)$$

强度相对数的数值表示有两种方法:①一般用复名数表示,如上例中的“人/平方公里”。②少数用百分数或千分数表示,如流通费用率用百分数表示,产值利润率、人口自然增长率则用千分数表示。应该指出,强度相对数虽有“平均”的含义,但它不是同质总体的标志总量与总体单位数之比,从而分子与分母之间没有一一对应的关系,所以不是平均数。

⑥动态相对指标。动态相对数是同类指标在不同时期上的对比,其计算公式为:

$$动态相对数 = (报告期水平/基期水平) \times 100\% \qquad (1.6)$$

式中,作为对比标准的时期叫做基期,而同基期比较的时期叫做报告期,有时也称为计算期。动态相对数的计算结果用百分数或倍数表示。

动态相对数在统计分析中应用广泛,本书第四、第五章将详细探讨。

4.统计指标体系

统计指标体系指由若干个相互联系的统计指标所组成的整体,用以说明客观现象各个方面相互依存和相互制约的关系。构成指标体系的各指标间,有的是互补关系、有的是因果关系。由于客观现象总体是由多方面、多环节相互联系而组成的有机整体,而一个统计指标只能反映客观总体及其运动的某一个侧面,因此要全面准确地认识客观现象总体及其运动状况,就必须借助于由一群相互联系的指标组成的统计指标体系。

统计指标体系大体上可以分为基本统计指标体系和专题统计指标体系两大类。例如国民经济体系和社会发展统计指标体系,前者用以反映国民经济和社会发展及其各个组成部分的基本情况,分为反映整个国民经济和社会发展的统计指标体系、各地区和各部门的统计指标体系以及基层统计指标体系三个层次;后者是针对某一特定的经济或社会问题而制定的专项统计指标体系。

二、变量和变量值

变量泛指一切可变标志。变量的具体表现称为变量值,也叫标志值。如某职工的性别为女,年龄 26 岁,工龄 22 年,月工资 3200 元,则这里出现的变量有性别、年龄、工龄和月工资,相应的变量值分别为女、42 岁、22 年和 3200 元;再如甲、乙、丙在某门课程一次考试中的分数分别为 60 分、70 分和 80 分,则这里的变量为分数,60 分、70 分和 80 分则为相应的变量值。

变量按其取值是否连续,可分为离散变量和连续变量。可以用文字或整数来表示其全部取值的变量称为离散变量,如性别、人数、工厂数、机器台数等。任意两个变量值之间都存在无数多个变量值的变量称为连续变量,显然连续变量必须使用小数才可能表达完整,如身高、体重、总产值、资金、利润、分数等均为连续变量,因为这些变量的任意两个取值之间都包含无数多个数值的。

变量按其性质可分为确定性变量和随机变量。前者是指变量值的变动受某种决定性因素制约的变量,如国民收入、工业增加值等;后者是指在变量值的变动中不存在决定性作用因素影响的变量,变量值的变动是随机的,如机器正常运转及操作情况下的零件尺寸等。

变量按计量尺度的不同可分为定性变量和定量变量。定性变量是只能用文字来表示的变量,即可变的品质标志,其按计量尺度还可以进一步分为分类变量和顺序变量。分类变量也称为定类变量,是指其变量值只有类别特征,而无法按其变量值排序和比较优劣的定性变量,如性别、职业、产业、消费方式等。顺序变量也称为定序变量,是指其变量值不仅有类别特征,还能按其变量值排序和比较优劣的定性变量,如满意度、学历、职称等。定量变量也称为数值型变量,是指能用数值来表示的变量,显然,定量变量不仅能按变量值分类、排序和比较优劣,还能通过变量值个体之间的差异。定量变量按计量尺度还可以进一步分为定距变量和定比变量,定距变量是指变量值之间可以表达差距,但无法进行直接对比的定量变量。如学生考试的分数,甲、乙两个学生的分数分别为 40 分和 80 分,显然两个分数之差意义是明显的,它说明了乙比甲高了 40 分,但这两个分数的比值是没有意义,因为不能说乙学到知识是甲的 2 倍。导致定距变量的变量值之间不能直接对比的根本原因是这种变量没有绝对零点,所谓绝对零点是指表达"不存在"的数值点,显然上面所述的分数是没有绝对零点的,因为分数为 0,并不代表这个学生没有学到知识,因此这里的分数值"0",仅仅只代表零水平。再比如温度,0℃只代表温度值的一个水平,而并不能说没有温度,因此温度也是一个定距变量。定比变量是指变量值之间的差距和比值都是有意义的定量变量,这样的变量是有绝对零点的。如身高、体重等,身高或体重为零,说明这个人是不存在的,也可以说身高为 180 厘米的人和身高为 90 厘米的人,前者身高是后者身高的 2 倍。

计量尺度下的变量分类如图 1-1 所示。

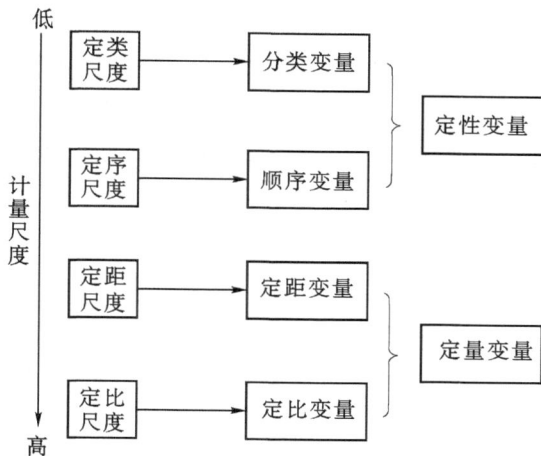

图 1-1　计量尺度下的变量分类

三、统计数据

统计数据是总体或总体单位某一特征的具体表现,是统计工作的成果,也就是经过统计工作所得到的变量值和统计指标数值。

按计量尺度的不同,可以将统计数据分为定性数据和定量数据两类。定性数据是用文字表达的统计数据,可将其进一步分为分类数据和顺序数据两类。定量数据是用数字表达的统计数据,可将其进一步分为定距数据和定比数据两类。读者一定要注意把各种数据和相应的变量区分开来,如"性别"是分类变量,相应的数据"男"、"女"叫做分类数据,再如"分数"为定量变量,"70 分"为相应的统计数据。

根据对客观现象观察的角度不同,统计数据可分为:横截面数据(cross-section data)、时间序列数据(time series data)和混合数据(Panel Data)。横截面数据简称截面数据,也称静态数据,它是指在同一时间对同一总体内不同单位的数量进行观察而获得的数据;时间序列数据又称为动态数据,它是指在不同时间对同一总体的数量表现进行观察而获得的数据;混合数据是截面数据与时间序列数据综合起来的一种数据类型,又称面板数据。例如,2014 年全国各省市自治区的国内生产总值就属于横截面数据,"十一五"期间我国历年的国内生产总值就属于时间序列数据,而"十一五"期间我国历年各省市自治区的国内生产总值则为混合数据。

按数据的来源可将统计数据分为原始数据和二手数据(也称综合数据)。数据的来源分为直接来源和间接来源两种。统计数据的直接来源只有两种:一种是统计调查,另一种是统计实验。直接通过统计调查或统计实验获得的数据就称为原始数据。统计数据的间接来源是指借助于他人的调查、实验或已公布的资料来获取数据的渠道,其得到的数据称为二手数据。

这里要特别指出的是,统计数据的来源是非常重要的,因为它很大程度上决定了统计数据的质量和可靠程度,因此,我们在获得数据的同时,必须要了解是通过什么样的方式所获得的数据,否则,就算拿到的数据是准确的,也很难保证得出的结论是科学正确的。

第四节　统计软件介绍

随着科技的飞速发展和计算机的普及,原本显得枯燥、庞大的统计计算等工作,如今都可以通过统计软件完成了,这为统计应用的普及提供了便利条件。

统计软件种类很多,这里介绍常见的几种:

1. Excel

严格来说,Excel并不是一款统计软件,但它自带了一些统计计算功能。Excel设计了种类十分齐全的统计函数,并且通过加载宏安装数据分析的功能,能够实现一些诸如方差分析、线性回归等统计功能。

2. SPSS

SPSS全称是"Statistical Product and Service Solutions",即统计产品与服务解决方案,是目前非常受欢迎的一款统计软件。SPSS囊括了各种成熟的统计方法与模型,同时提供了各种数据准备与整理技术,其非常突出的一个特点是易用性强,是众多统计软件中为数不多的不需要编程的软件之一。人机界面友好、操作简单,使得SPSS拥有广大的用户群。另外,SPSS在处理抽样调查数据上也拥有其他统计软件不可比拟的优势。

3. SAS

SAS系统全称为"Statistics Analysis System"。在数据处理和统计分析领域,SAS系统也是一款权威的统计软件。由于采用模块化设计,SAS的功能十分强大,几乎囊括了所有的统计方法和模型。SAS现已成为一套完整的计算机语言,使用程序方式,用户可以完成所有需要做的工作,包括统计分析、预测、建模和模拟抽样。

由于SAS系统是从大型机上的系统发展而来,在设计上也完全针对专业用户进行设计,因此其操作至今仍以编程为主,故人机对话界面不太友好,并且在编程操作时需要用户对所使用的统计方法有较清楚的了解,非统计专业人员掌握起来较为困难。另外SAS软件价格极为高昂,并且安装程序非常庞大。

4. S-plus

S-plus是由美国MathSoft公司开发的一种基于S语言的统计软件,是世界上公认的三大统计软件之一,主要用于数据挖掘、统计分析和统计作图。其最大的特点在于它可以交互地从各方面发现数据中的信息,并可以很容易地实现一些新的统计方法,兼容性好。

5. R

R是一款国际自由统计软件,由一群致力于推广统计应用的志愿者组织管理。它完全免费,并且开放源代码,其统计功能的实现源自不断加入的由各个研究方向的统计学家编写的软件包,是目前更新速度最快的软件。

R同样需要编程,但与SPSS和SAS中的编程语言相比,R语言是彻底面向对象的统计编程语言,十分简洁和高效,颇受广大师生欢迎,其用户量增加得非常快。R的官方网站是"http://www.r-project.org",用户在这个网站上可以下载各种程序包及相关资料。

6. EViews

EViews(Econometric Views)是一款非常专业的软件,可用于多种常用的计量经济模型。它通过建立序列间的统计关系式,实现预测和模拟等功能。该软件在科学数据分析与评价、金融分析、经济预测、销售预测和成本分析等领域应用广泛。

当然,还有许多其他的统计软件,这里不再一一罗列。值得注意的是,统计软件的使用必须建立在用户熟悉相关统计理论与方法的基础上,否则容易导致误用。而学习统计软件的最好方式是要在使用中学习,并多看帮助和说明。

应用案例

2012 年西藏自治区国民经济和社会发展统计公报

2012 年,是西藏自治区实施"十二五"规划的关键之年,自治区党委、政府沉着应对复杂的维稳形势和繁重的发展任务,团结带领全区各族人民积极迎接、学习、宣传、贯彻党的十八大,深入贯彻落实科学发展观,坚持走有中国特色、西藏特点的发展路子,按照中央稳中求进的工作总基调,全力以赴保稳定、促增长、控物价、抓改革、扩开放、惠民生,全区经济社会呈现出经济增长快、投资增长快,财政税收增幅高、外贸出口增幅高,城乡居民生活持续改善、发展环境持续改善,全区上下安定团结、社会大局持续和谐稳定的良好态势。

一、综合

初步核算,2012 年,实现全区生产总值(GDP)701.03 亿元,按可比价格计算,比上年增长 11.8%。其中:第一产业增加值 80.41 亿元,增长 3.4%;第二产业增加值 241.65 亿元,增长 14.4%;第三产业增加值 378.98 亿元,增长 12.0%。人均地区生产总值 22936 元,增长 10.4%。

在全区生产总值中,第一、二、三产业增加值所占比重分别为 11.5%、34.5%、54.0%,与上年相比,第一产业比重下降 0.8 个百分点,第二产业持平,第三产业提高 0.8 个百分点。

全区居民消费价格总水平比上年上涨 3.5%。其中:城市上涨 3.6%,农村上涨 3.4%。服务项目价格上涨 2.0%,消费品价格上涨 3.9%。从居民消费价格构成大类看,食品类、烟酒及用品类、衣着类、家庭设备用品及维修服务类、医疗保健及个人用品类、交通和通讯类、娱乐教育文化用品及服务类和居住类,分别比上年上涨 6.9%、1.5%、4.3%、1.5%、0.9%、1.2%、0.3%和 1.4%。商品零售价格上涨 2.9%。农业生产资料价格上涨 1.6%。工业品出厂价格下降 0.3%。

二、农牧业

(公报后续内容节略)

案例分析:

1. 本案例中对西藏自治区国民经济和社会发展的分析指标体系中,包含了哪些具体的指标(指出其中的 10 个指标)? 这些指标分别是什么类型的指标?

2. 要得到居民消费价格水平的有关数据,调查的总体是什么,总体单位呢?

3. 指出文中涉及的分类数据。

4. 参照本案例体例,通过寒暑假调研,试撰写一份某地区经济社会发展情况的统计公报。

3 思考与练习

一、单项选择题

1.最早使用统计学这一学术用语的是(　　　)。

A.政治算术学派　　　　B.国势学派　　　　C.社会统计学派　　　　D.数理统计学派

2.统计有三种含义,其基础是(　　　)。

A.统计学　　　　B.统计活动　　　　C.统计方法　　　　D.统计资料

3.数理统计学的奠基人是(　　　)。

A.威廉·配第　　　　B.阿亨瓦尔　　　　C.凯特勒　　　　D.恩格尔

4.某城市进行工业企业未安装设备普查,总体单位是(　　　)。

A.工业企业全部未安装设备　　　　　　B.工业企业每一台未安装设备

C.每个工业企业的全部未安装设备　　　D.每一个工业企业

5.工业企业的设备台数、产品产值是(　　　)。

A.连续变量　　　　B.离散变量　　　　C.前者是连续变量　　　　D.前者是离散变量

6.对某地区工业企业职工情况进行研究,统计总体是(　　　)。

A.每个工业企业　　　　　　　　　B.该地区全部工业企业

C.每个工业企业的全部职工　　　　D.该地区全部工业企业的全部职工

7.在全国人口普查中(　　　)。

A.男性是品质标志　　　　　　　　B.人的年龄是变量

C.人口的平均寿命是数量标志　　　D.某家庭的人口数是统计指标

8.统计指标按所反映的数量特点不同可以分为数量指标和质量指标两种。其中数量指标的表现形式是(　　　)。

A.绝对　　　　B.相对数　　　　C.平均数　　　　D.小数

9.总体有三个人,其工资分别为645元、655元和665元。其平均工资655元是(　　　)。

A.指标值　　　　B.标志值　　　　C.变异度　　　　D.变量

10.记账员的记账差错率是(　　　)。

A.数量指标　　　　B.质量指标　　　　C.数量标志　　　　D.品质标志

11.指出下面的数据哪一个属于分类数据(　　　)。

A.某种产品的销售价格(元):21,26,19,22,28

B.某汽车生产企业各季度的产量(万辆):25,27,30,26

C.产品的质量等级:一等品,二等品,三等品

D.上网的方式:有线宽带,无线宽带

12.指出下面的变量哪一个属于顺序变量(　　　)。

A.每月的生活费支出　　　　　　B.产品质量的等级

C.企业所属的行业　　　　　　　D.产品的销售收入

13.质检部门从某企业一天生产的手机中随机抽取20部进行检查,推断该批手机的合格率。这项研究的总体是(　　　)。

A.20部手机　　　　　　　　　B.一天生产的全部手机

C.20部手机中合格的手机　　　D.一天生产的手机中合格的手机

14. 下列指标中不属于时期指标的是(　　　)。

A. 工资总额　　　　　　B. 国内生产总值　　C. 产品产量　　　　　　D. 商品库存额

15. 某企业劳动生产率计划提高 4％,实际提高 6％,则计划完成程度为(　　　)。

A. 102％　　　　　　　B. 150％　　　　　　C. 101.92％　　　　　　D. 98.11％

二、判断题

1. 总体和总体单位是固定不变的。　　　　　　　　　　　　　　　　　　　　(　　　)

2. 统计着眼于事物的整体,不是为个别事物服务的。　　　　　　　　　　　　(　　　)

3. 统计学是一门方法论科学,可以看成是数学的一个分支学科。　　　　　　　(　　　)

4. 社会经济统计是在质与量的联系中,观察和研究社会经济现象的数量方面。　(　　　)

5. 运用大量观察法,必须对研究对象的所有单位进行观察。　　　　　　　　　(　　　)

6. 综合为统计指标的前提是总体的同质性。　　　　　　　　　　　　　　　　(　　　)

7. 对于有限总体不必应用推断统计方法。　　　　　　　　　　　　　　　　　(　　　)

8. 经济社会统计问题都属于有限总体的问题。　　　　　　　　　　　　　　　(　　　)

9. 如果改变研究目的,原来的统计总体成为统计单位后,则相对应的统计指标也就变成了数量标志了。　　　　　　　　　　　　　　　　　　　　　　　　　　　　　　(　　　)

10. 数量指标是将各单位的数量标志汇总后求得的。　　　　　　　　　　　　(　　　)

11. 国内生产总值指标都是时间序列数据。　　　　　　　　　　　　　　　　(　　　)

12. 统计数据一般都是用数值表示的。　　　　　　　　　　　　　　　　　　(　　　)

三、思考题

1. 什么是统计? 统计工作、统计资料和统计学的关系如何?

2. 统计研究的特点主要有哪些? 统计常用的研究方法有哪些?

3. 什么是总体和总体单位? 它们的关系如何? 试举例说明什么是有限总体,什么是无限总体?

4. 要调查某商场销售的全部冰箱情况,试指出总体、总体单位是什么? 试举若干品质标志、数量标志、数量指标和质量指标。

5. 什么是指标? 指标和标志的关系如何?

6. 一项调查表明,消费者每月在网上购物的平均花费是 200 元,他们选择在网上购物的主要原因是"价格便宜"。

(1)这一研究的总体是什么?

(2)"消费者在网上购物的原因"是分类变量、顺序变量还是数值变量?

(3)"消费者每月在网上购物的平均花费是 200 元"是总体的统计指标吗? 为什么?

第二章
统计数据的搜集与整理

情景导入

三大姓氏是如何统计的?

1982年,我国进行了一次全国性的人口普查。1986年此次普查的相关抽样数据被统计出来。国家统计部门根据相关的资料数据,开始对我国的姓氏做统计研究。1987年,统计出中国的姓氏有12000~13000个。同年,中国科学院正在进行有关姓氏研究的消息被一些媒体广泛传播。1987年5月2日,国家统计部门将此次姓氏统计中排名前一百位的姓氏公之于众,被称为"新百家姓"。"新百家姓"中,"李、王、张"位居前三甲。

据公安部治安管理局最近一次对全国户籍人口的统计分析显示:截至2007年,王姓是我国第一大姓,有9288.1万人,占全国人口总数的7.25%,也就是说每13个人中就有一个人姓王,这相当于四川省的总人口,比德国的总人口还高1000万人;第二大姓是李,有9207.4万人,占全国人口总数的7.19%;第三位是张姓,有8750.2万人,占全国人口总数的6.83%。三大姓氏总人口数已达2.7亿,这已接近了美国总人口数。(资料来源:http://epaper.ynet.com)

姓氏文化是我国优秀的文化遗产,对中国姓氏的研究,可以了解中国人口迁徙的历史演变,反映中国社会几千年的进化痕迹与传递的过程,意义重大。为此,姓氏问题一直是官方和民间研究团体比较热衷的研究课题。而研究这一课题,首要的问题是如何搜集获得中国姓氏的相关数据(如总共有多少姓氏,分布如何等),以上材料提供了两种搜集数据的方式。除此之外,还有很多其他方式,如也有研究团体通过抽样的方式来研究这一问题。另外,由于中国姓氏的数据资料一般是比较庞大的,要从这样庞大的资料中找出规律,反映事物的本质,还必须对搜集回来的资料进行科学地处理,即数据整理。很明显,以上资料中反映姓氏问题的数据是经过整理之后得到的。由此可见,统计数据的搜集与整理,对我们了解事物起着非常重要的作用。为此,本章将介绍统计数据搜集和整理的若干方式、方法。学完本章内容,我们将对如何获取数据、如何处理数据以及如何理解数据等多个方面会有一个比较清晰的认识。

第一节　统计数据的搜集

一、统计数据搜集的意义和要求

(一)意义

统计数据搜集是指根据统计研究预定的目的和任务,运用科学的方法与手段,有计划、有组织地采集反映客观现象数据的过程。

统计数据搜集阶段的工作之所以很重要,这是由以下三个方面决定的。

1. 统计数据的搜集是人们认识事物的基本方式

统计是认识客观现象的有力武器,而向事物作调查,搜集反映其特征的数据是正确认识事物的基本方式。人的认识是由社会存在决定的,离开社会实践,离开对实际情况的调查,人的认识也就成了无源之水、无本之木,决不会得到正确的结论。例如,市场经济下的企业,各种经营活动均环绕市场进行。在企业向市场进军中,统计凭借自己的功能优势开展调查,不但能研究企业自身的优势和弱点,还能从竞争需要出发,经常搜集竞争对手的发展态势,掌握竞争对手的威力,使企业知己知彼,不断修正自己的竞争策略。统计调查成了企业占有和扩大商品世界的重要渠道。

2. 统计数据的搜集是统计工作中的基础环节

统计数据的搜集是统计工作中的基础环节,因为一切的统计整理和统计分析都是在原始资料搜集的基础上建立起来的。统计工作的各个环节是紧密衔接、相互依存的。如果数据搜集做得不好,得到的数据不准确或残缺不全,则根据这种数据进行整理和分析的结果,必定不能如实反映客观事物的真相,甚至还会得出相反的结论。因此,统计数据的搜集在整个统计研究中有十分重要的地位。例如,我国第六次人口普查,在普查登记结束后,全国统一随机抽取402个普查小区进行了事后质量抽样调查。抽查结果显示,人口漏登率为0.12%。一般认为,世界各国人口普查的误差率在2%～5%之间是可以接受的,我国第六次人口普查中,由于调查工作做得好,使误差率明显低于允许的误差。

3. 统计数据搜集的理论和方法在统计学中占有重要地位

统计数据搜集的理论和方法包括统计数据搜集的原则、要求,统计方案的制定,各类搜集方法的特点、应用条件以及多种搜集方法的结合运用等,这构成统计学的基础部分,它是和整个统计理论观点相一致的。由于统计工作过程各个环节的衔接性,以及统计数据搜集在统计工作中的重要作用,所以统计数据搜集的理论和方法在统计学中也占有重要的地位。

(二)要求

为了保证数据资料的质量,使其正确反映客观事物,要求统计数据的搜集必须具有准确性、及时性、系统性和完整性的特点。准确性是指数据采集、核算、传递的真实性,是统计数据质量的生命之本,如果统计资料不真实,必将给统计各个阶段带来不良影响。及时性(即时效性)则指搜集资料完成的时间符合该项数据搜集工作所规定的要求,它是统计数据质量的活力之源,关系到统计数据自身的价值和效力,它包括统计资料及时满足领导需要和及时完成各项资料的上报任务。因为过时的资料,反映不了实际情况,起不了应有的作用,而且某项数据搜集任务如有许多单位共同来完成,只要一个单位的资料上报不及时,就会影响到全面的汇总综合工作,所以统计资料的及时性也是一个关系到全局性的问题。系统性是指搜集的资料有条理,合乎逻辑,不杂乱无章,便于汇总。完整性是指调查单位不重复、遗漏,所要搜集的项目的资料齐全。若统计资料残缺不全,就不能反映所要了解的对象的全貌,也不能正确认识客观现象及其特征,最终也难以对社会经济现象的规律性作出明确的判断,甚至得出错误的结论。

在以上要求中,统计数据的准确性是第一要求,是任何社会无法回避的问题,也是统计实践中最棘手的问题。国外有人曾将世间的说谎者依其罪孽轻重分为三阶,即"说谎者、该入地狱的说谎者和统计学家"。统计学家被列为世界上最大的说谎者。公众对统计的这种评价,指出了在统计研究和应用中存在着某些无用甚至有意乱用统计的问题。例如,某一广告语:"戴镜2小时可降低近视100度",便是厂商刻意乱用统计的行为,生活中像这样的例子比比皆是。因此,研究影响统计数据质量的根本原因及科学理解统计数据的准确性,是一个非常重要的问题。统计认识中主、客体及不同利益体间的矛盾,是社会矛盾在统计工作中的反映,它集中表现在统计数据的准确性上。解决这一矛盾的有关理论是统计立法和统计组织的依据。统计资料的准确性是一个广义的范畴,应作全面的理解。第一,应立足趋势性原则。通常所说的统计数据的准确性,其前提是把趋势把准,并不是指绝对准确。第二,准确性是相对的。"实事求是"就是要通过大量反映客观实际的相对准确的数字,探寻隐藏在其背后的规律性,如果追求绝对准确,忽视了统计管理工具的性质,往往会陷于为统计而统计之中。第三,应把涉及国计民生、影响社会经济运行及研究对象主要方面的数据统计准确。第四数据的准确性是与统计调查的经济性、及时性联系在一起的,应用联系的观点看待准确。第五,层次性。统计数据的准确性是指基础数据的准确性,应与用户、不同的研究对象、不同的分析目的联系起来,管理部门应把趋势看准,具体作核算的人应把数字统计准确。

二、统计调查的方案设计

搜集统计数据有两种基本方法:一是通过统计调查,二是通过统计试验。本章主要论述统计调查数据搜集的理论与方法。

在统计调查数据搜集工作正式开始之前,必须事先设计一个切实可行、周密细致的工作方案,依此方案开展统计调查。统计调查方案包括以下五项基本内容。

(一)确定调查目的

制定调查方案,首先要明确调查目的。所谓调查目的,就是指为什么要进行调查,调查要解决什么问题。2010年5月我国国务院通过的《全国人口普查案例》中指出:"人口普查的目的是全面掌握全国人口的基本情况,为研究制定人口政策和经济社会发展规划提供依据,为社会公众提供人口统计信息服务。"有了明确的目的,才能做到有的放矢,正确地确定调查的内容和方法,才能根据调查目的搜集与之有关的资料,而舍弃与之无关的资料。这样,可以节约人力、物力,缩短调查时间,提高调查资料的时效性。新中国成立后,我国做了六次人口普查,目的都不一样,因而调查项目也不一样。如1953年第一次全国人口普查,目的是配合召开全国人大,确定选民及人大代表名额的需要,并为国家制定发展国民经济的第一个五年计划提供确实的人口数字,所以,调查主要涉及了四个项目:姓名、年龄、性别、民族。2000年第五次人口普查是在初步建立社会主义市场经济体制下进行的首次人口普查,普查所采用的新技术,达到了国际先进水平,所设计的调查内容有23项户记录项目和26项人记录项目。

(二)确定调查对象与调查单位

调查对象和调查单位需要根据调查目的来确定。目的越明确、越具体,调查对象和调查单位的确定也就越容易。

所谓调查对象,就是我们需要进行研究的总体范围,即调查总体。它是由许多性质相同的调查单位所组成。确定调查对象,要明确总体的界限,划清调查的范围,以防在调查工作中产生重复或遗漏。例如,调查目的为了搜集某地区国有工业企业生产情况的资料,则调查对象就是该地区所有国有工业企业;又如,调查目的是为了搜集某地区国有工业企业中高精尖设备使用情况的资料,则调查对象就是该地区所有国有工业企业的高精尖设备。

所谓调查单位,就是我们所要研究的总体单位,也即所要登记的标志的承担者。上述两例,每一国有工业企业和国有工业企业中每一台高精尖设备都是调查单位,也即标志的承担者。

确定调查对象是一个比较复杂的问题,因为社会现象彼此之间相互联系又有交错,所以在确定调查对象时,要把它和它相近的一些现象划分清楚,区别应调查和不应调查的现象。例如,调查工业企业的生产情况,必须将工业与农业或其他物质生产部门区分开;调查工业企业中高精尖设备使用情况,除了明确工业的范围外,还须区分高精尖设备的界限。确定调查单位,就是要赋予调查单位以科学的定义,这既是一个理论问题,又是一个实际问题。

实际工作中,还须注意不要把调查单位和填报单位相混淆。调查单位是调查项目的承担者,而填报单位则是负责上报调查资料的单位。这两者有时一致,有时不相一致。还是上述两例,当搜集国有工业企业生产情况的资料时,每一国有工业企业是调查单位,也是填报单位;当搜集国有工业企业中高精尖设备使用情况的资料时,国有工业企业中每一台高精尖设备是调查单位,而填报单位则是每一国有工业企业。

(三)确定调查项目

在调查目的、调查对象、调查单位确定之后,必须确定具体的调查项目。

调查项目是所要调查的具体内容,它完全是由调查对象的性质、调查目的和任务所决定的,包括调查单位所需登记的标志(品质标志和数量标志)及其他有关情况。例如,2010年全国人口普查根据调查目的拟定了姓名、性别、年龄、民族、户口登记状况、受教育程度、行业、职业、迁移流动、社会保障、婚姻、生育、死亡、住房情况等调查项目。

调查项目所要解决的问题是向被调查者调查什么,也就是须被调查者回答什么问题。在具体拟定调查项目时须注意下列三个问题:

(1)调查项目要少而精,只列入为实现调查目的所必需的项目。否则会造成调查工作的浪费。

(2)本着需要和可能的原则,只列入能够得到确定答案的项目。有些项目被调查者说不清楚或无法回答的,则不要列入。凡列入的调查项目,含义要具体明确,使人一看就懂,理解一致;有些项目根据需要可加注释,规定统一标准等。

(3)调查项目之间尽可能保持联系,以便相互核对起到校验作用。在一次调查中,各个项目之间保持有一定的联系;在两次或历次调查中项目之间尽可能地保持联系,使其具有可比性。

列出调查项目的表格形式就是调查表。调查表一般分为一览表与单一表两种形式。一览表是把许多调查单位和相应的项目按次序登记在一张表格里的一种统计表,当调查项目不多时可用一览表,如人口普查表就是一种一览表。单一表是一张表格里只登记一个调查单位,如果项目多,一份表格可以由几张表组成,如职工登记卡片等。一览表的优点是每个调查单位的共同事项,只需要登记一次,可以节省人力和时间;其缺点是不能多登记调查单位的标志。而单一表的优点是可以容纳较多的标志;其缺点是每份表上都要注明调查地点、时间及其他共同事项,造成人力和时间的浪费。

除了可用表格来显示调查项目之外,还有一种特殊的形式,即调查问卷。在现实生活中,很多人在网络上或者是大街上都有可能接触到各种各样的调查问卷。一份调查问卷设计质量的高低直接影响到调查结果的好坏。因此,我们有必要阐述设计统计调查问卷时一般需要主要的问题。

1. 调查问卷的结构

一般地说,问卷的结构主要由封面信、指导语、问题与答案、编码几个部分组成。现以下面的《大学生消费情况的调查问卷》为例来说明。

(1)封面信。封面信即一封给被调查者的短信。它应该简明扼要地向被调查者说明该项调查的内容、调查的目的、意义和调查的身份,可说明为被调查者保密,在信的结尾处真诚地感谢被调查者的合作与帮助等。

大学生消费情况问卷调查表

您好,请原谅打扰了您的学习和休息时间!大学生作为一个特殊的消费群体,越来越受到社会的关注,为了了解我校大学生在校的消费状况,最终引导健康的消费,我们开展了这项调查,请您在紧张的学习之余给我们提供宝贵的信息与意见!为了感谢您的合作,我们为每位同学准备了一份小礼品,再次感谢您的参与!

说明:以下各题请在您要选的选项字母上划"√"。

1. 您的性别:A. 男　　　B. 女

2. 您的年级:

A. 大一　　　　　B. 大二　　　　　C. 大三　　　　　D. 大四

3. 你的家庭经济情况:

A. 富裕　　　　　B. 一般　　　　　C. 比较困难

4. 您的月消费水平:

A. 1000 以上　　B. 800～1000　　C. 500～800　　　D. 500 以下

5. 每月通讯费:

A. 50 以下　　　B. 50～80　　　　C. 100　　　　　D. 100 以上

6. 您的经济来源:

A. 父母　　　　　B. 勤工俭学　　　C. 奖学金　　　　D. 其他

7. 您的费用去向(可多选):

A. 伙食、日常用品　　B. 学习用途　　　C. 娱乐　　　　　D. 电脑、手机等

E 形象消费:衣服、化妆品等　　　　F. 其他

8. 您对您的支出有没有记账的习惯?

A. 我基本上对所有支出都有记账的习惯　　B. 我对一些比较大的支出有记账的习惯

C. 我很少有记账的习惯　　　　　　　　D. 我向来没有记账的习惯

9. 当您拿到一个时期的生活费时,您基本上会有怎样的安排?

A. 先存起一部份的钱,剩下的当做此时期的生活费

B. 进行该时期的预算,做好消费打算

C. 马上去买或马上想去买自己想要的东西

D. 没什么安排,想到用什么就用什么

10. 每月的生活费用是否透支?

A. 经常会　　　B. 偶尔会　　　C. 很少会　　　　D. 从不会

11.您目前的消费状态：

A.有计划　　　B.一般会有计划　　　C.很少计划　　　D.随意

12.您觉得您周围的朋友是否理性消费？

A.可以　　　B.部分做到　　　C.很难　　　D.不知道

13.如果您的生活费增加,您会在哪方面增加消费(可多选)？

A.伙食　　　　　　B.书籍　　　　　　C.购物

D.娱乐　　　　　　E.投资

14.您认为大学生有没有理财能力？

A.有　　　　　　B.没有　　　　　　C.无所谓

15.您认为目前大学生存在哪些浪费现象,您对这些现象有什么想法？

_____

_____

_____

(2)指导语。指导语即用来指导被调查者填写问卷的说明。它一般在封面信之后,并标有"填表说明"或"注"的标题,其内容应对填表的方法、要求、注意事项等作一个简明介绍。

此外,有些指导语放在有关问题后,用括号括起来,其作用在于指导被调查者填写该问题。例如,上面问"您的费用去向(可多选)",等等。凡是问卷中有可能使回答者不清楚的地方,都应予明确地指导。

(3)问题与答案。这是问卷的主体。问题可分为限定回答式和非限定回答式。限定回答式是指对同一问题给出几种固定的答案或方案供回答者选择。例如上述问卷中有一项调查:"当您拿到一个时期的生活费时,您基本上会有怎样的安排?"就给出几种答案供回答者选择。

非限定回答式问题,就是给出一个问题让回答者自由回答。例如,上述调查问卷中"您认为目前大学生存在哪些浪费现象,您对这些现象有什么想法?"的问题。回答者回答一点、两点或三点及以上都可以。当某个问题可以用具体指标衡量时,可采用限定回答式;当对某个问题不甚清楚,也没有具体衡量指标时,就采用非限定回答式。

(4)编码。编码即赋予每一个问题及其答案一个号码或数字作为它的代码。这是为了将调查者的回答转换成数字,以便输入计算机进行处理和定量分析。

2.调查问卷设计的要求

(1)要认识问卷的出发点。问卷是研究者在调查者中用来搜集资料的工具,所以,设计问卷应该要考虑研究的需要,但是其首要的要求就是应该认识到方便回答者考虑是设计问卷的出发点。不能只把注意力放在编制什么问题上,还要多为回答者着想,多从回答者的角度考虑,尽力为他们回答问卷提供方便。

(2)问卷的问题必须围绕假设进行设计。问卷的问题应该满足检验假设的要求。为此设计者对问卷的设计应当有一个总体框架,对设计的每一个问题所起的作用应十分清楚,对一个理论假设需要哪些指标来测量,也应十分明确。

(3)问题表述要清楚。这主要注意以下几个方面:第一,每个问题要规范化、标准化,即问卷上提出的每个问题、变量和指标都要有明确的规定,要使所有回答者能作出一致的正确理解。为此需要采用一种"操作"定义,明确规定或指明某一概念的具体含义。如,"青年"这个词,在我国宪法中、在征兵条款中、在共青团组织中、在老中青干部中、在青年知识分子中,都有不同的规定。因此在问卷设计时,必须给"青年"以操作性定义,指明青年的范围有多大。第二,要避免双重问题,也就是要做到一句话只问一件事,不要问两件或两件以上的事。如"您的父母都是教师吗"就包含两个问题,即"你父亲是教师吗?"和"你母亲是教师吗?"这类双重问题难用一个答案作出回答。上述问句中若父亲是教师,母亲不是教师,就使被调查者不知如何回答。因此,应使比较复杂的问题具体化和单一化,对多重含义应分别提问,这样才能使被调查者作出具体、准确的回答。第三,提问方式要恰当,不要采用否定式的提问方式,提问不能带有诱导性或倾向性。如"是否有许多食品商不愿意不在标签上注明保质期?"就会使人不能一下子明白其真实意思,从而造成错误的理解和错答,况且这种误答又往往难以发现。再如"×× 牌啤酒泡味丰富、口味清纯,你对它印象如何?"就带有明显的倾向性,客观上引导被调查者朝好的一面回答。如果问"难道你不考虑……,不是这样吗?"会使人倾向于否定的回答;而问"难道你不愿意……?"会使人转向肯定的答案。因此,提问时应保持中立态度,使用中性语言,以便获取客观、公正、准确的资料。

(4)所列问题不能超出回答者的能力。这种能力包括识别文字和理解文字的能力、知识的范围和水平等。在问卷中,文字要浅显易懂,不要用冷僻、深奥和过于抽象的词句,要根据不同的对象,使用他们熟悉的大众化语言。

(5)问卷中的问题应尽量避免社会禁忌和敏感性问题。如"您家有存款多少?""您离过婚吗?""您考试做过弊吗?"当然有些敏感性问题与调查目的直接相关,无法回避,这时也不能直接问,要使用一定的技巧,如采用释疑法、假定法、转移法、西蒙斯—沃纳模型等。释疑法是在问句前面写一段消除疑虑的文字,或在问卷的说明词中表明将对被调查者绝对保密,并说明采取的保密措施。假定法是用一个假定性条件作为问题的前提,然后再询问被调查者的看法。例如在了解人们的生育意愿,直接问"您想要几个孩子"是不妥的,应改为"假如国家取消计划生育政策,你愿意要几个孩子?"转移法是把本就由被调查者根据自己实际情况填答的问题转移到由被调查者根据他人的情况来阐述自己的想法,如用下列方式表述问题:"一些人认为……,另有些人持有相反的意见,而你认为如何?"西蒙斯—沃纳模型采用的是一种随机化应答技术,其做法是给敏感性问题配置一个无关的"诱饵"问题,采用一定的随机技术,让被调查者随机回答其中一个问题(敏感性问题或"诱饵"问题),具体回答的是哪个问题,只有被调查者自己知道,这样调查者在得到结果之后再通过一定技术推算得知所要了解的敏感性问题的具体情况。

(6)问题的排列顺序要恰当。把被调查者熟悉的问题放在前面,把被调查者比较生疏的问题放在后面。把简单回答的问题放在前面,把较难回答的问题放在后面。把能引起被调查者兴趣的放在前面,把容易引起他们紧张或产生顾虑的问题放在后面,等等。

(7)文字应尽可能简明扼要。无论设计问题还是设计答案,所用语言都应简单。问题陈述应尽可能简短。

(8)限定式问题中的答案要具有完备性(即答案包括了所有可能的情况)和互斥性(即答案之间不能重叠或相互包含)。

(四)确定调查时间和调查期限

调查时间是指调查资料所属的时点或时期。从资料的性质来看,有的资料反映现象在某一时点上的状态,统计调查必须规定统一的时点。对普查来说,这一时点为标准时间。我国第六次人口普查的标准时间定为 2010 年 11 月 1 日零时。有的资料反映现象在一段时期内发展过程的结果,统计调查则要明确资料所属时期的起讫(一月、一季、一年),所登记的资料指该时期第一天到最后一天的累计数字。例如,第三次全国经济普查,对于产量、产值、销售量、工资总额、利润税金等指标,皆为 2013 年 1 月 1 日到 12 月 31 日的全年数字。

调查期限是指调查工作进行的起讫时间(从开始到结束的时间),包括搜集资料和报送资料的整个工作所需的时间。例如,我国第六次人口普查规定 2010 年 11 月 1 日零时为普查登记的标准时点,要求 2010 年 11 月 10 日以前完成普查登记,则调查时间为 11 月 1 日零时,调查期限为 10 天。为了保证资料的及时性,必须尽可能缩短调查期限。

(五)确定调查的组织实施计划

严密细致的组织工作,是使统计调查顺利进行的保证。调查工作的组织计划包括调查机构、调查步骤、人员及组织训练、经费等问题。值得注意的是,调查人员的素质往往直接影响到调查的质量,因此,在组织大型调查之前须组织必要的专门的训练,落实经费的来源,制定切实可行的调查经费计划。

整个统计调查方案的内容,即是对统计调查的设计。这个方案不仅限于调查阶段的问题,也包括了统计整理阶段汇总内容方面的问题。因此,应该把它看成是特定统计过程的总方案。由于我们的认识总有局限性,所以制定的调查方案是否符合实际,还有待于调查实践的检验。随着统计工作的现代化,调查方案也要求日趋周密,并且运用系统工程的原理和运筹学的方法实行各个环节的质量控制,层层把关,以保证调查任务的胜利完成。

三、统计数据的搜集方法

统计数据的搜集方法是指搜集调查对象原始资料的方法,即调查者向被调查者搜集答案的方法。搜集方法主要有直接观察法、报告法、采访法、登记法、网上调查法、卫星遥感法和实验设计调查法。

(一)直接观察法

直接观察法是由调查人员到现场对被调查对象进行直接点数和计量。例如,对商品库存的盘点等。此法的优点是能够保证所搜集的资料的准确性,也有利于开展统计分析,但所需要花费的人力、物力和时间较大,而且无法用于对历史统计资料的搜集。

(二)报告法

报告法,也称通讯法,一般是由统计工作机构将调查表格分发或电传给被调查者,被调查者则根据填报的要求将填好的调查表格寄回。我国现行的统计报表制度采用的就是这种方法。

(三)采访法

采访法是根据被调查者的答复来搜集统计资料,这种方法又可分为口头询问法和被调查者自填法两种。口头询问法是由调查人员对被调查者逐一采访,当面填答。被调查者自填法,即调查人员把调查表交给被调查者,向被调查者说明填表的要求和方法,并对有关注意事项加以解释,由被调查者按实际情况一一填写,填好后交调查人员审核收回。

(四)登记法

登记法是由有关的组织机构发出通告,规定当事人在某事发生后到该机构进行登记,填写所需登记的材料。例如,人口的出生和死亡的统计及流动人口的统计,就是采用规定当事人或有利害关系的人到公安机关登记的方法。

(五)网上调查法

网上调查法是利用现代信息网络来搜集统计资料的方法。它通过网络向被调查单位和个人发出调查提纲、表格或问卷,被调查者将在他们方便时亦通过网络向调查者发送信息。与传统调查方式相比,网络调查法尤其独特的优点:①需要的经费少;②能在较大范围内进行调查;③传播快速且多媒体性;④调查结果客观性较高;⑤信息质量易检验和控制。这种调查方法符合市场经济追求经济效益的原则。目前,我国开展的企业网上直报,是统计数据搜集方式的重大改革和发展方向,也是推进统计信息化建设的重要组成部分,大大提高了统计调查的时效性和数据质量。

(六)卫星遥感法

卫星遥感法是一种先进的统计调查方法,是指利用卫星在空间轨道上对地表和大气层的高远位置,配备各式各样的遥感器来获取所需要的图像和信息,经过对图像或信息处理、判读、数据转换得到所需数据资料的方法。卫星遥感法具有传统调查方法无法比拟的优势:它能通过对地球一天重复进行两次遥感摄影的气象卫星或 18 天将地球遥感影像测量重复一次的陆地卫星,快速、准确地获取大范围和突发事件的资料,对大范围的调查对象,它比传统调查方法大大节省了时间、人力、财力和调查费用;卫星遥感调查具有较强的超脱性和抗干扰性,能避免人为干扰,保证资料的准确性;卫星遥感得到的资料(如森林面积、洪涝、地震灾害等)是使用其他调查方法很难或不能得到的。

自 20 世纪 70 年代以来,国外一些发达国家已逐步将卫星遥感空间技术应用到农业资源、环境、灾害、农作物估产等调查统计上,取得了明显的经济效益,积累了丰富的经验。我国对地观测卫星的应用自 20 世纪 70 年代起步,国家与各专业部门先后组织了土地、森林、农业、矿产、能源调查,在作物估产、气象预报、灾情监测、则绘制图、工程建设、城市规划、军事应用等方面取得了显著成果和公益性效益。

(七)实验设计法

实验设计调查法是用于搜集测试某一新产品、新工艺或新方法使用效果的资料的方法。一般来讲,对于可以通过科学实验取得资料的,采用实验设计调查法,面对于无法通过科学实验取得资料的,如社会现象,则要大量应用观察法。

四、统计调查的具体形式

统计调查的形式是指组织统计调查、搜集数据信息资料的方式方法。

统计调查的形式多种多样,按调查的范围划分,可分为全面调查和非全面调查两大类。

全面调查是对调查对象的所有单位一一进行调查,例如人口普查要登记全国每个人的状况。全面调查能够掌握比较全面的、完整的统计资料,了解总体单位的全貌,但它须花费较多的人力、物力和财力,操作比较困难。对有些破坏性产品的质量检查,如炮弹质量、火柴质量的好坏等,也不可能进行全面调查,这时只能采用非全面调查。非全面调查是对调查对象其中的一部分单位进行调查,以取得调查对象的一部分资料,用来推断总体或反映总体的基本情况,例如职工收支情况调查,我们就抽查其中一部分职工家庭,进行比较细致的调查。非全面调查的调查单位少,可以用较少的时间和人力,调查较多的内容,能推算和说明全面情况,收到事半功倍的效果。其缺点是掌握的材料不够齐全。

统计调查按时间标志可分为连续性(经常性)调查和非连续性(一次性)调查。连续性(经常性)调查是指随着研究现象的变化,连续不断地进行调查登记。非连续性(一次性)调查是指间隔一段较长的时间才对事物的变化进行次性调查。

统计调查按组织形式可分为统计报表和专门调查。统计报表制度是按国家统一规定的表式和内容,定期地向各级领导机构报送统计资料的一种形式。专门调查是为某一专题研究而组织的专项调查。普查、抽样调查、重点调查和典型调查等一般都是专门调查。

以下我们分别介绍几种常用的统计调查的具体形式。

(一)普查

普查是专门组织的一次性的全面调查。它有两个主要特点:第一,普查是一次性调查。其主要用来调查属于一定时点上的社会经济现象的总量。第二,普查是专门组织的全面调查。其主要用来全面、系统地掌握重要的国情国力方面的统计资料。

普查的主要作用在于它能搜集到那些用非全面调查难以搜集到的全面、准确的统计资料。利用普查资料,可以深入地反映和研究社会、经济、文化等现象的发展状况,并为各级领导机关制定方针、政策提供必要的统计资料,为国家进行宏观决策、制定长远规划提供可靠的依据。例如,第一次全国经济普查,对在我国境内从事工业、建筑业和服务业的 517 万个法人单位、682 万个产业活动单位、3922 个个体经营户,进行规模空前的普查登记,拿到了宝贵的第一手资料。这次普查的结果,如实体现了改革开放后我国经济建设所取得的成就,反映了经济总量和产业结构的实际情况,对于编制好国家的五年计划,科学制订经济社会发展政策,加强改善宏观调控发挥了十分重要的基础性作用。

普查的具体方式有两种:一种是从上至下组织专门的普查机构和队伍对调查单位直接进行登记;另一种是利用调查单位的原始记录与核算资料,或者结合清仓盘点,颁发一系列调查表,由调查单位自行填报。

我国现有的国家普查项目:①人口普查每 10 年一次,逢 0 的年份进行;②农业普查每 10 年进行一次,逢 6 的年份进行;③第三产业普查、工业普查和基本单位普查合并,再加上建筑业,共四项工作一起进行,统称为经济普查,全国经济普查每 10 年进行两次,分别在逢 3、逢 8 的年份进行,这与国家编制五年计划衔接更加紧密。

组织普查必须遵守以下四项原则:

(1)必须统一规定调查资料所属的标准时点,使所有普查资料都反映这一时点上的状况,避免重复和遗漏。例如,人口普查,没有一个统一的标准时点,就会因人口的出生和死亡、迁入和迁出得不到准确的数字。当然,在实际登记时,不可能全国各地都在标准时间(比如,2010 年人口普查的标准时间是 11 月 1 日零时)的一瞬间把普查的各项数字都同时登记好,而是有些边远地区要提前几天登记,一般地区要在以后几天内登记完,但都要把这前后几天内的变动加以调查,以取得标准时间上的准确数字。

(2)正确选择普查时期。普查的时期就是普查登记在什么时期进行。普查的标准时间是在普查时期选择的基础上才能确定的。普查时期应根据党政领导的需要选择在被调查现象变动最小的时期或是普查工作最方便的时期。例如,我国第五次、第六次人口普查规定在 11 月进行,就是基于上述原则考虑的。

(3)在普查范围内各调查单位或调查点尽可能同时进行调查,并尽可能在最短期限内完成,以便在方法上、步调上协调一致。如果时间拉得过长,就会影响调查资料的准确性和时效性。

(4)调查项目一经确定,不能任意改变或增减,以免影响汇总综合,降低资料质量。同类普查的内容在各次普查中要尽可能保持一致,以便将历次普查资料进行对比。

普查工作复杂细致,一般是采取逐级布置任务、逐级汇总资料的方法,这需要花费较长时间。当调查任务紧迫,一般的普查办法不能完成这种紧迫任务时,可以采用快速普查的办法。快速普查的特点是从布置普查任务到上报普查资料,都由组织普查工作的最高领导机关(如国家统计局)直接与各基层单位取得联系,越过一切中间环节。快速普查一般内容比较简单,突出一个"快"字。

此外,进行普查前应先试点,取得经验,交流推广;普查结束后,要用其他调查方式(比如抽样调查)对普查资料进行检查和修正,以保证普查资料的质量。例如,2000年第五次全国人口普查后,在国务院领导下于2005年进行了全国1‰人口抽样调查,也即全国性人口小普查。

(二)统计报表制度

统计报表制度是依照国家有关法规,自上而下地统一布置,以一定的原始记录为依据,按照统一的表式、统一的指标项目、统一的报送时间和报送程序,自下而上逐级地定期提供统计资料的一种调查方式。

统计报表的主要特点有:第一,报表资料的来源建立在各个基层单位的原始记录的基础上,基层单位也可利用其资料对生产、经营活动进行监督管理;第二,由于统计报表是逐级上报和汇总的,各级领导部门能获得管辖范围内的报表资料,从而了解本地区、本部门的经济和社会发展情况;第三,由于统计报表是属于经常性(连续性)调查,调查项目相对稳定,有利于积累资料,并进行动态对比分析。

随着我国经济社会的快速发展,统计报表的局限性也日益显现出来:由于社会决策主体和利益主体的多元化和层次化,可能存在对统计数据真实性的干扰;由于统计报表的调查内容和时间比较固定,尚不能及时灵活地调查新情况等问题。

为保证统计数据的科学性、准确性和及时性要求,近些年来,国家统计局力推"四大工程",这"四大工程"是:基本单位名录库、企业一套表制度、数据系集处理软件系统和联网直报系统。从本质上讲,基本单位名录库为顺利实施企业一套表制度提供了调查单位,是为企业一套表制度服务的;数据系集处理软件系统是以企业一套表制度为依托的,是为顺利实施企业一套表制度提供数据系集处理平台;联网直报系统为采集企业一套表制度数据提供着现代化手段,可以对企业一套表制度实时状况进行全程监控,有效消除实施企业一套表制度过程出现的数据失真现象。总之,企业一套表改革是统计调查领域深远的一场革命。

当前参与联网直报的企业按国家规定必须是规模以上工业企业。联网直报工作改变了传统的统计报表报送方式,建立了高效的统计信息报送平台,大大减轻了企业报表的工作强度,提高了企业统计工作效率。

(三)抽样调查

抽样调查是一种非全面调查。它是按随机原则从调查对象中抽取一部分单位作为样本进行观察,然后根据样本数据去推算调查对象的总体特征。

抽样调查有如下几个特点:第一,样本单位按随机原则抽取,排除了主观因素对选样的影响。第二,根据部分调查的实际资料对调查对象总体的数量特征作出估计。根据数理统计的原理,抽样调查中样本指标和相对应的总体指标之间存在着内在联系,而且两者的误差分布也是有规律可循的,因而抽样调查提供了一种用实际调查所得的部分信息来推断总体数量特征的科学方法。第三,抽样误差可以事先计算并加以控制。以样本资料推算总体数量特征,不可避免地会产生误差。但这种误差与其他统计估算所产生的误差不同,它可以根据有关资料事先加以计算,并且通过一定的途径来控制误差的范围,保证抽样推断结果达到预期的可靠程度。

抽样调查的适用范围主要有:第一,对一些不可能、难以或不必要进行全面调查的社会现象,采用抽样调查。例如,电视显像管的耐用时数、轮胎的里程试验等,不可能毁去所有的产品面鉴定其质量,只能采用抽样调查。再如,对居民手存现金情况的调查,难以也没必要对所有居民逐一观察、经常登记,只能按随机原则选定若干家庭加以调查以获取统计所需的资料。第二,对普查资料进行必要的修正。由于普查涉及面广,工作量大,容易产生登记误差,即出现重复登记或遗漏。通常,可以在普查开始之后,作一次小规模的抽样调查,将抽样调查的结果同原来的普查资料进行核对,计算出差错(重复或遗漏)比率,然后以此作为修订系数,对普查资料进行必要的修正。在复查工作完毕之后,还可利用抽样法对普查质量进行检查。例如上面所述的我国 2005 年进行的人口小普查,就是对 2000 年进行的人口普查采用了抽样调查的方式进行检查。

抽样调查必须遵循以下原则:首先是随机原则。所谓随机原则就是要使所有调查单位都有同样的被抽取的概率,而且概率相同。只有按随机原则抽取调查单位,才能保证抽样符合概率论和数理统计有关定理的要求,从而才能运用这些定理去进行推断。其次是最大抽样效果原则。所谓最大的抽样效果,就是在既定的调查费用下使抽样估计误差最小,或者是在给定的精确度下,使调查费用最少。调查费用是从人力、物力、财力等方面保证调查工作顺利进行的物质基础。提高抽样调查结果的精确度与节省调查费用的要求往往是矛盾的,抽样误差要求愈小,调查费用要求就愈大。从经济角度看,并非任何一种抽样误差最小的方案都是最优的方案。因此,为遵循上述原则,一般要求在给定的误差条件下,选择费用最少的抽样设计方案。

按抽样的过程中总体单位数是否相同,抽样的方法可以分为重复抽样和不重复抽样。重复抽样也称有放回抽样,是指从一个总体中抽出一个总体单位,记录其标志值后,又将其放回总体继续下一轮单位的抽取。不重复抽样也称无放回抽样,即每次从总体中抽取一个单位,登记后不放回原总体,不参加下一论抽样,下一次继续从总体余下的单位抽取样本。关于重复抽样和不重复抽样,我们将在第六章进一步介绍。

抽样的组织形式主要有简单随机抽样、分层抽样、系统抽样、整群抽样和多阶段抽样等几种形式。

1. 简单随机抽样

简单随机抽样又称纯随机抽样。它是对总体不作任何处理,不进行分类也不搞排队,而是从总体的全部单位中直接按随机原则抽选样本单位。

简单随机抽样的优点是在理论上最符合随机原则,方法简单直观。并且由于各单位抽取概率相同,计算抽样误差及对总体指标加以推断比较方便。但采用简单随机抽样,在实际应用中也有明显的局限。首先,采用简单随机抽样,要对总体各单位加以编号。如果时间所需调查总体十分庞大时,单位非常对,逐一编号几乎不可能;或者所需调查的总体是无限总体,也无法编号,如对连续不断生产的大批量产品进行质量检验,就不能对全部产品进行编号。其次,当总体内部差异较大时,不能保证简单随机抽样得到的样本在总体中均匀分布,则样本的代表性会下降。再次,由于抽出样本的单位往往较为分散,所以调查时人力、物力、费用消耗大。因此,简单随机抽样仅适用于总体单位较少而又比较集中、总体内部差异较小的总体。

2.分层抽样

分层抽样也称类型抽样或分类抽样,它是先对总体各单位按一定标志加以分类(层),然后再从各类(层)中按随机原则抽取样本,由各类(层)内的样本组成一个总的样本。分层抽样的目的在于使样本的构成充分接近总体构成,从而增大样本的代表性。适宜于各单位标志值或内部差异较大的总体。例如,对商业企业销售状况进行调查,就可将销售额按时间不同,分为周末销售额和非周末销售额两个层次,再从各层中抽取适当的数额进行分析。

分层抽样严格要求抽样之前具有完整的抽样框①,这不得不使分层抽样的应用范围受到限制。尽管如此,在调查中只要有可能还是尽量采用分层抽样的方法,因为对抽样框的研究和整理是研究者所能控制的,特别是这种研究和整理可以减少抽样单位的数量,可以极大地提高调查效率。

3.系统抽样

系统抽样又称等距抽样或机械抽样,它是对研究的总体按一定的顺序排列,在规定的范围内随机抽取起始单元,然后按一定的间隔来抽取样本单位。

系统抽样具有以下优点:

首先,抽取样本单位方便易行。在进行系统抽样方案设计和抽取单位时,只要有调查总体的基本资料,便可以构造总体抽样框,在此抽样框上依一定的间隔抽取样本单位即可,正是由于系统抽样的抽样程序相当简单,对工作人员业务素质要求不高,使得培训工作容易进行,且在大规模的抽样调查中易于采用和节约时间、费用。

其次,在已知总体某些有关信息条件下,采用系统抽样能保证样本单位在总体中均匀地分布,从而可以提高样本对总体的代表性,有利于降低抽样误差。例如,我国农产品的抽样调查中,总体单位按前三年或当年预计的粮食平均亩产量由低到高顺序排队,然后按一定的距离从总体各部分抽取样本单位,这样的样本结构大致能反映出总体结构,再现总体各个层次粮食产量的情况,所以样本对总体的代表性较高,能取得较好的抽样估计效果。

系统抽样虽具有以上明显的优势,但也存在一些局限性,主要表现在:

首先,运用抽样的前提是要有总体单位的有关历史资料,特别是按有关标志排队时,往往需要较为详细、具体的有关资料,这是一项很复杂、很细致的工作。

其次,当抽选间隔和被调查对象本身的节奏性(或循环周期)重合时,就会影响调查的精度。如对某商场每周的商品销售量情况进行抽样调查,若抽取的第一个样本是周末,抽样间隔为 7 天,那么抽取的样本单位都是周末,而周末商品销售量往往销售量较大,这样就会产生系统性偏差,从而影响系统抽样的代表性。

再次,系统抽样的抽样误差计算较为复杂。

---

① 所谓抽样框,是指供抽样所用的总体清单,是抽样的实际总体。例如企业职工花名册等。

4.整群抽样

整群抽样是将总体划分为由总体单位所组成的若干群,然后,以群作为抽样单位,从总体中抽取若干个群体作为样本,而对中选群内的所有单位进行全面调查的抽样方式。例如,若欲调查某个大学的学生身高,组成总体的基本单位是每个学生,但抽样单位可以是由学生组成的班或学院等,对中选的班级或学院的全部学生作为样本进行观察。

需要指出的是,整群抽样和分层抽样在目的上有很大区别。前者的目的是扩大总体"单位",抽取的总体单位不是总体的基本单位,而是总体的群;后者的目的是缩小总体,将标志值相近的总体单位划归同一层,以减小层总体的内部差异,抽取的基本单位仍然是总体的基本单位。

整群抽样组织起来比较方便,确定群体后就可以得到许多单位进行观察,节约调查时间和费用。而且各群之间差异较小、群内各单位间的差异较大时,样本的代表性越好,整群抽样的调查结果就越准确。因此,在大规模的市场调查中,若所观察到的群体符合上述特征,就可以考虑采取整群抽样的调查方式。

但是,若群间差异较小,群内差异较大的条件不能很好地满足,则会明显地影响样本分布的均匀性。因此,整群抽样和其他抽样方式相比,在抽样单位数目相同的条件下抽样误差有可能较大,代表性较低。所以在抽样调查实践中,采用整群抽样时,一般要比其他抽样方式抽选更多的单位,以降低抽样误差,提高抽样结果的准确程度。

5.多阶段抽样

多阶段抽样,顾名思义就是在抽样调查抽选样本时并不是一次直接从总体中抽取,而是分两个或两个以上的阶段来进行。

多阶段抽样的优点有以下三方面:

首先,当抽样调查的面很广,没有一个包括所有总体单位的抽样框,或者总体范围太大无法直接抽取样本时,可以采用多阶段抽样。例如,全国农产量调查和城市居民的住户调查,样本单位遍布全国各地,显然不可能直接一次抽到所需的样本,只能分成几个阶段来逐级抽取。

其次,可以相对地节约人力物力。从一个比较大的总体抽取一个随机样本,势必使抽到的样本单位比较分散,若要派人调查,人力和物力的支出比较大。例如,一个县要确定一些农户作为样本,用一次随机抽样的样本很可能分布在全县各个乡,调查往返的路费就比较大。如果分阶段进行,先抽 n 个乡,然后在抽中的乡再抽若干户,这样可以使样本相对比较集中,因而可以节省人力和物力。

再次,可以利用现成的行政区划、组织系统作为划分各阶段的依据,为组织抽样调查提供方便。

多阶段抽样的局限是由于抽样的步骤多,故在设计抽样调查方案、计算抽样误差和推断总体上均比较复杂。

(四)重点调查

重点调查是在调查对象范围内选择部分重点调查单位搜集统计资料的非全面调查。所谓重点单位,是指这些单位在全部总体中虽然数目不多,所占比重不大,但就调查的标志值来说却在总量中占很大的比重。通过对这部分重点单位的调查,可以从数量上说明整个总体在该标志总量方面的基本情况。例如,选择鞍钢、宝钢、武钢、太钢、包钢等几个钢铁企业进行调查,能及时地了解到全国钢铁生产的基本情况,因为这些企业的钢铁产量占全部钢铁企业总产量的绝大比重,可以满足调查任务需要的资料。

重点调查的优点在于调查单位少,可以调查较多的项目和指标,了解较详细的情况,取得资料也及时,即用较少的人力和时间,取得较好的效果。当调查任务只要求掌握总体的基本情况,而且总体中确实存在重点单位时,采用重点调查是比较适宜的。但必须指出,由于重点单位与一般单位的差别较大,通常不能由重点调查的结果来推算整个调查总体的指标。

组织重点调查的关键问题是确定重点单位。

(1)重点单位选多少,要根据调查任务确定。一般来说,选出的单位应尽可能少些,而其标志值在总体中所占的比重应尽可能大些。其基本标准是所选出的重点单位的标志值必须能够反映研究总体的基本情况。比如前例,鞍钢、宝钢、武钢、太钢、包钢等几个钢铁企业在全国钢铁企业中只是少数,但它们的产量却占绝大比重,对这些企业进行调查,就可以比全面调查省时省力,又能反映全部现象的基本情况。

(2)选择重点单位时,要注意重点可以变动的情况,即要看到,一个单位在某一问题上是重点,而在另一问题上不一定是重点;在某一调查总体上是重点,在另一调查总体中不一定是重点;在这个时期是重点,在另一个时期不一定是重点。因此,对不同问题的重点调查,或同一问题不同时期的重点调查,要随着情况的变化而随时调整重点单位。

(3)选中的单位应是管理健全、统计基础工作较好的单位。

重点调查主要采取专门调查的组织形式,有时也可以颁发定期统计报表,由被调查的重点单位填报,定期观察这些重点单位的主要技术经济指标的完成情况及其变动。

重点调查搜集资料的方法,主要采用以企、事业单位的原始资料为依据的报告法。

(五)典型调查

典型调查就是在调查对象中有意识地选取若干具有典型意义的或有代表性的单位进行非全面调查。其主要特点是:第一,调查单位少,是一种深入细致的调查,能深入实际,深入群众,搜集详细的第一手数字资料;第二,典型调查机动灵活,可节省人力和物力,提高调查的时效性;第三,由于典型单位是有意识选出的,因此调查结果更多地取决于调查者的主观判断和决策。

典型调查的主要目的在于深入细致地认识事物,尤其是新出现的事物和新问题,寻找其发生原因、变化趋势等事物的规律性,以寻求加以解决的对策和措施,达到以点带面的效果。但在有些情况下,典型调查也可用于粗略估算总体的大致情况。同时它还可以弥补其他调查方法的不足,为数据资料补充丰富的典型情况。

典型调查主要适用于凡是统计所研究的对象中,其统计总体中存在有代表性的单位,又希望对统计研究对象有深入地了解,并欲达到以点带面的效果,可采用典型调查方法。

典型调查的关键是如何选择典型单位。选择典型单位必须依据正确的理论进行全面的分析,切忌主观片面性和随意性。它不仅要求调查者有客观、正确的态度,而且要有科学的方法。根据不同的研究目的和研究对象的特点,有以下三种选择方法。

(1)"解剖麻雀"式的方法。这种选典方法适用于总体内各单位差别不太大的情况。通过对个别单位的调查,即可了解总体的一般情况。

(2)"划类选典"的方法。总体内部差异明显,但可以划分为若干个类型组,使各类型组内部差异较小。从各类型组分别选取具有代表性的单位进行调查,即称为划类选典。这种调查既可用于分析总体内部各类型特征以及他们的差异和联系,也可综合各类型对总体情况作出大致的估计。

(3)"抓两头"的方法。从组织管理和指导工作的需要出发,可以分别从先进单位和落后单位中选择典型,以便总结经验和教训,带动中间状态的单位,推动整体的发展。

前两种方法涉及粗略估算总体情况,但无法和抽样调查相比,其对总体数量的推断误差无法估计,研究结果只是一个近似值。

五、我国现行的统计调查体系

在传统的计划经济体制下,我国的统计调查方式以统计报表制度为主,是一种以全面调查、层层汇总为特征的统计调查体系。改革开放以来,随着社会主义市场经济的发展,一方面,社会经济现象空前复杂化,给准确把握统计口径带来困难;另一方面,各类经济组织发展迅速,统计调查单位急剧膨胀,训练有素的基层统计人员日显匮乏。再加上决策主体和利益主体的多层次化,各方面对统计数字真实性的干扰明显增加。这些都使得以全面统计报表为主的调查体系越来越难以满足政府与社会公众对统计信息的需求。为适应社会主义市场经济的需要,目前,我国建立起了以必要的周期性的普查为基础,经常性的抽样调查为主体,同时辅之以重点调查、科学推算和部分全面报表综合运用的统计调查方法体系。

在这一新的统计调查体系中,普查是基础,这是因为只有通过普查才能收集到全面和详细的数据,同时为开展抽样调查和统计推断提供必要的基础资料。但是,由于普查要耗费大量的人力、物力、财力和时间,无法及时反映社会经济现象日新月异的变化状况,因此,对大量的社会经济现象,必须采用抽样调查方式才能及时地获得各类信息。抽样调查的调查单位少,可以由经过专门训练的人员去完成,同时也便于对某一社会经济现象进行更深入地研究,这样既可以节省调查费用,又可以满足对统计时效和统计数据质量的要求。所以新的统计调查体系要以经常性的抽样调查为主体。重点调查、典型调查和统计报表是我国过去统计实践中常用的方式,在新形势下也仍可发挥一定的作用。

在新的统计调查体系中,还要采用科学的推算方法。所谓统计推算,是在不可能或不必直接通过调查取得资料的情况下,根据已掌握的资料,运用各种统计方法进行科学的估计推算,以间接方式取得所需的资料。统计推算若是对同一时期内的未知项所作的推算,属于静态推算;若是针对未来的时期所作的推算,属于动态推算。统计推算的内容主要包括:从一个现象推算另一现象,从局部推算总体,从现在推算未来。统计推算的方法主要有:比例推算法,因素估算法,平衡估算法,线性插值法,拉格朗日插值法及各种动态数列的预测方法等。

总而言之,在统计调查中,应根据调查的目的和调查对象的特点,灵活地选用不同的调查方式,以及时、准确地获得各种不同的信息。

六、现有统计资料的主要来源

对于应用统计的分析人员来说,相当一部分统计数据不必亲自进行统计调查,可取自有关统计部门和机构发布的统计资料。这方面的资料,可通过三个方面的途径获得:一是从相关的年鉴、期刊和有关出版物上获取;二是从有关网站搜寻;三是向有关公司购买各种数据库。

(一)统计年鉴

1.《中国统计年鉴》

该书由国家统计局编辑、中国统计出版社出版。它是一部全面反映我国国民经济和社会发展情况的资料性书籍,每年9月份左右出版。该书收录了上年全国和各省、自治区和直辖市经济和社会各方面大量的统计数据,以及历史主要年份和近20年的全国统计数据。该书还附有光盘,提供中文与英文两种文字的统计年鉴电子版。为使用户能方便浏览和使用年鉴,光盘还提供了超文本(HTML)表格和Execl表格两种浏览方式。

2.《国际统计年鉴》

该书由中国统计出版社出版,是一部综合性的国际经济、社会统计资料,收录了全球多达160个国家和地区的统计资料,尤其是对其中的40多个主要国家的经济和社会发展状况以及世界主要企业的基本情况作了更为详细的介绍。

3.《地方统计年鉴》

该书由各省、自治区和直辖市以及经济特区的统计局编纂,中国统计出版社出版,它比较详细地反映各省、自治区和直辖市以及经济特区的社会、经济和科技等发展变化的情况。

4.《中国县(市)社会经济统计年鉴》

该书由国家统计局农村社会调查总队编纂,中国统计出版社出版,主要内容包括:区域分析统计图,各县(市)的主要经济指标,分区域社会发展基本情况,按主要经济指标分组的社会经济基本情况。

5.《中国金融年鉴》

该书由中国金融协会编纂,记述了金融发展的基本情况,提供有关金融统计的资料,包括:各层货币供应量,银行概述,特定存款机构的资产负债表。

6.《中国人口统计年鉴》

该书由中国统计出版社出版,是人口状况资料性年刊。书中搜集了全国各省、自治区和直辖市大量的人口数据,以及世界各国的人口数据。

7.《中国统计摘要》

该书由中国统计出版社出版,收录了反映我国经济社会发展的主要统计数据,一般比统计年鉴早若干月出版。

(二)有关期刊

上述各种年鉴所提供的资料较为详细、全面、系统,但时效性较差。而反映我国经济社会动态的数据,可由以下刊物取得。

1.《中国经济数据分析》

该期刊由中国信息中心经济预测部编辑出版。该期刊提供了当季(或月)我国的GDP增长率,工业生产指数,企业效益指标,固定资产投资、外贸出口和市场销售的规模和速度指标,居民消费水平等数据。

2.《经济预测分析》

该期刊由国家信息中心编写,它提供了有关国民经济运行状况的资料。

3.《中国经济景气月报》

该期刊由国家统计局经济景气监测中心编辑出版,内容包括各主要经济指标的月度数据和各类经济景气指标。

(三)有关网站

在计算机与网络技术飞速发展的今天,互联网成为获取统计数据的重要途径。目前可获取反映中国经济社会状况统计数据的网站,主要有以下几个。

1. 中国统计信息网

中国统计信息网网址为"www.stats.gov.cn",由国家统计局主办。其主要内容有:统计公报,统计数据,统计分析,统计法规,统计管理和数据直报等。在该网站也可搜寻有关统计年鉴的数据资料。

2. 国研网

国研网网址为"www.drcnet.com.cn",由国务院发展研究中心主办。其提供的主要信息有:宏观经济、区域经济、金融市场、行业经济及企业经济的相关数据资料。

3. 中国经济信息网

中国经济信息网网址为"www.cei.gov.cn",由国家信息中心主办。从该网站可搜寻中国经济发展及各地区经济发展的数据资料。

(四)数据库

数据库建设是国家经济信息化建设的一项重要的基础性工作,由有关公司组织开发,向社会提供有偿服务。目前,主要的经济统计数据库有以下几个。

1. 国家统计数据库

该数据库由国家统计局开发,包括国民经济核算、人口就业、固定资产投资、能源、价格指数、人民生活、环境保护、农业、工业、建筑业、运输邮电、国内贸易、科技、文化体育卫生等国民经济和社会发展方面有关的月度、季度和年度主要统计数据,每月底更新一次。

2. 中经网统计数据库

该数据库由中国经济信息网开发。其内容涵盖宏观经济、行业经济、区域经济以及世界经济等各个领域,是一个面向社会各界用户提供全面、权威、及时、准确的经济类统计数据信息的基础资料库。

3. 中宏数据库

该数据库由国家发改委所属的中国宏观经济学会、中宏基金、中国宏观经济信息网、中宏经济研究中心联合研发。中宏数据库是一个巨型的经济数据库,包括19类大库,74类中库,具体可参见其网站介绍。其中,统计数据库由宏观、金融、地区、行业、国际五个大类,15个子栏组成,以时间序列和图表方式为用户提供最快、最新、最全的经济数据。

4. 中国统计数据应用支持系统与中国统计年鉴服务系统

该数据库由北京华通人商用信息有限公司开发。中国统计数据应用支持系统是专门针对金融金钩的需求研制的数据查询和分析系统,涵盖宏观、区域、行业、企业、财经等领域的经济运行状态、结构变化、发展趋势、政策效应等数据信息。中国统计年鉴服务系统目前囊括了中国统计出版社自 1981 年起出版的 500 余本国家、省市及行业年鉴。

5. wind 中国金融数据库

该数据库由万得信息技术股份有限公司研发,主要提供股票、基金、债券、商品与期货、外汇等的交易与财务数据,中国证券市场指数,宏观行业数据等。该数据库是目前国内比较完整、准确的,以金融证券数据为核心的大型金融工程和财经数据仓库。

6. CSMAR 经济、金融、证券研究数据库

该数据库由深圳国泰安公司开发,主要内容包括宏观经济、股票市场、基金市场、债券市场、期货市场、外汇与黄金市场等多方面的数据。

7. CCER 经济金融研究数据库

该数据库由北京大学中国经济研究中心和北京色诺信息服务公司联合开发,全面涵盖了中国资本市场、货币市场、宏观经济及行业的所有研究领域资料。

第二节　统计数据的整理

一、数据整理的意义和内容

(一)意义

统计整理是统计工作的第二阶段。它是根据统计研究的任务,对统计调查阶段所搜集到的大量原始资料进行加工汇总,使其系统化、条理化、科学化,以得出反映事物总体综合特征的资料的工作过程。

统计资料的整理就是人们对社会经济现象从感性认识上升到理性认识的过渡阶段,即是统计调查阶段的继续和深入,又是统计分析阶段的基础,起着承前启后的作用。

(二)内容

(1)设计统计整理的方案。该方案主要包括两个方面:一是对总体的处理方法,主要是如何进行统计分组;二是确定用哪些统计指标来说明总体。

(2)统计数据的审核与检验。在整理之前,必须对原始数据进行认真审核,检查原始数据的完整性、准确性与及时性。若发现问题,则加以纠正。

(3)统计分组。这是统计数据整理的核心内容,它是按照一定的标准将原始数据进行分组归类的过程。

(4)汇总计算。在统计分组的基础上将各组数据进行综合汇总,得出反映总体综合特征的各项指标。

(5)对整理好的统计数据再次进行审核,及时更正汇总过程中产生的各种差错。

(6)编制统计表或绘制统计图,描述汇总整理的结果。

二、统计分组

(一)统计分组的概念及作用

统计分组是指根据统计研究的目的和客观现象的内在特点,按某个标志(或几个标志)把

被研究的总体划分为若干个性质不同的组成部分的统计方法。统计分组的对象是总体,统计分组选择的标志可以是品质标志,也可以是数量标志。

从统计分组的性质来看,分组兼有分和合的双重含义。对于现象总体而言,是"分",即把总体分为性质相异的若干部分;而对于总体单位而言,又是"合",即把性质相同的许多单位结合为一组。对于分组标志而言,是"分",即按分组标志将不同的标志表现分为若干组;而对于其他标志而言,是"合",即在一个组内的各单位即使其他标志表现不相同也只能结合在一组。由此可见,选择一种分组方法,突出了一种差异,显示了一种矛盾,必然同时掩盖了其他差异,忽略了其他矛盾。不同的分组方法,可能得出不同的结论。因此,统计分组必须先对所研究现象的本质作全面地、深刻地分析,确定所研究现象类型的属性及其内部差别,而后才能选择反映事物本质的正确的分组标志。

统计分组在统计研究中占有重要地位,其基本作用有以下方面。

1. 区分事物性质,划分现象类型

统计分组的过程就是区分事物性质的过程。例如,我国根据社会生产活动历史发展的顺序将国民经济产业结构划分为三个不同的部分:第一产业,指产品直接取自自然界的部门,它包括农业(含种植业、林业、牧业、副业、渔业);第二产业,是指初级产品进行再加工的部门,它包括工业(含采掘业、制造业、自来水、电力、蒸气、热水、煤气)和建筑业;第三产业,指为生产和消费提供各种服务的部门,即除第一、二产业以外的其他部门,包括流通部门和服务部门。在区分事物性质的过程中,划分社会经济类型是极其重要的。划分社会经济类型是指直接反映社会生产关系的各种类型的划分。这种分类可以直接反映一定的社会经济结构的特点。例如,我国的企业按所有制性质划分,有七种经济类型:国有经济、集体经济、个体经济、联营经济、股份制经济、外商投资经济、港澳台投资经济。

2. 反映总体的内部结构

现象总体所包括的大量单位,不但在性质上不尽相同,而且在总体中所占比重也不一样。各组比重数大小不同,说明它们在总体中所处地位不同,对总体分布特征的影响也不同;其中比重数相对大的部分,决定着总体的性质或结构类型。例如,假设一个国家或地区的工农业总产值中,农业总产值所占比重在百分之八九十,则说明这个国家或地区的经济性质是农业经济。可见,研究总体的结构是十分重要的。当研究的目的在于探讨总体在某一标志上的构成,而将总体划分为若干组以显示所研究标志的结构时,这种分组称为结构分组。

将总体的结构分组资料按时间的移动联系起来进行分析,可以反映由于各组比重变化速度不同而引起各组地位改变的状况,从而认识现象发展变化的规律性。下面所举我国国内生产总值的结构变化资料,大致可以看出改革开放以来我国国民经济的调整情况,如表 2-1 所示。

表 2-1　我国国内生产总值构成

	1978 年		1995 年		2005 年		2012 年	
	绝对数(亿元)	比重(%)	绝对数(亿元)	比重(%)	绝对数(亿元)	比重(%)	绝对数(亿元)	比重(%)
第一产业	1028	28.0	12136	19.9	22420	12.2	52377.0	10.1

	1978 年		1995 年		2005 年		2012 年	
	绝对数 (亿元)	比重 (%)	绝对数 (亿元)	比重 (%)	绝对数 (亿元)	比重 (%)	绝对数 (亿元)	比重 (%)
第二产业	1745	48.2	28680	47.2	87365	47.4	235318.6	45.3
第三产业	873	23.8	19979	32.9	73433	40.1	231626.5	44.6
合　计	3646	100.0	60794	100.0	183218	100.0	519322.1	100.0

资料来源:《中国统计年鉴(2013)》。

3. 分析现象之间的依存关系

任何客观现象之间都不是彼此孤立的,而是相互联系、相互依存和相互制约的。当研究的目的在于探讨同意总体范围内两个可变标志之间的依存关系时,可以将其中一个标志(自变量)作为分组标志,以观察另一标志(因变量)相应的变动情况,这种分组称为分析分组。它可以揭示现象之间的依存关系。例如某地区某种农作物的耕作深度与收获率之间的关系,如表2－2所示。

表 2－2　某地区某农作物的耕作深度与收获率的关系

耕地按耕作深度分组(厘米)	地块数	平均收获率(千克/亩)
10 ～ 12	7	200
12 ～ 14	10	230
14 ～ 16	16	270
16 ～ 18	12	310
18 ～ 20	5	340

统计分组的上述三方面作用是分别从类型分组、结构分组和分析分组角度来说明的,它们不是彼此孤立的,而是相辅相成、相互补充、配合运用的。

(二)统计分组的原则

统计分组,必须遵循两个原则:完备原则和互斥原则。

所谓完备原则,就是使总体中的每一个单位都应有组可归,或者说各分组的空间足以容纳总体中所有的单位。

所谓互斥原则,就是在特定的分组标志下,总体中的任何一个单位只能归属于某一组,而不能同时或可能归属于几个组。

(三)分组标志的选择

统计分组的关键是分组标志的选择和各组界限的划分,而分组标志的选择则是统计分组的核心问题。正确选择分组标志,能使分组作用得以充分发挥,也是使统计研究获得正确结论的前提。正确选择分组标志,须遵循以下原则。

1. 分组标志的选择要服从统计研究的目的

任何事物都有许多标志,标志选择不当,分组结果必然不能正确反映总体的性质特征。这就要我们根据统计研究的目的,采取不同的分组标志。例如,对工业企业进行研究,目的是了解工业企业生产计划的完成情况,那就以工业企业计划完成的程度作为分组标志;如果目的是要了解工业企业生产内部结构,那就以生产部门作为分组标志;如果目的在了解工业企业盈亏情况,那就以盈亏作为分组标志;如果目的变为了解工业生产技术力量状况,那就以职工技术等级、技术装备水平等为分组标志。

2. 要选择最能反映被研究现象本质特征的标志作为分组标志

由于客观现象复杂多样,各自表现出不同的特征,在进行分组时就可以选择不同的分组标志对客观现象总体进行不同的划分。总体中的若干标志,有能反映问题本质特征的标志,也有对反映事物本质作用不大的标志,这时我们应该选择最能反映问题本质特征的标志。如研究城市居民的生活水平,有反映居民收入水平的标志,也有反映居民支出水平的标志等,应选择其中最能反映问题本质特征的标志如居民消费支出额进行分组,这样能够使我们对所研究的对象有一个正确的认识。

3. 要结合现象所处的具体历史背景或经济条件来选择

客观现象是随着时间、地点等条件的变化而变化的。同一个标志在过去某个时期是适用的,现在就不一定适用;在这个场合适用,在另一个场合就不一定适用。因此,即使是研究同类现象,也要视具体时间、地点条件的不同而选择不同的分组标志。例如,在土地革命时期研究我国农村的经济关系,农民阶级成分是一个很重要的基本的分组标志。然而现在,条件发生了变化,为了反映农村经济建设的发展情况及其规律性,应选择经营形式、生产规模、机械化程度等标志进行分组。又如研究商业企业规模时,一般可按职工人数进行分组;研究纺织企业生产规模时,则应以生产设备能力作为分组标志。

(四)统计分组的种类

统计分组标志既可以是品质标志,也可以是数量标志。选择品质标志进行分组,称为品质分组或属性分组;选择数量标志进行分组,称为数量分组或变量分组。

数量分组根据每组数量标志的具体表现,又分为单项分组和组距分组两种。单项分组就是用一个变量值作为一组。如,一学期内按教师承担课程门数进行分组,可分为 0 门、1 门、2 门、3 门、4 门、5 门,共 6 个组。单项分组一般适用于离散型变量且变量变动范围不大的场合。组距分组就是将变量依次划分为几段区间,把一段区间内的所有变量值归为一组。如学生成绩分为:60 分以下、60~70 分、70~80 分、80~90 分、90~100 分,共 5 个组。对于连续型变量或者变动范围较大的离散型变量,适宜采用组距分组。

组距分组中各组的区间范围长度称为组距。按各组组距是否相等,可将组距分组分为等距分组和异距分组(或称不等距分组)。等距分组就是每组组距都相等,即各组的标志值变动都限于相同的范围。在标志变动比较均匀的情况下,都可采用等距分组。等距分组有很多好处,便于计算,便于绘制统计图。异距分组即每组组距不完全相等。一般地,异距分组适合于以下几种场合:

第一,变量值分布很不均匀的场合。例如,人口总体的年龄分布,考虑到 80 岁以上的高寿者在总人口中所占比重极小,故分组时 80 岁以下可按 10 岁组距分组,80 岁以上的组距就应扩大。再如,某实业有限公司所属各分店的月销售收入,多数分店为 20 万元以下,极少数分店为 50~200 万元。如果采用 1 万元为组距来分组,则要分为 200 组,显然不能达到数据整理系统化的目的;如果以 10 万元为组距,则属于 20 万元以下的多数分店被概括在一两个组内,过于笼统,不能清晰地看出其收入特点;如果把 20 万元以下的,以 4 万元为组距,而 20 万元以上的再适当加大组距,形成异距分组,则是比较切合实际和可行的。

第二,变量值变动相等的量具有不同意义的场合。如生命的每一个月对于新生婴儿和对于成年人是大不一样的,此时,若按年龄分组进行人口疾病研究,应采用异距分组,即 1 岁以下按月分组,1～10 岁按年分组,11～20 岁按 5 年分组,21 岁以上按 10 年或 20 年分组,等等。

第三,变量值变动范围很大或按一定比例发展变化的场合。例如,大城市的百货商店销售额在 5 万元至 5000 万元之间,若其变化按一定的比例(如为 10)发展,则可采取异距分组:5～50 万元、50～500 万元、500～5000 万元。若用等距分组,即使组距为 100 万元,也须分 50 组,这显然是不合适的。

(五)统计分组的方法

确定分组标志后,需要根据总体中各个单位的具体特征进行相应的归类。在进行归类时,必须明确各组的界限,若界限不清,就不能正确地进行按组归类。因此,在分组标志确定后,如何进行分组,关键在于界限的确定。

1. 品质分组的方法

按品质标志进行分组,有些分组比较简单,有些分组则比较复杂。所谓的简单是指按一个品质标志分组,对总体只作一次划分,每个组不再往下细分。另外,进行这种分组后,对总体单位应该归入哪一组的界限也比较明确,不存在模糊不清、模棱两可的问题。例如,人口按性别分为男和女,产品按质量情况分为合格品和不合格品等。按这样的标志进行分组以后,不同类别的单位可以明显地区分开来。但是,现实生活中也存在着很多分组比较复杂的问题,即在对总体按一个标志分组后,各组界限难以明确划分,总体中的某些单位应该归为哪一组,容易产生理解上的差异,从而导致在同一个分组标志的情况下,分组的结果不同。例如,人口总体划分为农业人口和非农业人口就属于这种情况,在对各组单位的理解上,是以"是否有城市居民户口"作为划分标准,还是以"是否从事农业生产活动"作为划分标准,不同的划分标准得出不同的结果,反映不同的经济内容。

从以上分析可以看出,品质分组一般情况下不会有困难,所出的问题是各级界限的具体确定。在统计实践中,为了保证各种分类的统一性和完整性,国家对某些重要的现象制定了统一的分类目录,如《工业部门标准分类目录》、《产品分类目录》等。

2. 组距分组的方法

数量分组中单项分组由于是以每个变量值为一组,界限比较明确,因此一般比较简单。组距分组由于以一个区间范围为一组,界限的确定相对复杂,因此,下面主要说明组距分组的确定方法。

组距分组的确定,需要计算一些相关指标,下面依次进行说明。

(1)组数。

组距分组一般先要确定将总体按标志划分成多少组,即组数。确定组数的多少并无规则可言,必须凭借经验和所研究问题的性质作出判断。这里介绍一个确定组数的经验公式,这一公式是美国学者斯特杰斯(H. A. Sturges)创用的,称为斯特杰斯经验公式,即:

$$n = 1 + 3.322 \lg N \tag{2.1}$$

式中,n 为组数,N 为总体单位总数。

（2）组距。

组距和组数有密切的关系。组距大,组数少,组距小,则组数多。对于等距分组,组距和组数可用如下关系式表示：

$$d \approx \frac{R}{n} = \frac{x_{\max} - x_{\min}}{n} \tag{2.2}$$

式中,d 为等距分组的组距,R 称为全距,为最大变量值 $x_{\max}$ 和最小变量值 $x_{\min}$ 之差。

为了方便,在实际中,组距尽量取整数,且尽量为 5 或 10 的倍数。要注意的是,按(2.2)式近似取整,不能按"四舍五入"来计算,而应取比计算结果略大的整数值。

（3）组限。

要形成组距数列,关键就是确定各组组限,即将各组与其他组区别开来的界限,有上限和下限之分。各组变量值区间范围的最小区间点称为下限,它将各组与变量值较小的组区别开来;各组变量值区间范围的最大区间点称为上限,它将各组与变量值较大的组区别开来。

组限的确定需要注意以下几点：

①按连续型变量进行组距分组,相邻两组的组限必须重叠。这是因为连续型变量的任意两个变量值之间都有其他可能的取值,因此,为了避免遗漏(即保证完备性原则),相邻两组的组限中,一组中的上限,同时也是另一组的下限,即组限重叠。例如,按身高、体重、产值等变量进行的分组,只能采用组限重叠式的分组。

②按离散型变量进行组距分组,相邻的组限可以重叠,也可以间断。例如,学生的考试分数如果全取整数值,则可将学生分为：60 分以下、60～70 分、70～80 分、80～90 分、90～100 分,也可以将学生分为：59 分以下、60～69 分、70～79 分、80～89 分、90～100 分,这两种分组方式是一样的。

③为了避免重复(即保证互斥原则),对于组限重叠的组距分组,要采用"上限不在内"的原则,即对于组限重叠的相邻两组,若某个总体单位的标志值恰为这个重叠的组限,则不应把这个总体单位归入重叠组限作为上限的那一组,而应归为作为下限的那一组。例如,学生按考试分数分为 60 分以下、60～70 分、70～80 分、80～90 分、90～100 分,则考试分数为 70 分的学生应归为 70～80 分这一组,考试分数为 80 分的学生则归为 80～90 分这一组。

④确定组限时,第一组的下限应等于或略小于变量值中的最小值,最后一组的上限应等于或略大于变量值中的最大值。当第一组下限或最后一组上限确定后,其他各组组限可根据组限与组距之间的关系进行推算。组限与组距的关系为：

对于组限重叠的组距分组：

$$组距 = 本组上限 - 本组下限 \tag{2.3}$$

对于组限间断的组距分组：

$$组距 = 本组上限 - 本组下限 + 1 \tag{2.4}$$

或

$$组距 = 本组上限 - 前组上限 \tag{2.5}$$

⑤在进行组距分组时,为避免出现太多的空白组,同时又能使个别特大或个别特小的变量值不致无组可归,往往在首末两组使用"××以下"或"××以上"不确定组限的方式表示,这种分组叫做开口组。开口组是指只有上限而缺下限(用"××以下"表示),或只有下限而缺上限(用"××以上"表示)。例如上面将学生按分数进行的分组中第一组"60 分以下"就是缺下限

的开口组。

(4)组中值。

上下限之间的中点数值称为组中值,组中值的计算公式为:

$$组中值 = \frac{上限 + 下限}{2} \tag{2.6}$$

在计算平均指标或进行其他统计分析时,常以组中值来代表各组标志值的平均水平。当各组标志值均匀分布时,组中值就能较强地代表各组标志值的水平,因此,分组时,应尽可能使组内各单位标志值分布均匀。

有时候,连续型变量进行了离散化处理,即其取值按离散型变量的形式表示,则相应的组距数列的编制可采取相邻组限不重叠的形式,这时组中值的确定应考虑到连续型变量自身的特点。例如年龄,它实质上是连续型变量,但习惯上用整数表示,如:一群大学生分为 17~19 岁、20~22 岁两组,则组距为 3 岁,组中值分别为 18.5 岁和 21.5 岁,因为第一组应包括 19 岁多又不到 20 岁的大学生,上限应视为 20 岁,同样的道理,第二组上限应视为 23 岁。

对于开口组来说,由于其中有一个组限是不确定的,所以不能直接用(2.6)式来计算其组中值,须先给开口组所缺的组限假定一个数值。假定方法如下:

$$首组假定下限 = 首组上限 - (邻组上限 - 邻组下限)$$
$$末组假定上限 = 末组下限 + (邻组上限 - 邻组下限)$$

此时:

$$首组组中值 = \frac{上限 + 假定下限}{2} = 上限 - (邻组上限 - 邻组下限)/2 \tag{2.7}$$

$$末组组中值 = \frac{假定上限 + 下限}{2} = 下限 + (邻组上限 - 邻组下限)/2 \tag{2.8}$$

(六)统计分组体系

在对客观现象进行研究时,为了从不同的角度综合反映所研究现象的特征,只凭一个分组标志进行分组,往往不能满足统计研究的需要,而要从不同的角度运用多个分组标志进行多方面的分组,形成一个分组体系。分组体系是根据统计研究的需要,通过对同一总体进行多种不同分组而形成的相互联系、相互补充,能从各种角度加深对统计总体数量表现的认识的体系。统计分组体系有平行分组体系和复合分组体系之分。

1. 简单分组与平行分组体系

简单分组就是对研究现象按一个标志进行分组,它只能从某一方面说明和反映事物的分布状况和内部结构。对同一总体选择两个或两个以上标志分别进行简单分组,就形成平行分组体系。例如,为了了解某企业职工的基本情况,对职工总体分别按性别、年龄、文化程度等标志进行分组,形成的平行分组体系如下:

按性别分组	按工龄分组	按文化程度分组
男	5 年以下	小学及小学以下
女	5~10 年	初中
	10~15 年	高中或中专
	15~20 年	大学本科及以上
	20 年以上	

2. 复合分组体系

复合分组就是用两个或两个以上的标志层叠起来进行分组，即先按一个标志分组，在此基础上再按第二个标志分小组，再层叠地按第三个标志分成更小的组。复合分组所形成的分组体系叫做复合分组体系。例如，对工业企业按轻重工业和企业规模层叠分组的复合分组如下：

轻工业	重工业
大型轻工业企业	大型重工业企业
中型轻工业企业	中型重工业企业
小型轻工业企业	小型重工业企业

复合分组中，随着分组标志的增加，对总体所分的组数也成倍增加，因而一般来讲，复合分组的分组标志不宜过多。

第三节　次数分布数列

一、次数分布数列的概念与种类

在统计分组的基础上，将总体中的所有总体单位按组归类，形成总体中各个单位在各组间的分布，称为次数分布或频数分布。次数分布依各组组别形成的数列（或序列），称为次数分布数列，简称分布数列或分配数列。它可以反映总体中所有总体单位在各组间的分布疏密状况和分布特征，研究这种分布特征是统计分析的一项重要内容。

次数分布数列由两个要素构成：一个是总体按某标志所作的分组，另一个是各组所出现的总体单位数或比率，称为次数。各组的总体单位数称为频数，由于频数是绝对数，因此也称为绝对次数；各组总体单位的比率称为频率，由于频率是相对数，因此也称为相对次数。通常所说的次数一般指绝对次数，即频数。

由统计分组的完备原则和互斥原则可知，各组频率都在 0～1 之间，且各组频率之和必为 100%。例如，表 2-3 所示的分组中，第一列为统计分组；第二列各组频数，其总和为总体中的单位总数；第三列为频率，其总和为 100%。

表 2-3　某班学生按考试分数分组形成的次数分布数列

分　数	人数	比率（%）
50～60	2	5.0
60～70	8	20.0
70～80	16	40.0
80～90	9	22.5
90～100	5	12.5
合　计	40	100.0

根据分组标志特征的不同，次数分布数列可分为两类。按品质标志分组所形成的数列称为品质数列或属性数列；按数量标志分组所形成的数列称为数量数列或变量数列。数量数列

中,由单项分组形成的数列称为单项数列;由组距分组形成的数列称为组距数列。组距数列中,各组组距相等,称为等距数列;各组组距不完全相等,称为异距数列。表2-3所示的数列则为等距数列。

次数分布数列的编制,关键在于如何进行统计分组。关于统计分组的方法,上节已论述,这里不再赘述。在统计分组确定后,只需按组别汇总计算各组频数或频率即可。当总体单位总数较多时,可以借助计算机来进行汇总。

关于品质数列和单项数列的生成,在 Excel 中有很多中途径可以实现,其中最简单的是使用数据透视表进行计数和汇总。其操作步骤是:首先将数据在 Excel 中排列成一列(行),列(行)第一个单元格放标志名称。然后在点击【插入】→【数据透视表】,在出现的对话框中,将数据的单元格范围(包括标志名称)输入到"选择一个表或区域"框中,点击【确定】,出现图2-1所示的对话框,将右边对话框中出现的标志名称,如"饮料类型",同时拖入"将行字段拖至此处"(或"将列字段拖至此处")框和"请将数据项拖至此处"框,即可生成品质数列或单项数列。

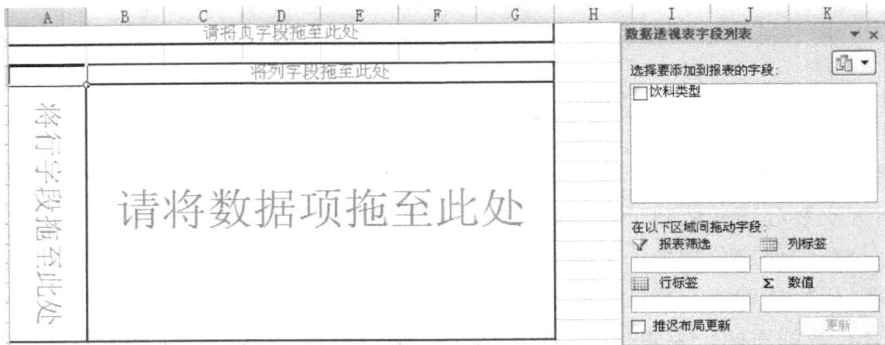

图2-1　数据透视表设置对话框

关于组距数列的生成,在 Excel 中,主要有两种方式,一种是通过【FRQUENCY】函数生成,另一种是通过【数据分析】[1]中的【直方图】功能生成。

使用【FRQUENCY】函数生成组距数列的具体步骤是:首先,将数据排成一列(行),并选择一列(行)单元格,以输入各组的上限。要注意的是【FRQUENCY】默认"上限在内",因此,输入上限时要比组距数列的上限略小。然后在"上限值"单元格邻近处选择足够的一列(行)单元格(有几组,就选几个单元格),然后插入(或输入)该【FRQUENCY】函数,将被分组的原始数据的单元格范围(不包括变量名称)输入到"Data_arrray"中,将上限值的单元格范围输入到"bins_array"中,按住【Ctrl-Shift-Enter】组合键,即可得出组距数列。

使用【直方图】[2]生成组距数列,也是要求将数据排成一列(行),设定上限值(同

---

① Excel【数据分析】工具的安装。Excel 中的【数据分析】工具提供了一些常用统计方法的程序。如果你的计算机还没有安装此项功能,需要安装后才能使用,具体的安装步骤如下:第一步:在 Excel 工作表界面左上方中点击【文件】下拉菜单,找到【Excel 选项】并单击,点击【加载项】。第二步:在【加载项】中选中【分析工具库】,然后单击【转到】,出现【加载宏】对话框。第三步,在【可用的加载宏】中将【分析工具库】打勾,点击【确定】,系统会提示你安装。

② 使用 Excel 中的【直方图】工具有一个缺陷,就是生成的次数分布和直方图没有与数据链接,因此,如果你改变任何一个原始数据,次数分布表和直方图不会跟着改变,必须重复上面的步骤创建一个新的次数分布表和直方图。而 FRQUENCY 函数则克服了这一缺陷。

FRQUENCY 函数），然后点击【数据分析】→【直方图】→【确定】，出现图 2-2 所示的对话框。在"输入区域"中输入数据的单元格范围（不包括变量名），"接受区域"内输入上限值的单元格范围，点击【确定】即可生成组距数列。若将图 2-2 对话框中的"图表输出"打勾，还可与此同时生成下节要介绍的直方图。

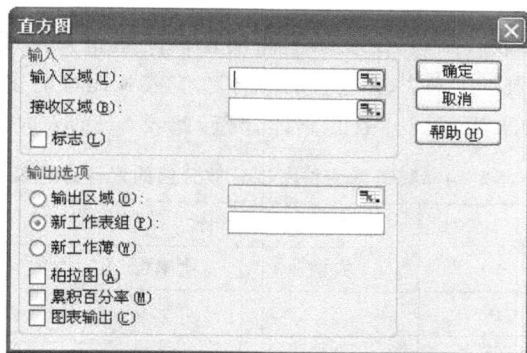

图 2-2　【直方图】设置对话框

二、分布疏密状况的表达

　　编制次数分布数列的主要目的之一就是反映总体单位在各组间的分布疏密情况，对于品质数列、单项数列和等距数列，只要观察各组的次数便可以掌握各组疏密状况。但是对于异距数列，由于各组次数的多少还受到组距不同的影响，各组的次数可能会随着组距的扩大而增加，随着组距的缩小而减少。为消除异距分组所造成的这种影响须计算次数密度或标准组距下的次数，其计算公式如下：

$$次数密度 = 次数/组距 \tag{2.9}$$
$$标准组距下的次数 = 次数密度 \times 标准组距 \tag{2.10}$$

　　以上公式中的次数既可以是绝对次数，即频数，也可以是相对次数，即频率。若用频数计算，结果分别称为频数密度和标准组距下的频数；若用频率计算，则结果分别称为频率密度和标准组距下的频率。

　　次数密度是将各组的次数转换为组距是 1 个单位时的次数，标准组距下的次数是将各组的次数转换为一个共同的组距（即标准组）时的次数，因此它们都能比较客观地反映异距数列中总体单位在各组间的疏密。关于标准组距，为方便，一般取所有组距中的最小者，但不绝对，要视具体组距而定。

　　频率密度有一个重要性质，即各组频率密度与各组组距乘积的和等于 1。这一点和第六章要介绍的概率密度函数非常类似。实际上频率密度和概率密度函数有非常紧密的联系，学完第六章第一节的内容，我们将可以看到这一点。

三、累计次数分布

　　将次数分布数列各组的频数或频率逐组累计相加便得累计次数分布，它表明总体在某一标志的某一水平上下总共包含的总体单位数或比率。累计次数有以下两种计算方法。

(一)向上累计

向上累计是将各组频数或频率,由变量值低的组向变量值高的组逐组累计。组距数列中的向上累计,表明各组上限以下总共所包含的总体单位数和比率有多少。

(二)向下累计

向下累计是将各组频数或频率,由变量值高的组向变量值低的组逐组累计。组距数列中的向下累计,表明各组下限以上总共所包含的总体单位数和比率有多少。

例如,表 2-3 所列的学生考试分数的累计分布,如表 2-4 所示。

表 2-4　某班学生按考试分数分组的累计分布表

分　数	人数	比率(%)	向上累计		向下累计	
			人数	比率(%)	人数	比率(%)
50~60	2	5.0	2	5.0	40	100.0
60~70	8	20.0	10	25.0	38	95.0
70~80	16	40.0	26	65.0	30	75.0
80~90	9	22.5	35	87.5	14	35.0
90~100	5	12.5	40	100.0	5	12.5
合　计	40	100.0	——	——	——	——

累计次数分布是确定各种位置平均数的依据,它还可以用于研究社会财富分配的公平程度等问题。

四、次数分布的主要类型

次数分布是统计分析的一种重要方法。由于客观现象性质不同,各种统计总体有不同的次数分布,形成不同类型的分布特征。概括起来,根据曲线形状的特点,大致分成三种类型:钟型分布、U 型分布和 J 型分布。

(一)钟型分布

钟型分布的特征是:"两头小,中间大",即靠近中间的变量值分布的次数多,靠近两端的变量值分布的次数少。其分布曲线图宛如一口古钟。钟型分布可分为以下两种:

1.对称分布

对称分布的特征是:中间变量值分布的次数最多,两侧变量值分布的次数随着与中间变量值距离的增大而渐次减少,并且围绕中心变量值两侧呈对称分布,如图 2-3(a)所示。一般次数分布呈正态分布曲线,正态分布是最重要的对称分布。

2.偏态分布

偏态分布的特征是:中间变量值分布的次数最多,两侧变量值分布的次数逐渐减少,但两侧减少的速度快慢不同,致使分布曲线向某一方向偏斜。分布曲线偏斜分两种情况:

(1)右偏。

当变量值存在极端大值时,次数分布曲线就会向右延伸,这种分布称右偏分布,如图 2-3(b)所示。

（2）左偏。

当变量值存在极端小值时，次数分布曲线就会向左延伸，这种分布称左偏分布，如图 2-3（c）所示。

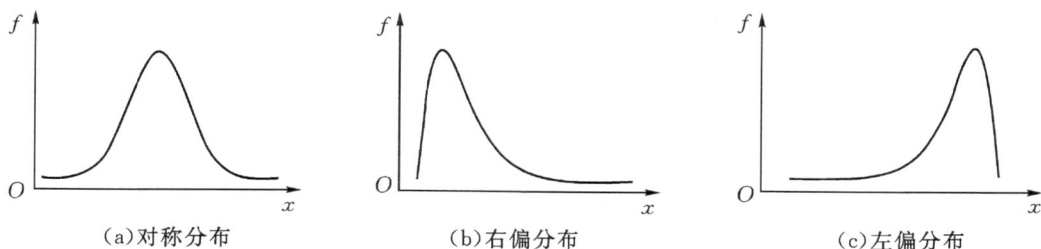

（a）对称分布　　　　　（b）右偏分布　　　　　（c）左偏分布

图 2-3　钟型分布

有许多社会经济现象是属于钟型分布的。例如，农作物亩产量、市场价格、学生的成绩、职工的工资等现象都属于上述两种钟型分布。

（二）U 型分布

U 型分布的特征是："两头大，中间小"，即靠近中间的变量值分布的次数少，靠近两端的变量值分布的次数多。其分布曲线图像英文字母"U"字，如图 2-4 所示。

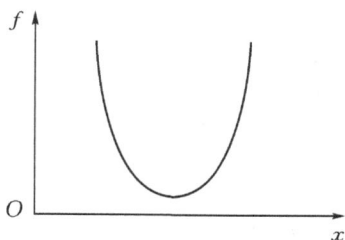

图 2-4　U 型分布

在社会经济现象中，比如，按不同年龄的死亡率的分布，就表现为 U 型分布。据科学分析，在人口总体中，0～4 岁组死亡率最高，5 岁起下降，10～14 岁组达到最低，15 岁起死亡率又缓慢上升，50 岁后显著增快，60 岁以上达最高，其分布呈 U 型。

（三）J 型分布

J 型分布的特征是："一边小，一边大"，即大部分变量值集中在某一端分布，分布曲线图像英文字母"J"字。J 型分布有以下两种类型。

1. 正 J 型分布

其表现为次数随着变量值的增大而增多，大部分变量值集中分布在右边，如图 2-5（a）所示。例如，投资额按利润率大小分布，一般呈正 J 型分布。

2. 反 J 型分布

其表现为次数随着变量值的增大而减少，如图 2-5（b）所示。例如，60 岁以上的老年人口按年龄大小分布,即"金字塔式"的分布次数,表明年龄越大,人数越少。

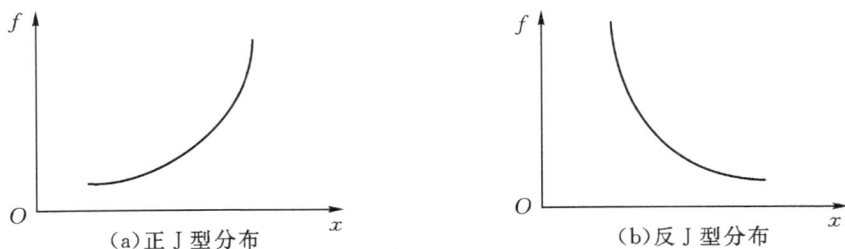

(a)正 J 型分布   (b)反 J 型分布

图 2-5   J 型分布

第四节   统计表和统计图

一、统计表

(一)统计表的定义和结构

对统计调查所获得的原始资料进行整理,得到说明客观现象及其发展过程的数据,把这些数据按一定的顺序排列在表格上,就形成了统计表。广义的统计表包括统计工作各个阶段中所用的一切表格。狭义的统计表专指分析表和容纳各种统计资料的表格,也就是通常所说的统计表,它清楚地、有条理地显示统计资料,直观地反映统计分布特征,是统计分析的一种重要工具。

统计表的结构,可以从表式和内容两个方面来认识。

(1)从表式上看,统计表是由纵横交叉的线条组成的一种表格,表格包括总标题、横行标题、纵栏标题和指标数值四个部分。总标题是统计表的名称,它扼要地说明该表的基本内容,并指明时间和范围,置于统计表格的正上方。横行标题是横行的名称,一般放在表格的左方。纵栏标题是纵栏的名称,一般放在表格的上方。横行标题和纵栏标题共同说明填入表格中的统计数字所指的内容。指标数值列在横行和纵栏的交叉处,用来说明总体及其组成部分的数量特征,它是统计表格的核心部分。具体表式如表 2-5 所示。

表 2-5   西藏 2012 年分产业总值及增长速度

按三次产业分	地区生产总值(亿元)	比上年增长率(%)
第一产业	80.38	7.9
第二产业	242.85	16.3
第三产业	377.80	17.1
合 计	701.03	15.7

主词栏   宾词栏

资料来源:《西藏统计年鉴(2013)》。

(2)从内容上看,统计表由主词栏和宾词栏两个部分组成。主词栏是统计表所要说明的总体及其组成部分;宾词栏是统计表用来说明总体数量特征的各个统计指标,如表 2-5 所示。主词一般列在表的左方,宾词一般列在表的右方;必要时,主宾词可以变换位置或合并排列。

此外,统计表还有补充资料、注解、资料来源、填表单位、填表人等。

(二)统计表的分类

1. 按主词的结构分类

根据主词是否分组和分组的程度,分为简单表、分组表和复合表。

(1)简单表:主词未经任何分组的统计表称为简单表,也称一览表。主词罗列各单位的名称。如表2-6所示,即为总体各单位名称排列的简单表。

表2-6 2013年某公司所属两企业成套家具合格品数量表

企 业	合格品数量(套)
甲企业	5000
乙企业	7000
合 计	12000

(2)分组表:主词只按一个标志进行分组形成的统计表,也称简单分组表,表2-5就是一个分组表。

(3)复合表:主词按两个或两个以上标志进行复合分组的统计表,也称复合分组表,如表2-7所示。

表2-7 2013年某地区工业增加值和职工人数

项 目		增加值(万元)	职工人数(人)
内资企业	大 型	9750	13800
	中 型	8600	45000
	小 型	4200	10050
外资企业	大 型	7300	7500
	中 型	5200	10400
	小 型	4400	4500

复合表能更深刻更详细地反映客观现象,但使用复合表应恰如其分,并不是分组越细越好。因为复合表中多进行一次分组,组数将成倍增加,分组太细反而不利于研究现象的特征。

2. 按宾词设计分类

按宾词设计分类可分为宾词简单排列、分组平行排列和分组层叠排列等三种。

(1)宾词简单排列:宾词不进行任何分组,按一定顺序排列在统计表上,如表2-5所示。

(2)宾词分组平行排列:宾词栏中各分组标志彼此分开,平行排列,如表2-8所示就是宾词分组平行排列表。

表2-8 某地区工业企业的职工性别和工龄(2013年底)

企业按经济成分分组	企业数	职工总数	性别		工 龄				
			男	女	1年以下	1～3年	3～5年	5～10年	10年以上
公有经济									
非公经济									
合 计									

(3)宾词分组层叠排列：统计指标同时有层次地按两个或两个以上标志分组，各种分组层叠在一起，宾词的栏数等于各种分组的组数连乘积，如表2-9所示。

表2-9　某地区工业企业的职工性别和工龄（2013年底）

企业按经济成分分组	企业数	职工总数（百人）			工龄													
					1年以下			1～3年			3～5年			5～10年			10年以上		
		男	女	计	男	女	计	男	女	计	男	女	计	男	女	计	男	女	计
公有经济																			
非公经济																			
合　　计																			

统计表的主词分组与宾词分组是有区别的：主词分组的结果使总体分成许多组成部分，它们需要用统计指标（宾词）来描述。宾词分组的结果并不增加统计总体的各组成部分，仅仅是比较详细地描述总体已有的各个组成部分。由此可见，主词分组具有独立的意义，而宾词分组从属于主词的要求，是为更详细地描述主词的数量特征而设计的。

(三)编制统计表应注意的问题

编制统计表力求做到简练、明确、实用、美观，便于比较。编制时应具体注意以下几点：

(1)线条的绘制。表的上下端应以粗线绘制，表内纵横线以细线绘制。表格的左右两端一般不划线，采用"开口式"。

(2)合计栏的设置。统计表各纵列若需合计时，一般应将合计列在最后一行，各横行若需要合计时，可将合计列在最前一栏或最后一栏。

(3)标题设计。统计表的总标题，横栏、纵栏标题应简明扼要，以简练而又准确的文字表述统计资料的内容、资料所属的空间和时间范围。

(4)指标数值。表中数字应该填写整齐，对准位数。当数字小且可略而不计时，可写上"0"；当缺某项数字资料时，可用符号"…"表示；不应有数字时用符号"——"表示。

(5)计量单位。统计表必须注明数字资料的计量单位。当全表只有一种计量单位时，可以把它写在表头的右上方。如果表中各格的指标数值计量单位不同，可在横行标题后写上计量单位，并用括号括起来，也可在横行标题后添一列计量单位。

(6)注解或资料来源。必要时，在统计表下应加注解或说明，以便查考。

二、统计图

运用统计图可以直观地描述数据整理的结果，统计图的类型很多，除了可以绘制二维平面图外，还可以绘制三维立体图。图形的制作均可由计算机完成。不同类型的数据，所适用的统计图方法也不尽相同。

(一)定性数据的图示

定性数据本身就是对事物的一种质的区分，在整理时除了列出所区分的类别外，还要计算出每一类别的频数、频率或比率。反映定性数据的图示方法，主要包括条形图和饼图。如果两个总体或样本的分类相同且问题可比，还可以绘制环形图。

1.条形图

条形图是用宽度相同的条形的高度或长短来表示数据的多少的图形。在表示定性数据的分布时,是用条形图的高度或长度来表示各类别数据的频数或频率。绘制时,可以将类别放在纵轴,称为横式条形图(如图 2−6(a)所示);也可以将类别放在横轴,称为立式条形图,也称为柱形图(如 2.6(b)所示)。此外,条形图还有单式、复式等形式。

例 2.1 一家市场调查公司为研究不同品牌洗发水的市场占有率,对随机抽取的一家超市进行了调查。调查员在某天对 50 名顾客购买洗发水的品牌进行了记录。如果一个顾客购买某一品牌的洗发水,就将这一洗发水的品牌名字记录一次。调查结果简单整理后如表 2−10 所示。

表 2−10　不同品牌洗发水的频数分布

洗发水品牌	频数	频率(%)
A	15	30
B	11	22
C	9	18
D	6	12
E	9	18
合　计	50	100

根据表 2−10,绘制条形图如图 2−6 所示。

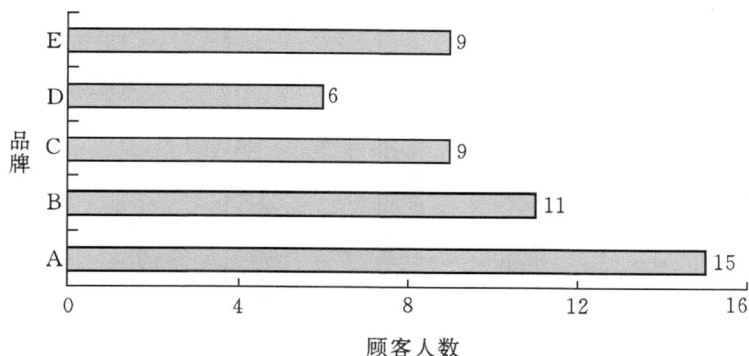

图 2−6(a)　不同品牌洗发水的次数分布

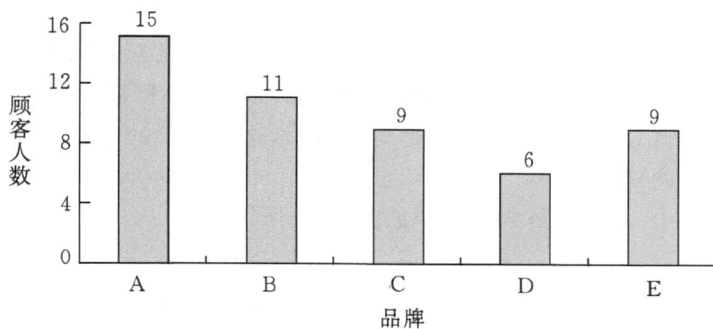

图 2−6(b)　不同品牌洗发水的次数分布

例 2.2 在一项城市住房问题的研究中,研究人员在甲、乙两个城市各抽样调查 300 户,其中的一个问题是:"您对您家庭的住房状况是否满意?"

A.非常不满意   B.不满意   C.一般   D.满意   E.非常满意

调查结果经整理如表 2-11 所示。

表 2-11   甲、乙两个城市家庭对住房状况的评价

回答类别	甲城市		乙城市	
	户数(户)	百分比(%)	户数(户)	百分比(%)
非常不满意	24	8.0	21	7.0
不满意	108	36.0	99	33.0
一般	93	31.0	78	26.0
满意	45	15.0	64	21.3
非常满意	30	10.0	38	12.7
合计	300	100.0	300	100.0

根据表 2-11 的数据,绘制出复式条形图,如图 2-7 所示,根据此图可以比较甲乙两个城市家庭对住房状况的评价的差异。

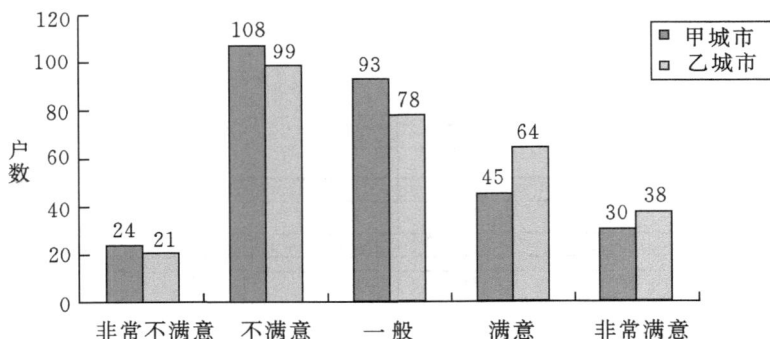

图 2-7   甲、乙两个城市家庭对住房状况的评价

2.饼图

饼图也称为圆形图,它是用圆形(或圆盘)及圆内扇形的角度来表示数值大小的图形。饼图主要用于表示总体中各组成部分所占的比重,对于研究结构性问题十分有用。绘制饼图时,总体中各部分所占的百分比用圆内的各扇形角度表示,这些扇形的中心角度是各部分百分比占 360 度的相应的比例确定的。

例如,根据表 2-10 的数据绘制的饼图如图 2-8 所示。

3.环形图

环形图与饼图相似,但又有区别。环形图中间有一个"空洞",总体或样本中的每一部分数据用环中的一段表示。饼图只能表示一个总体或样本中各组成部分的比重,而环形图可以同时绘制多个总体或样本中的数据系列,每一个总体或样本的数据系列为一个环,从而有利于进

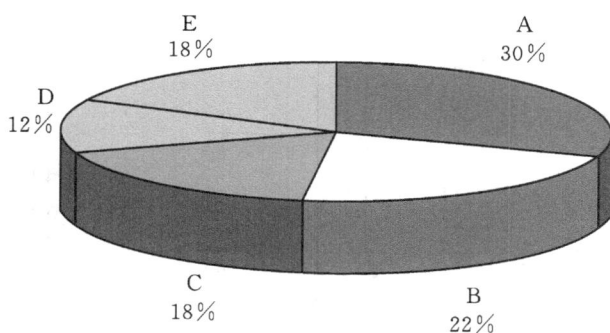

图 2-8 不同品牌洗发水的市场构成

行比较研究。

例如,根据表 2-11 的数据绘制的环形图如图 2-9 所示。

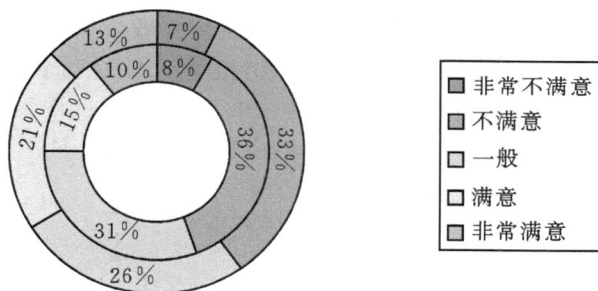

图 2-9 甲、乙两城市对住房状况的评价

(二)定量数据的图示

前面介绍的定性数据的图示法,一般也都适用于定量数据,但定量数据还有一些特定的图示方法,并不适用定性数据。对于分组数据,主要有直方图、折线图、曲线图和累计曲线图等图示方法。对于未分组的原始数据,可以用茎叶图和箱线图来观察、探索数据的分布。

1.直方图

直方图是用长方形的宽度和高度来表示次数分布的图形。绘制直方图时,横轴表示分组,纵轴表示频数或频率。当要同时表达频数和频率时,一般把频数标在图的左侧,把频率标在图的右侧。每个长方形的宽度代表组距,高度代表频数或频率。例如,根据表 2-3 的数据,绘制学生考试分数分布的直方图如图 2-10 所示。

要注意的是,直方图与条形图不同。首先,条形图中的每一个矩形表示一个类别,其宽度没有意义,而直方图的宽度则表示各组的组距。其次,由于分组数据具有连续性,直方图的各矩形通常是连续排列,而条形图则是分开排列。最后,条形图主要用于展示定性数据,而直方图则主要用于展示定量数据。

2.折线图

折线图是根据各点数值连线组成的线段的起伏来说明现象数量变化特征的。根据用途,

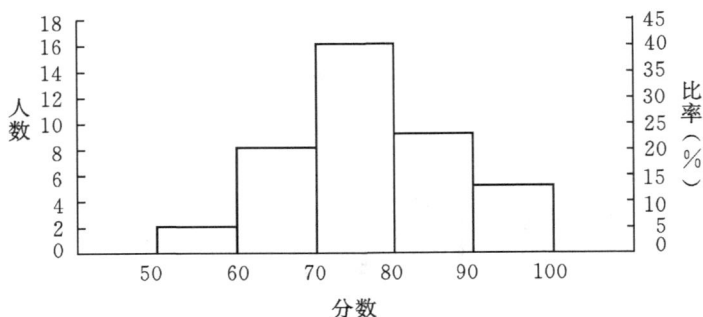

图 2-10　某班学生考试分数的分布直方图

折线图有两种,一种是分布折线图,用于观察数据分布的特征(如是否对称);另一种是时序折线图,用于反映现象随时间先后发展变化的趋势。关于时序折线图,其应用见第四章。

　　绘制分布折线图,可以在直方图的基础上,用折线将各组组中值与次数构成的坐标点连接而成,且折线图的两个终点要与横轴相交。连接横轴的具体做法是:在第一组和最后一组两边各延伸一个假想组,其组距分别与第一组和最后一组相同,再将这两个假想组的组中值与次数构成的坐标点(在横轴上)与其他组相连。在等距分组下,分布折线图下所围面积与直方图的面积相等(异距分组时近似相等),可见二者表示的次数分布基本上是一致的。仍以表 2-3 的数据为例,绘制折线图,如图 2-11 所示。

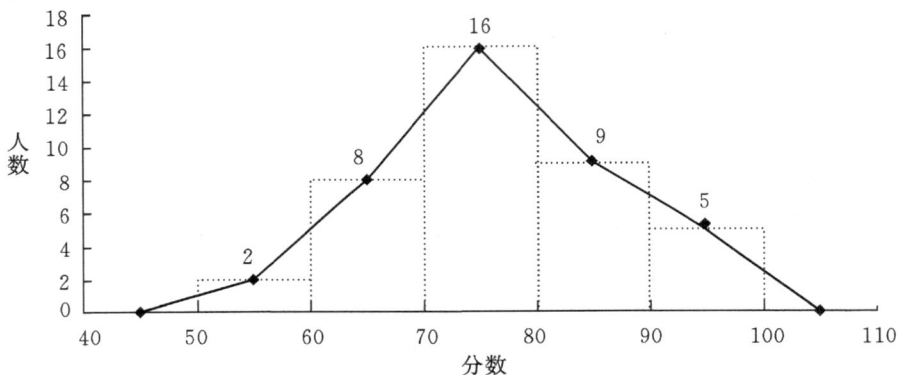

图 2-11　某班学生考试分数的分布折线图

3.分布曲线图

　　当组距数列的组数无限多时,折线表现为一条平滑曲线。分布曲线图的绘制方法和分布折线图基本相同,只是连接各组组中值与次数构成的坐标点时应当用平滑曲线,如图 2-12 所示。

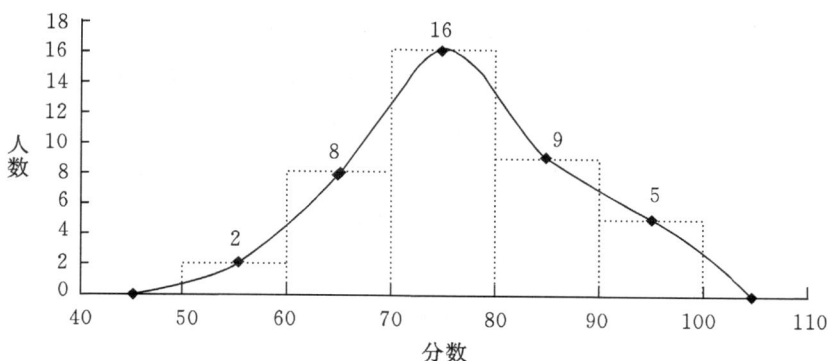

图 2－12　某班学生考试分数的分布曲线图

4. 累计分布图

累计频数(频率)分布图分为向上累计频数(频率)分布图和向下累计频数(频率)分布图。不论是向上累计或向下累计,均以分组变量为横轴,以累计频数(频率)为纵轴。在直角坐标系上将各组组距的上限与其相应的累计频数(频率)构成坐标点,依次用折线(或光滑曲线)相连,即是向上累计折(曲)线图。对于向下累计频数(频率)分布图,在直角坐标系上将各组组距下限与其相应累计频数(频率)构成坐标点,依次用折线(或光滑曲线)相连,即是向下累计分布折(曲)线图。根据表 2－4 的数据绘制的累计折线图,如图 2－13 所示。

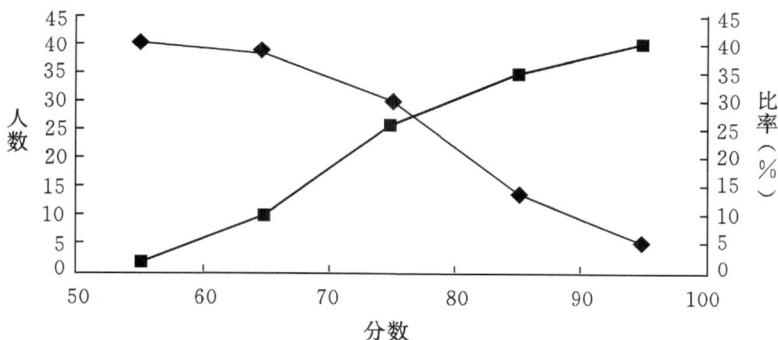

图 2－13　某班学生考试分数的累计分布折线图

观察图 2－13 可以看到,向上累计分布曲线呈上升状,向下累计分布曲线呈下降状。组的次数(或频率)越少,曲线显得越平缓;组的次数(或频率)越多,曲线显得越陡峭。

累计频数(或频率)分布图可用于研究财富、土地和工资收入的分配是否公平。这种累计分布图是由美国统计学家洛仑兹博士(M. O. Lorenz)于 1905 年提出的,故又称洛仑兹曲线图。

绘制洛仑兹曲线图的步骤如下:

(1)将分配对象和接受分配者的数量化成结构相对数并进行向上累计。

（2）纵轴和横轴均为百分比尺度，纵轴自下而上，用以测定分配的对象，如一国的财富、土地或收入等。横轴由左向右用以测定接受分配者，如一个地区人口。

（3）根据计算所得的分配对象和接受分配者的累计百分数，在图中标出相应的绘示点，连接各点并使之平滑化，所得曲线即为所要求的洛仑兹曲线。

例 2.3 根据某地区某年居民收入资料（见表 2－12）绘制洛仑兹曲线图。

表 2－12 某地区收入分配资料

按收入所得水平分组	人 口			收 入			累计收入（%）	
	人口数（万人）	结构（%）	累计（%）	月收入额（亿元）	结构（%）	累计（%）	绝对平等	绝对不平等
	（1）	（2）	（3）	（4）	（5）	（6）	（7）	（8）
最 低	128.5	12.85	12.85	1.57	5	5	12.85	0
较 低	348.0	34.80	47.65	4.08	13	18	47.65	0
中 等	466.9	46.69	94.34	16.33	52	70	94.34	0
较 高	45.6	4.56	98.90	7.54	24	94	98.90	0
最 高	11.0	1.10	100.00	1.88	6	100	100.00	100
合 计	1000.0	100.00	——	31.40	100		——	

解 先将人口数及其收入额（第（1）、（4）列）转化为结构相对数，再求出其累计的百分比（第（3）、（6）列），然后在制好的比率图上依累计百分比标出绘示点，平滑地连接各绘示点即可，如图 2－14 所示。

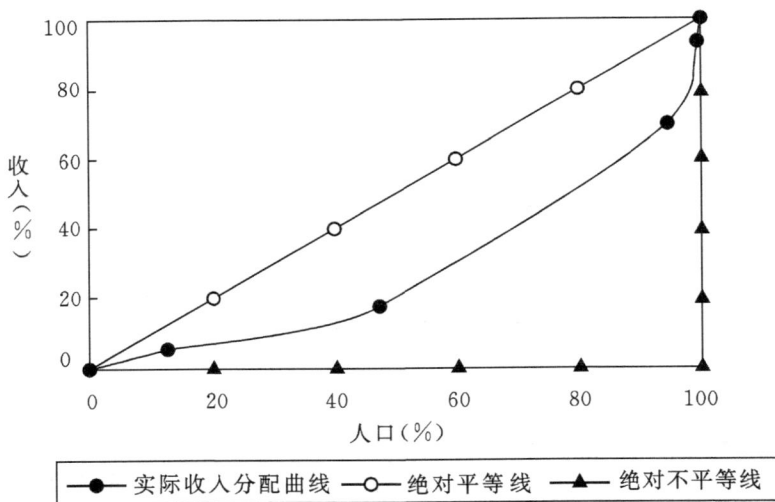

图 2－14 某地区收入分配的洛仑兹曲线图

在图 2－14 中的曲线为实际收入分配曲线，对角线为绝对平等线。将实际收入分配曲线与绝对平等线或绝对不平等线进行对比，可衡量其不平等程度。洛仑兹曲线弯曲程度越大，收入分配越不平等;反之越平坦,收入分配越均衡。

洛仑兹曲线直观,但只能观察图形,不如数值计算方便,因此常用来衡量收入分配状况的数量指标是基尼系数。基尼系数(Gini coeficient)是 1922 年意大利经济学家根据洛仑兹曲线首先提出的,其经济含义是:在一个国家全部的居民收入中,用于进行不平均分配的那部分收入占总收入的比重。它是国际通用的衡量一国贫富差距的宏观指标。将洛仑兹曲线与绝对平等线所围的面积用 A 表示,洛仑兹曲线与绝对不平等线所围的面积用 B 表示,则基尼系数 G 的计算公式为:

$$G = \frac{A}{A+B} \tag{2.11}$$

基尼系数表示收入分配不平等的程度。如果 $G = 0$,则 $A = 0$,此时洛仑兹曲线与绝对平等线重合,表示收入分配完全平等;$G = 1$,则 $B = 0$,此时洛仑兹曲线与绝对不平等线重合,表示收入分配完全不平等。

基尼系数可在 0~1 任意取值。收入分配越是趋向平等,洛仑兹曲线的弧度越小,基尼系数也越小;反之收入分配越是趋向不平等,洛仑兹曲线的弧度越大,基尼系数也越大。联合国有关组织规定:若基尼系数低于 0.2,表示收入分配绝对平均;0.2~0.3 表示平均;0.3~0.4 表示相对合理;0.4~0.5 表示收入差距较大;0.5 以上表示收入差距悬殊。国际上通常将 0.4 作为警戒线。由国家统计局公布的我国 2013 年的基尼系数为 0.473,这说明我国当前的收入差距过大,问题还是比较严峻的。

5. 茎叶图

以上介绍的统计图均用于分组数据,对于未分组的原始数据,可以使用茎叶图来观察数据的分布特点。所谓茎叶图是指把每个观察数据划分为两个部分——主部和余部,并分别用植物的"茎"和"叶"形象地进行称呼,然后把数据的主部按从大到小的顺序纵向排列,再在每个数据的主部的后面列出余部,由此得到的统计数据显示图。

例 2.4　假定某工厂一生产小组 30 个工人的日产量原始数据如表 2-13 所示。

表 2-13　30 个工人的日产量

84	85	106	91	90	98	94	106	110	87	97	95	106	101	105
93	88	103	111	107	107	108	104	120	123	119	102	113	108	116

根据表 2-13 的数据作出的茎叶图如图 2-15 所示。

(茎)	(叶)	数据个数
8	4 5 7 8	4
9	0 1 3 4 5 7 8	7
10	1 2 3 4 5 6 6 6 7 7 8 8	12
11	0 1 3 6 9	5
12	0 3	2

图 2-15　茎叶图

绘制茎叶图的关键是设计好树茎,通常以该组数据的高位数值作为树茎,而且树叶上只保留该数值的最后一个数字。树茎一经确定,树叶就自然在相应的树茎上了。一般要求把树茎写在左边,树叶写在右边,茎和叶之间用一竖线隔开。

茎叶图同时具有次数分布和直方图的功能。从图 2-15 可以看出,观察值在 80~90 之间的共有 4 个,90~100 之间的次数为 7,等等。若用横条框围住每一个茎的叶部,就得到横放的直方图。直方图可观察一组数据的分布状况,但没有给出具体的数值;茎叶图既能给出数据的分布状况,又能给出每一个原始数值,保留了原始数据的信息。一般而言,当数据量不是很大(比如少于 30 个),采用茎叶图比较方便,而当数据量较大时,采用直方图比较方便。

6.箱线图

箱线图也是针对原始数据而绘制的图形。与茎叶图不同的是,箱线图并不保留原始数据的所有信息,而是直观简洁地展现数据分布的一些主要特征。箱线图不仅可以反映一组数据的分布特征,还可以进行多组数据分布特征的比较。

箱线图的具体绘制方法是:首先找出一组数据的 5 个特征值,即最大值、最小值、中位数、两个四分位数[1],然后,连接两个四分位数画出箱子,再将两个极值点与箱子连接。其一般形式如图 2-16 所示:

图 2-16 箱线图的示意图

通过箱线图的形状可以看出数据分布的特征。图 2-17 是几种不同的箱线图与其对应的分布形状的比较。

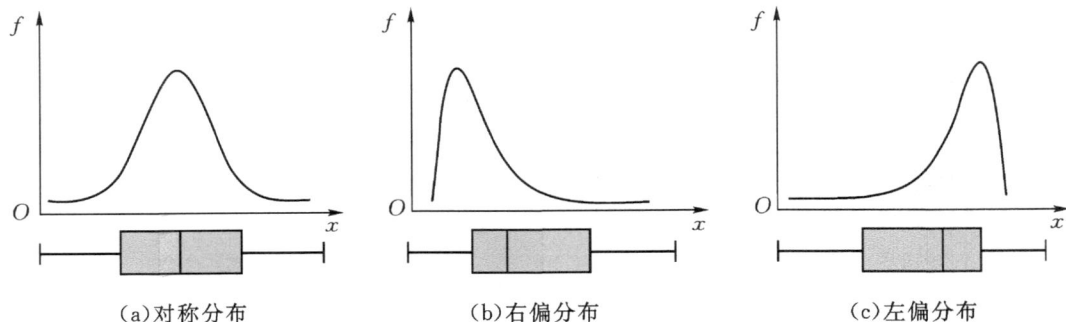

图 2-17 不同分布的箱线图

---

[1] 中位数是一组数据排序后处于中间位置的变量值;四分位数是一组数据排序后处在数据 25% 位置和 75% 位置上的两个分位数值。这些统计指标将在第三章详细介绍。

对于例 2.4 的数据,所作的箱线图为:

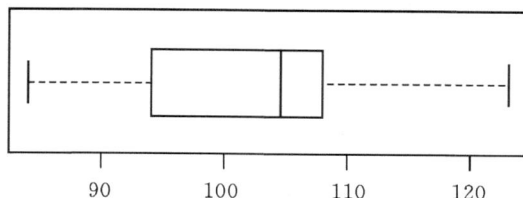

图 2-18 某工厂一生产小组工人日产量的箱线图

根据图 2-18,可以看到该工厂这一生产小组工人日产量的数基本对称,有稍微向左偏斜的态势。

以上介绍的各种统计图,除了茎叶图和箱线图外,其他均可用 Excel【图表向导】中提供的模板画出(直方图可用柱形图改制而成)。对于茎叶图,可使用 R 软件中的 stem( )函数绘制,其使用格式为:

$$\text{stem}(x, \text{scale} = 1, \quad \text{width} = 80, \quad \text{atom} = 1e-08)$$

其中,x 是待分析的数据,一般以向量的形式给出,scale 控制茎叶图的长度,默认为 1,在所有数据位数相同时,"叶"的范围为"0~9",若位数不同,"叶"的范围"0~9"分成"0~4"和"5~9"两段,此时将 scale 设置成 0.5,则"叶"的范围重新回到"0~9";若在所有数据位数相同时设置 scale=2,则"叶"分成两段。atom 为容差。

对于例 2.4,只需在 R 中输入如下代码:

```
x = c(84,85,106,91,90,98,94,106,110,87,97,95,106,101,105,93,88,103,111,107,
    107,108,
    104,120,123,119,102,113,108,116)①
stem(x, scale = 0.5)
```

运行后便可得出茎叶图 2-15。

关于箱线图,可以使用 R 软件中的 boxplot( )函数绘制,其使用格式为:

```
boxplot(x, ···, range = 1.5, width = NULL, varwidth = FALSE,
    notch = FALSE, outline = TRUE, names, plot = TRUE,
    border = par("fg"), col = NULL, log = "",
    pars = list(boxwex = 0.8, staplewex = 0.5, outwex = 0.5),
    horizontal = FALSE, add = FALSE, at = NULL)
```

其中,x,···为待分析的数据,若只给一组数据,结果输出单箱线图,如果输入多组数据,则输出多组数据的比较箱线图。horizontal 参数控制箱线图是否横放,默认为 FALSE,箱线图竖着放,若设置为 TRUE,则箱线图横放。boxwex 参数控制箱线图的宽度。其他参数的解释见该函数帮助。

对于例 2.4 的数据,绘制箱线图的 R 代码为:

```
x = c(84,85,106,91,90,98,94,106,110,87,97,95,106,101,105,93,88,103,111,107,
```

---

① c( )函数为 R 中的向量生成函数。

107,108,
    104,120,123,119,102,113,108,116)
    boxplot(x, horizontal = T)

运行即可得箱线图 2-18。

应用案例 1

第六次全国人口普查试点调查方案

一、调查目的

为研究人口普查项目设置,检验普查登记过程中人口普查表填写方式的可行性,进行光电录入扫描识别的测试,完善和修订 2010 年第六次全国人口普查方案,特进行本次试点调查。

二、调查范围

本次试点调查在山西省、吉林省、江苏省、湖北省、四川省、甘肃省被抽中的地区进行。

三、调查标准时间

本次调查的标准时间为 2009 年 9 月 20 日零时。

四、调查对象

本次试点的调查对象为抽中地区的全部人口。包括两部分人,一是 2009 年 9 月 20 日晚住本户的人;二是户口在本户,2009 年 9 月 20 日晚未住本户的人。

调查以户为单位进行,既调查家庭户,也调查集体户。

五、调查的组织实施

(一)调查的组织领导

本次试点,由国务院人口普查领导小组办公室负责业务指导,在省人口普查领导小组领导下,由试点省人口普查办公室和试点所在市、县人民政府共同组织完成。

(二)调查员、调查指导员的选聘与培训

每个普查小区至少配备一名调查员,每个普查区至少配备一名调查指导员,原则上四至五个普查小区配备一名调查指导员。调查员、调查指导员的选聘工作由试点省负责。调查员、调查指导员可以从党政机关、企事业单位借调,也可以从村民委员会和社区居民委员会选任,或从社会招聘。

调查员、调查指导员的培训工作由试点省负责。9 月 12 日前完成调查员、调查指导员的选聘与培训。

(三)调查的宣传工作

为使调查工作顺利进行,各级机构要借助广播、电视、报纸、网络等媒体组织开展多种形式的宣传工作。要对各级领导讲明试点调查的意义,特别要讲清调查数据仅为制定人口普查方案服务,不作为评价本地区相关工作的依据。同时,要做好群众的宣传工作,告知他们所有参与调查的单位和工作人员,都会为被调查户提供的家庭和个人信息保密,以消除他们的顾虑,如实反映情况。

(四)调查小区的划分

试点省负责调查小区划分工作的组织实施。按照每个调查小区 70~100 户、250 人(或 170~350 人)左右的规模将被抽中的地区划分为若干个调查小区。划分调查小区时,应明确调查小区的边界,标明调查小区内的重要地理要素,标明调查小区内的建筑物并编号,做到调查小区地域完整。9 月 12 日前完成调查小区的划分工作。

（五）部门相关资料的收集与整理

试点省组织抽中地区对部门相关资料进行收集与整理,并将部门资料按照调查小区范围进行划分。9 月 12 日前完成部门相关资料的收集与整理工作。

（六）调查摸底工作

试点省组织完成调查摸底工作。摸底工作时间为 2009 年 9 月 13—19 日。调查指导员、调查员要对抽中的调查小区进行全面扫描,逐户访查,绘制《调查小区地图》,编制《户主姓名底册》。摸底工作由调查指导员、调查员在当地派出所和基层组织的协助下进行。

（七）入户登记、复查工作

人口普查登记的方法,采用普查员入户查点询问、当场填报的方式进行。普查员应当按照普查表列出的项目逐户逐人询问清楚,逐项进行填写,做到不重不漏、准确无误。

试点省组织完成入户登记、复查工作。入户登记时间为 2009 年 9 月 20—27 日。调查员入户登记时,要逐人逐项登记各个项目,做到户不漏人,人不漏项。

调查登记工作结束后,调查指导员要及时组织调查员对登记工作质量进行全面复查。复查时间为 2009 年 9 月 28—30 日。复查工作采取自查和互查两种方式进行,对相关情况要进行重点核查。

（八）调查表编码

调查表的编码工作在试点省的统一组织下,在调查登记和复查结束后进行。编码工作时间为 2009 年 10 月 9—15 日。

（九）调查表的报送

登记、复查、编码工作结束后,试点省负责将调查表以调查小区为单位收集、填写调查小区封面、包装整理后,交国务院人口普查办公室。

（十）数据处理、资料分析与管理

国务院人口普查办公室负责组织数据录入程序的研制和光电录入扫描、测试工作,10 月底前完成。

数据录入工作完成后,国务院人口普查办公室与试点省人口普查办公室共同对调查数据进行分析。

国务院人口普查办公室负责调查表的管理和保存。

（十一）物资准备

本次调查的调查表由国务院人口普查办公室印发,摸底表、调查物资由试点省人口普查办公室负责准备。

（十二）工作总结

调查工作完成后,各级人口普查办公室要结合工作实际对调查工作进行全面总结,总结工作于 2009 年 11 月 15 日前完成。

应用案例 2

灯泡使用寿命数据的整理

为确定灯泡的使用寿命（单位:小时）,在一批灯泡中随机抽取 100 只进行测试,所得数据如表 2-14 所示:

表 2 - 14　100 只灯泡的使用寿命

700	716	728	719	685	709	691	684	705	718
706	715	712	722	691	708	690	692	707	701
708	729	694	681	695	685	706	661	735	665
668	710	693	697	674	658	698	666	696	698
706	692	691	747	699	682	698	700	710	722
694	690	736	689	696	651	673	749	708	727
688	689	683	685	702	741	698	713	676	702
701	671	718	707	683	717	733	712	683	692
693	697	664	681	721	720	677	679	695	691
713	699	725	726	704	729	703	696	717	688

下面将这些数据进行整理,编制成组距数列,绘制直方图、茎叶图和箱线图,说明这些数据的分布特征。

首先,确定组距分组的组数和组距。由斯特杰斯经验公式得组数:

$$n = 1 + 3.322 \lg N = 1 + 3.322 \lg 100 = 7.644 \approx 8$$

而这组数据的最大值为 749,最小值为 651,两者之间的差距为 98,若组数为 8,则组距 $d \approx 98/8 = 12.25$,即 d 取 13,这个组距对数据汇总和分析显然不方便。为方便起见,这里我们让组数 n 略大于 8,取 10,这样可取组距 $d = 10$。

其次,确定各组组限。取第一组下限为 650,这里采用组限重叠的分组方式,因此第一组上限为 660,依次可得出各组上下限。因此所得的组距分组的区间范围分别为:650~660、660~670、670~680、680~690、690~700、700~710、710~720、720~730、730~740、740~750。

最后,再利用计算机得出上述分组对应的组距数列,如表 2 - 15 所示:

表 2 - 15　100 只灯泡的使用寿命的次数分布

灯泡使用寿命	灯泡数
650~660	2
660~670	5
670~680	6
680~690	14
690~700	26
700~710	18
710~720	13
720~730	10
730~740	3
740~750	3
合　　计	100

根据上面的组距数列,绘制的直方图,如图 2 - 19 所示。

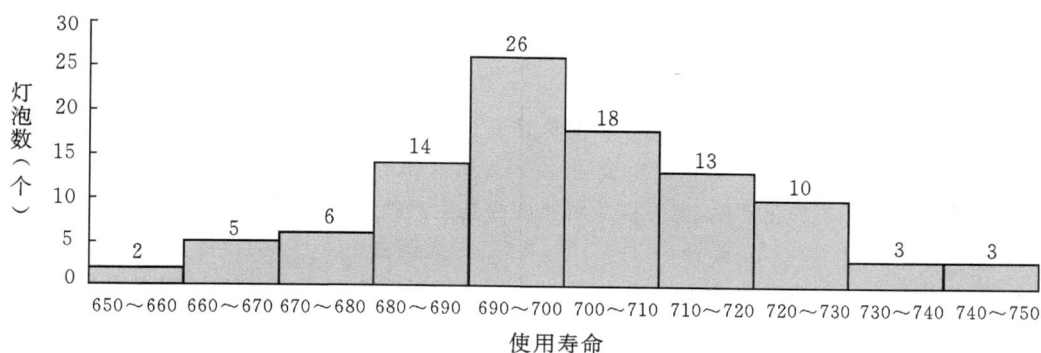

图 2-19　100 只灯泡的使用寿命的直方图

从图 2-19 可以看出,这批灯泡的使用寿命的分布基本上是对称钟型分布。下面画出这批灯泡的茎叶图和箱线图,如图 2-20 和图 2-21 所示。

(茎)	(叶)	数据个数
65	1 8	2
66	1 4 5 6 8	5
67	1 3 4 6 7 9	6
68	1 1 2 3 3 3 4 5 5 5 8 8 9 9	14
69	0 0 1 1 1 1 2 2 2 3 3 4 4 5 5 6 6 6 7 7 8 8 8 8 9 9	26
70	0 0 1 1 2 2 3 4 5 6 6 6 7 7 8 8 8 9	18
71	0 0 2 2　3 3 5 6 7 7 8 8 9	13
72	0 1 2 2　5 6 7 8 9 9	10
73	3 5 6	3
74	1 7 9	3

图 2-20　100 只灯泡的使用寿命的茎叶图

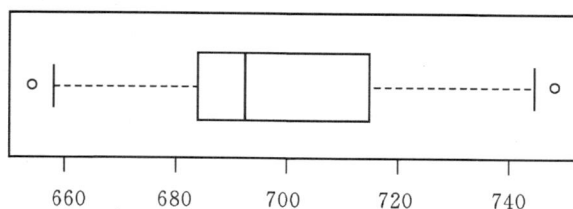

图 2-21　100 只灯泡的使用寿命的箱线图

由茎叶图,也可以看出这批灯泡使用寿命的分布基本上对称。从箱线图上看,数据基本对称,有稍微右偏的态势。另外箱线图显示,这批灯泡使用寿命的最小值和最大值均为离群点,应剔除,因此图 2-21 的箱线图是剔除了离群点后的图形。

思考与练习

一、单项选择题

1. 对百货公司工作人员进行普查,填报单位是(　　)。

A. 所有百货公司　　B. 每个百货公司　　C. 所有工作人员　　D. 每位工作人员

2. 调查几个重要的棉花产地,就可以了解我国棉花生产的基本情况,这种调查属于(　　)。

A. 抽样调查　　　　B. 普查　　　　　C. 典型调查　　　　D. 重点调查

3. 某市规定 2012 年工业企业年报的呈报时间为 2013 年 1 月 31 日前,则调查时间和调查期限为(　　)。

A. 一个月、一年　　B. 一年、一个月　　C. 一年、一天　　D. 一年零一个月、一天

4. 某地为了了解并推广先进企业的生产经营管理经验,对效益最好的几个企业进行了深入细致地调查,此种调查属于(　　)。

A. 重点调查　　　　B. 典型调查　　　C. 系统抽样　　　　D. 分层抽样

5. 人口普查规定统一的标准时间是为了(　　)。

A. 避免登记的重复与遗漏　　　　　B. 确定调查的范围

C. 确定调查的单位　　　　　　　　D. 登记的方便

6. 下列调查中,调查单位与填报单位一致的是(　　)。

A. 企业设备调查　　B. 人口普查　　C. 农村耕畜调查　　D. 工业企业现状调查

7. 调查项目(　　)。

A. 是依附于调查单位的基本标志　　　B. 与填报单位是一致的

C. 与调查单位是一致的　　　　　　　D. 是依附于调查对象的基本指标

8. 为了解工业企业的期末在制品数量,调查人员当场进行观察和计数,这种搜集资料的方法是(　　)。

A. 直接观察法　　　B. 开调查会法　　C. 个别采访法　　D. 报告法

9. 有一批灯泡共 1000 箱,每箱 200 个,现随机抽取 20 箱并检查这些箱中全部灯泡,此种检查属于(　　)。

A. 简单随机抽样　　B. 分层抽样　　C. 整群抽样　　　　D. 系统抽样

10. 为了了解某地区职工的劳动强度和收入状况,并对该地区各行业职工的劳动强度和收入情况进行对比分析,有关部门需进行一次抽样调查,应该采用(　　)。

A. 简单随机抽样　　B. 分层抽样　　C. 整群抽样　　　　D. 系统抽样

11. 对职工的生活水平状况进行分组研究,正确地选择分组标志应当用(　　)。

A. 职工月工资总额的多少　　　　　　B. 职工人均月收入额的多少

C. 职工家庭成员月平均消费额的多少　D. 职工的人均月岗位津贴及奖金的多少

12. 某连续变量分为五组:第一组为 40~50,第二组为 50~60,第三组为 60~70,第四组为 70~80,第五组为 80 以上。依习惯上规定(　　)。

A. 50 在第一组,70 在第四组　　　　B. 60 在第二组,80 在第五组

C. 70 在第四组,80 在第五组　　　　D. 80 在第四组,50 在第二组

13. 统计分组的关键问题是(　　)。

A. 确定分组标志和划分各组界限　　　B. 确定组距和组数

C.确定组距和组中值　　　　　　　　D.确定全距和组距

14.某连续变量数列,其末组为 500 以上。又如其邻近组的组中值为 480,则末组的组中值为(　　)。

　　A.520　　　　　　B.510　　　　　　C.530　　　　　　D.540

15.次数分布数列有两个组成要素,它们是(　　)。

　　A.一个是单位数,另一个是指标数　　B.一个是指标数,另一个是分配次数

　　C.一个是分组,另一个是次数　　　　D.一个是总体总量,另一个是标志总量

16.在 2008 年 8 月北京举办的第 29 届奥运会上,中国体育代表团共获得 51 枚金牌、银牌 21 枚、铜牌 28 枚,要描述中国队获得奖牌的构成状况,适宜的图形是(　　)。

　　A.条形图　　　　　B.饼图　　　　　C.茎叶图　　　　D.直方图

17.条形图与直方图的主要区别之一是(　　)。

　　A.条形图不能用于展示数值型数据

　　B.条形图可以横置,直方图不能横置

　　C.条形图中矩形的高度没有实际意义,而直方图中矩形的高度则有实际意义

　　D.条形图的矩形通常分开排列,而直方图的矩形通常连续排列

18.统计表的形式应该是(　　)。

　　A.上下不封顶,左右不开口　　　　　B.上下要封顶,左右要开口

　　C.上下要封顶,左右不开口　　　　　D.上下不封顶,左右要开口

二、思考题

1.一个统计调查方案设计的要素有哪些?设计调查问卷应注意什么问题?试就你所关心的社会热点问题设计一个调查方案。

2.做好普查应注意哪些问题?试举例说明之。

3.有人说抽样调查"以样本资料推断总体数量特征"缺乏科学依据,你认为呢?

4.抽样调查、重点调查和典型调查这三种非全面调查的区别是什么?

5.何谓统计整理?统计整理的基本步骤有哪些?

6.什么是统计分组?统计分组有哪些作用?如何选择统计分组的标志?

7.以一实例说明统计分组应遵循的原则。

8.什么情况下可以编制单项数列,什么情况下可以编制组距数列?

9.等距分组和异距分组应在什么条件下运用?

10.如何利用洛仑兹曲线对社会财富的公平与否进行评价?

三、计算与操作题

1.为评价家电行业售后服务的质量,随机抽取 100 个家庭构成一个样本。服务质量的等级分别表示为:A. 好;B. 较好;C. 一般;D. 较差;E. 差。调查结果如下:

B	E	C	C	A	D	C	B	A	E
D	A	C	B	C	D	E	C	E	E
A	D	B	C	C	A	E	D	C	B
B	A	C	D	E	A	B	D	D	C
C	B	C	E	D	B	C	C	B	C

D	A	C	B	C	D	E	C	E	B
B	E	C	C	A	D	C	B	A	E
B	A	C	D	E	A	B	D	D	C
A	D	B	C	C	A	E	D	C	B
C	B	C	E	D	B	C	C	B	C

(1)用 Excel 编制相应的次数分布数列；

(2)绘制一张柱形图，反映评价等级的分布；

(3)绘制一张饼图，反映评价等级的构成。

2. 某百货公司连续 40 天的商品销售额如下：

单位:万元

41	25	29	47	38	34	30	38	43	40
46	36	45	37	37	36	45	43	33	44
35	28	46	34	30	37	44	26	38	44
42	36	37	37	49	39	42	32	36	35

(1)以 5 为组距,对该百货公司 40 天的销售额进行组距分组,形成组距数列；

(2)根据分组数据绘制直方图、分布折线图(或曲线图),并说明数据分布的特点。

(3)制作茎叶图,并与直方图进行比较。

3. 某班在两门考查课的期末考评成绩如下：

学生编号	经济应用文写作	形势与政策	学生编号	经济应用文写作	形势与政策
1	优	差	15	良	中
2	良	中	16	优	良
3	中	中	17	优	良
4	差	中	18	良	良
5	差	差	19	优	良
6	良	良	20	良	中
7	优	优	21	差	中
8	优	良	22	差	中
9	优	优	23	优	良
10	良	中	24	中	良
11	差	中	25	差	良
12	中	中	26	中	良
13	良	中	27	良	优
14	良	中			

(1)用 Excel 按两门课程的考评成绩进行复合分组,并编制复合分组表；

(2)绘制两门课程考评成绩的环形图,并比较它们的构成。

第三章
统计数据分布特征的描述

情景导入

骗人的平均数

吉斯莫先生有一个小工厂，生产超级小玩意儿。管理人员由吉斯莫先生、他的弟弟、六个亲戚组成；工作人员由 5 个领工和 10 个工人组成。工厂经营得很顺利，需要一个新工人。

现在吉斯莫先生正在接见萨姆，谈工资问题。吉斯莫说："我们这里报酬不错，平均薪金是每周 300 元。你在学徒期间每周得 75 元，不过很快就可以加工资。"萨姆工作了几天之后，要求见厂长。

萨姆说："你欺骗我！我已经找其他工人核对过了，没有一个人的工资超过每周 100 元。平均工资怎么可能是一周 300 元呢？"

吉斯莫说："啊，萨姆，不要激动，平均工资是 300 元，我要向你证明这一点。这是我每周付出的酬金：总共是每周 6900 元，付给 23 个人，对吧？"吉斯莫说完拿出厂里的工资表（见表 3-1）：

表 3-1　吉斯莫先生的玩具厂的工资表

成员	我	我的弟弟	我亲戚	领工	工人
人数	1	1	6	5	10
工资(元)	2400	1000	250	200	100

萨姆说："对，对！你是对的，平均工资是每周 300 元。可你还是蒙骗了我。"

吉斯莫说："这我可不同意！你自己算的结果也表明我没骗你呀。"

接着，吉斯莫得意洋洋地拍着萨姆的肩膀说："小兄弟，你的问题是出在你根本不懂平均数的含义。怪不得别人呦。"

萨姆气得说不出话来，最后，他一跺脚，说："好，现在我可懂了，我不干了！"

在这个故事里，狡猾的吉斯莫利用萨姆对统计数字的误解，骗了他。萨姆产生误解的根源在于，他不了解平均数的确切含义。

"平均"这个词往往是"算术平均值"的简称。这是一个很有用的统计学的度量指标。然而，如果有少数几个很大的数，如吉斯莫的工厂中有了少数高薪者，"平均"工资就会给人错误的印象。

类似的会引起误解的例子有很多。譬如，报纸上报道有个人在一条河中淹死了，这条河的平均深度只有 2 尺。这不使人吃惊吗？不！你要知道，这个人是在一个 10 多尺深的陷坑处沉下去的。

一个公司可能报告说它的策略是由股东们民主制订的，因为它的 50 个股东共有 600 张选票,平均每人 12 票。可是,如果其中 45 个股东每人只有 4 票,而另外 5 人每人有 84 张选票,平均数确实是每人 12 票,可是只有那 5 个人才完全控制了这个公司。

还有一个例子:为了吸引零售商到一个城里来,商会吹嘘道:这个城市每个国民的平均收入非常高。大多数人看到这个就以为这个城的大多数市民都属于高收入阶层。可是,如果有一个亿万富翁恰好住在该城,其他人就可能都是低收入的,而平均个人收入却仍然很高。

这些例子反映出了我们对平均数的误解,通常我们所想到的平均数都是指算术平均数,其实除了算术平均数,还有很多其他平均数,也能反映总体的一般水平。那么有哪些平均数,什么时候采用什么样的平均数来反映总体的一般情况,反映的效果如何? 将是本章所要学习的主要内容。

第一节　分布集中趋势的描述

一、描述集中趋势的主要指标及其分类

(一)平均指标的含义

研究统计分布集中趋势的主要指标是各类统计平均数,或称平均指标。所谓统计平均数,就是概括地描述统计分布的一般水平或集中趋势的数值。统计平均数将总体各单位标志值的差异抽象化,它与各单位的标志值不一定相等,但又反映总体各单位标志值的一般水平或表明各单位标志值的集中趋势。

(二)平均指标的特点

平均指标有以下特点:

(1)将数量差异抽象化。平均指标是把各个变量之间的差异抽象化,从而说明总体的一般水平。如某企业的平均工资就是把职工之间不同工资的差异抽象化,用以说明该企业职工工资的一般水平。

(2)只能就同类现象计算。计算平均指标的各单位必须具有同类性质,这是计算平均指标的前提。只有本质相同的现象计算平均数才能正确反映客观实际情况,如果把不同性质的个体混杂在一起,由此计算的平均数只会掩盖事物的本质区别,得出错误的结论。

(3)具有代表性,能反映总体变量值的集中趋势。从总体变量分布的情况看,多数现象的分布服从钟型分布,即不管用什么技术方法求得的平均数,都靠近分布的中间,而不会在两头。这就说明多数标志值集中在平均数附近,所以平均指标是标志值集中趋势的测度数,是反映总体变量集中倾向的代表值。

(三)平均指标的作用

在统计分析中,统计平均数具有重要的作用,主要体现在以下方面:

(1)反映总体各单位变量分布的集中趋势和一般水平。大部分的具体现象,总体各单位某一变量从小到大形成一定的分布,标志值很小或很大的单位比较少,而靠近平均数的单位数比较多,即标志值围绕平均数周围的单位数在总体单位数占有最大的比重,这就显示了总体各单位向平均数集中的趋势,也表明了总体的一般水平。

(2)便于比较同类现象在不同单位间的发展水平。在说明不同企业的生产水平、经济效益

或工作质量以及对不同投资项目的评估等许多场合都广泛地应用平均指标。

（3）能够比较同类现象在不同时期的发展变化趋势或规律。社会经济现象的变化易受偶然因素和现象规模的影响。用平均指标来分析，既可以消除偶然因素的作用，又能够避免受现象规模的影响，比较确切地反映总体现象变化的基本趋势。

（4）分析现象之间的依存关系时也常借助于平均指标。例如，将工业企业按照规模的大小进行分组，并计算各不同规模工业企业的平均劳动生产率、利润率等指标，可以较深入的分析企业规模的大小与劳动生产率或利润率之间的关系。

（四）统计平均数的分类

根据各种平均数的具体代表意义和计算方式的不同，一般地，统计平均数可分为两类：即数值平均数和位置平均数。所谓数值平均数就是根据次数分布中的所有统计数据来直接计算的平均数，用以反映次数分布中各统计数据的平均水平。这类平均数的特点是，次数分布中任何一项数据的变动，都会在一定程度上影响到数值平均数的计算结果。换句话说，数值平均数是由次数分布数列的所有变量数值来确定的。数值平均数包括了算术平均数、调和平均数、几何平均数等。所谓位置平均数是根据变量值的某一特定位置来确定的，它不是对次数分布数列中各统计数据进行计算所得的结果，而是根据数列中处于特殊位置上的个别单位或部分单位的变量值来确定的，常用的位置平均数有众数和中位数两种。

二、数值平均数

（一）算术平均数

算术平均数是分析现象总体一般水平和典型特征的最基本指标，是统计中计算平均最常用的方法。其基本公式为：

$$算术平均数 = \frac{总体标志总量}{总体单位总数} \tag{3.1}$$

使用上述公式应注意：平均数是对同质总体中各单位的标志值进行平均，它要求总体标志总量和总体单位数严格的相对应，即总体标志总量必须是总体各单位标志值的总和，标志值和单位之间存在一一对应关系。例如，全国人均能源消费量指标，是全国能源消费总量与全国人口数的比率，因为每个人都有能源消费这个标志，所以人均能源消费量是个平均指标。又如，人均能源生产量指标，是全国能源总产量与全国人口数之比，但是能源生产量并不是每个人都具有的标志，所以人均能源生产量就不是平均指标，而是第一章所介绍的强度相对指标。

算术平均数由于掌握的资料不同，可分为简单算术平均数和加权算术平均数两种。

1. 简单算术平均数

如果掌握的资料是总体各单位的标志值，而且没有经过分组，则可先将各单位的标志值相加得出标志总量，然后再除以总体单位总数，这种计算平均数的方法称为简单算术平均数。

例3.1 某生产小组有5名工人，生产某种零件，日产量（件）分别为12、13、14、14、15，则平均每个工人日产零件件数为：

$$\frac{12+13+14+15}{5} = 13.6$$

上式用符号表示如下：

$$\overline{X} = \frac{X_1 + X_2 + \cdots + X_n}{n} = \frac{\sum X}{n} \qquad (3.2)$$

其中,$\overline{X}$ 为算术平均数;$X_1,X_2,\cdots,X_n$ 为各个变量值;n 为总体单位总数,也是变量值的个数;$\sum$ 为求和符号。

说明:数学上对 $X_1,X_2,\cdots,X_n$ 求和严格的写法应为 $\sum\limits_{i=1}^{n} X_i$,但由于统计上求和运算经常出现,为方便起见,有时将 $\sum\limits_{i=1}^{n} X_i$ 简单记为 $\sum X$,下面各章节类同。

2. 加权算术平均数

如果掌握的资料是经过分组整理编成了单项数列或组距数列,并且每组次数不同时,就应采用加权算术平均数的方法计算算术平均效。具体方法是:①将各组标志值分别乘以相应的频数求得各组的标志总量,并加总得到总体标志总量;②将各组的频数加总,得到总体单位总数,③用总体标志总量除以总体单位总数,即得算术平均数。

例 3.2 某机械修配厂有 50 个工人,他们每人每日加工的某种零件数,编成单项数列如表 3 - 2 所示。

表 3 - 2 某企业工人生产情况

工人的日产量(件)X	工人人数 f	总产量 Xf(件)
20	1	20
21	4	84
22	6	132
23	8	184
24	12	288
25	10	250
26	7	182
27	2	54
合计	50	1194

上述 50 个工人的总产量为 1194 件,所以每个工人平均日产量为:

$$\overline{X} = \frac{\sum Xf}{\sum f} = \frac{20 \times 1 + 21 \times 4 + \cdots + 27 \times 2}{50} = \frac{1194}{50} = 23.88\,(\text{件})$$

上式如以 x 代表变量(在本例即为日产件数),f 代表次数,也即频数(即权数,在本例即为工人数),用符号代表如下:

$$\overline{X} = \frac{X_1 f_1 + X_2 f_2 + \cdots + X_n f_n}{f_1 + f_2 + \cdots + f_n} = \frac{\sum Xf}{\sum f} \qquad (3.3)$$

式中,$\sum Xf$ ——总体标志总量;$\sum f$ ——总体单位总数,亦称总次数或总权数。

从上述计算公式可看出:平均日产量的大小,不仅取决于各组变量(X)的大小,同时也决定于各组单位数(f),即各个变量值的个数的多少,称为次数。某组出现次数多,平均数受该组的影响就较大;反之,次数少,对平均数影响也小。次数(f)在这里起着权衡轻重的作用,所以统计上把次数称为权数。用加权方法计算的算术平均数叫做加权算术平均数。

变量数列的权数有两种形式:一种是以绝对数表示,称次数或频数;另一种是以比重表示,称为比率或频率。同一总体资料,用这两种权数所计算的加权算术平均数完全相同。

权数采用频率的形式计算时,表现为:

$$\overline{X} = \sum X \cdot \frac{f}{\sum f} \tag{3.4}$$

用频率计算的公式和直接用次数计算的公式在内容上是相等的,即:

$$\frac{\sum Xf}{\sum f} = \sum X \cdot \frac{f}{\sum f} \tag{3.5}$$

现仍以表3-2的资料为例,用权数形式计算加权算术平均数,如表3-3所示。

表3-3 某企业工人生产情况

工人的日产量(件)X	工人人数		$X \cdot \dfrac{f}{\sum f}$
	绝对数 f	频率 $f/\sum f$	
20	1	0.02	0.40
21	4	0.08	1.68
22	6	0.12	2.64
23	8	0.16	3.68
24	12	0.24	5.76
25	10	0.20	5.00
26	7	0.14	3.64
27	2	0.04	1.08
合计	50	1.00	23.88

$$\overline{X} = \sum X \cdot \frac{f}{\sum f} = 20 \times 0.02 + 21 \times 0.08 + \cdots + 27 \times 0.04 = 23.88 \text{(件)}$$

此计算结果与用绝对权数的公式的计算结果完全相同。

这里要说明的是,权数在平均数中具有权衡轻重的作用,是直接通过各组单位数占总体单位数的比重,也就是各组的频率——相对权数的大小体现出来的。频率越大,该标志值记入平均数的份额也越大,对平均数的影响就越大;反之,频率就越小,该标志值记入平均数的份额也越小,对平均数的影响就越小,这就是权数权衡轻重作用的实质。

当各组的次数相同时,各标志值对平均数的影响都相同,那就无所谓权数的"权衡轻重"了。在这样的情况下,各组权数对平均数的作用都一样,加权算术平均数就等于简单算术平均数了。即当 $f_1 = f_2 = \cdots = f_n$ 时,有:

$$\overline{X} = \frac{\sum Xf}{\sum f} = \frac{f \sum X}{nf} = \frac{\sum X}{n} \tag{3.6}$$

综上所述,加权算术平均数与简单算术平均数不同之处在于:加权算术平均数受到两个因素的影响,即变量值大小和次数多少的影响;而简单算术平均数只反映变量值大小这一因素的影响。两者之间的联系在于:简单算术平均数可以看成是加权算术平均数的一种特殊形式。

最后指出,如果我们掌握的资料,不是单项变量数列,而是组距数列,则计算算术平均数的方法与上述方法基本相同,所不同的只是要利用各组的组中值作为代表标志值进行计算。具体方法是,必须先算出组距数列各组的组中值,以各组中值代表该组的标志值,然后再来计算加权算术平均数。

例3.3 某企业工人按日产量分组的的资料如表3-4所示:

表3-4 某企业工人日产量的算术平均数计算表

按日产量分组(千克)	工人人数 f	组中植 X	Xf
60 以下	10	55	550
60~70	19	65	1235
70~80	50	75	3750
80~90	36	85	3060
90~100	27	95	2565
100~110	14	105	1470
110 以上	8	115	920
合计	164	——	13550

则工人的平均日产量为:

$$\overline{X} = \frac{55 \times 10 + 65 \times 19 + \cdots + 115 \times 8}{164} \frac{13550}{164} = 82.62（千克）$$

应该指出,这种计算方法具有一定的假定性。即假定各单位标志值在组内是均匀分配的,但实际上要分配得完全均匀是不可能的。这样,用组中值计算出来的算术平均数也就带有近似值的性质。还要指出,根据组距数列计算算术平均数时,有时往往会遇到开口组,如表3-4中,第一组的60以下,及最后一组的110以上,这时我们一般就假定它们同邻组组限相仿来计算组中值。因此,根据开口组计算的算术平均数就更具有假定性。尽管如此,但就整个数列来看,由于分组引起的影响变量数值高低的各种因素会起到相互抵消的作用,所以,由此而计算的平均数仍然具有足够的代表性。

3.是非标志的算术平均数

在第一章中,我们曾提到数据根据其计量尺度的高低可分为四个层次,对于以定类尺度和定序尺度计量的数据资料,统计处理往往是把它们的类别差异过渡到数量上的变异,然后再计算平均数。

例如,从业人员按性别分为男、女两组;高中生的升学考试将考生分为文科和理科两组;企业生产的产品分为合格和不合格两组;等等。它们都是以品质标志把总体单位划分成两类,且均可用"是"与"非"来区分,故称之为"是非标志",或"交替标志"。

在一批产品中,若将合格品看做具有"是"的属性,那么不合格品就具有"非"的属性。设合格品的数量为 f_1,合格率为 p;不合格品的数量为 f_2,不合格率为 q;以 1 作为"是"(合格品)的单位的标志值,以 0 作为"非"(不合格品)的单位的标志值,这样就把以文字表示的品质标志

转化为数量标志。按加权算术平均数公式计算,得到:

$$\overline{X} = \frac{\sum Xf}{\sum f} = \frac{f_1}{f_1 + f_2} = p \tag{3.7}$$

可见,合格率 p 等总体比率也是一种特殊的平均数,它是是非标志的平均数。

4.算术平均数的数学性质

算术平均数有很好的数学性质,下面给出其中四个比较重要的性质:

性质 1 算术平均数与变量值个数(总体单位总数)的乘积等于各标志值的总和。

为简单算术平均数时: $\qquad n\overline{X} = \sum X \tag{3.8}$

为加权算术平均数时: $\qquad \overline{X}\sum f = \sum Xf \tag{3.9}$

这一性质说明,对于总体标志总量等于总体各单位某一数量标志的总和(即总量等于各分量的和)的现象,适合用算术平均数作为这一数量标志的代表值。由于我们生活大部分现象都满足总量等于各分量的和,因此算术平均数是我们生活中应用最广泛的平均数。

性质 2 各个变量值与算术平均数的离差之和等于零。

为简单算术平均数时:

$$\sum (X - \overline{X}) = 0 \tag{3.10}$$

因为 $\qquad \sum (X - \overline{X}) = \sum X - \sum \overline{X} = \sum X - n\overline{X} = 0$

为加权算术平均数时:

$$\sum (X - \overline{X})f = 0 \tag{3.11}$$

因为 $\qquad \sum (X - \overline{X})f = \sum Xf - \sum \overline{X}f = \sum Xf - \overline{X}\sum f = 0$

性质 3 各个变量值与算术平均数离差的平方和为最小值。

为简单算术平均数时: $\qquad \sum (X - \overline{X})^2 = \min \tag{3.12}$

为加权算术平均数时: $\qquad \sum (X - \overline{X})^2 f = \min \tag{3.13}$

这里 min 为最小值。

下面证明简单算术平均数的情形,对于加权算术平均数的情形类似证明。

设 X_0 为任意常数,则有:

$$\sum (X - X_0)^2 = \sum [(X - \overline{X}) + (\overline{X} - X_0)]^2$$
$$= \sum [(X - \overline{X})^2 + 2(X - \overline{X})(\overline{X} - X_0) + (\overline{X} - X_0)^2]$$
$$= \sum (X - \overline{X})^2 + 2\sum (X - \overline{X})(\overline{X} - X_0) + \sum (\overline{X} - X_0)^2$$
$$= \sum (X - \overline{X})^2 + n(\overline{X} - X_0)^2 \geqslant \sum (X - \overline{X})^2$$

当且仅当 $X_0 = \overline{X}$,上述不等式取"$=$",因此 $\sum (X - \overline{X})^2 = \min$。

性质 2 和性质 3 共同说明了算术平均数有比较强的代表性。性质 2 说明算术平均数是各变量值的数值中心,用算术平均数代表一般水平,既有正的代表误差,也有负的代表误差,且正负代表误差相互抵消;性质 3 则说明了算术平均数的代表误差的平方和是最小的,因此相比于用其他数值,其代表性较强。

性质 4 线性性：对被平均的变量实施某些线性变换后，新变量的算术平均数等于对原变量的算术平均数施以同样的线性变换的结果。用数学式子可表示为：

$$\overline{a+bX} = a+b\overline{X} \quad (a,b \text{ 为常数})\tag{3.14}$$

证明：只证明简单算术的情形，加权算术的情形类似。

$$\overline{a+bX} = \frac{\sum(a+bX)}{n} = \frac{\sum a + \sum bX}{n} = \frac{na+b\sum X}{n} = a + \frac{b\sum X}{n} = a+b\overline{X}$$

性质 4 说明了算术平均数具有良好的代数运算性质。

5.算术平均数的缺点

上面的性质 1 到性质 4 说明了算术平均数适合代数运算，简便易操作，意义和代表性也都比较好，因此，算术平均数在实践中应用很广，尽管如此，其在实际应用中仍存在着两点不足：

(1)算术平均数易受极端变量值的影响，使 $\overline{X}$ 的代表性变小；而且受极大值的影响大于受极小值的影响；

(2)当组距数列为开口组时，由于组中值不易确定，使 $\overline{X}$ 的代表性也不很可靠。

(二)调和平均数

调和平均数又称"倒数平均数"，它是各个变量值倒数的算术平均数的倒数。具体计算方法如下：

(1)先计算各个变量值的倒数，即 $\frac{1}{X}$；

(2)计算上述各个变量值倒数的算术平均数，即 $\frac{\sum\frac{1}{X}}{n}$；

(3)再计算这种算术平均数的倒数，即 $\frac{n}{\sum\frac{1}{X}}$，就是调和平均数，即：

$$\overline{X}_h = \frac{n}{\sum\frac{1}{X}}\tag{3.15}$$

式中，$\overline{X}_h$ 代表调和平均数。

由于所得资料的具体内容不同，调和平均数也有简单调和平均数(如(3.15)式)和加权调和平均数两种。加权调和平均数形式为：

$$\overline{X}_h = \frac{\sum f}{\sum\frac{1}{X}f}\tag{3.16}$$

在我们的现实生活中，直接用调和平均数的地方很少遇到，而在社会经济统计学中经常用到的仅是一种特定权数的加权调和平均数，一般是把它作为算术平均数的变形来使用的，而且两者计算的结果是相同的，仅计算的过程不同而已。即有以下数学关系式成立：

$$\overline{X} = \frac{\sum Xf}{\sum f} = \frac{\sum Xf}{\sum\frac{1}{X}Xf} = \frac{\sum m}{\sum\frac{1}{X}m} = \overline{X}_h\tag{3.17}$$

式中，$m=Xf$，$f=\frac{m}{X}$。m 是一种特定的权数，它不是各组变量值出现的次数，而是各组标志总量。但 m 具有加权调和平均数权数的数学性质,即各组权数 m 同时扩大或缩小若干倍数,平均数不变。

例3.4 已知某商品在三个集市贸易市场上的平均价格及销售量资料如表3-5所示。

表3-5　某商品在三个贸易市场上的销售情况

市场	平均价格 X(元/千克)	销售量 f(千克)
甲	2.00	30000
乙	2.50	20000
丙	2.40	25000
合计	——	75000

这里,我们掌握平均价格和销售量的资料,即已知 X 和 f,因此,可以直接采用加权算术平均数的计算公式计算:

$$\overline{X} = \frac{\sum Xf}{\sum f} = \frac{2.00 \times 30000 + 2.50 \times 20000 + 2.40 \times 25000}{75000} = 2.27 （元/千克）$$

如果掌握的是平均价格和销售额的资料(见表3-6),则可直接采用加权调和平均数公式来计算平均数:

$$\overline{X}_h = \frac{\sum m}{\sum \frac{1}{X}m} = \frac{170000}{\frac{60000}{2.00} + \frac{50000}{2.50} + \frac{60000}{2.40}} = 2.27 （元/千克）$$

表3-6　某商品在三个贸易市场上的价格和销售额

市场	平均价格 X(元/千克)	销售额 Xf(元)
甲	2.00	60000
乙	2.50	50000
丙	2.40	60000
合计	——	170000

可以看出,上面采用加权算术和加权调和的计算公式得出的计算结果是完全一样。从计算形式上看,后者采用了调和平均数的方法,但在内容上却与算术平均数法计算的一样。原因在于两者在采用的权数上是不同的。算术平均数法是以销售量(基本公式的分母)为权数的,调和平均数法是以销售额(基本公式的分子)为权数的。究竟采用哪种计算方法,要从掌握的资料情况来决定。一般而言,如果已知分母资料,则直接采用加权算术的计算公式;否则分母资料未知,而已知分子资料,则可直接采用加权调和的计算公式来计算。

最后指出,调和平均数有如下特点:①如果数列中有一标志值等于零,则无法计算 $\overline{X}_h$;②它作为一种数值平均数,也受极端值的影响,且受极小值的影响大于受极大值的影响,但较之算术平均数,受极端值的影响要小。

(三)几何平均数

几何平均数是指若干项变量值连乘积开其项数次方的算术根。当各项变量值的连乘积等于总比率或总速度时,适宜用几何平均数计算平均比率或平均速度。

几何平均数根据资料情况,可分简单几何平均数和加权几何平均数两种。前者适用于未分组资料,后者适用于分组后的变量数列。但常用的是简单几何平均数。

1. 简单几何平均数

简单几何平均数是 n 个变量值连乘积的 n 次方根,其计算公式为:

$$\overline{X}_G = \sqrt[n]{X_1 X_2 \cdots X_n} = \sqrt[n]{\prod_{i=1}^{n} X_i} = \sqrt[n]{\prod X} \tag{3.18}$$

式中,$\overline{X}_G$——几何平均数;$\prod$——连乘符号;n——变量值个数。

例 3.5 某产品需经三个车间加工,已知第一个车间加工合格率为 95%,第二个车间加工合格率为 90%,第三个车间加工合格率为 98%,求三个车间平均加工合格率。

解 由于产品是由三个车间连续加工完成的,第二个车间加工的是第一个车间完工的合格品,第三个车间加工的又是第二个车间完工的合格品,因此,三个车间总合格品率是三个车间相应合格品率的连乘,求平均加工合格品率就不能采用算术平均法:(95%+90%+98%)/3=94.33%,而应当用几何平均法求三个车间的平均加工合格率。计算如下:

$$\overline{X}_G = \sqrt[3]{X_1 X_2 X_3} = \sqrt[3]{95\% \times 90\% \times 98\%} = 94.28\%$$

2. 加权几何平均数

当各个变量值的次数(权数)不相同时,应采用加权几何平均数,其计算公式为:

$$\overline{X}_G = \sqrt[f_1 + f_2 + \cdots f_n]{X_1^{f_1} X_2^{f_2} \cdots X_n^{f_n}} = \sqrt[\sum f]{\prod X^f} \tag{3.19}$$

例 3.6 投资银行某笔投资的年利率是按复利计算的,25 年的年利率分配是:有 1 年为 3%,有 4 年为 5%,有 8 年为 8%,有 10 年为 10%,有 2 年为 15%,求平均年利率。

解 由于是按复利计算的,因此 1 加上各年的总利率等于 1 加上每年利率之后的连乘积,因此,本题必须先将各年利率加上 1,然后按加权几何平均数计算,再减去 1,便得到平均利率,即:

$$\overline{X}_G = \sqrt[25]{(1+3\%)(1+5\%)^4 (1+8\%)^8 (1+10\%)^{10} (1+15\%)^2} - 1 = 8.6804\%$$

若本例不是按复利计算,而是按单利计算,则有各年总利率等于各年利率之和,因此单利情况下的平均年利率为:

$$\overline{X} = \frac{\sum Xf}{\sum f} = \frac{3\% \times 1 + 5\% \times 4 + 8\% \times 8 + 10\% \times 10 + 15\% \times 2}{25} = 8.68\%$$

几何平均数较之算术平均数,应用范围较窄,它有如下特点:①如果数列中有一个标志值等于零或负值,就无法计算 $\overline{X}_G$;②受极端值影响较 $\overline{X}$ 和 $\overline{X}_h$ 小,故较稳健;③它适用于反映特定现象的平均水平,即现象的总标志值不是各单位标志值的总和,而是各单位标志值的连乘积。对于这类社会经济现象,不能采用算术平均数反映其一般水平,而需采用几何平均数。

三、位置平均数

(一)众数

1. 众数的概念

众数是总体中出现次数最多的标志值,它能直观地说明客观现象分配中的集中趋势。在实际工作中,有时要利用众数代替算术平均数来说明社会经济现象的一般水平。例如,集贸市场上某种商品一天的价格可能有几次变化,其中成交量最多的那一个价格就是众数价格,可以用这个价格来代替算术平均数,将其作为当天商品价格的代表值,这样就省去了全面登记该商品每次成交价格的麻烦。再如,在大批量生产的男式皮鞋中,有多种尺码,其中 40 码是销售量最多的尺码,则这个 40 码也就是众数,可代表男式皮鞋尺码的一般水平,宜大量生产,而其余尺码生产量就要相应少一些,这样才能满足市场上大部分消费者的需要。

如果总体中出现次数最多的标志值不是一个,而是两个,那么,合起来就是复众数。

由众数的定义可看出众数存在的条件:就是总体的单位数较多,各标志值的次数分配又有明显的集中趋势时才存在众数;如果总体单位数很少,尽管次数分配较集中,那么计算出来的众数意义不大;如果总体单位数较多,但次数分配不集中,即各单位的标志值在总体中出现的比重较均匀,那么也无所谓众数。

2.众数的确定方法

确定众数,必须先对资料进行整理,编制次数分布数列。由于分组有单项式分组和组距式分组,因而对于各种不同的资料条件,确定众数的方法又有所不同。

(1)单项数列确定众数的方法——观察次数,出现次数最多的标志值就是众数。

例 3.7　设某商店某月女式棉毛衫销售量资料如表 3－7 所示,试确定棉毛衫尺码的众数。

表 3－7　女式棉毛衫销售情况

尺码(厘米)	销售量(件)	比重(%)	尺码(厘米)	销售量(件)	比重(%)
80	6	5	95	30	25
85	8	15	100	12	10
90	48	40	105	6	5
			合计	110	100

解　由于90厘米的棉毛衫销售量48件,占40%,为最多,因此该商店该月销售的女式棉毛衫尺码的众数 M_o＝90 厘米。

(2)组距数列确定众数的方法——首先由最多次数来确定众数所在组,然后再用比例插值法推算众数的近似值。其计算公式为:

下限公式:

$$M_o = X_L + \frac{\Delta_1}{\Delta_1 + \Delta_2} \cdot d \qquad (3.20)$$

上限公式:

$$M_o = X_U - \frac{\Delta_2}{\Delta_1 + \Delta_2} \cdot d \qquad (3.21)$$

式中,M_o——众数;

X_L、X_U——分别表示众数组的下限和上限;

Δ_1——众数组次数与前一组次数之差;

Δ_2——众数组次数与后一组次数之差;

d——众数组组距。

众数的下限公式和上限公式是等价的,两个公式的计算结果完全相同,但一般采用下限公式。

众数的两个计算公式可以从几何图形图 3-1 得到证明。

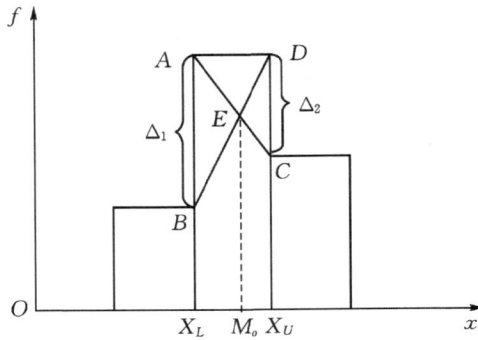

图 3-1 众数计算公式几何图

证明:根据平行线段的比例性质,有:

$$\frac{M_o - X_L}{X_U - M_o} = \frac{BE}{ED} = \frac{\Delta_1}{\Delta_2}$$

由此解得:

$$M_o = \frac{\Delta_1 X_U + \Delta_2 X_L}{\Delta_1 + \Delta_2} = \frac{\Delta_1 (X_L + d) + \Delta_2 X_L}{\Delta_1 + \Delta_2} = X_L + \frac{\Delta_1}{\Delta_1 + \Delta_2} \cdot d$$

$$M_o = \frac{\Delta_1 X_U + \Delta_2 X_L}{\Delta_1 + \Delta_2} = \frac{\Delta_1 X_U + \Delta_2 (X_U - d)}{\Delta_1 + \Delta_2} = X_U - \frac{\Delta_2}{\Delta_1 + \Delta_2} \cdot d$$

例 3.8 某企业工人按日产量分组的的资料如表 3-8 所示,试确定该企业工人日产量的众数。

表 3-8 某企业工人日产量次数分布

按日产量分组(千克)	工人人数 f	按日产量分组(千克)	工人人数 f
60 以下	10	90~100	27
60~70	19	100~110	14
70~80	50	110 以上	8
80~90	36		

解 首先确定众数组。次数最多者是 50,对应的分组为 70~80,则 70~80 组就是众数所在组。然后按公式计算众数的近似值。

按下限公式计算:

$$M_o = X_L + \frac{\Delta_1}{\Delta_1 + \Delta_2} \cdot d = 70 + \frac{50 - 19}{(50 - 19) + (50 - 36)} \times 10 = 76.89 \,(千克)$$

按上限公式计算:

$$M_o = X_U - \frac{\Delta_2}{\Delta_1 + \Delta_2} \cdot d = 80 - \frac{50 - 36}{(50 - 19) + (50 - 36)} \times 10 = 76.89 \,(千克)$$

计算结果说明工人日产量众数为 76.89 千克,无论用下限公式,还是用上限公式都可以得到相同的结果。

从众数的计算可看到众数的特点:①众数是一个位置平均数,它只考虑总体分布中最频繁出现的变量值,而不受极端值和开口组数列的影响,从而增强了对变量数列一般水平的代表性。②众数是一个不容易确定的平均指标,当分布数列没有明显的集中趋势而趋于均匀分布时,则无众数可言;当变量数列是不等距分组时,众数的位置也不好确定。

(二)中位数

1. 中位数的概念

现象总体中各单位标志值按大小顺序排列,居于中间位置的那个标志值就是中位数,用符号 M_e 表示。可见中位数把全部标志值分成两个部分,一半标志值比它大,一半标志值比它小,而且比它大的标志值个数等于比它小的标志值个数。中位数和众数一样,有时可代替算术平均数来反映现象的一般水平。

用中位数表示现象的一般水平,在许多场合有其特殊的意义。例如,在搞产品质量控制中,对生产的产品随机抽几个进行观察,若计算其平均数则较麻烦,只要看中位数的大小就可知道其一般水平如何了。又如,据我国 1982 年和 1990 年两次人口普查资料,这两年我国人口年龄中位数分别为 22.91 岁和 25.25 岁,这反映了我国人口年龄结构水平的变化趋势。

2. 中位数的确定方法

(1)由未分组资料确定中位数。

$$M_e = \begin{cases} X_{\frac{n+1}{2}}, & n = 2k-1 \\ \dfrac{X_{\frac{n}{2}} + X_{\frac{n}{2}+1}}{2}, & n = 2k \end{cases} \tag{3.22}$$

其中,n 为总体单位总数,k 为自然数。

(2)由单项数列确定中位数。

单项式分组已经将资料的标志值序列化,这时总体单位数 $n = \sum f$,确定中位数位置的方法要通过累计次数计算。具体确定中位数的方法是:

$$M_e = \begin{cases} X_{\frac{\sum f+1}{2}}, & \sum f = 2k-1 \\ \dfrac{X_{\frac{\sum f}{2}} + X_{\frac{\sum f}{2}+1}}{2}, & \sum f = 2k \end{cases} \tag{3.23}$$

例 3.9 就例 3.7 的资料(见表 3-9),确定棉毛衫尺码的中位数。

表 3-9 某商店某月女式棉毛衫销售情况

尺码(厘米)	销售量(件)	向上累计次数	向下累计次数
80	6	6	110
85	8	14	104
90	48	62	96
95	30	92	48
100	12	104	18
105	6	110	6
合计	110	——	——

解 中位数的位置 $=\dfrac{\sum f+1}{2}=\dfrac{110+1}{2}=55.5$，这说明中位数是销售量的第 55 个值和 56 值的平均值，由累计次数知（无论是向上累计还是向下累计），这两个数均在尺码为 90 的那一组，因此所求的中位数 $M_e=90$。

（3）由组距数列确定中位数。

由组距数列确定中位数，应先按 $\dfrac{\sum f+1}{2}$ 的公式求出中位数所在组的位置，然后再用比例插值法确定中位数的值。其计算公式如下：

下限公式（向上累计时用）：

$$M_e=X_L+\frac{\dfrac{\sum f}{2}-S_{m-1}}{f_m}\cdot d \tag{3.24}$$

上限公式（向下累计时用）：

$$M_e=X_U-\frac{\dfrac{\sum f}{2}-S_{m+1}}{f_m}\cdot d \tag{3.25}$$

其中，m 代表中位数所在的位置，即假定其在第 m 组；X_L 和 X_U 分别为中位数组的下限和上限；f_m 为中位数组的次数；d 为中位数组的组距；S_{m-1} 为向上累计到第 $m-1$ 组的累计次数；S_{m+1} 为向下累计到第 $m+1$ 组的累计次数。

例 3.10 就例 3.9 的资料（见表 3-10），确定工人日产量的中位数。

表 3-10 某企业工人日产量次数分布

按日产量分组（千克）	工人人数 f	向上累计次数	向下累计次数
60 以下	10	10	164
60～70	19	29	154
70～80	50	79	135
80～90	36	115	85
90～100	27	142	49
100～110	14	156	22
110 以上	8	164	8
合计	164	——	——

解 中位数位置 $=\dfrac{\sum f+1}{2}=\dfrac{164+1}{2}=82.5$，这说明中位数在 80～90 这一组，因此：

按下限公式计算：

$$M_e=X_L+\frac{\dfrac{\sum f}{2}-S_{m-1}}{f_m}\cdot d=80+\frac{\dfrac{164}{2}-79}{36}\times 10=80.83（千克）$$

按上限公式计算：

$$M_e = X_U - \frac{\frac{\sum f}{2} - S_{m+1}}{f_m} \cdot d = 90 - \frac{\frac{164}{2} - 49}{36} \times 10 = 80.83（千克）$$

计算结果说明工人日产量中位数为 80.83 千克,无论用下限公式,还是用上限公式都可以得到相同的结果。

由此可见,中位数有以下特点:①与众数一样,也是一种位置平均数,不受极端值及开口组的影响,具有稳健性。②各单位标志值与中位数离差的绝对值之和为最小值。利用中位数的这一性质,可解决一些实际问题。例如,要在一条长街上设个居民生活燃料供应站,使该站到各用户的距离总和为最短,等等。③对某些不具有数学特点或不能用数字测定的现象,可用中位数求其一般水平。例如,印染厂对某种颜色按不同深浅排列后,可以求出其中位数色泽。

四、各种平均数之间的相互关系

(一)算术平均数、调和平均数和几何平均数的关系

例如,有变量值 4,8,10,12,对其计算三种平均数,得 $\overline{X} = 8.5$,$\overline{X}_h = 7.16$,$\overline{X}_G = 7.87$ 。可见,用同一种资料计算的结果是,几何平均数大于调和平均数而小于算术平均数,只有当所有变量值都相等时,这三种平均数才相等。它们的关系用不等式表示为:

$$\overline{X}_h \leqslant \overline{X}_G \leqslant \overline{X} \tag{3.26}$$

值得注意的是,上述三种平均数由于计算公式的表现形式不同,因而适用的场合也不同,算术平均数和调和平均数适用于对静态的总量指标、相对指标和平均指标来计算平均数,几何平均数则主要用于计算时间上相互衔接的比率或速度的平均数。

(二)算术平均数、众数和中位数的关系

算术平均数、众数和中位数都是用于反映总体的一般水平或分布的集中趋势的代表值,但因为它们的计算方法不同,具体的含义有异,故它们也有各自的特点。第一,众数和中位数是由所处的特殊位置确定的,而算术平均数是由数列所有变量值计算的,所以算术平均数对数据的概括能力比众数、中位数强。第二,算术平均数易受数列中极端值的影响,中位数几乎不受极端值影响,众数则最不受极端值的影响。第三,它们对数据的量化尺度要求不同,算术平均数要求最高,它只适用于定距尺度和定比尺度的数据;中位数次之,它还适用于定序尺度的数据;众数对数据的计量尺度没有严格的限制,除上述的三种计量尺度外,众数甚至还适用于定类尺度的数据。

众数、中位数和算术平均数彼此间存在着一定的数量关系:在对称的钟型分布条件下:$\overline{X} = M_o = M_e$;在非对称分布的情况下,众数、中位数和算术平均数三者的差别取决于分布偏斜的程度,分布偏斜的程度越大,它们之间的差别越大。当次数分布呈右偏时,算术平均数受极大值的影响,就有 $M_o < M_e < \overline{X}$ 。当次数分布呈左偏时,算术平均数受极小值的影响,有 $\overline{X} < M_e < M_o$,中位数则总是介于众数和平均数之间,详如图 3-2 所示。

英国统计学家卡尔·皮尔逊(K. Pearson)的研究提出,在存在轻微偏斜的情况下,众数、中位数和算术平均数数量关系的经验公式为:算术平均数和众数的距离约等于算术平均数与中位数距离的 3 倍,即:

$$\overline{X} - M_o \approx 3(\overline{X} - M_e) \tag{3.27}$$

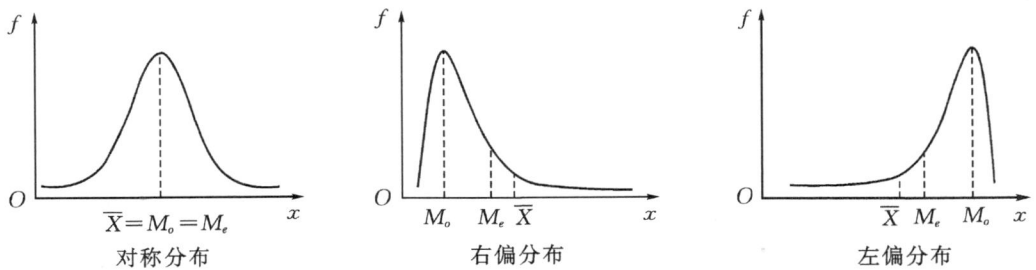

图 3-2　不同分布下算术平均数、众数和中位数的关系

利用这个关系,可以在分布轻微偏斜时,从已知的两个指标来推算另一个指标的近似值。

例 3.11　某车间生产的一批零件中,直径大于 402 厘米的占一半,众数为 400 厘米,试估计其平均数,并判定其偏斜方向。

解　已知 $M_e = 402$,$M_o = 400$,则

$$\overline{X} - 400 \approx 3(\overline{X} - 402)$$

解得 $\overline{X} \approx 403$。

因为 $M_o < M_e < \overline{X}$,所以该零件的直径分布为右偏。

五、正确应用平均指标的原则

平均指标在统计分析中应用很广,但在具体应用时应注意以几个问题:

(一)平均指标只能运用于同质总体

平均指标所处理的是同质异量的大量现象。只有在同质总体中,总体各单位才具有共同的特征,从而才能计算它们的平均数来反映现象的一般水平,否则,计算的平均数就会把现象的本质差异掩盖起来,不能起到说明事物性质及其规律性的作用。

(二)用组平均数补充说明总平均数

许多平均指标的计算,是在科学分组基础上进行的。我们应该重视影响总平均数的各个有关因素的作用,通过计算组平均数对总平均数作补充说明,来揭示现象内部结构组成的影响,从而克服认识上的片面性。

例如,甲、乙两地的粮食产量资料如表 3-11 所示:

表 3-11　两地粮食产量水平的比较情况

按地势分组	甲地			乙地		
	播种面积 (亩)	总产量 (千克)	平均亩产 (千克/亩)	播种面积 (亩)	总产量 (千克)	平均亩产 (千克/亩)
旱田	190	72200	380	200	64000	320
水田	70	44800	640	300	186000	620
合计	260	117000	450	500	250000	500

表 3-11 中,甲地的平均亩产为 450 千克,低于乙地平均亩产 500 千克。但甲地不论是旱

田还是水田的亩产量均比乙地的亩产量高。这种总平均数与组平均数不一致的现象,原因在于旱田和水田的生产水平不一致。水田的产粮水平高于旱田许多,两地各自的水田、旱田的比例相差较大,这一结构性的差异导致总平均亩产甲地低于乙地。所以,为了客观地分析某一社会现象一般水平变动的情况,必须用组平均数补充说明总平均数。

(三)用次数分布数列补充说明平均数

平均数只是说明现象的共性,即一般水平,而把总体各单位数量标志值的差异给抽象化了,掩盖了总体各单位的差异及其分布情况。为了比较深入地说明问题,在利用平均数对具体现象进行分析时,还要结合原来的次数分布数列,分析平均数在原数列中所处的位置,以及各单位标志值在平均数上下的分布情况。

例如,某工业集团公司100个企业年利润计划完成程度资料如表3-12所示。

表3-12 某工业集团公司各企业年利润计划完成程度情况

按计划完成程度分组(%)	企业数	按计划完成程度分组(%)	企业数
85~89.9	2	100~104.9	40
90~94.9	8	105~109.9	30
95~99.9	10	110~114.9	10
		合 计	100

根据表3-12资料,该数列的平均计划完成程度是103.35%。总平均数把企业总体分成先进和后进两部分,表中有20个企业(即20%)没有完成计划,为后进企业。

第二节 分布离散程度的描述

一、离散程度的概念和意义

怎样评价平均数、中位数、众数对一组数据的代表性呢?假定有甲、乙两个地区,甲地区的人均收入5000元,乙地区的人均收入3000元。如何评价两个地区的收入状况呢?如果平均收入的多少代表了该地区的生活水平,能否认为甲地区的平均生活水平就高于乙地区呢?要回答这些问题,首先要搞清楚这里的平均收入能否代表大多数人的收入水平。如果甲地区有少数几个富翁,而大多数人的收入都很低,虽然平均收入很高,但大多数人的生活水平仍然很低。相反,乙地区多数人的收入水平都在3000元左右,虽然平均收入看上去不如甲地区,但多数人的生活水平却比甲地区高,原因是甲地区的收入差距大于乙地区。数据之间的差距用统计语言来说就是数据的离散程度。数据的离散程度越大,各平均数对该组数据的代表性就差;离散程度越小,其代表性就越好。

在统计上用来测度离散程度的指标称为标志变异指标,简称为变异指标,也称为标志变动度。变异指标具有以下几个方面的作用:

(1)用于衡量平均指标的代表性。平均指标作为总体数量标志的代表值,其代表性取决于总体各单位标志值的差异程度。总体各单位标志值的变异程度越大,平均指标的代表性就越小;总体各单位标志值的变异程度越小,平均指标的代表性就越大。

（2）反映社会经济活动的均衡性。变异指标可反映生产过程的节奏性和经济活动的均衡性，因此可作为企业产品质量控制和评价经济管理工作的依据。

例 3.12　某公司下属的两个企业的销售额计划完成情况如表 3-13 所示。

表 3-13　某公司下属两个企业销售额计划完成情况

单位：万元

企业	计划数	实际数	第一季度		第二季度		第三季度		第四季度	
			绝对数	比重（%）	绝对数	比重（%）	绝对数	比重（%）	绝对数	比重（%）
甲	1 000	1 000	140	14.0	100	10.0	460	46.0	300	30.0
乙	1 200	1 200	300	25.0	280	23.3	310	25.8	310	25.8

从表 3-13 所示资料可以看出，两个企业的销售计划虽然都已完成，但两者计划执行过程的情况则不相同：乙企业各季度的销售情况较为均衡，而甲企业则存在前松后紧的情况，各季度销售变动幅度较大。如果不存在季节变动等其他因素的影响，那么可以说乙企业的销售情况比甲企业好。

（3）用于衡量统计推断效果。有关这部分内容，本书将在后面几章中加以介绍。

常用的标志变异指标有极差、四分位差、平均差、标准差、离散系数，下面对这些指标分别进行介绍。

二、极差与四分位差

（一）极差

极差也称全距，用 R 表示，它是最简单的变异指标，以变量数列中的两个极端的标志值之差表示，反映数列中标志值变动的范围。其计算公式是：

$$R = X_{\max} - X_{\min} \tag{3.28}$$

其中，R 代表极差，$X_{\max}$、$X_{\min}$ 分别为变量数列中的最大值和最小值。

例 3.13　根据例 3.12 的数据计算极差。

解
$$R_A = X_{\max} - X_{\min} = 1300 - 1100 = 200$$
$$R_B = X_{\max} - X_{\min} = 2000 - 700 = 1300$$
$$R_C = X_{\max} - X_{\min} = 1600 - 800 = 800$$

计算结果表明，A 企业销售额的变异程度最小，B 企业的变异程度最大。

如果资料经过统计整理，并形成组距分布数列，则全距的近似值为最高组的上限与最低组的下限之差。用公式表示即：

$$R = U_{\max} - L_{\min} \tag{3.29}$$

式中：$U_{\max}$ 为最高组的上限；$L_{\min}$ 为最低组的下限。

极差的优点是计算简便、直观、容易理解。不足之处是它只以两个极端的标志值计算。而不考虑总体内部的分布状况，不能充分利用数列的全部信息，因此，它无法反映标志值变动的一般程度。

（二）四分位差

把变量值按从小到大的顺序排列，将这列数四等分，则形成的三个分割点称为四分位数，分为记为 Q_1、Q_2、Q_3。其中第二个四分位数 Q_2 就是中位数 M_e。

四分位差就是第三个四分位数 Q_3 与第一个四分位数 Q_1 之差,用 $Q.D.$ 表示四分位差,用公式表示,即:

$$Q.D. = Q_3 - Q_1 \qquad (3.30)$$

对一个变量数列的资料,四分位差就是舍去数列中最低的 1/4 和最高的 1/4 数值,仅用中间那部分标志值的全距来充分反映集中于数列中间 50% 数值的差异程度。四分位差 $Q.D.$ 数值越大,表明 Q_1 与 Q_3 之间变量值分布愈远离它们的中点 Q_2,即远离中位数 M_e,则说明中位数的代表性愈差;反之,四分位差 $Q.D.$ 数值愈小,说明中位数的代表性愈好。

四分位差实质是对变量数列剔除了最小和最大的四分之一数据后剩下的中间一半数据的极差,由于其剔除了极端数据,因此四分位差避免了极差受数列中极端值影响的弱点,可以说,它是对极差指标的一种改进。同样地,它和极差的计算方法一样,也是只由两个标志值确定的,不能充分利用数列的全部信息,因此,也无法反映标志值变动的一般程度。

三、平均差

(一)平均差的概念和计算

平均差是各单位标志值对平均数的离差绝对值的平均数。由于各标志值对算术平均数的离差之和等于零,因此,计算平均差时,我们采用离差的绝对值($|X-\overline{X}|$)。平均差能够综合反映总体中各单位标志值变动的影响。平均差愈大,表示标志变动度愈大,则平均数代表性愈小;反之,平均差愈小,表示标志变动度愈小,则平均数代表性愈大。以 $A.D.$ 代表平均差,其计算公式为:

1. **未分组资料**

$$A.D. = \frac{\sum |X - \overline{X}|}{n} \qquad (3.31)$$

2. **分组资料**

$$A.D. = \frac{\sum |X - \overline{X}| f}{\sum f} \qquad (3.32)$$

对于为分组资料,采用简单平均法计算;对于分组资料,则采用加权平均法计算。

例 3.14 根据某乡耕地化肥施用量的数据资料(见表 3-14)计算该乡每亩耕地化肥施用量的平均差。

表 3-14 某乡耕地化肥施用量的平均差计算表

按每亩耕地化肥施用量分组(千克)	耕地面积 f(万亩)	组中值 X	总施肥量 Xf(万千克)	$X-\overline{X}$	$|X-\overline{X}|f$
5~10	30	7.5	225	-8.85	265.5
10~15	70	12.5	875	-3.85	269.5
15~20	100	17.5	1750	1.15	115
20~25	50	22.5	1125	6.15	307.5
25~30	10	27.5	275	11.15	111.5
合　计	260	——	4250	——	1 069

解 $\overline{X} = \dfrac{\sum Xf}{\sum f} = \dfrac{4250}{260} = 16.35$（千克/亩）

$$A. D. = \frac{\sum |X - \overline{X}|f}{\sum f} = \frac{1069}{260} = 4.11 \text{（千克/亩）}$$

计算结果表明总平均化肥施用量与各组施用量之间的平均离差为 4.11 千克/亩。

(二)平均差的特点

平均差是根据全部变量值计算出来的,所以对整个变量值的离散程度有较充分的代表性。但平均差计算由于采用取离差绝对值的方法来消除正负离差抵消,因而不适合于代数方法的演算,使其应用受到限制。

$A. D.$ 计算公式中算术平均数 $\overline{X}$ 在实际中可用中位数 M_e 代替,且以 M_e 为比较标准而计算的平均差为最小值。即:

$$A. D. = \frac{\sum |X - M_e|}{n} = \min \tag{3.33}$$

$$A. D. = \frac{\sum |X - M_e|f}{\sum f} = \min \tag{3.34}$$

四、方差和标准差

(一)基本概念和计算

方差是各变量值与其平均数离差平方的平均数,记为 σ^2。它在数学处理上是通过平方的办法消去离差的正负号,然后再进行平均。方差的算术平方根称为标准差,记为 σ。标准差 σ 能较好地反映出数据的离散程度,是实际中应用最广的离散程度测度值。方差和标准差的计算公式为:

1.未分组资料

$$\sigma^2 = \frac{\sum (X - \overline{X})^2}{n}, \quad \sigma = \sqrt{\frac{\sum (X - \overline{X})^2}{n}} \tag{3.35}$$

2.分组资料

$$\sigma^2 = \frac{\sum (X - \overline{X})^2 f}{\sum f}, \quad \sigma = \sqrt{\frac{\sum (X - \overline{X})^2 f}{\sum f}} \tag{3.36}$$

例 3.15 某企业工人日产量的分组资料如表 3-15 所示,试计算该企业工人日产量的标准差。

表 3-15 某企业工人日产量的标准差计算表

按日产量分组(千克)	工人人数 f	组中值 X	$X - \overline{X}$	$(X - \overline{X})^2 f$
60 以下	10	55	−27.62	7 628.644 0
60~70	19	65	−17.62	5 898.823 6

按日产量分组(千克)	工人人数 f	组中值 X	$X - \overline{X}$	$(X - \overline{X})^2 f$
70~80	50	75	-7.62	2 903.220 0
80~90	36	85	2.38	203.918 4
90~100	27	95	12.38	4 138.138 8
100~110	14	105	22.38	7 012.101 6
110 以上	8	115	32.38	8 387.715 2
合　计	164	——	——	36 172.561 6

解　$\overline{X} = \dfrac{\sum Xf}{\sum f} = \dfrac{55 \times 10 + 65 \times 19 + \cdots + 115 \times 8}{164} = 82.62$（千克）

$\sigma^2 = \dfrac{\sum (X - \overline{X})^2}{n} = \dfrac{(55 - 82.62)^2 + (65 - 82.62)^2 + \cdots + (115 - 82.62)^2}{164} = 220.5644$（千克^2）

$\sigma = \sqrt{220.5644} = 14.85$（千克）

(二)方差与标准差的数学性质

性质 1　变量的方差等于变量平方的平均数减去变量平均数的平方。即：

$$\sigma^2 = \overline{X^2} - (\overline{X})^2 \tag{3.37}$$

证明　只证明简单算术形式，加权算术形式类似证明。

$$\sigma^2 = \frac{\sum (X - \overline{X})^2}{n} = \frac{\sum [X^2 - 2\overline{X}X + (\overline{X})^2]}{n} = \frac{\sum X^2}{n} - \frac{2\overline{X}\sum X}{n} + \frac{\sum (\overline{X})^2}{n}$$

$$= \overline{X^2} - 2(\overline{X})^2 + (\overline{X})^2 = \overline{X^2} - (\overline{X})^2$$

性质 2　变量对算术平均数的方差小于对任意常数的方差。

证明　因为 $\sum (X - \overline{X})^2 = \min$，因此对于任意常数 $X_0 \neq \overline{X}$，有：

$$\frac{\sum (X - \overline{X})^2}{n} \leqslant \frac{\sum (X - X_0)^2}{n}$$

性质 3　变量线性变换的方差等于变量的方差乘以变量系数的平方，即对于变量 X，有：

$$\sigma^2 (a + bX) = b^2 \sigma^2 (X) \tag{3.38}$$

其中，a, b 为常数，$\sigma^2(X)$ 为 X 的方差。

证明　只证明简单算术形式，由于 $\overline{a + bX} = a + b\overline{X}$，则：

$$\sigma^2 (a + bX) = \frac{\sum (a + bX - a - b\overline{X})^2}{n} = \frac{\sum b^2 (X - \overline{X})^2}{n} = b^2 \frac{\sum (X - \overline{X})^2}{n} = b^2 \sigma^2 (X)$$

性质 4　对于同一总体的数据资料，平均差小于等于标准差，即：

$$A.D. \leqslant \sigma \tag{3.39}$$

证明　设 $Y = |X - \overline{X}|$，则：

$$\sigma^2 = \frac{\sum (X - \overline{X})^2}{n} = \frac{\sum Y^2}{n} = \frac{\sum Y^2}{n} - \left[\frac{\sum Y}{n}\right]^2 + \left[\frac{\sum Y}{n}\right]^2 = \sigma^2 (Y) + \left[\frac{\sum |X - \overline{X}|}{n}\right]^2$$

$$= \sigma^2(Y) + A. D.^2 \geqslant A. D.^2$$

所以 $A. D. \leqslant \sigma$。对于加权算术形式类似证明。

（三）是非标志的方差和标准差

同上一节，将是非标志中表现为"是"的记为1，将标志表现为"否"的记为0，标志表现为"是"的总体单位数为 n_1，标志表现为"否"的总体单位数为 n_2，即 $n_1 + n_2 = n$，根据上一节可知：

$$\overline{X} = \frac{n_1}{n} = P$$

于是：

$$\sigma^2 = \frac{\sum (X - \overline{X})^2}{n} = \frac{(1-P)^2 n_1 + (0-P)^2 n_2}{n}$$

$$= (1-P)^2 \frac{n_1}{n} + P^2 \frac{n_2}{n} = (1-P)^2 P + P^2(1-P)$$

$$= P(1-P) \tag{3.40}$$

所以是非标志的标准差为：

$$\sigma = \sqrt{P(1-P)} \tag{3.41}$$

由此可见，是非标志的标准差等于标志表现为"是"的单位数占总体的比重和标志表现为"否"的单位数占总体的比重的乘积的平方根。

（四）标准差的应用

标准差是统计学中的支柱性概念。在对具体现象的统计分析中，标准差是反映总体分布离散趋势的重要特征值，在现实生活中具有广泛的应用价值。比如，产品质量检验、教学质量评估等。

1.计算标准分——判断数据的相对位置

对于来自不同均值和标准差的总体的个体数据，往往不能直接对比，需要将其转化为同一规格、尺度的数据后再比较。这种转换的方法常常是将数据标准化，标准化是通过计算标准分（Z）来进行分析的，其计算公式为：

$$Z = \frac{X - \overline{X}}{\sigma} \tag{3.42}$$

式中，X 为变量数列中的原始变量值，经过计算后转换成了标准分。标准分实际上是将不同均值和标准差的总体都转换为均值为0、标准差为1的总体，将各个个体的数据转换为其在总体中的相对位置，也即标准分反映各单位变量值以平均数为中心的相对位置。标准分不改变原变量值大小的位序，不仅表明各单位标志值在总体分布中的地位，还能用于不同分布原始数据的比较。

例3.16 某班学生先后进行了两次难度不同的《统计学》考试，第一次考试成绩的均值和标准差分别为 80 分和 10 分，第二次考试成绩的均值和标准差分别为 70 分和 7 分。李某第一、第二次考试成绩分别为 92 分和 80 分，那么就李某和全班相比较而言，他哪一次考试的成绩更好呢？

分析：由两次考试成绩的均值和标准差不同知两次考试难易程度不一样，因此不能直接将两次考试的成绩直接进行比较，需要先将两次考试成绩标准化，通过计算标准分来进行比较。

解 $Z_1 = \dfrac{X_1 - \overline{X_1}}{\sigma_1} = \dfrac{92 - 80}{10} = 1.20$，$Z_2 = \dfrac{X_2 - \overline{X_2}}{\sigma_2} = \dfrac{80 - 70}{7} = 1.43$

由于 $Z_2 > Z_1$，因此与全班相比较，李某第二次考试成绩更好。

由上例可以看到，标准分通过将数据标准化，可以衡量某个变量值在一组数据中的相对位置。正因如此，很多时候可以根据标准分的大小来判断某个数值是否为离群点。由后面第六章的知识，可以知道，当分布近似对称时，在平均数 ±3 个标准差的范围内几乎包含了全部数据，也就是说，一组数据中低于或高于平均数 3 个标准差之外的数值是很少的，因此在 3 个标准差之外（即标准分的绝对值大于 3）的数据，在统计上称为离群点（outlier）或异常值（abnormal value）。

2. 衡量数据的偏斜程度

关于这一点，将在下一节的内容中得到体现。

3. 在抽样推断时计算抽样平均误差

抽样标准误差是所有样本指标的标准差，具体计算方法将在本书第六章中介绍。

五、离散系数

由于极差、四分位差、平均差和标准差都是绝对数，用这些绝对数变异指标比较多组数据的离散程度时，存在两个方面的问题：一是这些变异指标的数值大小受原始数据水平高低的影响，原始数据水平高的，允许其值较大一些；二是这些变异指标与原始数据的计量单位相同，采用不同计量单位的数据组，难以用这些变异指标的进行比较。

因此，当比较多组数据的离散程度时，尤其是这些组的水平相差很大或计量单位不同时，不能直接采用以上几种指标，而应将以上指标（比如标准差）与反映一般水平的平均数结合起来，用相对数来比较几组数据的离散程度，即离散系数。

离散系数也称为变异系数。各种变异指标都可以计算离散系数，来反映总体各单位标志值的相对离散程度，但最常用的是根据标准差与算术平均数对比得到的离散系数，称作"标准差系数"，用 V_σ 表示，其计算公式如下：

$$V_\sigma = \frac{\sigma}{\overline{X}} \times 100\% \tag{3.43}$$

离散系数值越小，说明平均数代表性就越好；离散系数值越大，则平均数代表性就越差。

例 3.17 有两组不同水平的工人日产量（件）资料如下：

甲组：60,65,70,75,80

乙组：2,5,7,9,12

试比较两组数据的均衡性和平均数的代表性。

解 $\overline{X}_甲 = \dfrac{\sum X}{n} = \dfrac{60 + 65 + 70 + 75 + 80}{5} = 70$（件）

$\overline{X}_乙 = \dfrac{\sum X}{n} = \dfrac{2 + 5 + 7 + 9 + 12}{5} = 7$（件）

$\sigma_甲 = \sqrt{\dfrac{\sum (X - \overline{X}_甲)^2}{n}} = \sqrt{\dfrac{(60-70)^2 + (65-70)^2 + (70-70)^2 + (75-70)^2 + (80-70)^2}{5}}$

$= 7.07$（件）

$$\sigma_{\text{乙}} = \sqrt{\frac{\sum (X - \overline{X}_{\text{乙}})^2}{n}} = \sqrt{\frac{(2-7)^2 + (5-7)^2 + (7-7)^2 + (9-7)^2 + (12-7)^2}{5}} = 3.41(\text{件})$$

由此得到:

$$V_{\text{甲}} = \frac{\sigma_{\text{甲}}}{\overline{X}_{\text{甲}}} \times 100\% = \frac{7.07}{70} \times 100\% = 10.1\% , V_{\text{乙}} = \frac{\sigma_{\text{乙}}}{\overline{X}_{\text{乙}}} \times 100\% = \frac{3.41}{7} \times 100\% = 48.7\%$$

计算结果表明,乙组离散程度大于甲组,或者说,乙组的平均日产量代表性低于甲组。

第三节 分布形状的描述

集中趋势和离散程度是数据分布的两个重要特征,但要全面了解数据分布的特点,还需要知道数据分布的形状是否对称、偏斜的程度以及分布的扁平程度等。偏态和峰态就是对分布形状的测度。

一、分布偏态的描述

"偏态"(skewness)一词是由统计学家皮尔逊(K. Pearson)于 1895 年首次提出的,它是对数据分布对称性的测度。描述偏态的统计量是偏态系数(coefficient of skewness),记作 SK。

偏态系数的计算方法有很多。但通常采用下面的公式:

1.未分组资料

$$SK = \frac{\sum (X - \overline{X})^3}{n\sigma^3} \tag{3.44}$$

2.分组资料

$$SK = \frac{\sum (X - \overline{X})^3 f}{\sigma^3 \sum f} \tag{3.45}$$

式中,σ^3 为标准差的三次方。

如果一组数据的分布是对称的,则偏态系数等 0;如果偏态系数明显不等于 0,表明分布是非对称的,且大于 0,表示右偏,小于 0,表示左偏。若偏态系数大于 1 或小于 -1,被称为高度偏态分布;若偏态系数在 0.5~1 或 $-1\sim -0.5$ 之间,被认为是中等偏态分布;偏态系数越接近 0,偏斜程度就越低。例如,偏态系数为 0.4,表明数据分布有一定的偏斜,且为右偏,但偏斜程度不大。

例 3.18 根据第一节表 3-4 的数据计算工人日产量分布的偏态系数。

解 根据表 3-4 进行计算,相关结果如表 3-16 所示。

表 3-16 某企业工人日产量的偏态系数和峰态系数计算表

按日产量分组(千克)	工人人数 f	组中值 X	$(X-\overline{X})^3 f$	$(X-\overline{X})^4 f$
60 以下	10	55	-210703.15	5819620.93
60~70	19	65	-103937.27	1831374.73
70~80	50	75	-22122.54	168573.73

续表 3-15

按日产量分组(千克)	工人人数 f	组中值 X	$X-\overline{X}$	$(X-\overline{X})^2 f$
80～90	36	85	485.33	1155.08
90～100	27	95	51230.16	634229.36
100～110	14	105	156930.83	3512112.06
110 以上	8	115	271594.22	8794220.78
合　计	164	——	143477.58	20761286.67

依据例 3.15 可知 $\sigma = \sqrt{220.5644} = 14.85$，因此：

$$SK = \frac{\sum (X-\overline{X})^3 f}{\sigma^3 \sum f} = \frac{143477.58}{164 \times (14.85)^3} = 0.267$$

偏态系数为正值，但数值不是很大，说明该企业工人日产量的分布为右偏分布，但偏斜程度不是很大。这从该企业工人日产量的分布直方图和曲线图(见图 3-3)也可以看出这一点。

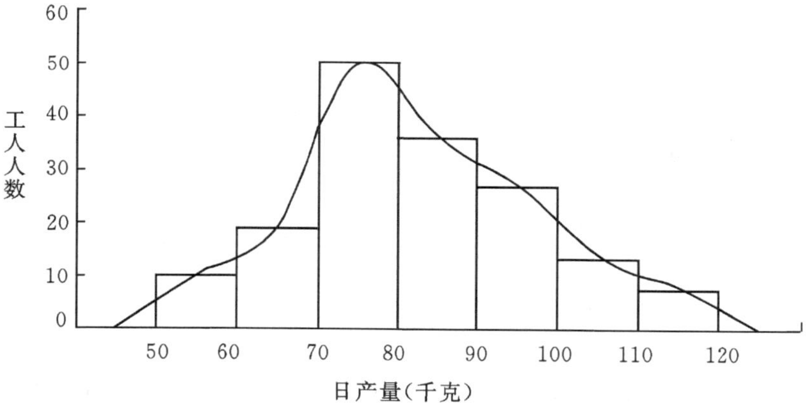

图 3-3　某企业工人日产量的分布直方图和曲线图

二、分布峰态的描述

“峰态”(kurtosis)一词是由统计学家皮尔逊于 1905 年首次提出的。它是对数据分布平峰或尖峰程度的测度。描述峰态的统计量则是峰态系数(coefficient of kurtosis)，记作 K。

峰态通常是与标准正态分布相比较而言的。如果一组数据服从标准正态分布，则峰态系数的值等于 0；若峰态系数的值明显不等于 0，则表明分布比标准正态分布更平或更尖，通常称为平峰分布或尖峰分布，如图 3-4 所示。

根据资料分组与否，峰态系数的计算公式可表示如下：

1. 未分组资料

$$K = \frac{\sum (X-\overline{X})^4}{n\sigma^4} - 3 \tag{3.46}$$

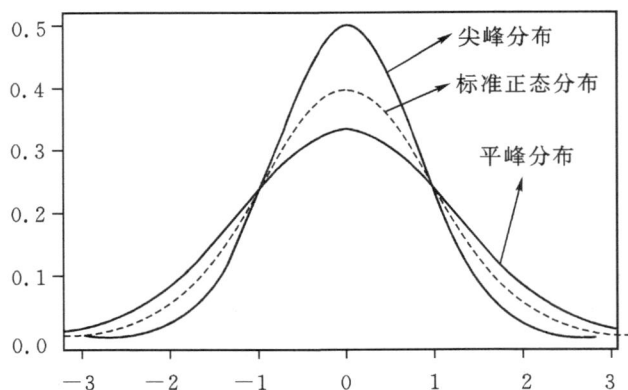

图 3-4 尖峰分布与平峰分布示意图

2.分组资料

$$K = \frac{\sum (X - \overline{X})^4 f}{\sigma^4 \sum f} - 3 \tag{3.47}$$

例 3.19 根据表 3-16,计算工人日产量分布的峰态系数。

解 根据表 3-16 的计算结果,有:

$$K = \frac{\sum (X - \overline{X})^4 f}{\sigma^4 \sum f} - 3 = \frac{20761286.67}{164 \times 14.85^4} - 3 = -0.398$$

由于 $K = -0.398 < 0$,说明工人日产量的分布与正态分布相比略有一些扁平。

第四节　应用 Excel 计算描述性统计指标

本章我们介绍了数据分布特征的各种描述性统计指标,其中多数可以通过 Excel 的统计函数或【数据分析】工具中的【描述统计】命令得出计算结果,现简单将这些 Excel 中的统计函数和【描述统计】功能的使用方法介绍如下。

一、利用统计函数计算描述统计量

(一)数据未分组时,可用如下函数计算

例 3.20 根据表 3-17 的数据,计算某厂工人装配工时的各描述性统计指标。

表 3-17　某厂 50 名工人完成某一装配供需所需时间　　　　　　　　单位:分钟

35	38	44	33	44	43	48	40	45	30
45	32	42	39	49	37	45	37	36	42
35	41	32	46	34	30	43	37	44	49
36	46	45	36	37	37	45	36	46	42
38	43	34	38	47	35	29	41	40	41

(1)AVERAGE——计算算术平均数。

用法一　从【插入】菜单选择【fx 函数】(或点击【Σ】下拉菜单,再选择【其他函数】),再出现的对话框中将【常用函数】下拉,改为【统计】,再选择【AVERAGE 函数】,出现图 3-5 所示对话框。

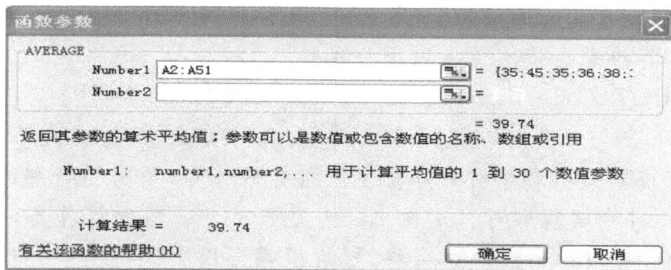

图 3-5　AVERAGE 对话框

将数据的单元格范围填入【Number1】中(本例是 A2:A51),再单击【确定】即可计算出数据的算术平均数。

用法二　直接在某一空白单元格,输入公式"=AVERAGE(A2:A51)",回车后即可得出数据算术平均数。

说明:以下函数和 AVERAGE 函数的使用方法相同,因此不再叙述。

(2)HARMEAN——计算调和平均数。　　(3)GEOMEAN——计算几何平均数。

(4)MODE——计算众数。　　(5)MEDIAN——计算中位数。

(6)MAX——计算最大值。　　(7)MIN——计算最小值。

(8)VARPA——计算总体方差。　　(9)VAR——计算样本方差。

(10)STDEVP——计算总体标准差。　　(11)STDEV——计算样本标准差。

(12)SKEW——计算偏度系数。　　(13)KURT——计算峰度系数。

(二)数据分组时,计算加权平均数

例 3.21　根据表 3-18 的数据计算粮食作物的平均亩产量及相应的方差和标准差。

表 3-18　某粮食作物的产量和播种面积资料

亩产量 X(千克/亩)	400—500	500—600	600—700	700—800	800—900	900—1000	合计
播种面积 f(亩)	6	30	50	60	40	14	200

主要步骤:

(1)输入数据,并作相应准备,如图 3-6 所示。

图 3-6　输入数据对话框

（2）计算平均亩产量。在 B9 单元格输入如下公式：

＝SUMPRODUCT(B2：B7，C2：C7)/SUM(C2：C7)

注：SUMPRODUCT 函数和 SUM 函数也可以通过菜单方式调入,这两个函数都可以"插入函数"对话框中的【数学与三角函数】中找到。

（3）计算方差和标准差。依次输入以下公式：

＝SUMPRODUCT((B2：B7－B9)^2，C2：C7)/SUM(C2：C7)

＝SQRT(B10)

说明:对于分组资料众数和中位数等描述性指标的计算,不需要特别的技巧,只要将统计中的计算公式在 Excel 中实现即可。这时 Excel 更像一个普通的计算器,如本例中众数的计算,首先确定众数组,为"700－800"这一组,然后根据上限公式,在某一空白单元格输入公式"＝700＋(C5－C4)＊100/((C5－C4)＋(C5－C6))"即可。

二、用【数据分析】工具计算描述统计量

关于本章所讲的各描述性指标,可以使用 Excel【数据分析】中的【描述统计】命令来一次性得出。下面以表 3－17 中的数据为例,来具体说明其操作步骤。

（1）进入 Excel 表,输入数据。

（2）选择【数据分析】选项,并从出现的对话框中选择【描述统计】,则出现如图 3－7 所示对话框。

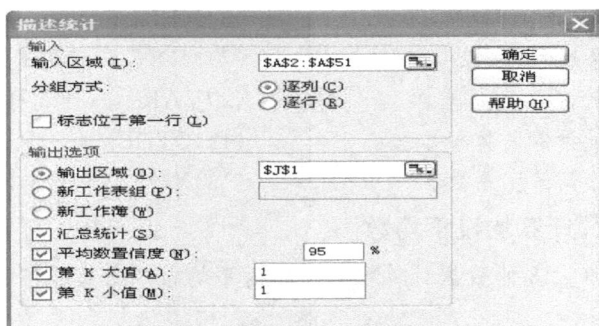

图 3－7　描述统计对话框

（3）在【输入区域】中输入数据的单元格范围(本例是 A2：A51),勾选【汇总统计】,可给出一系列描述统计量(其他复选框可根据需要选定)。再点击【确定】,出现如图 3－8 所示结果。

图 3－8　某厂工人装配工时的各描述性统计指标

说明:【描述统计】分析工具输出结果有关指标的解释如下:

平均——算术平均数；　　　　　　　　标准误差——抽样平均误差；

中位数——排序后中间位置的数；　　　众数——出现次数最多的数；

标准差——样本标准差；　　　　　　　方差——样本方差；

峰值——衡量分布集中程度和尖峭程度；　偏度——衡量分布偏斜程度；

区域——全距或极差；　　　　　　　　求和——标志值综合；

观测数——数据个数；　　　　　　　　最大(1)——第 1 个最大值；

最小(1)——第 1 个最小值；　　　　　置信度——可靠性的度量。

应用案例

大学毕业生表现的描述性分析报告

一、问题的提出

某大学有三个附属学院,分别是商贸学院、生物学院和医学院。近期该校管理层为了了解社会对本校学生的满意程度,以此促进本校教学改革,进行了一项对本校毕业生的专项调查,随机抽取了 48 名毕业生组成样本,要求他们所在的工作单位对其工作表现、专业水平和外语水平三个方面进行评分,评分由 0~10,分值越大表明满意程度越高。搜集的有关样本数据如表 3-19 所示。

表 3-19　来自三个学院的 48 名毕业生的工作满意度评分

商贸学院			生物学院			医学院		
工作表现	专业水平	外语水平	工作表现	专业水平	外语水平	工作表现	专业水平	外语水平
7	6	4	7	8	3	8	9	4
9	6	2	8	7	4	9	8	5
8	7	3	7	4	6	7	6	3
9	6	6	6	8	5	9	6	2
7	5	2	8	6	3	7	7	3
9	5	4	7	6	6	9	9	5
7	6	5	9	6	5	9	6	2
9	4	5	9	7	4	7	5	2
8	6	4	7	8	4	9	6	2
6	6	6	9	8	4	8	9	5
7	7	7	9	7	9	7	6	6
8	7	6	10	7	5	9	6	2
7	4	5	7	4	7	8	6	5
9	5	6	8	4	5	10	8	6
7	6	3	8	6	6			
10	7	6	9	8	7			
9	6	7	8	5	7			

校管理层希望在调查分析报告中阐述以下几个问题:

1. 用人单位对该校毕业生哪个方面最为满意？哪个方面最不满意？应在哪些方面作出教学改革？

2. 用人单位对该校毕业生哪个方面的满意度差别最大？什么原因引起的？

3. 社会对三个学院的毕业生的满意度是否一致？能否提出提高社会对该校毕业生的满意程度的建议？

二、数据的描述

将数据输入计算机，我们用 Excel 中的数据分析功能实现对数据的描述。输出的结果如表 3-20 和表 3-21 所示。

表 3-20　48 名毕业生的评分统计汇总表

	工作表现	专业水平	外语水平
平均数	8.042	6.438	4.688
中位数	8	6	5
众数	7	6	5
标准差	1.031	1.367	1.652
方差	1.062	1.868	2.730
标准差系数	0.128	0.212	0.352
偏态系数	0.036	−0.020	0.082
峰态系数	−0.861	−0.553	−0.340
极差	4	5	7
最小值	6	4	2
最大值	10	9	9

表 3-21　来自三个学院的 48 名毕业生的评分统计汇总表

	商贸学院			生物学院			医学院		
	工作表现	专业水平	外语水平	工作表现	专业水平	外语水平	工作表现	专业水平	外语水平
平均数	8	5.824	4.765	8	6.412	5.294	8.143	7.214	3.857
中位数	8	6	5	8	7	5	8	7.5	4
众数	7	6	6	7	8	4	8	6	5
标准差	1.118	0.951	1.602	1.061	1.460	1.611	0.949	1.369	1.512
方差	1.25	0.904	2.566	1.125	2.132	2.596	0.901	1.874	2.286
标准差系数	0.140	0.163	0.336	0.133	0.228	0.304	0.117	0.190	0.392
偏态系数	0	−0.597	−0.393	0.000	−0.554	0.575	0.308	−0.028	−0.032
峰态系数	−1.093	−0.187	−0.907	−0.635	−0.896	0.147	−0.694	−1.507	−1.553
极差	4	3	5	4	4	6	3	4	4
最小值	6	4	2	6	4	3	7	5	2
最大值	10	7	7	10	8	9	10	9	6

三、结果的分析

从表3-20和表3-21的偏态系数可以看出,社会对这48名毕业生在三个方面的满意度分布偏斜适中,因此,这三个方面满意度的一般水平均可用算术平均数来进行说明。下面分别从表3-20和表3-21进行分析。

从表3-20可以看出:

(1)用人单位对该校大学毕业生的工作表现评估分最高,而外语水平评估分最低。工作表现平均评估分为8.04分,外语水平评估分为4.69分,两者平均评估分相差3.35分,由此可见用人单位最满意该校毕业生的工作表现,也反映出毕业生适应能力较强。从用人单位对毕业生外语水平评分普遍偏低看,反映出该校的外语教学方面存在严重问题,今后需要在外语教学方面加大力度全面改革。

(2)用人单位对该校大学毕业生的外语水平评估分差异最大,样本评估分的标准差为1.65分,标准差系数为35.2%,有的毕业生的外语水平评估分高达9分,有的最低才2分,相差7分。这说明了该校毕业生外语水平程度相差悬殊,参差不齐,这可能是该校在招生中忽视考虑学生的外语成绩所致。

从表3-21可以看出,用人单位对三个学院的毕业生评价是不一致的。

(1)工作表现方面:评估分最高的是医学院的毕业生,平均分为8.14分,高出样本平均分0.10分。该学院毕业生中评估分最高为10分,最低为7分,其标准差为0.95分,标准差系数为11.7%,是三个学院中离散程度最小的,可见该学院毕业生工作表现普遍好;商贸学院毕业生评分有生物学院相同,都是8分,但商贸学院毕业生评分的离散程度是最大的,标准差达到1.12分,标准差系数为14%。

(2)专业水平方面:评估分最高的也是医学院的毕业生,平均分为7.21分,高出样本平均分0.78分,该学院毕业生中评估分最高的是9分,最低的是5分,相差4分;商贸学院毕业生的评分最低,平均分为5.82分,低于样本0.61分,该学院毕业生中评估分最高是7分,最低是4分,相差3分,评估分的标准差为0.95分,标准差系数为16.3%,其评估分离散程度在三个学院中最低。

(3)外语水平方面:评估分最高的是生物学院的毕业生,平均分为5.29分,高出样本平均分0.61分,该学院毕业生中评估分最高的是9分,最低的是3分,相差6分;而医学院毕业生的评估分最低,平均分为3.86分,低于样本平均分0.83分,该学院毕业生中评估分最高是6分,最低2分,相差4分。

综上所述,在工作表现及专业水平两个方面,社会对该校的医学院毕业生评估分最高,这说明该学院毕业生的工作实践能力及专业基础知识较强,但专业水平上的评估分差异较大,说明该学院的学生专业知识水平及掌握程度上相差较大;外语水平严重低下,反映该学院的外语教学工作或招生工作存在着很大的问题。因此,作为校管理层应该深入调查,查明原因,尽快对该学院外语教学工作进行改革,或在招生中把好关,择优录取新生,以便提高该学院学生综合素质。商贸学院毕业生的专业水平评分最低,说明该学院专业知识的教学工作存在严重问题,需要尽快更新教材,加强对教师的培训,注重学生经济理论知识的学习和扩大学生的知识面。同时,值得注意的是,三个学院的外语水平普遍偏低,这一点应当引起校方的足够重视,采取有效措施,改变现状。

3 思考与练习

一、单项选择题

1. 某县有 10 万人口，共有 80 个医院。平均每个医院要服务 1250 人，这个指标是（   ）。
   A. 平均指标   B. 强度相对指标   C. 总量指标   D. 发展水平指标

2. 在下列两两组合的平均指标中，哪一组的两个平均数不受极端两值的影响？（   ）
   A. 算术平均数和调和平均数   B. 几何平均数和众数
   C. 调和平均数和众数   D. 众数和中位数

3. 最不受极端值影响的平均数是（   ）。
   A. 算术平均数   B. 几何平均数   C. 众数   D. 中位数

4. 若单项数列中每组标志值都增加一倍，而各组权数都减少一倍，则算术平均数（   ）。
   A. 增加一倍   B. 减少一倍   C. 不变   D. 无法判断

5. 某厂三批产品的废品率分别为 1%，1.5%，2%。第一批产品数量占总数的 25%，第二批占 30%，则平均废品率为（   ）。
   A. 1.5%   B. 4.5%   C. 1.6%   D. 1.48%

6. 已知 4 个水果商店苹果的单价和销售额，要求计算 4 个商店苹果的平均单价，应该采用（   ）。
   A. 简单算术平均数   B. 加权算术平均数   C. 加权调和平均数   D. 几何平均数

7. 某公司下属五个企业，共有 2000 名工人。已知每个企业某月产值计划完成百分比和实际产值，要计算该公司月平均产值计划完成程度，采用加权调和平均数的方法计算，其权数是（   ）。
   A. 计划产值   B. 实际产值   C. 工人数   D. 企业数

8. 某居民小区准备采取一项新的物业管理措施，为此，随机抽取了 100 户居民进行调查，其中表示赞成的有 69 户，表示中立的有 22 户，表示反对的有 9 户。描述该组数据的集中趋势宜采用（   ）。
   A. 众数   B. 四分位数   C. 中位数   D. 平均数

9. 几何平均数主要适合于代表何种数列的一般水平？（   ）
   A. 具有等差关系的数列   B. 变量的连乘积等于变量值之和的数列
   C. 变量值为偶数的数列   D. 变量值的连乘积等于总比率或总速度的数列

10. 在某公司进行的计算机水平测试中，新员工的平均得分是 80 分，标准差是 5 分，中位数是 86 分，则新员工得分的分布形状是（   ）。
    A. 对称的   B. 右偏的   C. 左偏的   D. 无法确定

11. 大学生中每周的上网时间的偏态系数为 0.3，这表明学生每周上网时间的分布是（   ）。
    A. 对称的   B. 左偏的   C. 右偏的   D. 严重左偏的

12. 某大学财经学院有 2000 名学生，法学院有 1200 名学生，医学院有 800 名学生，理学院有 500 名学生。则该组数据的众数为（   ）。
    A. 财经学院   B. 2000   C. 理学院   D. 500

13. 根据 20 个企业工人日产量（X）的资料得：$\sum X = 300$，$\sum X^2 = 4820$，则 20 个工人日产量的方差为（   ）。
    A. 4   B. 16   C. 20   D. 无法计算

14. 能够综合反映总体各个单位标志值的差异,对总体标志变异程度作全面客观评定的指标有(　　)。

A. 四分位差　　　　　B. 算术平均数　　　　　C. 标准差　　　　　D. 全距

15. 比较几组数据的离散程度,最适合的标志变异指标是(　　)。

A. 极差　　　　　B. 平均差　　　　　C. 标准差　　　　　D. 离散系数

16. 市场营销人员的平均月收入为 8000 元,标准差为 2400 元,大学教师的平均月收入为 5000 元,标准差为 2000 元。由此可知(　　)。

A. 市场营销人员收入的离散程度较大　　　B. 大学教师收入的离散程度较大

C. 大学教师收入的离散程度较小　　　D. 二者收入的离散程度相等

17. 如果一个数据的标准分是 -2,表明该数据(　　)。

A. 比平均数高出 2 个标准差　　　B. 比平均数低 2 个标准差

C. 等于 2 倍的平均数　　　D. 等于 2 倍的标准差

18. 由下列数列可判断(　　)。

完成生产定额	工人数	完成生产定额	工人数
10~20	35	40~50	10
20~30	20	50~60	15
30~40	25		

A. $M_o > M_e$　　　B. $M_e > M_o$　　　C. $M_o > 30$　　　D. $M_e > 30$

19. 若甲单位的平均数比乙单位的平均数小,但甲单位的标准差比乙单位的标准差大,则(　　)。

A. 甲单位的平均数代表性比较大　　　B. 甲单位的平均数代表性比较小

C. 两单位的平均数代表性一样大　　　D. 无法判断

20. 某企业 2010 年职工平均工资为 5200 元,标准差为 110 元,2013 年职工平均工资增长了 40%,标准差增大到 150 元,职工平均工资的相对变异(　　)。

A. 增大　　　　　B. 减小　　　　　C. 不变　　　　　D. 不能比较

21. 若峰态系数大于 0,则表明该组数据与标准正态分布相比,属于(　　)。

A. 尖峰分布　　　　　B. 扁平分布　　　　　C. 左偏分布　　　　　D. 右偏分布

二、思考题

1. 一组数据的分布特征可以从哪几个方面进行描述?

2. 统计平均数有哪些作用? 应用平均数应注意哪些问题?

3. 说明平均数、中位数和众数的特点及应用场合。

4. 什么是变异指标,它有何作用?

5. 标准分数有哪些用途?

6. 为什么要计算离散系数?

三、计算题

1. 某乡甲、乙两个村的粮食生产情况如下:

按耕地自然	甲村		乙村	
条件分组	平均亩产(千克/亩)	粮食产量(千克)	平均亩产(千克/亩)	播种面积(亩)
山地	100	25000	150	1250
丘陵地	150	150000	200	500
平原地	400	500000	450	750

试分别计算甲、乙两个村的平均亩产。根据表列资料及计算结果,比较分析哪一个村的生产经营管理工作做得好,并简述作出这一结论的理由。

2.某企业生产某种零件,要经过三道工序,各道工序的合格率分别为95.74%、92.22%、96.3%。试求该零件的平均合格率。

3.某笔投资的年利率资料如下:

年利率(%)	年 数(年)
2	1
4	3
5	6
7	4
8	2

(1)若年利率按复利计算,则该笔投资的平均年利率为多少?

(2)若年利率按单利计算,即利息不转为本金,则该笔投资的平均年利率为多少?

4. 某城市对3000户居民户均月消费支出进行调查,得到下表资料。

居民户月均支出(元)	户数	比重(%)
200 以下	30	1
200～300	180	6
300～400	450	15
400～500	600	20
500～600	1050	35
600～700	300	10
700～800	180	6
800～900	120	4
900～1000	60	2
1000 以上	30	1
合 计	3000	100

(1)计算居民户总平均月支出;

(2)计算居民户月均支出标准差和离散系数;

(3)计算居民月均支出中位数和众数;

(4)分析平均数、中位数和众数之间的数量联系,并阐明分布的特征。

5.某企业甲车间40名工人平均身高为170.31cm,标准差为9cm。乙车间工人身高资料如下表所示:

工人身高(cm)	150~160	160~170	170~180	180~190	合　计
人数	7	10	18	5	40

试计算乙车间工人的平均身高,并比较两个车间工人平均身高的代表性。

6.某银行为缩短顾客到银行办理业务等待的时间,准备采用两种排队方式进行试验。一种是所有顾客都进入一个等待队列;另一种是顾客在3个业务窗口处列队3排等待。为比较哪种排队方式使顾客等待的时间更短,两种排队方式各随机抽取9名顾客,得到第一种排队方式的平均等待时间为7.2分钟,标准差为1.97分钟,第二种排队方式的等待时间(单位:分钟)如下:

5.5　6.6　6.7　6.8　7.1　7.3　7.4　7.8　7.8

(1)计算第二种排队时间的平均数和标准差;

(2)比较两种排队方式等待时间的离散程度;

(3)如果让你选择一种排队方式,你会选择哪一种? 试说明理由。

7.一家公司在招收职员时,首先要通过两项能力测试。在A项测试中,其平均分数是100分,标准差是15分;在B项测试中,其平均分数是400分,标准差是50分。一位应试者在A项测试中得了115分,在B项测试中得了425分。与平均分数相比,该位应试者哪一项测试更为理想?

8.某高校学生参加英语四级考试的优秀率和合格率分别为15%和90%,试计算优秀率和合格率分布的方差和标准差。

9.某粮食作物的产量和播种面积资料如下,试测定其偏度和峰度。

亩产量 x	400~500	500~600	600~700	700~800	800~900	900~1 000	合计
播种面积 f	6	30	50	60	40	14	200

10.一种产品需要人工组装,现有3种可供选择的组装方法。为检验哪种方法更好,随机抽取15个工人,让他们分别用3种方法组装。下面是15个工人分别用3种方法在相同的时间内组装的产品数量(单位:个):

方法 A	方法 B	方法 C
164	129	125
167	130	126
168	129	126
165	130	127
170	131	126
165	130	128
164	129	127
168	127	126
164	128	127
162	128	127
163	127	125

方法 A	方法 B	方法 C
166	128	126
167	128	116
166	125	126
165	132	125

（1）你准备用哪些指标来评价组装方法的优劣？

（2）如果让你选择一种方法，你会作出怎样的选择？试说明理由。

第四章

时间数列

情景导入

下个月的客运量是多少?

客运量是一定时期内各种运输工具实际运送的旅客数量。客运量指标是制定和检查运输生产计划、研究运输发展规模和速度的重要指标。目前,铁路、公路、民航和水运是几种主要的旅客运输方式。合理预测下个月的客运量,对于管理者来说十分重要,它可以帮助企业经济、合理地使用交通工具,从而提高经济效益。表4-1是国家统计局公布的2012年1月—2014年8月四种交通工具的客运量。

表4-1 2012年1月—2014年8月四种交通工具的客运量

时间	客运量(万人)			
	铁路	公路	水运	民航
2012年1月	16468	299292	1691	2567
2012年2月	15573	297240	1919	2349
2012年3月	14457	286066	1760	2503
2012年4月	16452	284406	1929	2605
2012年5月	14877	292458	2234	2540
2012年6月	16226	287514	2266	2530
2012年7月	17984	287508	2400	2995
2012年8月	18517	293898	2648	3071
2012年9月	16914	298971	2234	2744
2012年10月	15086	315286	2508	2829
2012年11月	14185	299407	2113	2584
2012年12月	14815	300971	1903	2563
2013年1月	18757	309398	1599	2567
2013年2月	14044	321130	2058	2787
2013年3月	16854	302412	1787	2878
2013年4月	17502	301245	1964	2849
2013年5月	16232	305909	2187	2855
2013年6月	18043	301530	2275	2865

时间	客运量（万人）			
	铁路	公路	水运	民航
2013 年 7 月	19931	304765	2463	3266
2013 年 8 月	20287	311055	2695	3476
2013 年 9 月	19197	315035	2362	3049
2013 年 10 月	16407	330585	2563	3165
2013 年 11 月	15557	314156	2135	2851
2013 年 12 月	17375	329636	2118	2793
2014 年 1 月	19050	160515	1507	3058
2014 年 2 月	15975	177477	1940	3109
2014 年 3 月	18054	153345	1914	3025
2014 年 4 月	19843	152801	2102	3142
2014 年 5 月	19037	156821	2391	3134
2014 年 6 月	19456	153972	2363	3061
2014 年 7 月	22386	163463	2566	3580
2014 年 8 月	23515	164096	2877	3730

那么，如何根据这些月份数据来预测下个月的各种运输工具的客运量呢？首先需要弄清楚数据在 2011 年 1 月（甚至更久以前）—2014 年 8 月这段过去的时间里是如何变化的，找出其变化的规律和模式。如果预期过去的变化模式在未来一段时间能够延续，就可以根据这一模式找到适当的预测模型并进行预测。

现实生活中像这样的人们关心的预测问题还有很多。比如，目前经济发展状况怎么样，按此趋势发展将会怎么样？明天的股票是上涨还是下跌？下个月的 CPI（居民消费价格指数）会是多少？10 月份是房屋销售的旺季吗？春节期间的商品销售额增加了吗？等等。要弄清楚这些预测问题，就必须了解历史，收集历史已有的资料，掌握现象随时间变化的规律，借此进行预测。本章要介绍的时间数列便是对历史资料的一种收集、整理和显示，通过对时间数列的分析（包括水平、速度、变化因素的分析），可以掌握现象过去发展的规律，了解目前已达到的程度，预测现象未来的发展变化。关于时间数列的分析，有传统的时间数列分析和现代时间数列分析，本章主要介绍传统的时间数列分析。

第一节　时间数列概述

一、时间数列概念及作用

将某种现象在时间上变化发展的一系列同类的统计指标数值，按时间先后顺序排列，形成的数列称为时间数列，也称为动态数列或时间序列。

表 4-2 是我国 2006—2012 年若干统计指标的时间数列。

表4-2　我国2006—2012年国民经济主要指标

年　份	2006	2007	2008	2009	2010	2011	2012
国内生产总值(亿元)	216314	265810	314045	340903	401413	473104	519322
第三产业产值占国内生产总值比重(%)	40.9	41.9	41.8	43.4	43.2	43.4	44.6
全国人口年末数(万人)	131448	132129	132802	133450	134091	134735	135404
全国职工年平均工资	20856	24721	28898	32244	36539	41799	46769

资料来源:《中国统计年鉴(2013)》。

不难看出,时间数列由两个基本要素构成:一个是资料所属的时间,另一个是各时间上的统计指标数值,习惯上称之为时间数列中的发展水平。

研究时间数列具有重要的作用。通过动态数列的编制和分析:一是可以描述客观现象的发展状况和结果;二是可以研究现象的发展速度、发展趋势,探索现象发展变化的规律,并据以进行统计预测;三是可以利用不同的但有相互联系的数列进行对比分析或相关分析。

二、时间数列的种类

时间数列按统计指标的性质不同,可以分为绝对数时间数列、相对数时间数列和平均数时间数列三种。其中,绝对数时间数列是基本数列,相对数时间数列和平均数时间数列则是由绝对数时间数列派生而形成的数列。

(一)绝对数时间数列

把一系列同类的总量指标数值按时间先后顺序排列起来所形成的数列称为绝对数时间数列。它反映客观现象在各期达到的绝对水平及其变化发展的状况。如果按照指标所反映的现象所属的时间不同,绝对数时间数列又可分为时期数列和时点数列两种。

1.时期数列

在绝对数时间数列中,如果各项指标为时期指标,即都是反映某种现象在一段时期内发展过程的总量,这种绝对数时间数列就称为时期数列。如表4-2中所列的我国2006—2012年国内生产总值就是个时期数列。时期数列的特点是:

(1)数列中各个指标的数值是可以相加的,即相加具有一定的意义。由于时期数列中每个指标的数值是表示在一段时期内发展过程的总量,所以相加后的数值就表示现象在更长一段时期内发展过程的总量。如表4-2中将2006—2012年各年国内生产总值相加,表明我国在这七年内实现的国内生产总值共2531011亿元。

(2)数列中每一个指标数值的大小与所属的时期长短有直接的联系。在时期数列中,每个指标所包括的时期长度,称为"时期"。时期的长短,主要根据研究目的而定,可以是一日、一旬、一月、一季、一年或更长时期。一般来说,时期越长,指标数值就越大,反之就越小。

(3)数列中每个指标的数值,通常是通过连续不断的登记而取得的。

2.时点数列

在绝对数时间数列中,如果各项指标为时点指标,即都是反映现象在某一时点上(瞬间)所处的数量水平,这种绝对数时间数列就称为时点数列。如表4-2中所列的我国2006—2012

年全国人口年末数就是一个时点数列。时点数列有如下特点：

(1)数列中各个指标的数值是不能相加的,相加不具有实际意义。这是由于时点数列中每个指标都是表明某一时点上瞬间现象的数量,相加以后无法说明属于哪一时点的数量。

(2)数列中每一个指标数值的大小与其时间间隔长短没有直接联系。在时点数列中两个相邻指标在时间上的距离叫做"间隔"。由于时点数列每个指标数值只表明现象某一时点上的数量,年末数值可能大于月末数值,也可以小于月末数值,因此,它的指标数值大小与时间间隔长短没有直接联系。

(3)数列中每个指标的数值,通常是通过一定时期登记一次而取得的。

(二)相对数时间数列

把一系列同类的相对指标数值按时间先后顺序排列起来而形成的数列称为相对数时间数列。它反映现象对比关系的发展变化情况,说明社会经济现象的比例关系、结构、速度的发展变化过程。表4-2中所列的第三产业产值占国内生产总值比重就是一个相对数时间数列。在相对数时间数列中,各个指标数值是不能相加的。

(三)平均数时间数列

把一系列同类的平均指标按时间先后顺序排列起来而形成的时间数列称为平均数时间数列。它反映客观现象一般水平的发展趋势。表4-2中所列全国职工年平均工资就是一个平均数时间数列。在平均数时间数列中,各个指标数值有时可加,有时则不可加。当计算平均指标的分子指标是时期指标,分母指标为时点指标时,平均数时间数列是具有可加性的,除此之外,平均数时间数列各指标数值相加没有实际意义。

为了对客观现象发展过程进行全面分析,实际工作中可把上述各种时间数列结合起来运用。

三、时间数列的编制原则

编制时间数列的目的是通过同一指标不同时间的数值对比来反映现象的发展过程及其规律性。因此,保证数列中各个指标之间的可比性,就成为编制时间数列应遵守的基本原则。具体来说,应注意下列四点。

1.时期长短应该统一

在时期数列中,由于各个指标数值的大小与时期长短有直接的关系,因此,各个指标所属的时期长短应当前后统一。时间越长,指标数值就越大,反之就越小。时期长短不一,往往就很难作直接比较。

对于时点数列来说,两时点间隔长短,对时点指标数值的大小没有直接影响,所以不存在时期长短应该统一的问题,但是,时间间隔的长短不同,现象所受的影响因素的复杂程度一般不同,因此为了更有利于对比,时点间隔最好也能保持一致。

2.总体范围应该一致

在一个时间数列中,各个指标所反映的总体范围前后应该一致。因为指标数值的大小与总体范围大小直接相关,如果总体范围前后发生了变化,那么反映这一总体的指标数值就不能直接对比,而必须经过调整后才能进行比较。例如,某一地区的行政区划发生变动,则必须对变动前后该地区的人口数、土地面积、国内生产总值、财政收入、进出口总额等指标作相应调整,以保证编制的时间数列具有可比性。

3. 指标的经济内容应该相同

编制时间数列,不仅要注意各项指标的名称相同,而且要使各项指标具有相同的经济内容。有些经济指标虽然名称一样,但其所包含的经济内容可能不一样,即随着社会经济情况的变化,有些指标的经济内容前后会有所改变。例如,税收收入指标,在税制改革前后,其经济内容就不完全一样。如果对具体内容前后发生变化的经济指标不加区别和调整,编制成一个时间数列就会违反可比性原则,以此进行动态对比分析容易得出错误的结论。

4. 计算口径应该统一

计算口径主要是指计算方法、计量单位等。例如,我们在研究某企业劳动生产率的增长情况时,如果各期指标的计算方法不一致,有的按产品的实物量计算,有的按价值量计算;或有的按生产工人计算,有的按全部职工计算;或有的按小时计算,有的按实际工作日计算。这样,各指标之间显然没有可比性,从而也就不能运用动态分析方法来正确说明该企业劳动生产率的变动情况。

以上四点是编制时间数列应特别注意的问题。当然在实际统计工作中,这些原则也不能过分绝对化,尤其是时期长短、总体范围一致的原则。有时为了反映某些特殊效果或目的,时期的长短和总体的范围都可以不一致。例如,表4-3列出了我国不同历史时期的钢产量,可以明显看出,我国第一个五年计划时期的钢产量超过新中国成立前将近半个世纪钢产量1倍以上,第十个五年计划时期钢产量又比"一五"时期有了更快的发展,增长了71倍以上。

表4-3　我国不同历史时期的钢产量　　　　　　　　单位:万吨

时　期	1900—1948	1953—1957	2001—2006
钢产量	760	1667	119164

第二节　时间数列的水平分析

时间数列水平,也就是现象发展水平。反映现象发展水平的指标有发展水平、平均发展水平、增长量和平均增长量。

一、发展水平

在时间数列中,各项具体的指标数值叫做发展水平或时间数列水平。它反映社会经济现象在不同时期所达到的水平,是计算其他动态分析指标的基础。

发展水平一般是指总量指标,如工农业总产值、年末人口数等;也可用相对指标来表示,如工业总产值占工农业总产值的比重;或用平均指标来表示,如全国职工年平均工资等。

在时间数列中,由于发展水平所处的位置不同,有最初水平、最末水平、中间各项水平、基期水平和报告期水平之分。在时间数列中,第一个指标数值叫最初水平,最后一个指标数值叫最末水平,其余各指标数值叫中间各项水平。在对两个时间的发展水平作动态对比时,作为对比基础时期的水平称为基期水平,作为研究时期的指标水平称为报告期水平或计算期水平。如果用符号 $a_0,a_1,a_2,\cdots,a_{n-1},a_n$ 代表数列中各个发展水平,则 a_0 就是最初水平,a_n 就是最末水平,其余就是中间各项水平。

表 4-4 所示为我国 2007—2012 年彩色电视机产量。

表 4-4　我国 2007—2012 年彩色电视机产量　　　　　　　　　单位:万台

年　份	2007	2008	2009	2010	2011	2012
彩电产量	8478	9187	9899	11830	12231	12823

资料来源:《中国统计摘要》,中国统计出版社 2013 年版,第 132 页。

在表 4-4 中,2007 年彩色电视机 8478 万台是最初水平,2012 年彩色电视机 12823 万台是最末水平,其余各项数值为中间各项水平。若用符号表示,即 2007—2012 年分别用 $a_0,a_1,\cdots,a_5$ 表示。如果 2012 年彩色电视机产量与 2007 年进行对比,那么,2007 年彩色电视机产量不仅是最初水平,也是基期水平,而 2012 年彩色电视机产量不仅是最末水平,也是报告期水平或计算期水平。如果 2010 年彩色电视机产量与 2009 年彩色电视机产量对比,则 2009 年为基期水平,2010 年为报告期水平。这是随着研究时间和目的的改变而改变的。

二、平均发展水平

将不同时期的发展水平加以平均而得的平均数叫做平均发展水平,在统计上又称为序时平均数或动态平均数。

序时平均数和前面讲的一般平均数(这里也称为静态平均数)有相同的一面,又有明显的区别。相同的是,两者都是平均数,都是将现象的个别数量差异抽象化,以代表现象在这一数量上的一般水平。区别是:①两者代表的内容不同。一般平均数代表的是总体各单位在某一数量标志上所达到的一般水平,而序时平均数代表的是现象总体某一指标在不同时间上所达到的一般水平。②抽象的对象不同。一般平均数是对同一时间总体各单位某一数量标志值差异的抽象化,而序时平均数是对同一现象不同时间上的指标数值差异的抽象化。③计算的依据不同。一般平均数是根据次数分布数列计算的,而序时平均数是根据时间数列计算的。

序时平均数可根据绝对数时间数列计算,也可根据相对数时间数列或平均数时间数列来计算。绝对数时间数列的序时平均数的计算方法是最基本的方法。现分别介绍如下:

(一)绝对数时间数列序时平均数的计算

由于绝对数时间数列分时期数列和时点数列,它们各具有不同性质,因而计算序时平均数的方法也就不一样。

1. 时期数列序时平均数的计算

由于时期数列中各项指标数值相加等于全部时期的总量,因此,可直接用数列中各时期指标值之和除以时期项数即得序时平均数。其计算公式如下:

$$\bar{a} = \frac{a_1 + a_2 + \cdots + a_n}{n} = \frac{\sum a}{n} \tag{4.1}$$

其中,$\bar{a}$ 为序时平均数;$a_1,a_2,\cdots,a_n$ 为时期数列的各期发展水平;n 为数列中的时期项数。

例 4.1　某小微企业 2015 年上半年各月的工业增加值如表 4-5 所示,计算该企业上半年的月平均工业增加值。

表 4 - 5 某小微企业 2015 年上半年各月的工业增加值　　　　　　　　单位:万元

月　份	1 月	2 月	3 月	4 月	5 月	6 月
增加值	214	186	235	392	357	282

解　该企业上半年的月平均工业增加值为:

$$\bar{a} = \frac{\sum a}{n} = \frac{214 + 186 + 235 + 392 + 357 + 282}{6} = \frac{1666}{6} = 278 \text{（万元）}$$

2. 时点数列序时平均数的计算

要精确计算时点数列序时平均数就应该有每一瞬间都登记的资料,这在实际中几乎是不可能的,所以在统计中一般以"天"为单位作为瞬间(即一时点)的代表。因此时间单位为"天"的时点数列可认为是连续时点数列;对于统计时点间隔在一天以上(如间隔月、季、年等)的时点数列,则称为间断时点数列。这两类时点数列序时平均数的计算方法有一定差别,下面分别介绍。

(1)连续时点数列的情形。

①逐日变动时:在统计中,对于逐日登记、逐日排列的时点资料,其序时平均数的计算仍可用简单算术平均数的计算方法,即:

$$\bar{a} = \frac{a_1 + a_2 + \cdots + a_n}{n} = \frac{\sum a}{n} \tag{4.2}$$

例如,已知某企业一个月内每天的工人人数,要计算该月内每天平均工人人数,可将每天的工人人数相加,除以该月的日历日数即得。

②非逐日变动时:有些时点资料登记的时间单位仍然是"天",但被研究现象不是逐日变动,而是间隔若干天变动一次,只在现象变动时才登记。此时需要采用加权算术平均数的方法计算序时平均数,权数是每一指标数值持续的天数 f,其计算公式如下:

$$\bar{a} = \frac{\sum af}{\sum f} \tag{4.3}$$

例 4.2　某企业 2015 年 1 月份工人人数资料如表 4 - 6 所示,求该企业 2015 年 1 月份平均每日工人数。

表 4 - 6 某企业 2015 年 1 月份工人人数资料

日　期	1 月 1 日	1 月 6 日	1 月 17 日	1 月 25 日
实有工人数(人)	405	408	416	410

解　该企业 2015 年 1 月份平均每日工人数为

$$\bar{a} = \frac{\sum af}{\sum f} = \frac{405 \times 5 + 408 \times 11 + 416 \times 8 + 410 \times 7}{31} = 410 \text{（人）}$$

由表 4 - 6 可以看到,非逐日变动的时点资料实际上就是分组资料,所以采用加权算术平均数的计算方法是合适的。

(2)间断时点数列的情形。

实际统计工作中,很多现象并不是逐日对其时点数据进行统计,而是间隔一段时间(如月、季度、年等)对其期初(或期末)时点数据进行登记,这样得到的时点数列就是间断时点数列。间断时点数列每两个指标数值之间间隔的时间不一定相等,而间隔完全相等和间隔不完全相等两种情况序时平均数的计算方法略有不同,下面分别说明。

①间隔相等时。

下面以例 4.3 为例来说明这种情况下序时平均数的计算方法。

例 4.3 某企业 2014 年第二季度商品库存量的资料如表 4-7 所示,求该企业第二季度月平均库存量。

表 4-7 某企业 2014 年第二季度商品库存量

月 末	3 月	4 月	5 月	6 月
库存量(百件)	100	86	104	114

分析:由于间断时点数列不再以"天"为时间单位,因此我们已不可能象连续时点数列那样求得准确的序时平均数。这种情况下,计算序时平均数时,要首先利用相邻两个时点指标数值求得两个时点之间的平均数,再求出整个时点数列的序时平均数。如例 4.3 中 3 月月末可以看做是 4 月月初的时间,这样 4 月的平均库存量为(100+86)/2,同理 5 月的平均库存量为(86+104)/2,6 月的平均库存量为(104+114)/2,再将这三个数值进行平均就得到了该企业第二季度的月平均库存量。以上分析的计算过程用公式表达,即为:

$$\bar{a} = \frac{\frac{a_1+a_2}{2} + \frac{a_2+a_3}{2} + \cdots + \frac{a_{n-1}+a_n}{2}}{n-1} \tag{4.4}$$

式中,$\bar{a}$ 为序时平均数;$a_1, a_2, \cdots, a_n$ 为各项时点指标数值;n 为时点个数。

解 该企业第二季度月平均库存量为:

$$\bar{a} = \frac{\frac{a_1+a_2}{2} + \frac{a_2+a_3}{2} + \cdots + \frac{a_{n-1}+a_n}{2}}{n-1} = \frac{\frac{100+86}{2} + \frac{86+104}{2} + \frac{104+114}{2}}{3}$$

$$= \frac{93+95+109}{3} = 99 (百件)$$

在(4.4)式中对相同数据进行合并,可以得到:

$$\bar{a} = \frac{\frac{a_1}{2} + a_2 + a_3 + \cdots + a_{n-1} + \frac{a_n}{2}}{n-1} \tag{4.5}$$

公式(4.4)或(4.5)表现为首末两项指标数值折半,故称为"首末折半法",适用于间隔相等的间断时点数列。该公式基于一个假设,即假设在现象每个时间间隔下的数量变化是均匀的。

②间隔不等时。

间隔不等的间断时点数列计算序时平均数的思路与间隔相等的间断时点数列相同,同样假设每个时间间隔的现象数量变化是均匀的,但由于时点间隔不同,需要用时点之间的间隔 f 作为权数,采用"间隔加权"的方法进行加权计算。计算公式为:

$$\bar{a} = \frac{\frac{a_1+a_2}{2}f_1 + \frac{a_2+a_3}{2}f_2 + \cdots + \frac{a_{n-1}+a_n}{2}f_{n-1}}{f_1+f_2+\cdots+f_{n-1}} \tag{4.6}$$

式中,$\bar{a}$ 为序时平均数;$a_1, a_2, \cdots, a_n$ 为各项时点指标数值;$f_1, f_2, \cdots, f_{n-1}$ 为各时点之间的时

间间隔。

例4.4 某农场某年生猪存栏数如表4-8所示,试计算该农场该年全年生猪平均存栏数。

表4-8 某农场某年生猪存栏数

日　期	1月1日	3月1日	8月1日	10月1日	12月31日
生猪存栏数(头)	1420	1400	1200	1250	1460

解 表4-8显然是间隔不等的间断时点资料,因此该农场该年全年生猪平均存栏数为:

$$\overline{a} = \frac{\frac{a_1+a_2}{2}f_1 + \frac{a_2+a_3}{2}f_2 + \cdots + \frac{a_{n-1}+a_n}{2}f_{n-1}}{f_1+f_2+\cdots+f_{n-1}}$$

$$= \frac{\frac{1420+1400}{2}\times2 + \frac{1400+1200}{2}\times5 + \frac{1200+1250}{2}\times2 + \frac{1250+1460}{2}\times3}{2+5+2+3} \approx 1320(头)$$

(二)相对数或平均数时间数列序时平均数的计算

由于相对数和平均数时间数列是派生数列,即其中各项指标都是由两个总量指标对比计算出来的。按照数列的性质,要求利用其相应的两个绝对数时间数列,分别计算分子数列的序时平均数和分母数列的序时平均数,而后加以对比,即可求得。相对数或平均数动态数列的序时平均数计算公式为:

$$\overline{c} = \frac{\overline{a}}{\overline{b}} \tag{4.7}$$

式中,$\overline{c}$为相对数或平均数时间数列的序时平均数,$\overline{a}$为分子数列的序时平均数,$\overline{b}$为分母数列的序时平均数。

分子数列和分母数列作为绝对数时间数列(时点或时期)有三种可能,下面具体进行介绍。

1.分子、分母数列均为时期数列

此时由时期数列的序时平均数的计算知:

$$\overline{a} = \frac{\sum a}{n}, \overline{b} = \frac{\sum b}{n}$$

于是:

$$\overline{c} = \frac{\overline{a}}{\overline{b}} = \frac{\sum a}{\sum b} \tag{4.8}$$

例4.5 某企业7—9月份生产计划完成情况的资料如表4-9所示,试计算该企业第二季度的平均计划完成程度。

表4-9 某企业7—9月份生产计划完成情况

月　份	7月	8月	9月
a 实际产量(件)	500	618	872
b 计划产量(件)	500	600	800
c 产量计划完成程度(%)	100	103	109

解 显然 a，b 均为时期数列，故该企业第二季度的平均计划完成程度为：

$$\bar{c} = \frac{\sum a}{\sum b} = \frac{500 + 618 + 872}{500 + 600 + 800} = \frac{1990}{1900} = 104.74\%$$

用(4.7)式或(4.8)式计算序时平均数需要掌握 a，b 的资料。当 a，b 之一缺乏资料，而只掌握了 b 和 c 或 a 和 c 的资料时，仍可计算。由 $c = \frac{a}{b}$，得 $a = bc$，故：

$$\bar{c} = \frac{\sum bc}{\sum b} \tag{4.9}$$

此公式实际上就是加权算术平均数的计算公式。

由同理 $c = \frac{a}{b}$，得 $b = \frac{a}{c}$，故：

$$\bar{c} = \frac{\sum a}{\sum \frac{a}{c}} \tag{4.10}$$

此公式实际上就是加权调和平均数的计算公式。

2．分子、分母数列均为时点数列

如前所述，由时点数列计算序时平均数，有连续时点和间断时点之分，连续时点数列又有逐日变动和非逐日变动两种情况，间断时点数列也有间隔相等和间隔不等两种情况，因此实际计算时应根据所掌握的资料情况而定。一般最常见的是根据间断时点数列形成的相对数或平均数时间数列计算序时平均数。下面只写出分子、分母时点均为间隔相等的间断时点情形下的计算公式(其他情况类似)：

$$\bar{c} = \frac{\bar{a}}{\bar{b}} = \frac{\frac{a_1}{2} + a_2 + \cdots + a_{n-1} + \frac{a_n}{2}}{\frac{b_1}{2} + b_2 + \cdots + b_{n-1} + \frac{b_n}{2}} \tag{4.11}$$

当缺乏 a 数列的资料，而掌握了 b，c 数列的资料时，(4.11)式可写为：

$$\bar{c} = \frac{\bar{a}}{\bar{b}} = \frac{\frac{b_1 c_1}{2} + b_2 c_2 + \cdots + b_{n-1} c_{n-1} + \frac{b_n c_n}{2}}{\frac{b_1}{2} + b_2 + \cdots + b_{n-1} + \frac{b_n}{2}} \tag{4.12}$$

当缺乏 b 数列的资料，而掌握了 a，c 数列的资料时，(4.11)式可写为：

$$\bar{c} = \frac{\bar{a}}{\bar{b}} = \frac{\frac{a_1}{2} + a_2 + \cdots + a_{n-1} + \frac{a_n}{2}}{\frac{a_1}{2c_1} + \frac{a_2}{c_2} + \cdots + \frac{a_{n-1}}{c_{n-1}} + \frac{a_n}{2c_n}} \tag{4.13}$$

例 4.6 某企业第三季度生产工人在全体职工中所占的比重如表 4-10 所示，求该企业第三季度生产工人人数占全体职工人数的平均比重。

表 4 - 10　某企业第三季度生产工人在全体职工中所占的比重

日　期	6 月 30 日	7 月 31 日	8 月 31 日	9 月 30 日
a 生产工人人数（人）	435	452	462	576
b 全体职工人数（人）	580	580	600	720
c 生产工人的比重（%）	75	78	77	80

解　分子、分母数列均为间隔相等的间断时点数列，因此：

$$\bar{c} = \frac{\dfrac{a_1}{2} + a_2 + \cdots + a_{n-1} + \dfrac{a_n}{2}}{\dfrac{b_1}{2} + b_2 + \cdots + b_{n-1} + \dfrac{b_n}{2}} = \frac{\dfrac{435}{2} + 452 + 462 + \dfrac{576}{2}}{\dfrac{580}{2} + 580 + 600 + \dfrac{720}{2}} = \frac{1419.5}{1830} = 77.6\%$$

若用两个变形公式计算，则：

$$\bar{c} = \frac{\dfrac{580 \times 0.75}{2} + 580 \times 0.78 + 600 \times 0.77 + \dfrac{720 \times 0.80}{2}}{\dfrac{580}{2} + 580 + 600 + \dfrac{720}{2}} = 77.6\%$$

或

$$\bar{c} = \frac{\dfrac{435}{2} + 452 + 462 + \dfrac{576}{2}}{\dfrac{435}{2 \times 0.75} + \dfrac{452}{0.78} + \dfrac{463}{0.77} + \dfrac{576}{2 \times 0.80}} = 77.6\%$$

3. 分子数列为时期数列，而分母数列为时点数列

此时分子数列按简单算术平均数的公式进行计算，而分母数列需根据具体情况而定。

例 4.7　某企业 2014 年下半年劳动生产率资料如表 4-11 所示，计算该企业 2014 年下半年平均月劳动生产率和下半年平均劳动生产率。

表 4 - 11　某企业 2014 年下半年劳动生产率

月　份	6 月	7 月	8 月	9 月	10 月	11 月	12 月
总产值（万元）	87	91	94	96	102	98	91
月末职工人数（人）	460	470	480	480	490	480	450
劳动生产率（元/人）	1948	1957	1979	2000	2103	2021	1957

解　该企业 2014 年下半年平均月劳动生产率为：

$$\bar{c} = \frac{\bar{a}}{\bar{b}} = \frac{(91 + 94 + 96 + 102 + 98 + 91)/6}{\left(\dfrac{460}{2} + 470 + 480 + 480 + 490 + 480 + \dfrac{450}{2}\right)/(7-1)}$$

$$= \frac{95.33}{475.83} = 0.2003 \,(\text{万元/人}) = 2003.5 \,(\text{元/人})$$

下半年平均劳动生产率为：

$$\bar{c}_{\text{下半年}} = \frac{\sum a}{\bar{b}} = \frac{91 + 94 + 96 + 102 + 98 + 91}{\left(\dfrac{460}{2} + 470 + 480 + 480 + 490 + 480 + \dfrac{450}{2}\right)/(7-1)}$$

$$= \frac{572}{475.83} = 1.2021 \,(\text{万元/人}) = 12021 \,(\text{元/人})$$

或

$$\bar{c}_{下半年} = n\bar{c} = 6 \times 2003.5 = 12021（元／人）$$

注意：分子为时期数列、分母为时点数列的平均数时间数列各指标数值是具有可加性的，因此其数值大小跟时期的长短是正比的，从而其序时平均数与时期的长短也是正比的。

三、增长量与平均增长量

(一)增长量

增长量也称增长水平，是说明现象在一定时期内所增长的绝对数量，它是报告期水平与基期水平之差，反映报告期比基期增长的水平。其计算公式为：

$$增长量 = 报告期水平 - 基期水平 \tag{4.14}$$

增长量可以是正值，也可以是零或负值，它们分别表示正增长、零增长或负增长（即减少或降低）。

由于采用的基期不同，增长量可以分为逐期增长量和累计增长量。逐期增长量是指报告期水平与前一期水平之差，它表明本期比上一期增长的绝对数量；累计增长量也称总增长量，是指报告期水平与某一固定时期（基期）水平之差，它表明本期比某一固定时期增长的绝对数量，也即说明在某一段较长时期内总的增长量。这两个指标可用公式表示如下：

逐期增长量：

$$a_1 - a_0, a_2 - a_1, \cdots, a_n - a_{n-1} \tag{4.15}$$

累计增长量：

$$a_1 - a_0, a_2 - a_0, \cdots, a_n - a_0 \tag{4.16}$$

其中，$a_0, a_1, a_2, \cdots, a_{n-1}, a_n$ 为原时间数列中各项指标数值。

不难看出逐期增长量与累计增长量具有如下关系：

(1)逐期增长量之和等于相应时期的累计增长量，即：

$$(a_1 - a_0) + (a_2 - a_1) + \cdots + (a_n - a_{n-1}) = a_n - a_0 \tag{4.17}$$

(2)两相邻时期的累计增长量之差等于相应时期的逐期增长量，即：

$$(a_i - a_0) - (a_{i-1} - a_0) = a_i - a_{i-1} （i = 1,2,\cdots,n） \tag{4.18}$$

在实际工作中，常计算年距增长量指标，它是报告期水平与上年同期水平之差。用公式表示如下：

$$年距增长量 = 报告期发展水平 - 上年同期发展水平 \tag{4.19}$$

例如，某地区 2015 年第一季度钢产量为 3000 万吨，2014 年第一季度为 2400 万吨，则：

$$年距增长量 = 3000 - 2400 = 600（万吨）$$

这说明 2015 年第一季度钢产量比上年同期增产 600 万吨。

计算年距增长量可以消除季节变动的影响，表明报告期水平较上年同期水平增加（或减少）的绝对数量。

(二)平均增长量

平均增长量是说明现象在一定时期内平均每期增长的数量，从广义来说，它也是一种序时平均数，即是逐期增长量时间数列的序时平均数，反映现象平均增长水平。其计算公式为：

$$平均增长量 = \frac{逐渐增长量之和}{逐期增长量个数} = \frac{最终累计增长量}{时间数列项数-1} = \frac{最末水平-最初水平}{最末时间-最初时间} \tag{4.20}$$

例 4.8　我国"十一五"时期水泥产量资料如表 4-12 所示,计算各年增长量和年平均增长量。

表 4-12　我国"十一五"时期水泥产量

年　份	2006	2007	2008	2009	2010
水泥产量(万吨)	123677	136117	142356	164398	188191

解　各年增长量的计算如表 4-13 所示。

表 4-13　我国"十一五"时期水泥产量

年　份	2006	2007	2008	2009	2010
水泥产量(万吨)	123677	136117	142356	164398	188191
逐期增长量(万吨)	——	12440	6239	22042	23793
累计增长量(万吨)	——	12440	18679	40721	64514

"十一五"时期水泥的年平均增长量为:

$$= \frac{12440 + 6239 + 22043 + 23793}{4} = \frac{64514}{4} = 16129 \text{（万吨）}$$

或

$$= \frac{64514}{5-1} = \frac{188191 - 123677}{2010 - 2006} = 16129 \text{（万吨）}$$

第三节　时间数列的速度分析

时间数列的速度分析指标是以相对数形式表示的动态分析指标,它反映客观现象发展的快慢,包括发展速度、平均发展速度、增长速度以及平均增长速度等指标。它们之间有着密切的联系。其中发展速度是最基本的速度指标。

一、发展速度与增长速度

(一)发展速度

发展速度是反映客观现象发展快慢的相对指标。它根据两个不同时期发展水平相对比而求得,一般用百分数或倍数表示。其计算公式为:

$$发展速度 = \frac{报告期水平}{基期水平} \times 100\% \tag{4.21}$$

在通常情况下,发展水平总是大于 0,因此发展速度指标值也总是表现为正数。当发展速度指标值大于 0 小于 1 时,表明报告期水平低于基期水平;当发展速度指标值等于 1 或大于 1 时,表明报告期水平达到或超过基期水平。

由于采用的基期不同,发展速度可分为定基发展速度和环比发展速度。定基发展速度是指以报告期水平与某一固定时期水平之比计算的发展速度,它用来说明报告期水平已经发展到了固定时期水平的百分之几(或多少倍),表明这种现象在较长时期内总的发展程度,因此,有时也叫做"总速度"。环比发展速度是以报告期水平与前一时期水平之比计算的发展速度,它用来说明报告期水平已经发展到了前一期水平的百分之几（或多少倍），表明这种现象逐期的发展程度。这两种发展速度可用公式表示如下：

定基发展速度：

$$\frac{a_1}{a_0}, \frac{a_2}{a_0}, \cdots, \frac{a_n}{a_0} \tag{4.22}$$

环比发展速度：

$$\frac{a_1}{a_0}, \frac{a_2}{a_1}, \cdots, \frac{a_n}{a_{n-1}} \tag{4.23}$$

其中，$a_0, a_1, a_2, \cdots, a_{n-1}, a_n$ 为原时间数列中各项指标数值。

不难看出，环比发展速度和定基发展速度存在以下两个数量关系：

（1）环比发展速度的连乘积等于相应时期的定基发展速度，即：

$$\frac{a_1}{a_0} \times \frac{a_2}{a_1} \times \cdots \times \frac{a_n}{a_{n-1}} = \frac{a_n}{a_0} \tag{4.24}$$

（2）相邻时期的定基发展速度之比等于相应时期的环比发展速度，即：

$$\frac{a_i}{a_0} \div \frac{a_{i-1}}{a_0} = \frac{a_i}{a_{i-1}} \ (i=1,2,\cdots,n) \tag{4.25}$$

利用以上的关系，我们可以进行相互推算。

在实际工作中，还常要计算一种年距发展速度指标。它是报告期发展水平与上年同期发展水平之比，用公式表示如下：

$$年距发展速度 = \frac{报告期水平}{上年同期水平} \times 100\% \tag{4.26}$$

例如，某地区2015年第一季度钢产量为3000万吨，2014年第一季度为2400万吨，则：

$$年距发展速度 = \frac{3000}{2400} \times 100\% = 125\%$$

这说明2015年第一季度钢产量已达到上年同期产量水平的125%。

计算年距发展速度，也可以消除季节变动的影响，表明本期比上年同期相对发展程度。

（二）增长速度

增长速度也称增长率，是表明现象增长程度的相对指标，通常用百分比或倍数表示。它可以根据增长量与基期发展水平对比求得，也可以根据发展速度求得。其基本计算公式为：

$$增长速度 = \frac{增长量}{基期水平} \times 100\% = \frac{报告期水平 - 基期水平}{基期水平} = 发展速度 - 1（或100\%）$$

$$\tag{4.27}$$

发展速度与增长速度所说明的问题不同。发展速度说明现象在不同时期的发展程度，而增长速度则是说明其提高（或降低）的程度。因此当发展速度大于1时，增长速度为正值，表明正增长；当发展速度小于1时，增长速度为负值，表示负增长。

由于采用的基期不同，增长速度也有定基增长速度和环比增长速度之分。定基增长速度是累计增长量与某一固定时期水平之比的相对数，它反映现象在较长时期内总的增长程度。环比增长速度是逐期增长量与前一期发展水平之比的相对数，它表示现象逐期的增长程度。但这两个指标是不能直接进行互相换算的。如要进行换算，须先将环比增长速度加"1"化为环比发展速度后，再连乘得定基发展速度，然后再减"1"，才能求得定基增长速度。即：

定基增长速度 ＝ 定基发展速度－1(或 100%)　　　　　(4.28)
环比增长速度 ＝ 环比发展速度－1(或 100%)　　　　　(4.29)

现仍以前述水泥产量资料,计算发展速度和增长速度(见表 4－14)。

表 4－14 "十一五"时期我国水泥产量

年　份		2006	2007	2008	2009	2010
水泥产量(万吨)		123677	136117	142356	164398	188191
发展速度(%)	定　基	100	110.1	115.1	132.9	152.2
	环　比	——	110.1	104.6	115.5	114.5
增长速度(%)	定　基	——	10.1	15.1	32.9	52.2
	环　比	——	10.1	4.6	15.5	14.5

从表 4－14 中可看出,2010 年定基发展速度为 152.2%,而 2007—2010 年的环比发展速度的连乘积为:

$$110.1\% \times 104.6\% \times 115.5\% \times 114.5\% = 152.2\%$$

正好等于 2010 年定基发展速度。但环比增长速度的连乘积并不等于定基增长速度,所以不能进行数量上的相互推算。

在实际工作中,我们也常计算年距增长速度,用于说明年距增长量与上年同期发展水平对比达到的相对增长程度。用公式表示为:

$$年距增长速度 = \frac{年距增长量}{上年同期水平} \times 100\% = 年距发展速度 - 1(或 100\%)　　(4.30)$$

例如,根据上述某地区 2015 年第一季度钢产量情况,其年距增长速度为 125%－100%＝25%。这说明 2015 年第一季度钢产量比上年同期增加了 25%。

二、平均发展速度与平均增长速度

为了观察客观现象在一个较长时期内逐期平均发展变化的程度和逐期平均增长变化的程度,就须计算平均发展速度和平均增长速度指标。平均速度指标是动态研究中很重要的分析指标。

(一)平均发展速度

平均发展速度是各期环比发展速度的序时平均数。由于环比发展速度是根据同一现象在不同时间发展水平对比而得的动态相对数,因此,它不能应用上述的计算序时平均数的方法来计算。在实际工作中,计算平均发展速度的方法主要有两种,即几何平均法和方程法。两种方法数理依据不同,具体计算和应用场合也不一样,现分述之。

1.几何平均法(水平法)

在实际应用中,如果我们关心的是现象最末发展水平 a_n,则计算平均发展速度就需要使用几何平均法,这是因为:

$$a_n = a_0 X_1 X_2 \cdots X_n　　　　　　(4.31)$$

其中,a_0 为最初发展水平,$X_i = a_i/a_{i-1}$($i = 1,2,\cdots,n$)是各期环比发展速度。

平均发展速度 $\overline{X}$ 作为各期环比发展速度的代表值,这意味着各期按 $\overline{X}$ 的速度来发展,也能保证现象从最初的水平 a_0 经过 n 个时期的发展而达到 a_n 的水平，因此将(4.31)式的各期环比发展速度均用 $\overline{X}$ 替代，有：

$$a_n = a_0 \overline{X}^n \tag{4.32}$$

则

$$\overline{X} = \sqrt[n]{\frac{a_n}{a_0}} \tag{4.33}$$

由于 $\frac{a_n}{a_0}$ 为 n 期的定基发展速度，根据定基发展速度等于相应时期各环比发展速度的连乘积的关系，所以计算平均发展速度也可以用下列公式：

$$\overline{X} = \sqrt[n]{X_1 X_2 \cdots X_n} = \sqrt[n]{\prod X} \tag{4.34}$$

即 $\overline{X}$ 是各期环比发展速度的几何平均数。所以当重点考察现象最后一期的水平时，应使用几何平均法计算平均发展速度。当然，由于这种方法针对的是最末水平，因此也称为水平法。

在实际应用中，有时既不知各期环比发展速度，也不知最初水平 a_0 和最末水平 a_n，但知道 n 期总发展速度 $R = a_n/a_0$，可用下式进行计算平均发展速度：

$$\overline{X} = \sqrt[n]{R} \tag{4.35}$$

仍以表 4 - 14 所示的我国"十一五"时期水泥产量的资料为例计算平均发展速度。

若根据最初水平和最末水平计算平均发展速度：

$$\overline{X} = \sqrt[n]{\frac{a_n}{a_0}} = \sqrt[4]{\frac{188191}{123677}} = 111.1\%$$

若根据各环比发展速度计算平均发展速度：

$$\overline{X} = \sqrt[n]{\prod X} = \sqrt[4]{110.1\% \times 104.6\% \times 115.5\% \times 114.5\%} = 111.1\%$$

若根据总速度计算平均发展速度：

$$\overline{X} = \sqrt[n]{R} = \sqrt[4]{152.2\%} = 111.1\%$$

2. 方程法（累计法）

如果在实际应用中，如果我们关心的是计划期内各期的累计总水平，则计算平均发展速度需要求解一个多项式方程，故其计算方法称为方程法，当然由于这种方法着重考察现象的累计水平，因此也称为累计法。下面具体介绍其原理。

由于计划期内的累计总量为：

$$a_1 + a_2 + \cdots + a_n = a_0 X_1 + a_0 X_1 X_2 + \cdots + a_0 X_1 X_2 \cdots X_n \tag{4.36}$$

平均发展速度 $\overline{X}$ 作为各期环比发展速度的代表值，这意味着各期按 $\overline{X}$ 的速度来发展，也能保证现象经过 n 个时期的发展后，各期累计总水平达到 $a_1 + a_2 + \cdots + a_n$，因此将(4.36)式的各期环比发展速度均用 $\overline{X}$ 替代，有：

$$a_1 + a_2 + \cdots + a_n = a_0 \overline{X} + a_0 \overline{X}^2 + \cdots + a_0 \overline{X}^n \tag{4.37}$$

即

$$\overline{X} + \overline{X}^2 + \cdots + \overline{X}^n = \frac{\sum_{i=1}^{n} a_i}{a_0} \tag{4.38}$$

解(4.38)的多项式方程所得的正根就是要计算的平均发展速度。但是要解这个高次方程是比较复杂的,需要借助于计算机。

在 Excel 中,可以利用【规划求解】[1]来求解方程(4.38)。为方便,我们这里设计了一个求解(4.38)式的模板(以 $n=5$ 为例),如图 4-1 所示。

	A	B	C	D	E	F	G	H
1				累计法平均发展速度求解模版				
2	时序	0	1	2	3	4	5	$(a_1+...+a_n)/a_0$
3	发展水平							
4								
5		平均发展速度						合计（方程左边的值）
6		平均发展速度的次方						

图 4-1　累计法求解平均发展速度的 Excel 模板

首先将各期发展水平输入相应的表格中,并按 H2 单元格的提示在 H3 单元格中计算出相应的数值。然后在 C5 单元格中给定平均发展速度一个初始值(可取任意正数,比如 1.1),再在 C6 单元格中输入公式"=\$C\$5^C2",点击【Enter】后,用填充柄(黑色十字架)从 C6 单元格拖至 G6 单元格,最后在 H6 单元格内输入(或插入)公式"=sum(C6∶G6)"。

当按上面的步骤填好模板的数据之后,在 Excel 点击【规划求解】,则出现如图 4-2 所示的对话框。

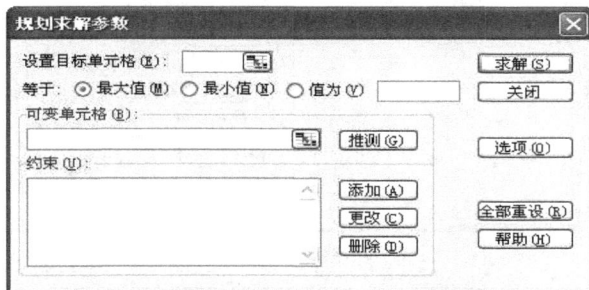

图 4-2　规划求解设置对话框

对应图 4-1 和图 4-2,在【设置目标单元格】框中输入 H6,在【等于】选项中选择"值为",并在相应框中填入 $\sum_{i=1}^{n} a_i/a_0$ (即 H3 单元格中的数值),在【可变单元格】框中输入 C5,点击【求解】即可得出方程(4.38)的解。

例 4.9　某企业 2008—2013 年工业增加值如表 4-15 所示,试按方程法计算该企业工业增加值的平均发展速度。

表 4-15　某企业 2008—2013 年工业增加值

年　份	2008	2009	2010	2011	2012	2013
工业增加值(万元)	102	105	110	115	120	130

---

[1]　初次使用需要安装,其安装方法同【数据分析】。

解 因为：

$$\overline{X} + \overline{X}^2 + \overline{X}^3 + \overline{X}^4 + \overline{X}^5 = \frac{\sum\limits_{i=1}^{n} a_i}{a_0} = \frac{105 + 110 + 115 + 120 + 130}{102} = 5.68627$$

用 Excel 求解上述方程的过程如图 4-3 和图 4-4 所示。

	A	B	C	D	E	F	G	H
1	累计法平均发展速度求解模版							
2	时序	0	1	2	3	4	5	$(a_1+...+a_n)/a_0$
3	发展水平	102	105	110	115	120	130	5.68627451
4								
5		平均发展速度	1.1					合计（方程左边的值）
6		平均发展速度的次方	1.1	1.21	1.331	1.4641	1.61051	6.71561

图 4-3　方程法下数据的输入与计算

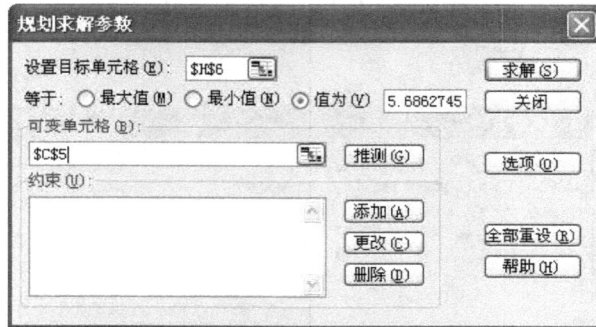

图 4-4　规划求解框的设置

计算结果如图 4-5 所示。

	A	B	C	D	E	F	G	H
1	累计法平均发展速度求解模版							
2	时序	0	1	2	3	4	5	$(a_1+...+a_n)/a_0$
3	发展水平	102	105	110	115	120	130	5.68627451
4								
5		平均发展速度	1.0431833					合计（方程左边的值）
6		平均发展速度的次方	1.0431833	1.088231	1.1352247	1.184247	1.235387	5.686273745

图 4-5　例 4.9 的计算结果

由此知按方程法求得的平均发展速度为 $\overline{X} = 104.3\%$。

(二)平均增长速度

平均增长速度是各期环比增长速度的序时平均数，它表明现象在一定时期内逐期平均增长变化的程度。根据增长速度与发展速度之间的运算关系，要计算平均增长速度，首先要计算出平均发展速度指标，然后将其减去 1（或 100%）求得。即：

$$平均增长速度＝平均发展速度－1(或 100\%) \qquad (4.39)$$

平均发展速度大于 1,平均增长速度就为正值,表示某种现象在一个较长时期内逐期平均递增的程度,这个指标也叫做"平均递增速度"或"平均递增率";反之,平均发展速度小于 1,平均增长速度为负值,表示某种现象在一个较长时期内逐期平均递减程度,这个指标也可叫做"平均递减速度"或"平均递减率"。

计算平均增长速度一般是先按几何平均法或方程法计算出平均发展速度,再通过(4.39)计算平均增长速度。

(三)计算和应用平均速度时应注意的问题

(1)根据统计研究目的选择计算方法。前述计算平均速度有几何平均法(水平法)和方程法(累计法)两种方法,这两个方法在具体运用上各有其特点和局限性。当目的在于考察最末一期发展水平而不关心各期水平总和时,可采用水平法;当目的在于考察各期发展水平总和而不关心最末一期水平时,可采用累计法。这样可以扬长避短,发挥两种计算方法的作用。

(2)要结合具体研究目的适当选择基期,并注意其所依据的基本指标在整个研究时期的同质性。如果资料中有几年的环比增长速度特别快,而有几年又是负增长,出现显著的悬殊和不同的发展方向,以及所选择的最初水平和最末水平受特殊因素的影响过高或过低,用这样的资料来计算平均发展速度,就会降低甚至失去指标的代表意义和实际分析意义。

(3)应采取分段平均速度来补充说明总平均速度。这在分析较长历史时期资料时尤为重要。因为仅根据一个总的平均速度指标只能笼统概括地反映其在很长时期内逐期平均发展或增长的程度,对深入了解这种现象的发展过程和变化情况往往是不够的。例如,要分析我国新中国成立以来粮食产量的平均发展速度和平均增长速度时,就有必要分成国民经济恢复时期、各个五年计划时期和各个特定时期(如某几年受自然灾害的影响,产量逐年下降)来分段计算其平均速度,以对总平均速度加以补充说明。

(4)平均速度指标要与其他指标结合应用。①要与发展水平、增长量、环比速度、定基速度等各项基本指标结合应用,起到分析研究和补充说明的作用,以便对现象有比较确切和完整的认识。②在经济分析中,要与其他有关经济现象的平均速度指标结合运用。例如,工农业生产的平均速度、基本建设投资额与新增固定资产的平均速度、商品销售额与利润额的平均速度等,都可结合进行比较研究,以便深入了解有关现象在各个研究时期中每年平均发展和增长的程度等,为研究国民经济各种具有密切联系的现象的发展动态提供数据。

三、速度分析应注意的问题

在实际工作中,人们经常用速度指标来描述事物发展变化的程度,在应用速度指标分析实际问题时,还应注意以下两点:

(1)当时间数列中的指标数值出现 0 或负数时,不宜计算速度指标。比如某企业连续 5 年的利润额分别为 500 万元、200 万元、0 元、－300 万元、200 万元,对这一数列计算速度指标,要么不符合数学公理,要么无法解释其实际意义。在这种情况下,宜直接用绝对数进行分析。

(2)速度分析要结合水平分析来使用。速度指标是相对数,它掩盖了现象的绝对水平,因此,我们不能单纯地就速度论速度,要注意把速度分析与水平分析相结合。

例 4.10　假定两个生产条件基本相同的企业,各年的利润及有关的速度指标如表 4－16所示。

表 4 - 16   甲、乙两个企业有关指标

年　份	甲企业		乙企业	
	利润额（万元）	增长率（%）	利润额（万元）	增长率（%）
2012	500	——	60	——
2013	600	20	84	40

如果不看利润额的绝对值，仅就速度对甲、乙两个企业进行分析评价，可以看出乙企业的利润增长速度比甲企业高出 1 倍。如果就此得出乙企业的生产经营业绩比甲企业要好得多的结论是不切实际的。因为速度是一个相对值，它与对比的基期大小有很大关系。高速度背后，其隐含的增长绝对值可能很小；低这速度背后，其隐含的增长绝对值可能很大。这就是说，对比的基点不同，可能会造成速度数值上的较大差异，进而造成速度上的虚假现象。上述例子表明，由于两个企业的生产起点不同，基期的利润额不同，才造成二者速度上的较大差异。从利润的绝对额来看，两个企业的速度每增长一个百分点所增加的利润绝对额是不同的。这种情况下，我们需要将速度和绝对水平结合起来进行分析，需要通过计算增长 1% 的绝对值来弥补速度分析中的局限性。

增长 1% 的绝对值表示现象每增长一个百分点而增加的绝对数量，其计算公式为：

$$增长 1\% 的绝对值 = \frac{增长量}{增长速度 \times 100} = \frac{基期水平}{100} \tag{4.40}$$

根据表 4 - 16 的资料计算，甲企业利润每增长 1% 所增加的绝对数额为 5 万元，而乙企业则为 0.6 万元，甲企业远高于乙企业，这说明甲企业的经营业绩比乙企业更好。

第四节   时间数列因素分解与测定

时间数列的水平与速度分析表明的是现象随着时间变化发展所达到的程度，以及增长的快慢问题，并没有涉及现象随着时间发生变化的原因，而只有搞清楚影响现象变化发展的因素，才能够掌握现象发展的内在变化规律，只有这样，才有可能对现象的未来发展趋势作出准确预测。因此，本节及下一节，将主要讨论引起现象随时间变化的因素，并据此进行预测。

一、时间数列因素分解

时间数列所反映的现象变化，是由多种复杂因素共同作用的结果。不同的因素所起的作用不向，产生的结果也相应不同，并且形成不同的时间数列。影响因素按其性质和作用大致可以归纳为 4 种：①长期趋势(T)，即由各个时期普遍和长期起作用的基本因素引起的变动；②季节变动(S)，即由自然季节变换和社会习俗等因素引起的有规律的周期性波动；③循环变动(C)，即指现象发展变化中的一种近乎规律性的盛衰交替变动；④不规则变动(I)，也即剩余变动或随机变动，它是时间数列中除了上述三种变动之外，还存在受临时的、偶然的因素或不明原因而引起的非趋势性、非周期性的随机变动。时间数列的上述 4 种变动按一定的方式组合，成为一种模式，称为时间数列的经典模式。按对 4 种变动因素相互关系的不同假设，可分为加法模式和乘法模式。

当 4 种变动因素呈现出相互独立的关系时，时间数列总变动(Y)体现为各种因素的总和，

即 $Y = T + S + C + I$。此加法模式中，Y、T 是总量指标，S、C、I 是季节变动、循环变动与不规则变动对长期趋势所产生的偏差，或是正值，或是负值。

当 4 种变动因素呈现出相互影响的关系时，时间数列总变动（Y）体现为各种因素的乘积，即 $Y = T \times S \times C \times I$。此乘法模式中，$Y$、$T$ 为总量指标，S、C、I 则是比率，用百分数表示。

时间数列分析一般采用乘法模式。把受各个因素影响的变动分别测定出来，可以为决策提供依据。事实上，有些现象的时间数列并非 4 种变动都存在，从长期来看，揭示经济现象发展的长期趋势和测定其受季节变动的影响，则对于每一个具体的时间数列来讲都是十分重要的问题。本节主要阐述长期趋势与季节变动的测定，为下一节对现象进行预测打好基础。

二、长期趋势的测定

长期趋势就是研究某种现象在一个相当长的时期内持续向上或向下发展变动的趋势。例如，我国的国民经济发展的各项指标很多都呈现不断上升的趋势，这些都属于长期趋势。测定长期趋势的主要目的是：首先，在于把握现象的趋势变化；其次，从数量方面来研究现象发展的规律性，探求合适趋势线，为进行统计预测提供必要条件；最后，测定长期趋势，可以消除原有时间数列中长期趋势的影响，以便更好地显示和测定季节变动。

反映现象发展的长期趋势有两种基本形式：一种是直线趋势，另一种是非直线趋势即趋势曲线。当所研究现象在一个相当长的时期内呈现出比较一致上升或下降的变动，则为直线趋势，可求出一条直线代表之，这条直线也可叫做趋势直线。趋势直线上升或下降，表示这种现象的数值逐年递增或递减，且每年所增加或减少的数量大致相同。所以直线趋势的变化率或趋势线的斜率基本上是不变的。而非直线趋势，其变化率或趋势线的斜率是变动的。

研究现象发展的长期趋势，就须对原来的时间数列进行统计处理，一般称之为时间数列修匀，即进行长期趋势测定，测定长期趋势常用的主要方法有时距扩大法、移动平均法和趋势模型法。

(一)时距扩大法

时距扩大法是测定长期趋势最原始、最简单的方法。它是将原来时间数列中较小时距单位的若干个数据加以合并，得出较大时距单位的数据。扩大了时距单位的数据可以削弱较小时距单位数据所受到的短期的、偶然的因素，使得现象变动的基本趋势显示出来。

例如，某机器厂各月生产机器台数资料如表 4－17 所示。

表 4－17　某企业各月生产机器台数　　　　　　　　　　　　　　　　单位：台

月份	1	2	3	4	5	6	7	8	9	10	11	12
机器台数	41	42	52	43	45	51	53	40	51	49	56	54

从表 4－17 中可看出，数列变化并不均匀，即各月之间的机器台数起伏不定，用该时间数列不能清楚地反映该厂生产量变动的趋势。现将月资料整理成季资料，可将表 4－17 资料整理成如表 4－18 所示的资料。

表 4－18　某企业各季度生产机器台数　　　　　　　　　　　　　　　　单位：台

季　度	一	二	三	四
机器台数	135	139	144	159

可见,时距单位扩大后的资料,可以明显地显示出生产的机器台数呈逐期增长的变化趋势。

在合并数据时,既可以将较小时距单位的数据直接相加合并成较大时距的时间数列(见表4-18),也可以将较小时距单位的数据进行序时平均合并成较大时距的时间数列,如把上例资料改用按序时平均数形成新数列,如表4-19所示。

表4-19　某企业各季平均生产机器台数　　　　　　　　　单位:台

季　度	一	二	三	四
平均机器台数	45	46.3	48	53

由此也可以看出该企业机器生产量呈逐季增长趋势。

时距扩大法的优点是简便直观。但它的缺点也很突出,表现在时距扩大之后,所形成的新数列包含的数据减少,信息量大大流失,不便于作进一步的分析。

(二)移动平均法

这也是对原有时间数列进行修匀,来测定其长期趋势的一种较为简单的方法。这个方法就是采用逐项递推移动的方法,分别计算一系列移动的序时平均数,形成一个新的派生的序时平均数时间数列,来代替原有的时间数列。在这个新的时间数列中,短期的、偶然的因素引起的变动被削弱了,从而呈现出明显的长期趋势。

现仍以表4-17某厂生产机器台数资料,采取3项和5项移动平均数分别进行修匀,计算其各个移动平均数,如表4-20所示。

表4-20　某企业各月生产机器台数的移动平均数　　　　　　　　　单位:台

月份	机器台数	3项移动平均数	5项移动平均数
1	41	——	——
2	42	45.0	——
3	52	45.7	44.6
4	43	46.7	46.6
5	45	46.3	48.8
6	51	49.7	46.4
7	53	48.0	48.0
8	40	48.0	48.8
9	51	46.7	49.8
10	49	52.0	50.0
11	56	53.0	——
12	54	——	——

应用移动平均法分析长期趋势时,应注意下列六点:

(1)移动平均后的数列,比原数列项数要减少。一般情况下,移动平均项数与趋势值的项数关系为:趋势值项数=原数列项数－移动平均项数＋1。如上例,原数列项数为12,采取3项移动平均所得的趋势值项数＝12－3＋1＝10(项)。如采用5项移动平均则趋势值项数＝

$12-5+1=8$ (项),要比原有数列少 4 项。因此,为了便于看出现象的发展趋势,要视具体情况,以确定移动平均的项数不宜太多,否则数据信息将会过多地流失。

(2)在没有循环周期的情形下,移动的项数越多,用移动平均法对原时间数列修匀的效果越好。例如,用 5 项移动平均比 3 项移动平均修匀程度更大些(见图 4-6)。这就是说,修匀的项数越多,效果越好,即趋势线越为平滑。

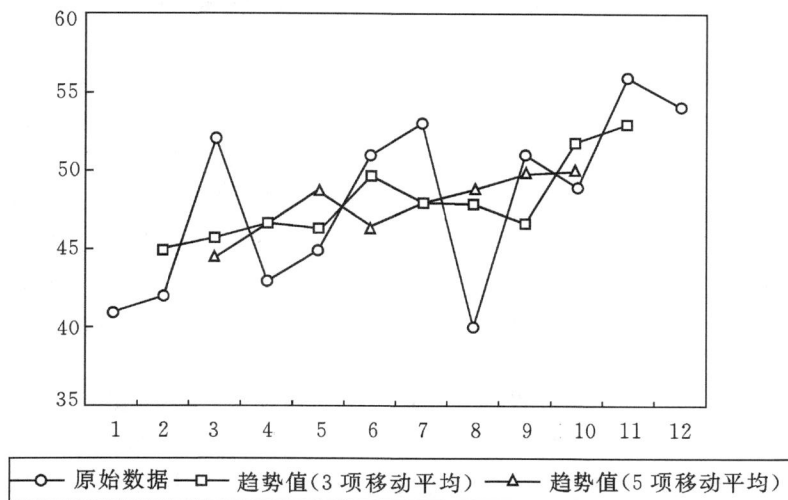

图 4-6 移动平均法趋势线配合图

(3)时间数列如有循环周期,则应选择现象的变动周期作为移动的时间跨度。事实证明,当移动平均的时间长度等于周期长度或其整倍数时,它就能把周期的波动完全抹掉。例如,当数列资料为季度资料时,可采用 4 项移动平均;若是各年的月份资料,则应取 12 项移动平均,这样可消除受季节变动的影响,能较为准确地揭示现象发展的长期趋势。

(4)采用奇数项移动比较简单,一次即得趋势值;若选择偶数项移动平均,则需要再次移动平均进行移正。如表 4-20 所示,3 项移动第一个移动平均数为 $(41+42+52) \div 3 = 45$(台),即可对正为 2 月份的原值。第二个移动平均数为 $(42+52+43) \div 3 = 45.7$(台),即可对正为 3 月份的原值等。采用偶数项移动平均时,由于偶数项移动平均数都是在两项中间位置,所以要将第一次移动的平均值再进行两项"移正平均",得出移正值时间数列,以显示出现象变动趋势。由于偶数项移动平均比较复杂,因此,一般常用奇数项移动平均。

(5)这里所阐述的移动平均法是简单移动平均法,它适用于对线性趋势的测定。如果社会经济现象的发展是非线性的,就要考虑用加权移动平均法。所谓加权移动平均法就是对各期指标值进行加权后再进行移动平均。依照在简单移动平均中,移动平均数代表移动平均中项时期的长期趋势值的做法,在加权移动平均法中各期权数以二项展开式的系数为计算基础,使中项时期指标值的权数最大,两边对称,逐期减小。

例如,三项移动平均,应以 $(a+b)^2 = a^2 + 2ab + b^2$ 的系数 1,2,1 进行加权。即:$y_{t-1} = \dfrac{y_{t-2} + 2y_{t-1} + y_t}{4}$。

（6）由于移动平均法的测定值代表的是时间中项对应的数值,故无法直接用其对现象的未来趋势进行预测,否则存在着预测上的滞后。因此,若要用移动平均法进行预测,就必须结合现象的趋势特点,修正预测滞后,如线性移动平均法[①]等。

(三)趋势模型法

趋势模型法是根据时间数列长期趋势的表现形态,建立一个合适的趋势方程来描述现象各个时期指标数值随时间变动的趋势规律性,并据此进行各期趋势值的测定。其基本步骤如下：

（1）选取合适的趋势模型。时间数列中的长期趋势的表现形态是多种多样的。在实际应用中,如何选择时间数列所要拟合的趋势模型是一个十分重要的问题。趋势模型选择不当,不仅不能正确描述现象的发展的规律性,有时还会得出与事实相反的结论。

常用的选择趋势模型的简单方法有通过散点图直接观察法和增长特征法等。散点图是将自变量和因变量的数值组成的坐标点（称为散点）形成的图形。趋势模型的自变量是时间,因此对应的时间数列的散点图就是现象的具体指标数值随时间的坐标点所形成的图形。当散点图上的散点大致分布在一条直线的附近,则可以选择直线趋势模型;若散点分布在某曲线附近,则应选择曲线趋势模型。

增长特征法就是通过逐期增长量或环比速度来发现现象发展的趋势类型的方法。如各逐期增长量大致相等,则表明应选择直线趋势模型;各二级增长量（逐期增长量的逐期增长量）大致相等,则应选择抛物线趋势模型;当各期环比发展（增长）速度大致相等,则应选择指数曲线模型等。

时间数列的趋势模型种类很多,本书只阐述直线趋势模型、抛物线趋势模型和指数曲线趋势模型三种简单模型的建立问题,其他复杂模型读者可查阅相关统计学书籍。

（2）估计趋势模型的未知参数。趋势模型的未知参数通常按最小二乘法（也称最小平方法）来确定,其标准是要求按趋势方程估计出的趋势值与实际值离差的平方和达到最小,即：

$$\sum (y - \hat{y})^2 = \min \tag{4.41}$$

式中,y 时间数列实际数值,$\hat{y}$ 为按趋势方程计算出的趋势值（也称估计值）。

（3）计算长期趋势测定值。将各期时间 t 的取值代入已估计出参数的趋势模型,得出的因变量数值就是相应时期的长期趋势测定值。

下面就根据以上步骤来说明直线趋势、抛物线趋势和指数曲线趋势的测定。

1.直线趋势的测定

当现象的发展依时间推移呈现出稳定的增长或上升的直线变动趋势时,可以采用直线趋势模型来描述其变动的规律性。直线趋势方程的一般形式为：

$$\hat{y} = a + bt \tag{4.42}$$

式中,t 为代表时间的时序数,a 为直线方程的截距,b 为直线方程的斜率,它代表趋势的平均增长量。

（4.42）式中的 a、b 为未知参数,根据最小二乘法的要求,有：

$$\sum (y - a - bt)^2 = \min \tag{4.43}$$

---

① 关于线性移动平均法,读者可以参阅徐国祥主编《统计预测和决策》的相关内容。

令 $Q = \sum (y-a-bt)^2$，对于给定的时间数列，Q 是 a 和 b 的函数，且最小值总是存在。根据微积分的极值定理，对 Q 求偏导数，并令其等于 0，即：

$$\begin{cases} \dfrac{\partial Q}{\partial a} = -2\sum(y-a-bt) = 0 \\ \dfrac{\partial Q}{\partial b} = -2\sum(y-a-bt)t = 0 \end{cases} \quad (4.44)$$

整理该方程组，得：

$$\begin{cases} na + b\sum t = \sum y \\ a\sum t + b\sum t^2 = \sum ty \end{cases} \quad (4.45)$$

式中，n 为时间数列的项数。

由(4.45)式可以解得：

$$b = \frac{n\sum ty - \sum t \sum y}{n\sum t^2 - \left(\sum t\right)^2} , \quad a = \frac{\sum y}{n} - b\frac{\sum t}{n} = \bar{y} - b\bar{t} \quad (4.46)$$

有时，为了计算方便，我们可以假设时序 t：当 n 为奇数时，可假设 t 的中间项为 0，这时时序 t 依次排列为：$\cdots,-3,-2,-1,0,1,2,3,\cdots$；当 n 为偶数时，时序 t 依次排列为：$\cdots,-5,-3,-1,1,3,5,\cdots$，这时，原点 0 实际上是在数列正中相邻两个时间的中点。以上两种设 t 的方法是要使时序 t 的正负相消，使 $\sum t = 0$，由此(4.46)式可以改写为：

$$a = \bar{y} , \quad b = \frac{\sum ty}{\sum t^2} \quad (4.47)$$

例 4.11 某企业自 2007—2013 年以来的产量资料如表 4-21 所示，根据此资料计算该企业各年产量的长期趋势值。

表 4-21 某地区粮食产量

年 份	2007	2008	2009	2010	2011	2012	2013
产 量	920	950	985	1025	1040	1060	1095
逐期增长量	——	30	35	40	15	20	35

解 由表 4-21 可以看到，该企业产量的各年逐期增长量大致相等，并且图 4-7 显示的散点也大致分布在一条直线附近，因此可以认为该企业产量有直线增长的趋势，因此采用直线趋势模型 $\hat{y} = a + bt$ 计算产量的各年趋势值。

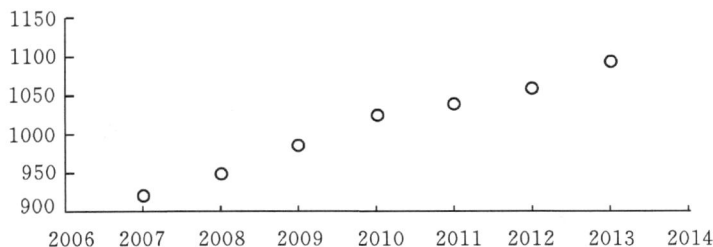

图 4-7 某企业产量的散点图

根据表 4 - 22 的计算结果，可得到：

$$b = \frac{n\sum ty - \sum t \sum y}{n \sum t^2 - \left(\sum t\right)^2} = \frac{7 \times 29100 - 28 \times 7075}{7 \times 140 - 28^2} = 28.571$$

$$a = \overline{y} - b\overline{t} = \frac{7075}{7} - 28.571 \times \frac{28}{7} = 896.429$$

由此得到趋势方程：

$$\hat{y} = 896.429 + 28.571t$$

将 $t = 1, 2, \cdots, 7$ 代入以上趋势方程即可得到该企业 2007—2013 年产量的趋势值，如表 4 - 22 所示。

表 4 - 22   某企业产量直线趋势方程计算表

年份	t	y	ty	t^2	$\hat{y}$
2007	1	920	920	1	925.00
2008	2	950	1900	4	953.57
2009	3	985	2955	9	982.14
2010	4	1025	4100	16	1010.71
2011	5	1040	5200	25	1039.29
2012	6	1060	6360	36	1067.86
2013	7	1095	7665	49	1096.43
合计	28	7075	29100	140	1696.43

在本例中，也可以 2007—2013 年的时序 t 依次定为：$-3, -2, -1, 0, 1, 2, 3$，则利用 (4.47) 式有：

$$a = \overline{y} = \frac{7075}{7} = 1010.714$$

$$b = \frac{\sum ty}{\sum t^2} = \frac{-3 \times 920 - 2 \times 950 - 1 \times 985 + 0 \times 1025 + 1 \times 1040 + 2 \times 1060 + 3 \times 1095}{2 \times (1^2 + 2^2 + 3^2)}$$

$$= 28.571$$

由此得到趋势方程：

$$\hat{y} = 1010.714 + 28.571t$$

再将时序 t：$-3, -2, -1, 0, 1, 2, 3$ 依次代入趋势方程也可得该企业 2007 年—2013 年产量的趋势值。

在 Excel 中可以用 LINEST 函数来得出直线趋势方程，具体参数如图 4 - 8 所示。

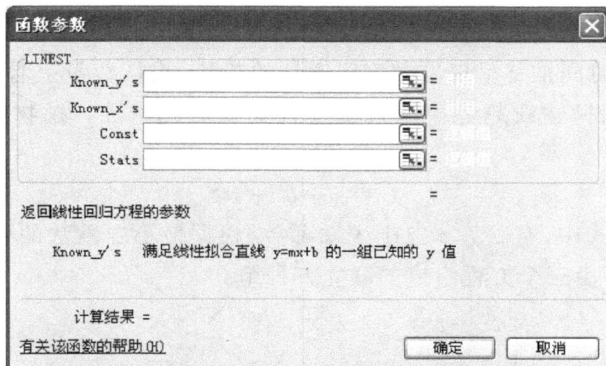

图 4-8 LINEST 函数参数设置对话框

在图 4-8 中,Known_y's 参数输入的是因变量的已知数值,这里应为时间数列的指标数值;Known_x's 为自变量的已知数值,这里应为时序 t 的数值。Const 是逻辑值,用来强制趋势方程是否含有截距项,为 TRUE(或省略不填写),强制趋势方程含截距项,为 FALSE,则强制趋势方程不含截距项;Stats 控制输出结果是否包含附加的统计量的值,为 TRUE(或省略不填写),回归结果可以包含附加值,为 FALSE 则不包含附加值,只输出趋势方程的参数值。

运用 LINEST 函数,需要注意的是:由于趋势方程一般包含多个未知参数,因此 LINEST 函数输出结果一般包含多个数值,因此需要在使用该函数之前,选择足够的单元格,以存放输出结果,最后操作时,不能点击【确定】或只按住【Enter】键,而应按组合键【Ctrl+Shift+Enter】。

此外,Excel 中除了使用 LINEST 函数可以得出直线趋势方程外,还可以使用【数据分析】中【回归】的功能,具体设置如图 4-9 所示:

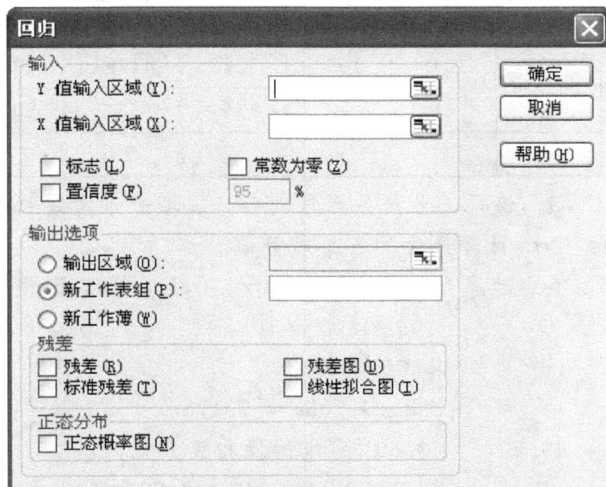

图 4-9 【回归】设置窗口

在图 4-9 中,"Y 值输入区域"输入因变量的数值,"X 值输入区域"输入自变量数值,"常数为零"一般不打勾,否则估计的趋势方程不含截距项,其他参数的设置见第九章。设置好这些参数后,点击【确定】即可得出趋势方程的各项信息,包括各项检验的信息,具体可见第九章的内容。

2. 抛物线趋势的测定

当现象的发展依时间推移呈现出抛物线增长的趋势,或从数量上看其各期的二级增长量大致相同,则可以采用抛物线趋势模型来描述其变动的规律性。抛物线趋势方程的一般形式为:

$$\hat{y} = a + bt + ct^2 \tag{4.48}$$

上述抛物线方程式中,有 a, b, c 三个未知参数,根据最小二乘法的要求,同样用令偏导数为零的方法,导出以下由三个方程组成的联立方程组:

$$\begin{cases} na + b\sum t + c\sum t^2 = \sum y \\ a\sum t + b\sum t^2 + c\sum t^3 = \sum ty \\ a\sum t^2 + b\sum t^3 + c\sum t^4 = \sum t^2 y \end{cases} \tag{4.49}$$

同样,为了计算方便,我们可以通过假设 t,使 $\sum t = 0$,$\sum t^3 = 0$,则上述联立方程组可简化为:

$$\begin{cases} na + c\sum t^2 = \sum y \\ b\sum t^2 = \sum ty \\ a\sum t^2 + c\sum t^4 = \sum t^2 y \end{cases} \tag{4.50}$$

通过解(4.49)式或(4.50)式便可得到抛物线趋势方程。

例 4.12 某厂 2005—2013 年的工业产品产量如表 4-23 所示。试选择合适的趋势方程,并计算 2005—2013 年产量的趋势值。

表 4-23　某厂 2005—2013 年的工业产品产量

单位:吨

年份	2005	2006	2007	2008	2009	2010	2011	2012	2013
产量	988	1012	1043	1080	1126	1179	1239	1307	1382
逐期增长量	——	24	31	37	46	53	60	68	75
二级增长量			7	6	9	7	7	8	7

解 根据表 4-23 可知,该厂工业产品产量的各二级增长量大致相等,因此可以选用抛物线趋势模型 $\hat{y} = a + bt + ct^2$ 计算产量的各年趋势值。

依次取 2005—2013 年的时序为 $-4, -3, -2, -1, 0, 1, 2, 3, 4$,则根据表 4-24,有:

$$\begin{cases} 9a + 60c = 10356 \\ 60b = 2952 \\ 60a + 708c = 70178 \end{cases}$$

解得:$a = 1126.03$,$b = 49.20$,$c = 3.69$,所求的抛物线方程为:

$$\hat{y} = 1126.03 + 49.20t + 3.69t^2$$

将时序 $t: -4, -3, -2, -1, 0, 1, 2, 3, 4$ 依次代入趋势方程即可得 2005—2013 年各年产量的趋势值,如表 4-24 所示。

表 4-24　某厂工业产品产量抛物线方程计算表

年份	t	y	ty	t^2	$t^2 y$	t^4	$\hat{y}$
2005	-4	988	-3952	16	15808	256	988.35
2006	-3	1012	-3036	9	9108	81	1011.69
2007	-2	1043	-2086	4	4172	16	1042.41
2008	-1	1080	-1080	1	1080	1	1080.53
2009	0	1126	0	0	0	0	1126.03
2010	1	1179	1179	1	1179	1	1178.93
2011	2	1239	2478	4	4956	16	1239.21
2012	3	1307	3921	9	11763	81	1306.89
2013	4	1382	5528	16	22112	256	1381.95
合计	0	10356	2952	60	70178	708	10356.00

　　抛物线趋势方程也可以通过 Excel 的 LINEST 函数或【回归】功能得到,只是要在 Excel 表中多生成一列(行)存放 t^2 的数值,并且 t 的数值和 t^2 的数值要相邻排列,在"自变量输入参数"中将 t 和 t^2 两列(行)数值同时选中,其他操作同直线趋势方程的估计,这样就可以得到抛物线趋势方程。

3. 指数曲线趋势的测定

　　如果现象的发展,其环比发展速度或环比增长速度大体相同,则可考虑选择指数曲线趋势方程来描述现象变动规律。指数曲线的一般方程为:
$$\hat{y} = ab^t \tag{4.51}$$
其中,a 为时间数列的基期水平的趋势值,b 为现象平均发展速度的趋势值。

　　进行指数曲线拟合时,一般是将指数方程通过取对数转化成直线方程,然后按直线方程办法确定出参数,再对直线方程求得的结果通过指数运算还原。具体如下:

　　先对(4.51)式两边取对数,得:
$$\ln\hat{y} = \ln a + t\ln b \tag{4.52}$$
　　然后应用最小二乘法,得出(4.52)式中的参数:
$$\ln b = \frac{n\sum t\ln y - \sum t \sum \ln y}{n\sum t^2 - (\sum t)^2}, \ \ln a = \frac{\sum \ln y}{n} - \ln b \cdot \frac{\sum t}{n} = \overline{\ln y} - b\overline{t} \tag{4.53}$$
最后对(4.53)的结果进行指数运算即可得出 a,b 的取值。

　　同样,也可以假定 t,使 $\sum t = 0$,则(4.53)式可简化为:
$$\ln a = \overline{\ln y}, \ \ln b = \frac{\sum t\ln y}{\sum t^2} \tag{4.54}$$

　　例 4.13　某地区 2008—2013 年的工业增加值如表 4-25 所示。试选择合适的趋势方程,并计算 2008—2013 年该地区工业增加值的趋势值。

表 4-25　某地区工业增加值

年　份	2008	2009	2010	2011	2012	2013
增加值(千万元)	5.3	7.2	9.6	12.9	17.1	23.2
环比增长速度(%)	──	36	33	34	33	36

解　由表 4-25 可以看到,该地区各年环比增长速度大致相等,因此可以考虑选用指数曲线方程 $\hat{y}=ab^t$ 来拟合现象的发展趋势。

选择 2008—2013 年的时序 t 依次为 $-5,-3,-1,1,3,5$,根据表 4-26 得:

$$\ln a=\overline{\ln y}=\frac{14.4440}{6}=2.4073 , \ln b=\frac{\sum t\ln y}{\sum t^2}=\frac{10.2727}{70}=0.1468$$

由此得到:

$$a=e^{2.4073}=11.1043 , \ln b=e^{0.1468}=1.1581$$

故所得的指数曲线方程为:

$$\hat{y}=11.1043\times(1.1581)^t$$

将时序 t:$-5,-3,-1,1,3,5$ 依次代入上述方程即可得出 2008—2013 年该地区工业增加值的趋势值,如表 4-26 所示。

表 4-26　某地区工业增加值指数曲线方程计算表

年份	t	y	$\ln y$	$t\ln y$	t^2	$\hat{y}$
2008	-5	5.3	1.6677	-8.3385	25	5.3299
2009	-3	7.2	1.9741	-5.9222	9	7.1487
2010	-1	9.6	2.2618	-2.2618	1	9.5882
2011	1	12.9	2.5572	2.5572	1	12.8601
2012	3	17.1	2.8391	8.5172	9	17.2486
2013	5	23.2	3.1442	15.7208	25	23.1347
合计	0	75.3	14.4440	10.2727	70	75.3103

指数曲线方程由于一般是转换成直线方程进行,因此在 Excel 中只需将原指标数值取对数,再用 LINEST 函数或【回归】功能进行估计,在估计得到的方程的基础上做指数运算即可得到指数曲线方程。

三、季节变动的测定

在一个时间数列中,除存在长期趋势外,往往还存在季节变动。例如,夏天汗衫、背心、冷饮的销售量就高于其他季节;冬天围巾、取暖器的销售量就比较大;铁路客运量以春节前后为高峰。季节变动会引起设备和劳动力使用不平衡、原料供应不足、运输量不够等问题,这给生产和人们生活带来某些影响。我们研究季节变动的目的,主要是为了认识它、掌握它,从而克服由于季节变动而引起的不良影响,以便为合理组织生产、安排人民经济生活提供资料。例如,在商业工作中,由于季节变动对某些商品零售额的影响,我们要很好地掌握这一变动规律,这对商业部门合理组织货源、有效地使用资金,对金融部门恰当地安排商业信贷计划等,都具有十分重要的作用。

测定季节变动的方法很多,最常用、最简单的方法是同期平均法。在使用同期平均法之前,一般需要考虑现象的发展是否存在长期趋势,若存在长期趋势,要先测定并剔除趋势值,然后对得到的数据采用同期平均法进行计算;若没有长期趋势,则直接对原始数据采用同期平均法测定季节变动。

在测定季节变动时,要注意的是,不管是那种情形,使用的那种方法,都须用 3 年或更多年份的资料(至少 3 年)作为基本数据进行计算分析,这样才能较好地消除偶然因素的影响,使季节变动的规律性更切合实际。

(一)不含长期趋势的情形

这种情形可直接对原数据采用同期平均法,其具体步骤为:

第一步:列表。将各年同期(月、季等)的数值列在同一栏内;

第二步:将各年同期数值加总,并求出同期平均数 $\overline{y_i}$;

第三步:将所有数值加总,求出总的平均数 $\overline{y}$;

第四步:求季节比率(也称季节指数)S,其计算公式为:

$$S_i = \frac{\overline{y_i}}{\overline{y}} \times 100\% \tag{4.55}$$

计算出来的季节指数大于 100% 表明,这个时期现象属于旺季,否则属于淡季。一般情况下季节指数的总和 $\sum S_i$ 等于全年包含的时期数 N,比如,若是季度资料,$\sum S_i$ 等于 400%;若是月份资料,$\sum S_i$ 等于 1200%。但由于考察期内某些时期的数据资料缺乏造成不同季节的数据信息不对等,则会导致 $\sum S_i$ 并不等于 N,这时就需要对(4.55)式计算出来的季节指数进行调整,调整的季节指数为:

$$S_i' = S_i \times \frac{N}{\sum S_i} \tag{4.56}$$

其中,S_i' 代表调整后的季节指数,容易验证 $\sum S_i' = N$。

下面以例 4.14 为例,来说明同期平均法的操作过程。

例 4.14 某城市 2010—2013 年的降水量的数据资料如表 4-27 所示,根据此表数据计算全年各月降水量的季节指数。

表 4-27　某城市 2010—2013 年的降水量　　　　单位:毫米

月\年	1	2	3	4	5	6	7	8	9	10	11	12	合计
2010	18.5	122.9	69.7	197.7	132.1	306.7	95.9	38.8	41.8	23.9	67.7	42.3	1158.0
2011	28.5	49.5	150.6	140.3	138.7	152.7	389.7	83.6	91.0	83.5	14.6	15.2	1337.9
2012	15.6	19.2	32.1	36.2	76.8	433.9	89.4	133.8	59.4	51.5	33.8	5.5	987.2
2013	26.8	41.9	109.4	108.4	238.4	192.1	245.6	131.7	107.8	131.1	30.6	51.7	1415.5

解　根据表 4-27 可以看到,2010—2013 年这四年的总降水量依次为 1158.0 毫米、1337.9 毫米、987.2 毫米和 1415.5 毫米,没有明显的增降趋势,因此本问题适合直接使用同期平均法来测定季节变动。其计算过程及结果如表 4-28 所示。

表 4 - 28　某城市 2010—2013 年的降水量

年＼月份	1	2	3	4	5	6	7	8	9	10	11	12	合计
2010	18.5	122.9	69.7	197.7	132.1	306.7	95.9	38.8	41.8	23.9	67.7	42.3	1158.0
2011	28.5	49.5	150.6	140.3	138.7	152.7	389.7	83.6	91.0	83.5	14.6	15.2	1337.9
2012	15.6	19.2	32.1	36.2	76.8	433.9	89.4	133.8	59.4	51.5	33.8	5.5	987.2
2013	26.8	41.9	109.4	108.4	238.4	192.1	245.6	131.7	107.8	131.1	30.6	51.7	1415.5
同月平均	22.4	58.4	90.5	120.7	146.5	271.4	205.2	97.0	75.0	72.5	36.7	28.7	102.1 ①
季节指数(%)	21.9	57.2	88.6	118.2	143.6	265.9	201.0	95.0	73.5	71.0	35.9	28.1	1200.0

从表 4 - 28 可以看到,该城市 4、5、6、7 月降水量的季节指数明显超过 100%,是降水的旺季,尤其是 6 月和 7 月,季节指数均超过了 200%,说明这两个月是这个城市的雨季。1、11、12 月这三个月季节指数明显小于 100%(均不超过 40%),是降水的淡季,雨水相对较少。作各月季节指数的折线图(见图 4 - 10),更能清晰直观地看到这一点。

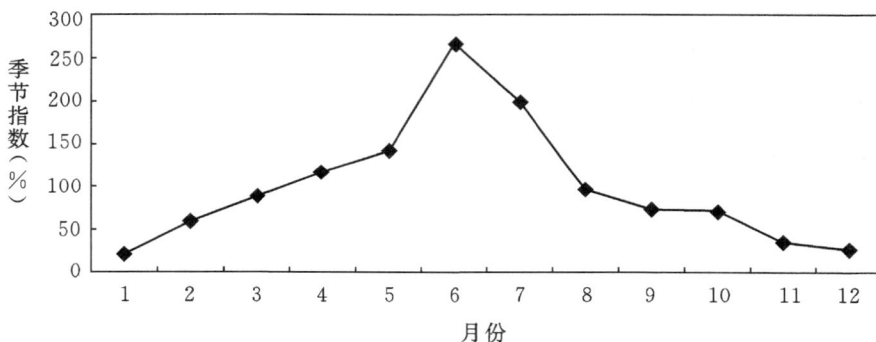

图 4 - 10　某城市 12 个月份降水量的季节变动图

(二)含长期趋势的情形

很多现象的变动中既含有季节变动,也含有明显的长期趋势,此时就不能直接对原始数据采用同期平均法来测定季节变动,否则计算出来的季节指数会受到长期趋势的影响而无法准确地反映季节变动情况,因此在利用同期平均法之前,应首先测定现象的长期趋势,并将其剔除。

这里我们假定长期趋势(T)、季节变动(S)、循环变动(C)和剩余变动(I)对时间数列的影响可以用乘法模型 $Y = T \times S \times C \times I$ 反映,则对于含有长期趋势的现象,测定季节变动的步骤可以表述如下:

第一步:对原时间数列求移动平均数,作为相应时期的趋势值 T。这里要注意的是,由于现象还存在着季节变动,因此移动平均的时间跨度应为季节变动的周期,即如果是月份资料,要采取 12 项移动平均;如果是季度资料,则要采用 4 项移动平均。这样才能保证测定的趋势

---

① 该数据为所有月份数据的总平均数。

值 T 不受季节变动的影响。

第二步:剔除原时间数列中长期趋势值 T,即将原数列中各项除以相应时间的移动平均数,得:

$$y = \frac{Y}{T} = \frac{T \times S \times C \times I}{T} = S \times C \times I \tag{4.57}$$

第三步:对上一步得到的数据按同期平均法,计算季节指数,以测定季节变动。

例 4.15 某城市 2009—2013 年各季度旅游人数的资料如表 4-29 所示,试测定该城市旅游人数的季节变动。

表 4-29 某城市 2009—2013 年各季度旅游人数 单位:万人

年\季度	第一季度	第二季度	第三季度	第四季度	合计
2009	41	51	74	36	202
2010	57	65	93	57	272
2011	62	70	102	65	299
2012	66	73	106	71	316
2013	72	82	112	80	346

解 从表 4-29 可以看到,该城市每年的旅游总人数逐年上升,具有明显的长期趋势,通过图 4-11 也可以看到这一点。

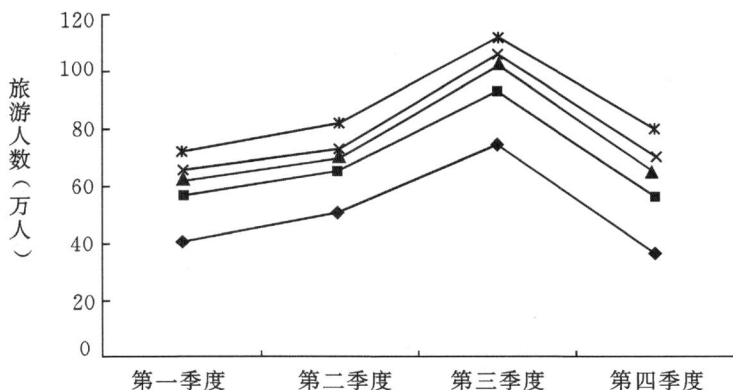

图 4-11 某城市 2009—2013 年各季度旅游人数的折线图

为测定季节变动,需将表 4-29 的数据依时间排成一列(行),然后进行 4 项移动平均,并采用 2 项移动平均移正,最后将原数据 Y 除以经移正后的移动平均值 T,即可剔除原数据中的长期趋势。具体计算过程与结果如表 4-30 所示。

将表 4-30 中最后一列数据依时间按表 4-29 的排列方式进行排列,再用同期平均法计算各季度的季节指数,计算过程与结果如表 4-31 所示。

表 4 - 30　季节指数计算表 (一)

年份	季度	旅游人数 (1)	4项移动平均 (2)是对(1)的 移动平均	移正平均 (3)是对(2)的 二项移动平均	趋势剔除 (4)＝(1)/(3)
2009	一	41	——	——	——
	二	51	——	——	——
	三	74	50.5	52.5	1.4095
	四	36	54.5	56.3	0.6400
2010	一	57	58.0	60.4	0.9441
	二	65	62.8	65.4	0.9943
	三	93	68.0	68.6	1.3552
	四	57	69.3	69.9	0.8157
2011	一	62	70.5	71.6	0.8656
	二	70	72.8	73.8	0.9492
	三	102	74.8	75.3	1.3555
	四	65	75.8	76.1	0.8539
2012	一	66	76.5	77.0	0.8571
	二	73	77.5	78.3	0.9329
	三	106	79.0	79.8	1.3292
	四	71	80.5	81.6	0.8698
2013	一	72	82.8	83.5	0.8623
	二	82	84.3	85.4	0.9605
	三	112	86.5	——	——
	四	80	——	——	——

表 4 - 31　季节指数计算表 (二)

季度\年	第一季度	第二季度	第三季度	第四季度	合计
2009	——	——	1.4095	0.6400	
2010	0.9441	0.9943	1.3552	0.8157	
2011	0.8656	0.9492	1.3555	0.8539	——
2012	0.8571	0.9329	1.3292	0.8698	
2013	0.8623	0.9605	——	——	
同季平均	0.8823	0.9592	1.3623	0.7949	0.9997
季节指数(%)	88.3	96.0	136.3	79.5	400

从计算的结果可以看到,该城市第三季度的季节指数是 136.3%,属旅游旺季;第四季度则为旅游淡季。

四、循环变动的测定

循环变动又称周期性变动,往往存在于一个较长的时期中,是一种周而复始的近乎规律性的变动。其成因较为复杂,经常与不规则变动交织在一起。循环变动规律性不如季节变动明显,它的变动周期通常在 1 年以上,可有 3 年的周期,也可有 7、8 年的周期。周期的长短、变动形态、波动大小也不太固定。例如,产品通常有导入期、成长期、成熟期、衰退期、替代期等经济寿命周期,人口的增长变动从长远来看也有一定的周期;又如,由于受周期性因素的影响,经济增长中出现的"繁荣——衰退——萧条——复苏——繁荣"的周而复始的运动,

之所以进行循环变动的测定与分析,目的在于:一是通过对以往循环周期的研究和测定,有助于认识和掌握事物循环周期的变动规律,对制定决策或政策、安排经济生活提供科学依据;二是通过对事物循环规律的认识,有助于预见下一个循环周期可能产生的各种影响。

从统计分析的角度来说,循环变动的测定方法有多种,如剩余法、直接法和循环平均法等,但最常用的是剩余法。这里,我们主要介绍剩余法,其主要步骤如下(这里假定按乘法模型,并且时间数列的 T、S、C、I 四种因素都存在):

第一步:按移动平均法计算长期趋势,并将其从时间数列中剔除,用此得到的数据按同期平均法计算季节指数 S;

第二步:用原数据 Y 除以季节指数 S,以剔除季节变动,用得到的数据($Y/S = T \times C \times I$)再一次测定长期趋势 T;

第三步:将在 Y/S 的数据中进一步剔除上一步得到的长期趋势值 T,得到 $C \times I = \dfrac{Y}{S \times T}$;

第四步:对上一步得到的数据进行移动平均,以削弱不规则变动 I,得到循环变动的估计值。

关于循环变动测定的实例,本书省略,有兴趣的读者可参阅相关统计书籍。

第五节　时间数列预测

一、时间数列预测的步骤

编制时间序数列的一个主要目的就是根据已有的历史数据对未来进行预测。从上一节可知,时间数列含有不同的成分,如长期趋势、季节变动、循环变动和不规则变动等。对于一个具体的时间数列,它可能只含有一种成分,也可能同时含有几种成分。含有不同成分的时间数列所用的预测方法是不同的。因此,在对时间数列进行预测时,通常包括以下几个步骤:

第一步:确定时间数列所包含的成分,也就是要确定时间数列变动的因素类型;

第二步:找出适合此类时间数列的预测方法;

第三步:对可能的预测方法进行评估,以确定最佳预测方案;

第四步:利用最佳预测方案进行预测;

(一)确定时间数列的成分

1.确定长期趋势

确定趋势成分是否存在,可以从绘制时间数列的散点图或折线图入手。观察散点图或折线图,一般就可以看出时间数列中是否存在长期趋势,以及所存在的趋势是线性的还是非线性的。

判断长期趋势是否存在的另一种方法是选择一定的趋势模型进行拟合,并用第九章的方法对模型的未知参数进行检验,检验结果显著,表明模型存在趋势(线性或非线性)成分。具体内容见第九章。

2.确定季节成分

确定季节成分是否存在,至少需要 3 年的数据,而且数据需要按季度、月份、周或天等来记录。确定季节成分也可以从绘制时间数列的折线图入手[①],但这里需要一种特殊的时间数列图,即年度折叠时间数列图。绘制该图时,需要将每年的数据分开画在图上,也就是横轴只有一年的长度,每年的数据分别对应纵轴。如果时间数列只存在季节成分,年度折叠时间数列图中的折线将会有交叉;如果时间数列既含有季节成分又含有趋势,那么年度折叠时间数列图中的折线将不会有交叉,而且如果趋势是上升的,后面年度的折线将会高于前面年度的折线,如果趋势是下降的,后面年度的折线将低于前面年度的折线。

例如,上节的图 4-11 就是年度折叠图,根据该图,可以明显地看出,该时间数列既有长期趋势,也有季节变动。

(二)选择预测方法

在确定了时间数列的类型后,预测程序的第二步就是选择适当的预测方法。利用时间数列数据进行预测时,通常假定过去的变化趋势会延续到未来,这样就可以根据过去已有的形态或模式进行预测。时间数列的预测方法既有传统方法,如移动平均法、指数平滑法等,也有较为精准的现代方法,如自回归模型(ARMA)。

一般来说,任何时间数列中都会有不规则变动存在,但不规则变动是无法预测的;另外,考察循环变动需要若干年的数据,因此进行中短期预测时一般不考虑循环变动。所以时间数列的四个影响因素中我们较多地考虑长期趋势与季节变动,为此,本章所介绍的预测方法主要是针对平稳序列、含有趋势成分或季节成分的时间数列。图 4-12 给出了时间数列的类型与可供选择的预测方法。

(三)预测方法的评估

在选择出预测方法并利用该种方法进行预测后,反过来需要对所选择的方法进行评估,以确定所选择的方法是否合理。

一种预测方法的好坏取决于预测误差的大小。预测误差是预测值与实际值的差距,其计算方法有几种,包括平均误差、平均绝对误差、均方误差、平均百分比误差和平均绝对百分比误差等。其中较为常用的是均方误差。对于同一个时间数列有几种可供选择的方法时候,以预

---

① 除利用图形判断时间序列中是否存在季节成分,还可利用自相关分析,自相关是指时间序列中一个时期的数值与其前一时期的数值存在相关。有关这一问题的进一步讨论,可参考有关的统计书籍。

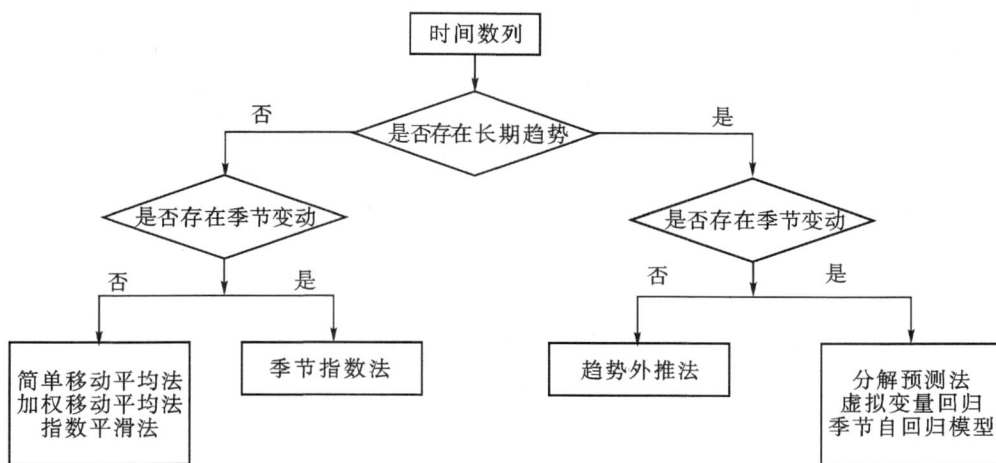

图 4-12　时间数列的类型和预测方法的选择

测误差最小者为宜。

均方误差是误差平方的平均数,用 MSE 表示,计算公式为:

$$MSE = \frac{\sum (Y - \hat{Y})^2}{n} \tag{4.58}$$

式中,Y 为时间数列的实际数值,$\hat{Y}$ 为相应的估计数值,n 为预测误差的个数。

二、平稳时间数列的预测

平稳时间数列通常只含有随机成分,其预测方法主要有移动平均法和指数平滑法等,这些方法主要是通过对时间数列进行平滑以消除其随机波动,因而也称为平滑法。

(一)移动平均预测法

上一节,我们介绍过移动平均法,当时是用它来测定时间数列的长期趋势(但不能预测趋势),这里将它用来对平稳时间数列进行预测,即用计算得到一定时期内的移动平均数直接作为下一期的预测值,这种方法称为移动平均预测法。移动平均预测法按是否考虑各时期数据的重要性分为简单移动平均预测法和加权移动平均预测法两种。

1. 简单移动平均预测法

设当前时期为 t,移动平均的项数(也称为步长)N,则简单移动平均法的计算公式为:

$$\hat{Y}_{t+1} = \frac{Y_{t-N+1} + Y_{t-N+2} + \cdots + Y_{t-1} + Y_t}{N} \tag{4.59}$$

式中,$\hat{Y}_{t+1}$ 为下一期(第 $t+1$ 期)预测值。$N=1$ 时,表示直接用上一期值预测下一期值;$N=t$ 时,表示用前面所有 t 期数据的简单平均数预测下一期。

关于简单移动平均预测法,还要注意以下两点:

(1)这里的 $\hat{Y}_{t+1}$ 和长期趋势值测定中所用的移动平均数不同之处在于,这种用于预测的移动平均数不是代表移动中项的趋势值,因此,无论移动平均的项 N 是奇数还是偶数不影响上面的计算公式。

（2）如果 N 取得大，求移动平均值使用的数据就多，则随机成份抵消得就越好，对数据的平滑作用就越强，但当数据由一个水平变到另一个水平时，预测值要经过一段较长的时间才能跟上，即预测值对数据变化的敏感性较差。因此，当数据的随机因素较大时，宜选用较大的 N，这样有利于较大限度地平滑由随机性所带来的严重偏差；反之，当数据的随机因素较小时，宜选用较小的 N，这有利于跟踪数据的变化，并且预测值滞后的期数也少。当然步长具体取多少，可以结合均方误差来确定，即可以采用不同的步长进行预测，然后选择一个使均方误差达到最小的移动步长。

2. 加权移动平均预测法

此法是采用加权的方法加大近期数据的权数，突出近期数据在预测中的影响作用。设 w_i 为 Y_{t-i+1} 的权数，满足各期值对预测值的影响由近及远逐渐减小，有 $w_1 \geqslant w_2 \geqslant \cdots \geqslant w_N$，且 $\sum w = 1$。则 $t+1$ 期的预测值 $\hat{Y}_{t+1} =$ 的计算公式为：

$$\hat{Y}_{t+1} = w_1 Y_t + w_2 Y_{t-1} + w_{N-1} Y_{t-N+2} + w_N Y_{t-N+1} \tag{4.60}$$

加权移动平均的主要问题是各期权数（一共 N 个）确定起来比较困难。因此实际应用中采用得不多。

在 Excel 中，【数据分析】提供了直接实现移动平均法的功能。在【数据分析】中选择【移动平均】，点击【确定】后，出现图 4-13 所示的对话框，其主要选项的含义如下：

输入区域：在此输入待分析数据区域的单元格范围；

标志位于第一行：如果【输入区域】的第一行中包含标志项，则要选中此复选框，如果输入区域没有标志项，则不能选中此复选框；

间隔：在此输入移动平均的移动项数，即步长；

图表输出：选择此项可以在输出表中生成一个实际值与预测值的折线比较图；

标准误差：如果要在输出表的一列中包含标准误差，则要选中此复选框，否则不选此框。

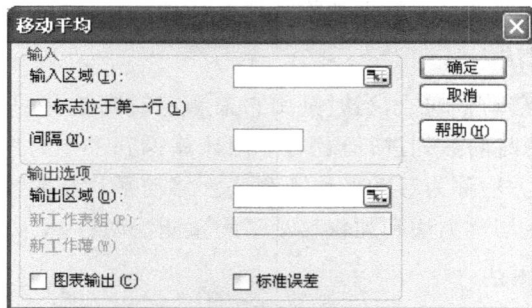

图 4-13 【移动平均】设置窗口

（二）指数平滑预测法

指数平滑法是加权移动平均法的一种特殊形式，它是考虑自当前期开始向前推，各期权重按指数规律下降，即第 t 期，第 $t-1$ 期，…的权重系数依次设为：

$$\alpha, \alpha\beta, \alpha\beta^2, \cdots \quad (0 < \alpha, \beta < 1) \tag{4.61}$$

由于这里的权重是相对数的形式，因此各期的权重系数之和应为1，假想从当前往前推，时间数列有无限多项历史数据，则：

$$1 = \alpha + \alpha\beta + \alpha\beta^2 + \cdots = \alpha(1+\beta+\beta^2+\cdots) = \frac{\alpha}{1-\beta} \tag{4.62}$$

由此得:

$$\beta = 1 - \alpha \tag{4.63}$$

从而各期的权重依次可取为:

$$\alpha,\ \alpha(1-\alpha),\ \alpha(1-\alpha)^2,\ \cdots \quad (0 < \alpha < 1) \tag{4.64}$$

于是:

$$\hat{Y}_{t+1} = \alpha Y_t + \alpha(1-\alpha)Y_{t-1} + \alpha(1-\alpha)^2 Y_{t-2} + \cdots \tag{4.65}$$

将(4.65)滞后一期得:

$$\hat{Y}_t = \alpha Y_{t-1} + \alpha(1-\alpha)Y_{t-2} + \alpha(1-\alpha)^2 Y_{t-3} + \cdots \tag{4.66}$$

则:

$$\hat{Y}_{t+1} - (1-\alpha)\hat{Y}_t = \alpha Y_t \tag{4.67}$$

即:

$$\hat{Y}_{t+1} = \alpha Y_t + (1-\alpha)\hat{Y}_t \tag{4.68}$$

(4.68)式称为指数平滑预测法的基本公式,这个公式是用递推公式给出的,α 叫做平滑系数($0 < \alpha < 1$)。从这个递推公式也可以看出平滑预测法的结果是上一期实际值与预测值的加权平均数,权数分别为 α 和 $1-\alpha$。

从上面的分析过程可以看出,平滑指数预测法具有很多优点,既继承了加权移动平均重视近期数据的思想,也克服了权数不易确定缺点。由于它充分利用了以前各期观测值的信息,又突出了近期数据的影响,使得预测结果能够较好地平滑随机因素,同时能够及时跟踪反映现象的最新变化。另外,其计算采用的是递推公式,更便于连续计算,因此实际计算时不需保留以前的全部信息,只需有上期的预测值和最新的观测值两项数据即可。

从(4.68)式不难看出,应用指数平滑预测法的关键是预测初值 $\hat{Y}_1$ 的选择和平滑系数 α 的确定。为此,我们说明以下几点:

(1)可以证明,预测初值 $\hat{Y}_1$ 只是对前若干期的预测值产生较大影响,随着 t 的增大,它对预测值的影响越来越小。因此,预测初值对项数较多的时间数列,影响力有限,取值不必要求很严格,通常的做法是取第一期实际值或最初几期的平均值作为预测初值。

(2)平滑系数 α 越大,近期数据的权数就越大,权数递减的速度就越快,对现象变化的跟踪反映就越敏捷,但平滑的作用就越弱;反之,α 越小,对数据的跟踪反应越迟缓,而平滑作用越强。因此,如果时间数列中随机波动成分较大,为了尽可能地消除随机波动的影响,可以选择较小的 α;反之,若随机波动成分较小,为了及时跟踪现象的变化,突出最新数据信息,可选择较大的 α。此外,选择 α 还应考虑预测误差,预测可选择几个 α 进行比较,然后找出预测误差最小的作为最后的 α 值。

在 Excel 中,【数据分析】提供了直接实现指数平滑法的功能。在【数据分析】中选择【指数平滑】,点击【确定】后,出现图 4-14 所示的对话框,其主要选项的含义如下:

输入区域:在此输入待分析数据区域的单元格范围;

阻尼系数:输入 $1-\alpha$ 的值,α 为平滑系数;

标志:如果【输入区域】的第一行中包含标志项,则要选中此复选框,如果输入区域没有标志项,则不能选中此框;

图表输出:选择此项可以在输出表中生成一个实际值与预测值的折线比较图;

标准误差:如果要在输出表的一列中包含标准误差,则要选中此复选框,否则不选此框。

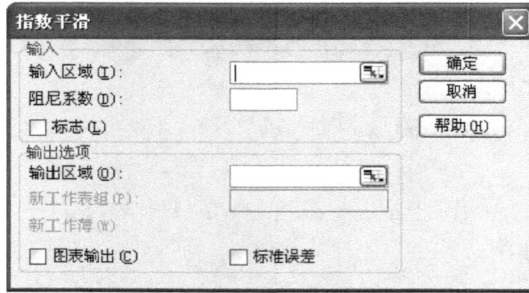

图 4-14 【移动平均】设置窗口

例 4.16 某农业国家 1998—2013 年的棉花产量数据如表 4-32 所示,其折线图如图 4-15所示。可以看出,该数据没有明显的趋势,可以认为是平稳序列,因此可以用移动平均法和平滑预测法进行预测。请分别用移动平均法($N=3$)和指数平滑法($\alpha=0.3$)预测该国 2014 年的棉花产量,并计算出预测误差。

表 4-32 某农业国家 1998—2013 年的棉花产量 单位:万吨

年份	1998	1999	2000	2001	2002	2003	2004	2005	2006	2007	2008	2009	2010	2011	2012	2013
棉花产量	450.8	567.5	450.8	373.9	434.1	476.8	420.3	460.3	450.1	382.9	441.7	532.4	491.6	486.0	632.4	571.4

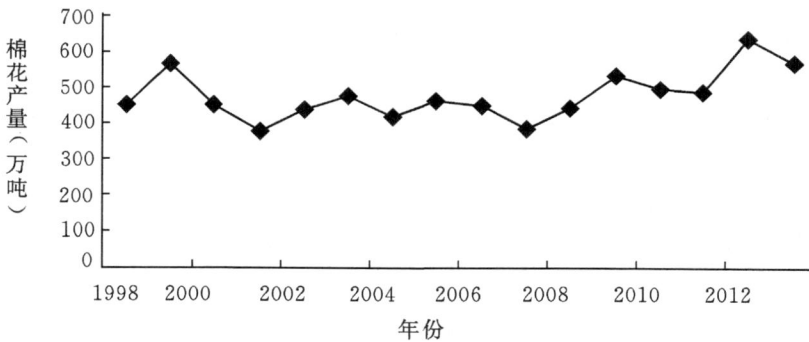

图 4-15 某农业国家棉花产量的折线图

解 应用移动平均法和指数平滑法进行预测的过程与结果如表 4-33 所示。

表 4-33 棉花产量的移动平均和指数平滑预测计算表

年份	棉花产量	移动平均预测		指数平滑法	
		$N=3$	预测误差	$\alpha=0.3$	预测误差
1998	450.8	——	——	——	——
1999	567.5	——	——	450.8	116.7
2000	450.8	——	——	485.8	−35.0

年份	棉花产量	移动平均预测		指数平滑法	
		$N=3$	预测误差	$\alpha=0.3$	预测误差
2001	373.9	489.7	-115.8	475.3	-101.4
2002	434.1	464.1	-30.0	444.9	-10.8
2003	476.8	419.6	57.1	441.7	35.1
2004	420.3	428.3	-7.9	452.2	-31.9
2005	460.3	443.7	16.5	442.6	17.6
2006	450.1	452.5	-2.3	447.9	2.2
2007	382.9	443.6	-60.7	448.6	-65.7
2008	441.7	431.1	10.6	428.9	12.9
2009	532.4	424.9	107.4	432.7	99.6
2010	491.6	452.3	39.3	462.6	29.0
2011	486.0	488.6	-2.6	471.3	14.7
2012	632.4	503.3	129.0	475.7	156.6
2013	571.4	536.6	34.8	522.7	48.7
2014		563.2		537.3	

根据预测结果可计算出均方误差。3 项移动平均的均方误差为 4050.7,指数平滑预测的均方误差为 4678.2,二者相差不大。

三、趋势型时间数列的预测

只含有长期趋势和不规则变动的时间数列,称为趋势型时间数列。对于趋势型时间数列的预测,方法很多,如趋势外推法、自回归模型预测法①。这里只介绍趋势外推法,所谓趋势外推,就是根据现象的特点建立反映长期趋势的趋势模型,然后进行外推的方法。例如,对于上节例 4.11,建立了某地区粮食产量的时间数列的趋势模型:

$$\hat{y}_t = 896.429 + 28.571t$$

其中,$t=1,2,\cdots,7$ 依次代表 2007—2013 年,因此,要预测该地区 2014 年的粮食产量,只需将 $t=8$ 代入上述趋势模型:

$$\hat{y}_{2014} = 896.429 + 28.571 \times 8 = 1124.997（万吨）$$

四、复合型时间数列的预测

复合型时间数列是指含有长期趋势、季节变动、循环变动和不规则变动的时间数列。对这类时间数列的预测方法通常是将时间数列的各个因素依次分解出来,然后再进行预测。由于循环变动的分析需要有多年的数据,实际中很难得到多年的数据来发现循环变动,因此往往采用的分解模型为:$Y = T \times S \times I$。这一模型表示该时间数列中含有长期趋势、季节变动和不

---

① 关于自回归预测模型,可以参阅专门介绍时间序列分析理论的有关书籍。

规则变动。对这类时间数列的预测方法主要有含季节变量的虚拟变量回归、季节自回归模型和时间数列分解预测法等。本节主要介绍时间数列分解预测法。时间数列分解预测法通常按下面的步骤进行。

第一步:按移动平均法测定长期趋势,移动的时间跨度为季节变动的周期(通常为一年)。

第二步:用时间数列中的原始数据除以第一步得到的趋势值,以剔除长期趋势,并对得到的数据按同期平均法计算季节指数 S。

由于季节变动规律比较稳定,一般假定未来的季节指数不变,即直接利用这一步得到的季节指数作为未来季节变动的预测值。

第三步:用时间数列中的原始数据除以季节指数 S,以剔除季节变动,利用得到的数据建立趋势模型,并根据趋势模型外推出长期趋势的预测值 $\hat{T}$。

第四步:计算 $\hat{Y} = \hat{T} \times S$,所得数据便是复合型时间数列的最终预测结果。

有时,在预测精度要求不高,且至少有 5 年以上月份或季度数据的情形下,以上第三步和第四步也可以改为:

第三步':将月份或季度数据合并成年度数据,建立年度数据的趋势模型,根据此模型外推得出年度数据的长期趋势值 T。

第四步':计算 $\hat{Y} = \dfrac{\hat{T}}{N} \times S$,$N = 4$ 或 12(原始数据为季度数据,$N = 4$;原始数据为月份数据,$N = 12$)。$\hat{Y}$ 便是最终的预测结果。

关于复合型时间数列预测问题的实例见本章的应用案例。

应用案例

预测社会消费品零售总额

社会消费品零售总额是指批发和零售业、餐饮业、新闻出版业、邮政业和其他服务业等,售予城乡居民用于生活消费的商品和社会集团用于公共消费的商品之总量。它包括:批发和零售业企业(单位)售予城乡居民用于生活消费和社会集团用于公共消费的商品;餐饮业出售的主食、菜肴、烟酒饮料和其他商品;新闻出版业、邮政业售予城乡居民、企事业单位、军队和武警等机构的书报杂志、音像制品、邮品等;其他服务业出售的食品、烟酒饮料、服装鞋帽、日常生活用品、医药保健用品、艺术品、工艺美术品、玩具以及其他消费品。

各年度的社会消费品零售总额不仅反映一个社会当期的消费水平,也能反映出消费的成长潜力和趋势,进而反映出对经济的拉动程度,因而成为制定宏观经济政策的一个重要参考指标。合理预测未来的社会消费品零售总额,对未来政策的制定具有极其重要的参考价值。

表 4-34 是国家统计局公布的 2006—2013 年间各月份的社会消费品零售总额数据。

表 4-34　我国 2006—2013 年间社会消费品零售总额　　　　单位:亿元

月\年	2006 年	2007 年	2008 年	2009 年	2010 年	2011 年	2012 年	2013 年
1 月	6641.6	7489.5	9077.3	10756.6	12718.1	15249.0	17742.2	20629.9
2 月	6001.9	7014.9	8354.7	9323.8	12334.2	13769.1	15926.4	17179.9

月 ＼ 年	2006 年	2007 年	2008 年	2009 年	2010 年	2011 年	2012 年	2013 年
3 月	5796.7	6685.8	8123.2	9317.6	11321.7	13588.0	15650.2	17641.2
4 月	5774.6	6673.8	8142.0	9343.2	11510.4	13649.0	15603.1	17600.3
5 月	6175.6	7157.5	8703.5	10028.4	12455.1	14696.8	16714.8	18886.3
6 月	6057.8	7026.0	8642.0	9941.6	12329.9	14565.1	16584.9	18826.7
7 月	6012.2	6998.2	8628.8	9936.5	12252.8	14408.0	16314.9	18513.2
8 月	6077.4	7116.6	8767.7	10115.6	12569.8	14705.0	16658.9	18886.2
9 月	6553.6	7667.6	9446.5	10912.6	13536.5	15865.1	18226.6	20653.3
10 月	6997.7	8263.0	10082.7	11717.6	14284.8	16546.4	18933.8	21491.3
11 月	6821.7	8104.7	9790.8	11339.0	13910.9	16128.9	18476.7	21011.9
12 月	7499.2	9015.3	10728.5	12610.0	15329.5	17739.7	20334.2	23059.7

下面通过分析数据特点,选择合适的预测方法,预测 2014 年各月份的社会消费品零售总额。

为了选择合适的预测方法,需要作出社会消费品零售总额的折线图和年度折线图,如图 4-16 和图 4-17 所示。由图 4-16 总体来看,我国社会消费品零售总额有线性增长的趋势。从图 4-17 可以看出,我国社会消费品零售总额每年 1 月和 12 月相对较高,6 月、7 月、8 月相对较低,各年折线图的形状基本相同且呈平行上升状态,这都说明我国社会消费品零售总额存在明显的季节变动和长期趋势。

因此,下面采用分解预测法预测我国 2014 年各月份的社会消费品零售总额,具体步骤为:

第一步:将表 4-34 中的数据按时间先后排成一列,作 12 项移动平均,并对 12 项移动平均的结果进行 2 项移动平均移正。计算过与结果如表 4-35 所示。

第二步:用实际值除以上一步得到的移动平均值,以从原数列中剔除长期趋势(见表 4-35),将得到的数据排列成表 4-36 的形式,并计算社会消费品零售总额 12 个月份的季节指数,计算过程与结果如表 4-36 所示。

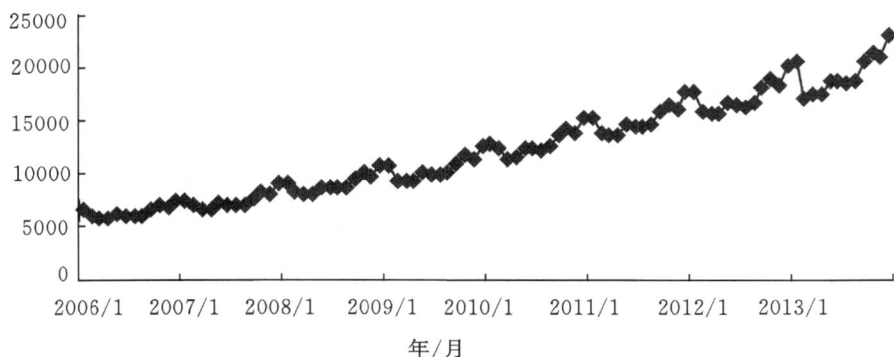

图 4-16　社会消费品零售总额折线图

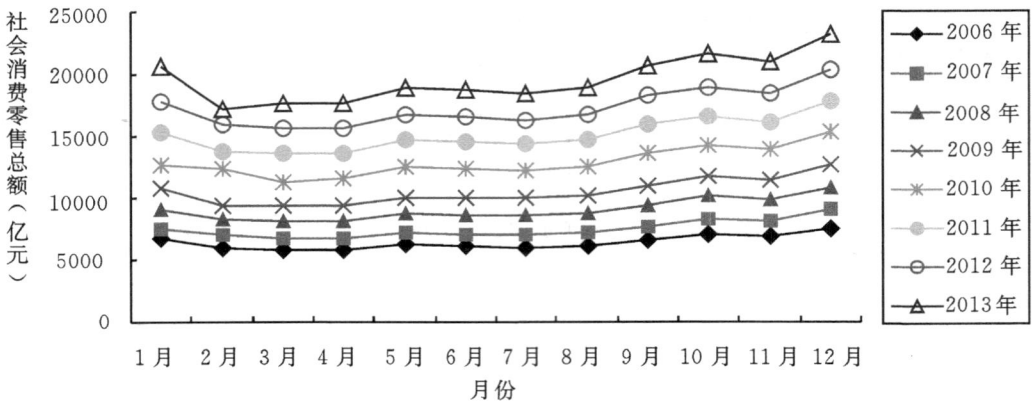

图 4-17　社会消费品零售总额的年度折叠图

表 4-35　我国社会消费品零售总额趋势提出计算表（部分）

年/月	社会消费品零售总额	12 项移动平均值	2 项移正平均	趋势剔除
	(1)	(2)是对(1)的移动平均	(3)是对(2)移正	(4)=(1)/(3)
2006/1	6641.60	——	——	——
2006/2	6001.90	——	——	——
2006/3	5796.70	——	——	——
2006/4	5774.60	——	——	——
2006/5	6175.60	——	——	——
2006/6	6057.80	——	——	——
2006/7	6012.20	6367.50	6402.83	0.939
2006/8	6077.40	6438.16	6480.37	0.938
2006/9	6553.60	6522.58	6559.62	0.999
2006/10	6997.70	6596.67	6634.13	1.055
2006/11	6821.70	6671.60	6712.51	1.016
2006/12	7499.20	6753.43	6793.77	1.104
2007/1	7489.50	6834.11	6875.19	1.089
2007/2	7014.90	6916.28	6959.58	1.008
...	...	...	...	...
2013/4	17600.30	18880.14	18986.70	0.927
2013/5	18886.30	19093.27	19198.90	0.984
2013/6	18826.70	19304.53	19418.10	0.970
2013/7	18513.20	19531.66	——	——
2013/8	18886.20	——	——	——

续表 4 - 35

年/月	社会消费品零售总额	12 项移动平均值	2 项移正平均	趋势剔除
	(1)	(2)是对(1)的移动平均	(3)是对(2)移正	(4)=(1)/(3)
2013/9	20653.30	——	——	——
2013/10	21491.30	——	——	——
2013/11	21011.90	——	——	——
2013/12	23059.70	——	——	——

表 4 - 36　社会消费品零售总额季节指数计算表

年／月	2006 年	2007 年	2008 年	2009 年	2010 年	2011 年	2012 年	2013 年	同月平均	季节指数
1 月	——	1.089	1.100	1.105	1.087	1.086	1.094	1.121	1.097	1.099
2 月	——	1.008	0.996	0.947	1.036	0.968	0.973	0.924	0.979	0.980
3 月	——	0.948	0.952	0.935	0.934	0.943	0.945	0.939	0.943	0.944
4 月	——	0.934	0.938	0.926	0.933	0.935	0.931	0.927	0.932	0.933
5 月	——	0.987	0.986	0.981	0.993	0.994	0.986	0.984	0.987	0.989
6 月	——	0.953	0.964	0.959	0.966	0.973	0.967	0.970	0.964	0.966
7 月	0.939	0.933	0.947	0.944	0.944	0.949	0.938	——	0.942	0.943
8 月	0.938	0.934	0.951	0.942	0.956	0.957	0.949	——	0.947	0.948
9 月	0.999	0.991	1.015	0.997	1.017	1.020	1.030	——	1.010	1.011
10 月	1.055	1.051	1.071	1.054	1.059	1.053	1.060	——	1.058	1.059
11 月	1.016	1.015	1.029	1.003	1.018	1.016	1.025	——	1.017	1.019
12 月	1.104	1.111	1.115	1.096	1.106	1.105	1.116	——	1.108	1.109
总平均	——	——	——	——	——	——	——	——	0.999	1.000

第三步：用原始数据除以季节指数，得到的数据记为 y，对 y 作散点图，如图 4-18 所示。

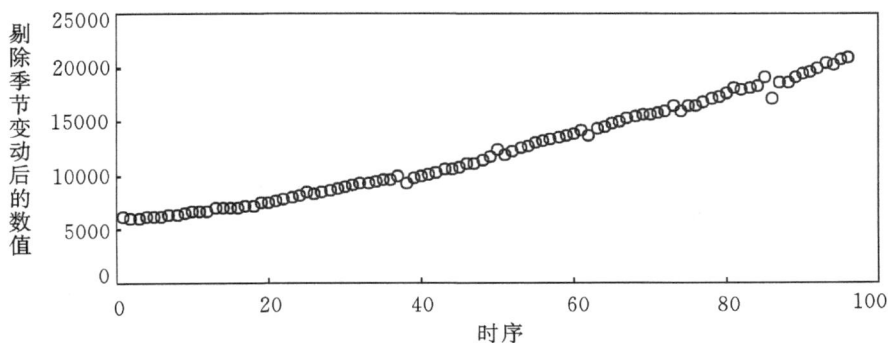

图 4 - 18　剔除季节变动后的数据的散点图

由图 4-18 可以看到散点大致分布在一条直线附近,因此可用直线趋势方程来拟合 y,得到的趋势方程为:

$$\hat{y} = 4463.285 + 160.4369t$$

其中,2006 年 1 月—2013 年 12 月的时序 t 依次为 1,2,…,96。$\hat{y}$ 为 y 的估计,其可看做是长期趋势 T 的值。

第四步:将 t = 97,98,…,108 代入上一步得到的趋势方程得出我国 2014 年各月社会消费品零售总额的长期趋势值 T,再将这些趋势值乘以相应月份的季节指数 S,即计算:

$$\hat{Y} = T \times S = \hat{y} \times S$$

由此得到我国 2014 年各月社会消费品零售总额的预测值,如表 4-37 所示。

表 4-37　我国 2014 年各月社会消费品零售总额的预测值计算表

月份	趋势值 $T = \hat{y}$	季节指数 S	预测值 $\hat{Y} = T \times S$
1 月	20025.67	1.099	22008.20
2 月	20186.10	0.980	19787.87
3 月	20346.54	0.944	19205.63
4 月	20506.98	0.933	19139.32
5 月	20667.41	0.989	20430.38
6 月	20827.85	0.966	20112.55
7 月	20988.29	0.943	19798.95
8 月	21148.72	0.948	20045.90
9 月	21309.16	1.011	21550.81
10 月	21469.60	1.059	22738.85
11 月	21630.03	1.019	22032.93
12 月	21790.47	1.109	24166.38

为了评价估计的效果,可以运用上面的趋势方程和季节指数计算出 2006—2013 年各月份社会消费品零售总额的估计值,并将估计值与实际值作比较,作出图 4-19 如下。

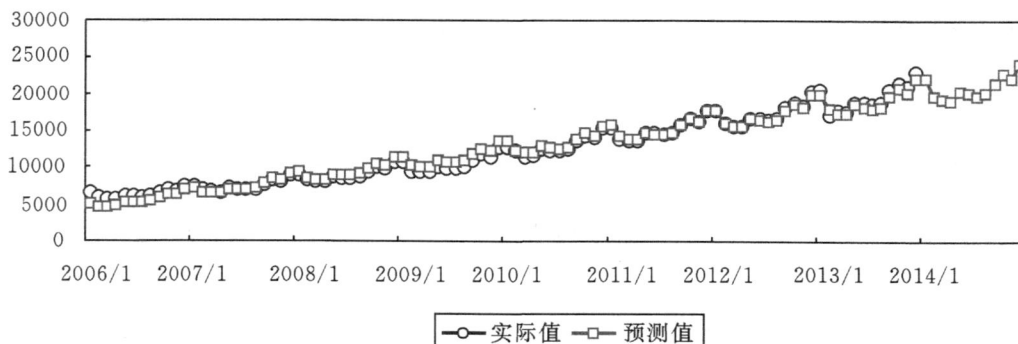

图 4-19　社会消费品零售总额的实际值与预测值的折线比较图

通过图 4-19 可以看到,以上分解预测法的效果是十分理想的。

另外,还可以根据得到的实际值与估计值,计算估计的均方误差 $MSE = 313089.3$,其算术平方根 $\sqrt{MSE} = 559.5$(亿元),这相比于原数据的级别(5位数)而言,是一个相对较小的误差。

思考与练习

一、单项选择题

1.时间数列的构成要素是(　　)。

A.变量和次数　　　B.时间和指标数值　　　C.时间和次数　　　D.主词和实词

2.时间数列中,每个指标数值可以相加的是(　　)。

A.相对数时间数列　B.时期数列　　　　　C.间断时点数列　　D.平均数时间数列

3.某企业 2013 年 9—12 月各月末的工人数为:9 月 30 日 1400 人,10 月 31 日 1510 人,11 月 30 日 1460 人,12 月 31 日 1420 人,则该企业 2013 年第四季度的平均工人数为(　　)。

A.1448　　　　　　B.1460　　　　　　C.1463　　　　　　D.1500

4.某地 GDP 在 2001—2008 年的年平均增长速度为 13%,2009—2013 年的年平均增长速度为 15%,则 2001—2013 年 GDP 的年平均增长速度为(　　)。

A. $\sqrt{1.13^8 \times 1.15^5} - 1$　　　　　　B. $\sqrt[13]{1.13 \times 1.15} - 1$

C. $\sqrt[13]{1.13^8 \times 1.15^4} - 1$　　　　　D. $\sqrt[13]{1.13^8 \times 1.15^5} - 1$

5.下列属于时点数列的是(　　)。

A.某地历年工业增加值　　　　　　　　B.某地历年工业总产值

C.某地历年年末城镇总人口数　　　　　D.某地历年工业产品进出口总额

6.下列有关时间数列分析的说法,错误的是(　　)。

A.相邻两期的累计增长量之差等于相应时期的逐期增长量

B.某厂 2005、2010 年产值分别为 200 万和 320 万,则年平均增长 24 万

C.时间跨度为一年的移动平均可以消除时间数列的季节变动

D.定基增长速度等于各环比增长速度的连乘积

7.某企业生产某种产品,其产量年年增加 5 万吨,则该产品产量的环比增长速度(　　)。

A.年年下降　　　B.年年增长　　　C.年年保持不变　　D.无法做结论

8.假定某产品产量 2013 年比 2008 年增加了 35%,则 2013 年比 2008 年的平均发展速度为(　　)。

A. $\sqrt[5]{35\%}$　　　B. $\sqrt[6]{35\%}$　　　C. $\sqrt[5]{135\%}$　　　D. $\sqrt[6]{135\%}$

9.某企业甲产品的单位成本是连年下降的,已知从 2008—2013 年间总的降低了 60%,则平均每年降低速度为(　　)。

A.12%　　　　　B.8%　　　　　C.90.3%　　　　　D.16.7%

10.时间数列中的发展水平(　　)。

A.只能是总量指标　　　　　　　　　　B.只能是相对指标

C.只能是平均指标　　　　　　　　　　D.上述三种指标均可以

11.增长 1%的绝对值是(　　)。

A.水平指标　　　　　　　　　　　　　B.速度指标

C. 水平与速度相结合的指标 　　　　　　　D. 什么也不是

12. 某农贸市场土豆价格2月份比1月份上升5%,3月份比2月份下降2%,则3月份土豆价格与1月份相比( )。

　　A. 提高 2.9% 　　B. 提高 3% 　　　　　C. 下降 3% 　　　D. 下降 2%

13. 按水平法计算的平均发展速度推算可以使( )。

　　A. 推算的各期水平之和等于各期实际水平之和

　　B. 推算的期末水平等于实际期末水平

　　C. 推算的各期定基发展速度等于实际的各期定基发展速度

　　D. 推算的各期增长量等于实际的逐期增长量

14. 下列动态分析指标中一般不取负值的是( )。

　　A. 发展速度 　　　B. 增长量 　　　　　C. 增长速度 　　　D. 平均增长速度

15. 时间数列在长时期内呈现出来的某种持续向上或持续下降的变动称为( )。

　　A. 长期趋势 　　　B. 季节变动 　　　　C. 循环变动 　　　D. 不规则变动

16. 时间数列在一年内重复出现的周期性变动称为( )。

　　A. 长期趋势 　　　B. 季节变动 　　　　C. 循环变动 　　　D. 不规则变动

17. 若时间数列中无季节变动,则季节指数为( )。

　　A. 0 　　　　　　　B. 1 　　　　　　　　C. 4 　　　　　　　D. 12

18. 某时间数列有30年的数据,采用5项移动平均法修匀,修匀后的新时间数列的项数为( )。

　　A. 30 　　　　　　B. 28 　　　　　　　　C. 26 　　　　　　D. 25

19. 对时间数列作季节调整的目的是( )。

　　A. 消除时间数列中季节变动的影响 　　　B. 描述时间数列中季节变动的影响

　　C. 消除时间数列中长期趋势的影响 　　　D. 消除时间数列中随机波动的影响

20. 如果某个月的商品销售额为84万元,该月的季节指数为1.2,在消除季节因素后该月的销售额为( )。

　　A. 60 万元 　　　B. 70 万元 　　　　　C. 90.8 万元 　　D. 100.8 万元

21. 移动平均法适合于预测( )。

　　A. 只含随机波动的时间数列 　　　　　　B. 含有多种成分的时间数列

　　C. 含有长期趋势成分的时间数列 　　　　D. 含有季节变动的时间数列

22. 按季平均法测定季节比率时洛季的季节比率之和应等于( )。

　　A. 100% 　　　　B. 400% 　　　　　　C. 120% 　　　　D. 1200%

23. 如果现象随着时间的变动大致按某个常数增加或减少,则适合的预测方法是( )。

　　A. 移动平均法 　　　　　　　　　　　　B. 指数平滑法

　　C. 线性趋势模型法 　　　　　　　　　　D. 指数曲线趋势模型

24. 对某企业各年的销售额拟合的直线趋势方程为 $\hat{y}=6+1.5t$,这表明( )。

　　A. 销售额平均每年增加 1.5 个单位 　　　B. 销售额平均每年减少 1.5 个单位

　　C. 销售额平均每年增长 1.5% 　　　　　　D. 下一年的销售额预计为 1.5 个单位

25. 在使用指数平滑法进行预测时,如果时间数列有较大的随机波动,则平滑系数 α 的取值( )。

　　A. 应该小些 　　　B. 应该大些 　　　　　C. 应该等于 0 　　D. 应该等于 1

二、思考题

1.什么是时间数列？有哪些种类？

2.时期数列和时点数列如何区别？

3.编制时间数列应注意哪些原则？

4.序时平均数和静态平均数有哪些区别？

5.计算和应用平均速度应注意哪些问题？

6.时间数列变动的因素有哪些？常用的分解模式是怎样的？

7.简述时间数列预测的基本步骤。

8.简述分解预测法的基本步骤。

三、计算题

1.某企业职工人数4月份增减变动如下：1日职工总数500人，其中非直接生产人员100人；15日职工10人离职，其中有5人为企业管理人员；22日新来企业报到工人5人。

试分别计算本月该企业非直接生产人员及全部职工的平均人数。

2.建筑工地水泥库存量资料如下：

月　　初	1月	2月	3月	4月	6月	7月	10月	11月	次年1月
水泥库存量（吨）	8.14	7.83	7.25	8.28	10.12	9.76	9.82	10.04	9.56

要求：计算该工地各季度及全年的平均水泥库存量。

3.某企业2008—2013年底职工人数和工程技术人员数资料如下：

年份	职工人数	工程技术人员数	年份	职工人数	工程技术人员数
2008	1 000	40	2011	1 230	52
2009	1 202	43	2012	1 285	60
2010	1 120	50	2013	1 415	64

试计算2009—2013年该工程技术人员数占职工人数的平均比重。

4. 某商店有关资料如下：

	1月	2月	3月	4月
商品销售额（万元）	100	159	130	140
月初商品库额（万元）	48	52	54	50

试计算：

(1)第一季度各月商品周转次数；

(2)第一季度平均每月的商品周转次数；

(3)第一季度商品周转次数。

5.某企业连续5年钢产量资料如下：

数　　量	第一年	第二年	第三年	第四年	第五年
钢产量（千吨）	200	240	360	540	756

要求：

(1)试编制一个统计表列出下列各种分析指标：发展水平与平均发展水平；增长量（逐期、累计）与平均增长量；发展速度（定基、环比）与平均发展速度；增长速度（环比、定基）与平均增

长速度;增长1%绝对值(环比、定基)。(不必反映各指标的计算过程)

(2)就表中数字说明下列各种关系:发展速度和增长速度的关系;定基发展速度和环比发展速度的关系;增长1%的绝对值与基期发展水平的关系;增长量、增长速度与增长1%绝对值的关系;逐期增长量与累计增长量的关系;平均发展速度与环比发展速度的关系;平均发展速度与平均增长速度的关系。

6. 某地区2011年末人口数为2000万人,假定以后每年以9‰的速度增长,又知该地区2011年GDP为1240亿元。要求2015年人均GDP达到9500元,试问该地区2015年的GDP应达到多少?2012—2015年GDP的年均增长速度应达到多少?

7. 设有甲、乙、丙三个企业,其2008—2013年工业增加值如下:

单位:万元

年份\企业	甲企业	乙企业	丙企业
2008	102	90	102
2009	105	90	110
2010	110	85	110
2011	115	100	120
2012	120	110	120
2013	130	130	120
2009—2013合计	580	515	580

要求:

(1)按几何平均法和方程法分别计算甲、乙、丙三个企业的平均发展速度;

(2)说明按两种计算方法所求得的结果发生差异的原因。

8. 下表是1996—2013年某地区小麦产量数据(单位:万吨):

年份	小麦产量	年份	小麦产量
1996	9595.3	2005	9963.6
1997	10158.7	2006	9387.3
1998	10639.0	2007	9029.0
1999	9929.7	2008	8648.8
2000	10220.7	2009	9195.2
2001	11056.9	2010	9744.5
2002	12328.9	2011	10846.6
2003	10972.6	2012	10929.8
2004	11388.0	2013	11246.4

(1)分别采用3期移动平均法和指数平滑法($\alpha = 0.3$)预测2014年的小麦产量。并将实际值和预测值绘图进行比较。

(2)分析预测误差,说明用哪种方法预测更合适?

9. 某地区 2007—2013 年国内生产总值资料如下表所示：

年 份	2007	2008	2009	2010	2011	2012	2013
国内生产总值（亿元）	360	400	416	428	440	466	482

试用最小平方法配合直线趋势模型,测定各年的长期趋势值,并预测 2014 年的该地区国内生产总值。

10. 某地区 2005—2013 年各年基本建设投资额资料如下表所示：

年 份	2005	2006	2007	2008	2009	2010	2011	2012	2013
投资额（万元）	6240	6291	6362	6450	6562	6695	6845	7018	7210

(1)判断投资额变动的趋势接近于哪一种类型？

(2)用最小平方法配合适当的趋势方程,并预测该地区 2014 年的基本建设投资额。

11. 某养鱼场为了提高经营管理水平,需要对其养鱼场的年捕捞量进行预测。现有以下数据,试分别用直线趋势模型、抛物线趋势模型和指数趋势曲线模型拟合数据,并从中选择一个最佳的趋势模型预测 2014 年的捕捞量。

年 份	2006	2007	2008	2009	2010	2011	2012	2013
捕捞量（千克）	2520	2790	2950	3140	3350	3588	3862	4168

12. 某市集市 2010—2013 年各月猪肉销售量（单位:万公斤）如下表所示：

	1 月	2 月	3 月	4 月	5 月	6 月	7 月	8 月	9 月	10 月	11 月	12 月
2010	40	50	41	39	45	53	68	73	50	48	43	38
2011	43	52	45	41	48	65	79	86	64	60	45	41
2012	40	64	58	56	67	74	84	95	76	68	56	52
2013	55	72	62	60	70	86	98	108	87	78	63	58

试分别用同期平均法和移动平均剔除法计算季节指数。

13. 某风景旅游城市为了合理制定 2014 年各季度工作安排,需了解该城市旅游人数的变化情况。根据该市 2009—2013 年各季度旅游人数的数据得出了下面两幅统计图：

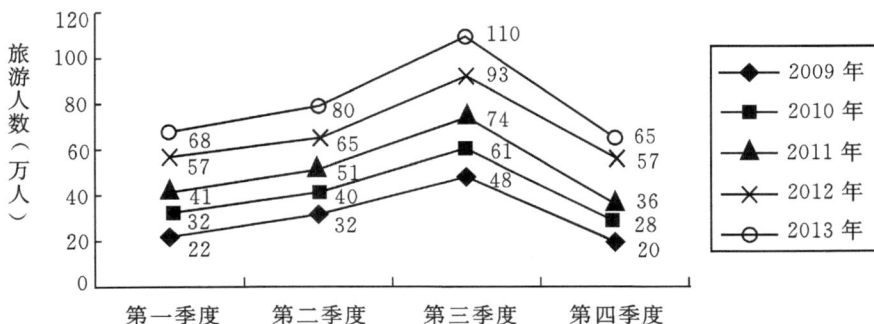

某风景旅游城市旅游人数年度折叠图

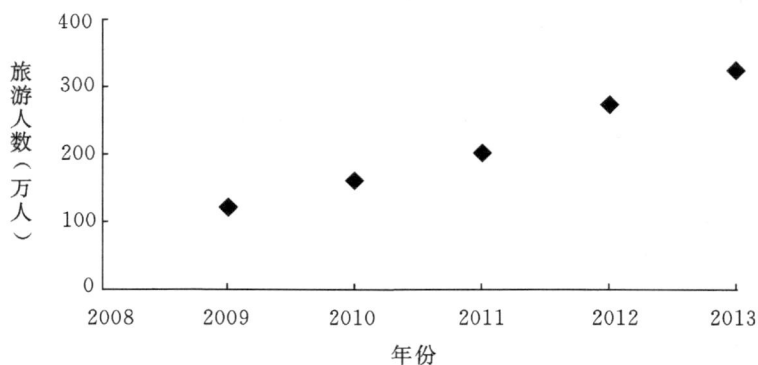

某风景旅游城市旅游人数年度数据散点图

(1)根据上面两幅统计图,说明该市旅游人数的时间数列具有哪些的特点。

(2)写出一份对该市2014年四个季度的旅游人数进行预测的方案。

(3)若根据2009—2013年各季度旅游人数的数据计算得到各季度的季节指数依次为89.42%,101.08%,143.28%和66.22%,且利用2009—2013年(相应的时序t依次取1,2,3,4,5)的年度旅游人数的数据得到的趋势方程为:

$$\hat{T} = 62.1 + 51.3t$$

试预测该风景旅游城市2014年各季度的旅游人数。

(4)若季节指数同(3),且剔除季节变动后的数据T的趋势方程为:

$$\hat{T} = 18.96 + 3.39t$$

其中,时序t分别从2009年第一季度至2013年第四季度依次取1,2,…,20。试预测该风景旅游城市2014年各季度的旅游人数。

14. 就本章开头的情景导入案例,在国家统计局的网站上收集迄今为止的至少5年的各月历史数据,利用这些数据建立适当的模型,预测今后一年内的各月客流量。

第五章
统计指数

情景导入

CPI上涨,有关物价的网络热词层出不穷

　　根据国家统计局统计,2014年8月,我国CPI(居民消费价格指数)同比上涨2%,环比上涨0.2%。随着近几年物价的飞升,尤其是关系民生的食品物价的大幅度上涨,一些调侃物价的网络热词层出不穷,如最开始的"蒜你狠"、"姜你军",再到后来的"油你涨"、"糖高宗"、"苹什么"、"棉花掌"、"药你苦"、"煤超疯",等等。

　　这些网络热词的出现,使得CPI也从宏观经济研究的领域走向全社会,由专业研究人员常用的一个专业指标成为普通大众街谈巷议的一个热点。那么CPI究竟是什么?它是如何计算和编制的?为什么每当统计部门发布国民经济主要数据时,引起议论最多的是CPI?它在宏观经济中扮演什么角色?与我们日常生活又有什么关系?要弄清楚这些问题,就需要掌握本章统计指数的有关内容。

　　统计指数产生于18世纪后半期,也是欧洲资本主义迅速发展的时期,最早是用于测定物价的变动。此后200多年,其应用逐步扩大到工业生产、进出口贸易、工资、生活费用、成本、劳动生产率、股票证券等多个领域。统计指数已成为社会经济统计中历史最悠久、应用最广泛、同社会经济生活关系最密切的一个组成部分。统计指数不仅广泛应用于对经济效益、综合国力、社会发展水平的综合评价研究,而且还在分析社会经济和景气预测等方面发挥着重要作用。

第一节　统计指数概述

一、统计指数概念和性质

　　统计指数简称指数,有广义和狭义之分。广义的指数是指一切说明社会经济现象总体数量变动的相对数,如前面介绍的发展速度、计划完成相对数等。狭义的指数是一种特殊的相对数,即用来说明不能直接相加的复杂社会经济现象综合变动程度的相对数,如反映多种商品价格变动的相对数、反映多种单位成本变动的相对数、反映多种产品产量变动的相对数等。本章所阐述的指数,主要是指狭义的指数。

　　狭义的统计指数具有以下几个性质和特点:

　　(1)相对性。统计指数是不同时间的现象水平的对比,也可以是不同空间(如国家、地区、部门等)的现象水平的对比,表示总体数量的相对变动程度,具有相对数的表现形式。例如,

2013 年全国居民消费价格指数是 102.6％,反映的是 2013 年居民消费价格水平与 2012 年对比的相对变动程度。

(2)综合性。统计指数综合地反映了复杂现象总体的数量变化关系。复杂现象总体的数量变化常常受到许多因素的影响。例如,受多种因素的影响,各种商品价格变动的方向和幅度经常是不一致的,有些商品价格上涨,有些商品价格下降,而且上涨和下跌的幅度也不一样。商品价格总指数是各种商品价格综合影响变动的结果。

(3)平均性。统计指数所表明的综合变动是所研究现象中每个项目共同变动的一般水平,也可以说是平均的变动水平。如某年度社会零售商品物价指数为 103.9％,说明各种商品价格的变动有涨有跌,而且涨跌的幅度也不一样,但总的来说,各种商品的价格平均上涨 3.9％。

二、统计指数的作用

(一)综合反映复杂现象总体的综合变动方向和程度

这是指数的主要作用。例如,在统计实践中,经常要研究多种产品的价格的总变动,多种产品产量的总变动等。由于各种产品的使用价值不同,所研究总体中各个个体的数量不能直接相加。为了分析其总变动,必须利用指数的方法,把不能直接相加总的个体过渡到可以加总对比,从而反映复杂经济现象的总变动方向及变动幅度。

(二)对现象的变动进行因素分析

运用统计指数可以分析复杂经济现象总体变动中各个因素的变动,以及它们的变动对总体变动的影响程度。复杂现象总体的变动是各种因素综合影响的结果,而各种因素自身变动的幅度和变动方向常常是不一致的,对总体变动的影响也不同。例如,某地区 2013 年商品销售额对比 2012 年为 110.9％,说明 2013 年该地区商品销售额的增长幅度为 10.9％,这个变动是销售量与价格两个因素共同作用的结果,借助于统计指数法可以深入分析和测定这两个因素变动及其对销售额变动所带来的影响。

(三)分析复杂经济现象的长期变化趋势

通过编制指数数列,可以反映现象在长时间的发展变化趋势。例如,根据 1990—2013 年的零售商品价格指数,编制成时间数列,可以清楚地观察零售商品价格的变动趋势,研究物价变动对经济建设和人民生活水平的影响程度。

(四)对多指标复杂社会经济现象进行综合测评

随着指数在实际应用中的不断发展和完善,许多复杂社会经济现象都可以运用统计指数进行综合评价和评判。例如,对综合国力、社会发展水平的综合评价研究。

三、统计指数的分类

(一)按分析对象的范围划分

按照分析对象的范围不同,可以将统计指数分为个体指数和总指数两种。个体指数是考察总体中个别现象或个别项目数量变动的相对数,如某种产品的产量指数、某种商品的价格指数等。个体指数包含在广义指数范围内。总指数是综合反映复杂现象总体数量变动的相对数,如多种产品的产量指数、多种商品的价格指数等。由于多种事物的使用价值不同,其数量不具有可直接加总的性质,所以总指数的计算不能使用个体指数直接对比的方法,而需要使用专门的编制方法。可见,总指数和个体指数的区别不仅在于考察范围的不同,而且在于计算方法的不同。

在总体分组的情况下,常常还要编制"组指数(类指数)",它介于个体指数和总指数之间的指数,反映总体中某一组或某一类现象变动程度的相对数。组指数和总指数都属于狭义指数,只是包括的范围不同而已,但两者的性质和编制方法都是相同的。

(二)按指数化指标的性质划分

按指数化指标的性质不同,统计指数分为数量指标指数和质量指标指数。在统计指数理论中,指数所要测定其变动程度的指标称为指数化指标(也称为指数化因素)。例如,物价指数的指数化指标就是商品或产品的价格,产品产量指数的指数化指标就是产品产量。

指数化指标具有数量指标的特征(也即表现为总量或绝对数的形式)的指数称为数量指标指数,有时也称为物量指数。如产品产量指数、商品销售量指数、工业生产指数等。

指数化指标具有质量指标的特征(也即表现为相对数或平均数的形式)的指数称为质量指标指数。如商品价格指数、股票价格指数、单位产品成本指数等。

需要特别指出的是,诸如商品的销售额指数、产品的总成本指数等,它们的指数化因素虽然都是数量指标,却具有价值总额的特殊形式,这个价值总额通常可以分解为一个数量指标和一个质量指标的乘积,故而这种价值总额指数也就同时反映了两个因子共同变化的影响。因此,在指数分析中,它们既不属于数量指标指数,也不属于质量指标指数,可以单独列为一个类别,通常称之为总值指数。总值指数作为一类特殊的指数,其分析对象的范围与总指数是一致的,但计算方法和分析性质则与个体指数相同(它们都属于一般相对数的范畴),因此总值指数既可以视为总指数(就分析对象的范围而言),也可以视为个体指数(就计算方法而言),这两种理解并不矛盾。

(三)按编制指数的方法划分

按编制指数方法的不同,统计指数可分为综合指数和平均指数。综合指数也称为总指数的综合形式,是通过确定同度量因素,把不能直接加总的因素转化为可以同度量的总量指标以后加以对比而形成的指数。平均指数也称为总指数的平均形式,是从个体指数出发,通过对个体指数加权平均计算而形成的指数,它包括加权算术平均数指数和加权调和平均数指数。

(四)按所反映的时间状况不同划分

按所反映的时间状况不同,统计指数可分为动态指数和静态指数。动态指数也称为时间指数,是同类现象在两个不同时间上对比的结果,用于反映现象随时间变化而变动的方向和程度。在社会经济统计中,许多重要的指数都属于动态指数,而且许多重要指数通常按月、季或年连续编制,形成指数数列。根据所选择的基期不同,动态指数又可分为定基指数和环比指数。在指数数列中,各期指数都以上期为对比基期,则称之为环比指数;各期指数都以某一固定时期为对比基期,则称之为定基指数。常见的动态指数有零售物价指数、居民消费价格指数、股票价格指数和工业生产指数等。

静态指数主要包括空间指数和计划完成情况指数两种。空间指数指不同空间的同类现象水平在同一时间对比的结果,反映现象在不同区域的差异程度。如将两个城市的同期物价水平或居民消费数量进行对比,所得指数就属于空间指数。计划完成情况指数则是将某种现象的实际水平与计划水平对比的结果,反映计划的完成程度。如为了综合反映多种商品销售量的计划完成情况而计算的销售量计划完成情况指数。

最初的指数都是动态指数,随着指数的研究范围和应用领域逐步扩大,才产生了静态指数。静态指数是动态指数应用上的拓展,所以其计算原理和分析方法都与动态指数基本相同。因此,本章主要介绍动态指数的计算方法和应用。

第二节　综合指数

编制总指数的基本方法有综合法和平均法两种,习惯上分别把这两种方法计算的总指数称为综合指数和平均数指数。本节介绍综合指数的编制原理和具体方法,下节介绍平均数指数的有关问题。

为了方便叙述,在本章中,从本节开始,我们在符号上作如下约定:以 q 代表数量指标,p 代表质量指标;以 0 代表基期,1 代表报告期;k 代表个体指数,$\overline{K}$ 代表总指数。

一、综合指数的编制原理

综合指数是总指数最基本的形式之一,用来反映复杂现象的总变动。编制综合指数的基本方法是"先综合后对比"。

在指数发展史上,最初的综合指数是把多个个体的数量简单加总后对比。例如,假设每千克大米的基期价格是 4 元,报告期价格是 4.4 元;每米棉布的基期价格是 30 元,报告期价格是 32 元。若采用简单综合法,则这两种商品的价格总指数为:

$$\frac{\sum p_1}{\sum p_0} = \frac{4.4 + 32}{4 + 30} = 107.06\%$$

后来,人们逐渐意识到这种简单综合法有很明显的缺陷:首先,它没有考虑权数,忽视了各种商品的重要性的差别。其次,因为价格的计量单位不同,直接相加缺乏实际意义。虽然价格的计量单位都是货币单位,但实际上价格总是指单位商品的价格,因此其计量单位总是随着商品的计量单位不同而不同,如苹果价格是"元/千克",帽子的价格是"元/顶"。所以,对于不同使用价值、不同计量单位的商品,其价格也不能直接加总对比。

以上所举的价格指数属于质量指标指数,对于数量指标指数,若按简单综合计算同样存在上述两个缺陷。因此要综合反映多个个体构成的复杂现象的总变动,首先必须解决加总或综合的问题,即必须找到一个因素将各个个体的数量综合起来。

例如,编制销售量总指数时,由于各种商品的销售量不能加总,必须找到一个因素将不同度量的销售量转化为同度量、可加总的数值。对于销售量而言,这个起着同度量作用的因素就是各种商品的销售价格。因为通过价格可以将销售量转化为销售额,而各种商品的销售额都是可以加总的。价格在加总的过程中还起到了权数作用,即价格高的商品,其销售量的变动对销售量总指数的影响较大;反之,价格低的商品,其销售量的变动对销售量总指数的影响较小。引入价格后各种商品的销售额加总得到销售总额,但是销售总额的变动反映的是销售量和价格共同变动的结果。为了测定销售量的变动程度,还必须设法让价格固定不变(这是一假定),即在计算基期销售总额和报告期销售总额时,均采用同一时间上的价格。

通过上面的分析,我们可以看到,要通过"先综合后对比"的方式比较科学地反映复杂现象的总变动,需要做到以下两点:

(1)找到能够使全部个体的数量得以综合起来的媒介因素。在指数理论中,这个媒介因素称之为同度量因素,因为它起着同度量化的作用,能够把不同使用价值或不同内容的数值转化为同度量的数值。同时,由于它具有权衡各个个体重要性的作用,所以通常也称之为综合指数的权数。

(2)将同度量因素固定在同一时期。其目的在于,使在两个不同时间(或空间)上的综合总量对比的结果只反映指数化因素的变动,而不受同度量因素变动的影响。

这两点综合起来便是综合指数的编制原理,其用公式可以表达如下:

数量指标综合指数:

$$\overline{K}_q = \frac{\sum q_1 p_i}{\sum q_0 p_i} \tag{5.1}$$

质量指标综合指数:

$$\overline{K}_p = \frac{\sum p_1 q_i}{\sum p_0 q_i} \tag{5.2}$$

其中,$\overline{K}_q$ 和 $\overline{K}_p$ 分别代表数量指标综合指数和质量指标综合指数,i 为同度量因素固定的时期。

二、拉斯贝尔指数和派许指数

编制综合指数的一个关键问题就是引入的同度量因素的时期选择问题。固定时期选择不同,得出的结果也就不同,包含的经济内容也不完全一样。因此,到底将同度量因素固定在什么时期,是一个比较重要的理论问题。关于这一问题,统计学术界在历史上一直有所争论,不同的人有不同的主张,因而就产生了采用不同的同度量因素的各种指数公式。这其中比较有代表性的是拉斯贝尔指数和派许指数。

(一)拉斯贝尔指数

拉斯贝尔指数是德国经济学家埃蒂恩·拉斯贝尔(Etienne Laspeyres)于 1864 年提出来的,他主张把同度量因素固定在基期,所得到的综合指数称之为拉斯贝尔综合指数,简称为拉斯贝尔指数或拉氏指数。其用公式表达如下:

拉斯贝尔数量指标指数:

$$\overline{K}_q = \frac{\sum q_1 p_0}{\sum q_0 p_0} \tag{5.3}$$

拉斯贝尔质量指标指数:

$$\overline{K}_p = \frac{\sum p_1 q_0}{\sum p_0 q_0} \tag{5.4}$$

例 5.1 某企业三种产品报告期和基期销售资料如表 5-1 所示。试计算这三种产品的拉氏销售量指数和销售价格指数。

表 5 - 1　某企业三种产品的销售资料

产品类别	计量单位	销售量		价格(元)		销售额(元)			
		基期 q_0	报告期 q_1	基期 p_0	报告期 p_1	$q_0 p_0$	$q_1 p_1$	$q_1 p_0$	$q_0 p_1$
甲	件	450	500	770	700	346500	350000	385000	315000
乙	台	500	520	350	350	175000	182000	182000	175000
丙	套	900	1080	110	100	99000	108000	118800	90000
合计	——	——	——	——	——	620500	640000	685800	580000

解　利用拉斯贝尔指数公式计算的销售量指数为:

$$\overline{K_q} = \frac{\sum q_1 p_0}{\sum q_0 p_0} = \frac{685800}{620500} = 110.52\%$$

这表明三种产品的销售量总的来说报告期比基期平均增长了 10.52%。

利用拉斯贝尔指数公式计算的销售价格指数为:

$$\overline{K_p} = \frac{\sum p_1 q_0}{\sum p_0 q_0} = \frac{580000}{620500} = 93.47\%$$

这说明三种产品的销售价格总的来说平均降低了 6.53%。

在利用综合指数进行上面的相对分析时,还可以通过综合指数的分子与分母的差额进行绝对数额变动的分析,例如在上例中:

$$\sum q_1 p_0 - \sum q_0 p_0 = 685800 - 620500 = 65300 \text{(元)}$$

这个数值表明由于三种产品销售量的变动(增长了 10.52%),导致销售额报告期比基期增加了 65300 元。

$$\sum p_1 q_0 - \sum p_0 q_0 = 580000 - 620500 = -40500 \text{(元)}$$

这个数值表明由于三种产品销售价格下降(6.53%),导致销售额报告期比基期减少了 40500 元。

(二)派许指数

派许指数是德国经济学家哈曼·派许(Herman Paasche)于 1874 年提出来的,他主张把同度量因素固定在报告期,所得到的综合指数称之为派许综合指数,简称为派许指数或派氏指数。其用公式表达如下:

派许数量指标指数:

$$\overline{K_q} = \frac{\sum q_1 p_1}{\sum q_0 p_1} \tag{5.5}$$

派许质量指标指数:

$$\overline{K_p} = \frac{\sum p_1 q_1}{\sum p_0 q_1} \tag{5.6}$$

对于例 5.1 的数据资料,利用派许综合指数的公式计算得到的销售量指数为:

$$\overline{K_q} = \frac{\sum q_1 p_1}{\sum q_0 p_1} = \frac{640000}{580000} = 110.34\%$$

$$\sum q_1 p_1 - \sum q_0 p_1 = 640000 - 580000 = 60000 \ (\text{元})$$

因此,利用派氏指数计算的销售量指数的结果表明,三种产品的销售量总的来说增长了 10.34%,导致销售额增加了 60000 元。

利用派许综合指数的公式计算得到的销售价格指数为:

$$\overline{K}_p = \frac{\sum p_1 q_1}{\sum p_0 q_1} = \frac{640000}{685800} = 93.32\%$$

$$\sum p_1 q_1 - \sum p_0 q_1 = 640000 - 685800 = -45800 \ (\text{元})$$

因此,利用派氏指数公式计算的销价格指数的结果表明,三种产品的销售价格总的来说下降了 6.68%,导致销售额减少了 45800 元。

(三)拉氏指数与派氏指数的比较

通过上面的例子可以看到,对于同一个问题,拉斯贝尔指数和派许指数计算的结果一般不同。实际应用中哪一种指数会更加合理一些? 要弄清楚这一问题,就需要将两种指数进行比较分析。

通过拉氏指数与派氏指数同度量因素时期的选择可以看到,两者的出发点是不一样的,导致其分析问题的经济含义是不相同的。

拉氏指数把同度量因素固定在基期,对报告期进行了假定,即假定报告期的同度量因素的水平没有变化,还保持在基期水平的情况下,分析由于指数化因素的变动导致经济现象变化的程度。这种分析计算出来的指数能比较确切地只反映指数化因素的变动,而不会包含同度量因素的变动。但这种分析也有缺点,有时容易脱离实际。例如,在计算销售量指数时,价格作为同度量因素固定在基期,但对于某些新出现的产品,基期并无价格,而对于即将被淘汰的老产品(已经无多大使用价值),基期的价格显然又太过时,这样通过拉氏指数计算出来的结果很难与实际相符。再例如,由于有些商品(如大米)的价格上涨,消费者会减少对这种商品的购买,而增加对相对便宜的替代品(如面粉)的购买,但拉氏指数在计算物价指数时,由于同度量因素(商品的购买量)固定在基期,没有考虑到这种替代效应,导致结果夸大了某些商品价格上涨的影响,这显然与实际也不相符。

派氏指数把同度量因素固定在报告期,立足于报告期的实际情况,避免了脱离实际。比如,在计算销售价格指数时,销售量作为同度量因素固定在报告期,计算结果能表明是在报告期销售数量和结构的基础上,来考察价格的变化及其对销售总额变动的影响,它可以说明由于价格变化而使销售者报告期所出售的商品增减了多少销售收入。虽然派氏指数具有很好的现实意义,但它的计算结果在一定程度上包含了同度量因素的变动,通过下面的分析就可以看到这一点。

对于派氏数量指标指数,有:

$$\overline{K}_q = \frac{\sum q_1 p_1}{\sum q_0 p_1} = \frac{\sum q_1 [(p_1 - p_0) + p_0]}{\sum q_0 [(p_1 - p_0) + p_0]} = \frac{\sum q_1 p_0 + \sum q_1 (p_1 - p_0)}{\sum q_0 p_0 + \sum q_0 (p_1 - p_0)} \quad (5.7)$$

从这个式子可以看到,派氏数量指标指数比拉氏数量指标指数增加了同度量因素的变动,即 $p_1 - p_0$。这也可从两个指数相应的分子与分母之间的绝对差额明显看出来。

$$\sum q_1 p_1 - \sum q_0 p_1$$

$$= \left[\sum q_1 p_0 + \sum q_1(p_1 - p_0)\right] - \left[\sum q_0 p_0 + \sum q_0(p_1 - p_0)\right]$$

$$= \left(\sum q_1 p_0 - \sum q_0 p_0\right) + \left[\sum q_1(p_1 - p_0) - \sum q_0(p_1 - p_0)\right]$$

$$= \left(\sum q_1 p_0 - \sum q_0 p_0\right) + \sum (q_1 - q_0)(p_1 - p_0) \tag{5.8}$$

从(5.8)式可以看到,派氏数量指标指数分子、分母之间的绝对差额比拉氏指数分子、分母之间的绝对差额多出了一个部分,即 $\sum (q_1 - q_0)(p_1 - p_0)$,显然这个部分就是指数化因素 q 和同度量因素 p 同时变动的影响,称为"共变影响额"。由此可见,派氏数量指标指数不仅包含指数化指标的变动,还同时包含了一定程度的同度量因素的变动。同理分析也可以看到派氏质量指标指数同样存在这一问题。因此,从这一问题上看,拉氏指数的结果优于派氏指数。

另外,拉氏指数的结果往往大于派氏的结果,这是因为有联系的两个质量指标和数量指标之间往往存在着反向变动的关系,如某个商品的销售价格增加了,其销售量就可能会下降。因此,(5.8)式中的共变影响额计算出的结果往往是负的,这也就意味着拉氏指数分子、分母的绝对差额往往大于派氏指数分子、分母之间的差额,从而导致拉氏指数的结果大于派氏的。

由于拉氏指数和派氏指数各有优缺点,在实际应用中到底使用哪一种,要根据具体情况而定。一般而言,数量指标指数多采用拉氏指数公式,即同度量因素固定在基期;而质量指标指数多采用派氏指数公式,即同度量因素固定在报告期。之所以这么规定,是因为一方面实践表明拉氏指数与派氏指数的结果一般相差不大,而且两种指数同度量因素固定在不同的时期,会给指数的应用带来好处,比如第四节要介绍的因素分析。另一方面,实际分析中,人们可能更关心在维持报告期数量指标的水平下,由于质量指标的变动所带来的影响,例如,在计算物价指数时,从实际生活的角度看,人们更关心在报告期的消费水平(即购买量)下,由于价格的变动对实际生活的影响。所以质量指标指数多采用派氏指数。

三、其他形式的综合指数

(一)马歇尔—艾奇沃斯指数(简称马—艾指数)

1887 年英国经济学家马歇尔(Alfred Marshall,1842—1924)提出以基期与报告期实物平均量作权数的综合物价指数,其计算公式为:

$$\overline{K}_p = \frac{\sum p_1(q_0 + q_1)/2}{\sum p_0(q_0 + q_1)/2} \tag{5.9}$$

此公式又为英国统计学家艾奇沃斯(Francis Ysdro Edgeworth,1845—1926)所推广,故被称为马歇尔—艾奇沃斯公式。此公式的思想也可用于计算综合物量指数,其计算公式为:

$$\overline{K}_p = \frac{\sum q_1(p_0 + p_1)/2}{\sum q_0(p_0 + p_1)/2} \tag{5.10}$$

不难看出,这组公式计算的指数数值在拉氏和派氏指数公式之间。虽然从数量测定上似乎不偏不倚,但却失去了拉氏和派氏公式的经济意义。但在实际工作中,当用于不同地区价格综合比较时,马—艾指数作为空间指数的一个计算公式却不失为一种公允的方法。计算空间指数时,理论上要求指数能通过对比基准互换测验,也就是说,对比基准互换前后的两个指数应该是互为倒数的关系。例如，比较 A 和 B 两个地区物价水平的差异程度时，如果说 A 地区价格水平是 B 地区的 200%，那么 B 地区价格水平就应该是 A 地区的 50%。但是，无论对拉氏指数还是对派氏指数，对比基准互换前后的两个指数之间不存在上述倒数关系。而采用马—艾指数就可以解决这种矛盾，它将同度量因素固定在两个对比空间的平均水平上，不受对比基准地区选择的影响。

(二)费希尔理想指数

1911 年美国统计学家费希尔(Irving Fisher,1867—1947)提出了交叉计算指数的公式，即拉氏与派氏公式的几何平均公式：

$$\overline{K}_q = \sqrt{\frac{\sum q_1 p_0}{\sum q_0 p_0} \times \frac{\sum q_1 p_1}{\sum q_0 p_1}} \tag{5.11}$$

$$\overline{K}_p = \sqrt{\frac{\sum p_1 q_0}{\sum p_0 q_0} \times \frac{\sum p_1 q_1}{\sum p_0 q_1}} \tag{5.12}$$

费希尔系统地总结了各种指数公式的特点，提出了判断指数优劣的三种测验方法：

(1)时间互换测验。即上面提到的对比基准互换测验，指报告期对基期的指数和基期对报告期的指数互为倒数。

(2)因子互换测验。因子互换测验指物价指数和相应的物量指数的乘积应等于其总值指数。

(3)循环测验。循环测验指第一个时期对基期的指数和第二个时期对第一个时期指数的乘积，应等于第二个时期对基期的指数。

费希尔对各种指数进行了测验，绝大多数公式不符合这三种测验，唯有他的指数公式通过测验，故自称他的公式为"理想公式"。"理想公式"同"马—艾指数"一样，虽然"不偏不倚"，但同样缺乏明确的经济意义。而且所用资料更多，计算比较困难。前苏联经济学家、统计学家和西方国家的统计学家对这种不注重经济内容的指数公式都曾提出严厉地批评。但费希尔的价格指数在一些国际对比中应用较多。例如，不同国家人均国民生产总值指数，就是借用了理想价格指数，运用货币购买力平价指数法计算的。又如联合国编制的地域差别生活费指数，也采用了理想价格指数公式。

(三)固定权数的综合指数

固定权数的综合指数由英国经济学家杨格(A. Young)提出，因此也称为杨格指数。在固定加权综合指数中，同度量因素所属的时期既不固定在基期，也不固定在报告期，而是固定在一个特定的水平上，可以是若干时期的平均水平，也可以是某个固定时期的实际水平。具体公式如下：

$$\overline{K}_q = \frac{\sum q_1 p_n}{\sum q_0 p_n} \tag{5.13}$$

$$\overline{K}_p = \frac{\sum p_1 q_n}{\sum p_0 q_n} \tag{5.14}$$

其中，p_n 和 q_n 分别表示特定的价格和物量水平。

由于固定权数的综合指数的同度量因素不因比较时期(报告期或基期)的改变而改变，因此采用固定权数综合指数不但较为方便,而且便于观察现象长期发展变化的趋势。

在新中国成立后很长一段时间内,工(农)业产品物量指数的计算就是采用这种方法,即作为同度量因素的价格既不是基期价格,也不是报告期价格,而是某一年份的不变价格(p_n)。

第三节 平均指数

一、平均指数的意义和编制原理

综合指数是编制总指数的基本形式,方法简便,意义明确,但由于综合指数的计算需要有假定的数据(如 p_0q_1、q_0p_1),而要获取这种数据就需要具备比较全面的数据资料。然而在实际情况中,很多时候的数据资料并不是那么全面。这样,综合指数在实际应用上就受到了一定的限制,而平均指数在一定的程度上可以克服这种限制。

平均指数是总指数的另一种重要计算形式。在解决复杂总体内各个个体现象不能直接相加与综合的问题上,平均指数与综合指数是不同的,平均指数是从个体指数出发来编制总指数的,编制平均指数的基本方式是"先对比,后平均",既首先通过对比计算个别现象的个体指数,然后将个体指数加权平均得到总指数。由于总体中的不同个体常常具有不同的重要程度,因而在平均指数的编制过程中必须对个体指数进行适当加权,即平均指数是个体指数的加权平均数。比如,对于多种工业产品组成的复杂总体,平均指数反映产量或价格的总变动,是先计算各种产品的产量或价格的个体指数,然后对所有产品产量或价格的个体指数加权平均得到工业总产量或价格的总指数。

选择什么作为权数成为计算平均指数的重要问题。前面讲过,综合指数的同度量因素也即是一种权数,它要么是一个数量指标 q,要么是一个质量指标 p。而这里,由于个体指数是两个不同时期的个别现象的对比结果,因此,所引进的权数只有是价值指标 qp,计算结果才具有经济意义。

从理论上讲,平均指数可采用的权数有四种价值形式:q_0p_0、q_0p_1、q_1p_0、q_1p_1。但在实际工作中,出于对计算结果的经济意义和资料获取的可行性考虑,将 q_0p_1 和 q_1p_0 用作权数的较少,常用的是 q_0p_0 和 q_1p_1。

二、平均指数的编制

(一)综合指数变形的平均指数

1.加权算术平均数指数

对于拉氏数量指标指数,可以作如下变形:

$$\overline{K}_q = \frac{\sum q_1 p_0}{\sum q_0 p_0} = \frac{\sum \frac{q_1}{q_0} q_0 p_0}{\sum q_0 p_0} = \frac{\sum k_q q_0 p_0}{\sum q_0 p_0} \tag{5.15}$$

其中,$k_q = \dfrac{q_1}{q_0}$ 为数量指标的个体指数。

由(5.15)式可以看到,采用拉氏公式计算的数量指标总指数可以看成是相应的个体指数

依权数 $q_0 p_0$ 进行加权算术平均得到的平均数。

对于拉氏质量指标指数,可以作如下变形:

$$\overline{K}_p = \frac{\sum p_1 q_0}{\sum p_0 q_0} = \frac{\sum \frac{p_1}{p_0} p_0 q_0}{\sum p_0 q_0} = \frac{\sum k_p p_0 q_0}{\sum p_0 q_0} \tag{5.16}$$

其中,$k_p = \dfrac{p_1}{p_0}$ 为数量指标的个体指数。

由(5.16)式可以看到,采用拉氏公式计算的质量指标总指数可以看成是相应的个体指数依权数 $p_0 q_0$ 进行加权算术平均得到的平均数。

对于派氏综合指数 $\overline{K}_q = \dfrac{\sum q_1 p_1}{\sum q_0 p_1}$ 和 $\overline{K}_p = \dfrac{\sum p_1 q_1}{\sum p_0 q_1}$ 进行变形,使之成为个体指数的加权算术平均的形式,对应的权数则分别为 $q_0 p_1$ 和 $p_0 q_1$,这两个权数资料一般不易获取,因此由派氏综合指数变形得到的加权算术平均数指数在实际中一般很少用到。

例 5.2 表 5-2 是根据表 5-1 中三种产品的销售资料计算得来的,试用加权算术平均数指数法计算这三种产品的销售量总指数和价格总指数。

表 5-2 某企业三种产品的销售资料

产品类别	计量单位	销售量		价格(元)		销售额(元)		个体指数(%)	
		基期 q_0	报告期 q_1	基期 p_0	报告期 p_1	$q_0 p_0$	$q_1 p_1$	$k_q = q_1/q_0$	$k_p = p_1/p_0$
甲	件	450	500	770	700	346500	350000	111.11	90.91
乙	台	500	520	350	350	175000	182000	104.00	100.00
丙	套	900	1080	110	100	99000	108000	120.00	90.91
合计	——					620500	640000	——	——

解 销售量总指数为:

$$\overline{K}_q = \frac{\sum k_q q_0 p_0}{\sum q_0 p_0} = \frac{111.11\% \times 364500 + 104.00\% \times 175000 + 120.00\% \times 99000}{620500} = 110.52\%$$

价格总指数为:

$$\overline{K}_p = \frac{\sum k_p p_0 q_0}{\sum p_0 q_0} = \frac{90.91\% \times 364500 + 100.00\% \times 175000 + 90.91\% \times 99000}{620500} = 93.47\%$$

可以看见,这里的计算结果与上一节用拉氏综合指数公式计算出来的结果是完全相同的。

2. 加权调和平均数指数

对于派氏质量指标指数,可以作如下变形:

$$\overline{K}_p = \frac{\sum p_1 q_1}{\sum p_0 q_1} = \frac{\sum p_1 q_1}{\sum \frac{p_0}{p_1} p_1 q_1} = \frac{\sum p_1 q_1}{\sum \frac{1}{k_p} p_1 q_1} \tag{5.17}$$

由(5.17)式可以看到,采用派氏公式计算的质量指标总指数可以看成是相应的个体指数依权数 $p_1 q_1$ 进行加权调和平均得到的平均数。

对于派氏数量指标指数,可以作如下变形:

$$\overline{K}_q = \frac{\sum q_1 p_1}{\sum q_0 p_1} = \frac{\sum q_1 p_1}{\sum \frac{q_0}{q_1} q_1 p_1} = \frac{\sum q_1 p_1}{\sum \frac{1}{k_q} q_1 p_1} \tag{5.18}$$

由(5.18)式可以看到,采用派氏公式计算的数量指标总指数可以看成是相应的个体指数依权数 $q_1 p_1$ 进行加权调和平均得到的平均数。

对于拉氏综合指数 $\overline{K}_q = \dfrac{\sum q_1 p_0}{\sum q_0 p_0}$ 和 $\overline{K}_p = \dfrac{\sum p_1 q_0}{\sum p_0 q_0}$ 进行变形,使之成为个体指数加权调和平均的形式,对应的权数则分别为 $q_1 p_0$ 和 $p_1 q_0$,这两个权数资料不易获取,因此由拉氏综合指数变形得到的加权调和平均数指数在实际中一般也很少用到。

例 5.3 根据表 5－2 中三种产品销售资料,试用加权调和平均数指数计算这三种产品的销售量总指数和价格总指数。

解 销售量总指数为:

$$\overline{K}_q = \frac{\sum q_1 p_1}{\sum \frac{1}{k_q} q_1 p_1} = \frac{640000}{\dfrac{1}{111.11\%} \times 350000 + \dfrac{1}{104.00\%} \times 182000 + \dfrac{1}{120.00\%} \times 108000} = 110.34\%$$

价格总指数为:

$$\overline{K}_p = \frac{\sum p_1 q_1}{\sum \frac{1}{k_p} p_1 q_1} = \frac{640000}{\dfrac{1}{90.91\%} \times 350000 + \dfrac{1}{100.00\%} \times 182000 + \dfrac{1}{90.91\%} \times 108000} = 93.32\%$$

可以看见,这里的计算结果与上一节用派氏综合指数公式计算出来的结果是完全相同的。

(二)固定权数的平均指数

除了上面介绍的两种平均指数外,实践中还广泛使用一种固定权数的平均指数。即在加权平均数指数中,所用的权数并不是基期或报告期的价值指标($q_0 p_0$ 或 $q_1 p_1$),而是采用某种固定权数(w)。固定权数是指某一固定时期的权数,一般用相对数(比重)的形式 $\dfrac{qp}{\sum qp}$ 固定下来,这类权数确定之后,一般要使用较长时间(如 5 年)才调整一次,所以称它为固定权数。权数可以根据有关的普查资料、抽样调查资料或典型调查资料来确定和计算。固定加权平均指数是一种独立形式的加权平均指数。

固定权数的加权平均指数中,用的较多的是加权算术的形式,而固定权数的加权调和平均一般缺乏实际意义,因此很少使用。下面给出两种固定权数的加权算术平均数指数的公式:

$$\overline{K}_q = \sum \frac{q_1}{q_0} w = \sum k_q w \tag{5.19}$$

$$\overline{K}_p = \sum \frac{p_1}{p_0} w = \sum k_p w \tag{5.20}$$

其中,固定权数 w 是相对形式的权数,即为某个固定时期的价值比重,满足 $\sum w = 1$(或 100%)。

采用固定权数的加权平均数指数,不仅可以避免每次权数资料获取的困难,而且便于前后不同时期的比较。我国的商品零售价格指数、居民消费价格指数、工业品出厂价格指数、工业原材料价格指数及西方国家的工业生产指数、消费品价格指数,均采用了固定权数的加权算术平均数指数的编制方法。

例 5.4 据调查,某地甲、乙、丙、丁四种代表商品的个体价格指数分别为 110％、95％、100％及 105％,各类代表商品的固定权数分别为 10％、30％、40％和 20％,试求这四种商品的物价总指数。

解 这四种商品的物价总指数为:

$$\overline{K}_p = \sum k_p w = 110\% \times 10\% + 95\% \times 30\% + 100\% \times 40\% + 105\% \times 20\% = 100.5\%$$

三、平均指数与综合指数的比较

从上面的介绍可以看到,平均指数与综合指数两者之间既有联系,也有区别。

两者之间的联系是:两者计算的都是总指数,并且平均指数的公式可以看做是综合指数公式的变形,两者根据同一资料计算出的结果和经济意义完全相同。

两者的区别主要表现在以下几点:

(1)解决复杂总体内各个个体现象不能直接相加的思路不同。综合指数是从现象总量出发,通过引入同度量因素,"先综合,后对比"。而平均指数是从个体指数出发,"先对比,后平均"。

(2)两者运用资料的条件不同。综合指数需具备研究总体的比较全面的资料。而平均指数既可以根据全面资料编制,也可以根据非全面资料编制。

(3)两者在经济分析中的具体作用不同。运用综合指数可以同时进行相对数分析和绝对数的分析。而平均指数中,由综合指数的变形得到的平均指数,可以同时进行相对数分析和绝对数分析;但当做为一种固定权数的平均指数时,则只能做相对数分析。

总之,在实际工作中,平均指数既是总指数的一种独立的计算形式,又可作为综合指数的变形,使用时比较方便、灵活,所以应用非常广泛。

第四节 指数体系与因素分析

一、指数体系的概念和作用

如第一节所述,指数不仅可以反映社会经济现象数量的变动程度,而且还可以用于分析影响总量变动的各个因素的作用,即因素分析。因素分析是借助于指数体系来进行的。

这里讨论的指数体系是指指数之间存在的相互联系。一般来说,三个或三个以上在性质上相互联系、在数量上存在一定关系的指数便构成指数体系,利用指数体系可以分析社会经济现象的各种因素变动,以及它们对总体发生作用的影响程度。

社会经济现象存在的客观联系可通过相应的指标体系表现出来。例如:

总产值＝产品产量×价格
总成本＝产品产量×单位成本
销售额＝销售量×价格

从上面三个关系式我们可以看到,现象的总体可以分解为一个数量因素和质量因素,而现象总体的变化就可以归结为数量因素和质量因素共同作用的结果。上述指标体系按指数形式

表现时,如果同度量因素所取的时期合适,这种乘积关系仍然成立,即:

$$总产值指数=产品产量指数×价格指数$$
$$总成本指数=产品产量指数×单位成本指数$$
$$销售额指数=销售量指数×价格指数$$

这些指数关系都可以归纳为:

$$现象总体变动指数=数量指标指数×质量指标指数$$

研究指数体系,主要作用有两个:一个是上面提到的因素分析,即借助于指数体系可以研究现象总体变动中各因素的影响程度和影响方向;另一个是进行指数之间的相互推算,即利用指数体系之间的数量关系来根据已知的指数推算未知的指数。

二、因素分析

利用指数体系进行因素分析,主要分析如下两个方面的问题:

一方面,分析现象总体总量指标的变动受各种因素变动的影响程度。这是利用综合指数体系,从数量指标指数和质量指标指数的相互联系中,分析各个因素的变动影响关系。

另一方面,分析社会经济现象总体平均指标变动受各种因素变动的影响程度。这种分析是通过平均指标指数体系来进行的。

(一)总量指标变动的因素分析

1.总量指标变动的两因素分析

许多现象可以分解为两个因素的乘积,其一是数量指标,另一个则是质量指标。因此,进行总量指标的两因素分析,就需要计算三个指数:总值指数、数量指标指数和质量指标指数。为了它们之间指数体系的成立,两个因素指数的计算必须遵循综合指数的一般原则,即数量指标指数用拉氏公式计算,质量指标指数用派氏公式计算,或者说数量指标指数同度量因素固定在基期,质量指标指数同度量因素固定在报告期。即:

$$\frac{\sum q_1 p_1}{\sum q_0 p_0} = \frac{\sum q_1 p_0}{\sum q_0 p_0} \times \frac{\sum q_1 p_1}{\sum q_1 p_0} \tag{5.21}$$

根据指数体系(5.21)式,不仅可以分析现象总量指标的变动程度中各因素的影响程度,还可以分析现象总量指标变动的绝对数量中各因素的影响数量。总量增减变动的绝对数量与各因素影响数量之间的关系式为:

$$\sum q_1 p_1 - \sum q_0 p_0 = (\sum q_1 p_0 - \sum q_0 p_0) + (\sum q_1 p_1 - \sum q_1 p_0) \tag{5.22}$$

利用指数体系进行因素分析时,不仅要进行相对数分析,往往还需要进行绝对数分析。因此常常把(5.22)式也看做是指数体系的一个组成部分。

因素分析的一般步骤是:首先,计算现象总值指数和总量变动的绝对差额;其次,分别计算各个因素指数及其分子、分母之差,用以反映各个因素对研究总量变动的影响程度和影响的绝对数量;最后,将以上因素建立数学关系,进行综合和验证,作出文字分析说明。

例 5.5 根据表 5-1 的资料,进行销售额变动的因素分析。

解 根据表 5-1 的资料计算得:

(1)销售额指数:

$$\overline{K}_{qp} = \frac{\sum q_1 p_1}{\sum q_0 p_0} = \frac{640000}{620500} = 103.14\%$$

销售额变动的绝对额：

$$\sum q_1 p_1 - \sum q_0 p_0 = 640000 - 620500 = 19500（元）$$

（2）销售量指数：

$$\overline{K}_q = \frac{\sum q_1 p_0}{\sum q_0 p_0} = \frac{685800}{620500} = 110.52\%$$

销售量变动导致销售额变动的绝对额：

$$\sum q_1 p_0 - \sum q_0 p_0 = 685800 - 620500 = 65300（元）$$

（3）销售价格指数：

$$\overline{K}_p = \frac{\sum q_1 p_1}{\sum q_1 p_0} = \frac{640000}{685800} = 93.32\%$$

销售价格变动导致销售额变动的绝对额：

$$\sum q_1 p_1 - \sum q_1 p_0 = 640000 - 685800 = -45800（元）$$

（4）影响因素综合分析：

$$103.14\% = 110.52\% \times 93.32\%$$
$$19500\ 元 = \quad 65300\ 元\ + (-45800)\ 元$$

计算结果表明，三种产品的总销售额报告期比基期增长了 3.14%，这是由于这三种产品的销售量平均增长 10.52% 和销售价格平均下降 6.68% 所共同作用的结果。其中，销售量的增加使销售额增加 65300 元，销售价格的下降使销售额减少 45800 元，二者共同作用的结果使得销售额报告期比基期增加了 19500 元。

2. 总量指标变动的多因素分析

当研究的现象分解为三个或三个以上因素的乘积时，分析各个因素变动对该现象总变动的影响就属于多因素分析。指数体系用于两因素分析的基本原理可以推广到多因素，其要点如下：

（1）要测定其中某个因素的影响时，必须将其余所有因素都固定下来。

（2）数量指标作为同度量因素固定在报告期，质量指标作为同度量因素固定在基期。所不同的是，在多因素分析中，数量指标和质量指标的划分不是绝对的，而是两两相对的，要根据指标的内容和各因素之间的关系来判断。

（3）排序原则：各因素的排列顺序要体现指标之间的相互关系，即要保证相邻指标两两相乘都有经济意义。这种顺序的合理性，既有利于正确区分数量指标和质量指标，保证指数体系成立，又便于将有关因素合并或进一步细分。通常的顺序是先数量指标，后质量指标。若有几个指标同属数量指标或质量指标，则要把数量特征表现更明显的放在前面。例如：

利润额 = 销售量 × 销售价格 × 销售利润率
原材料消耗总额 = 产量 × 原材料单耗 × 原材料单价
农作物总收益 = 播种面积 × 单位面积产量 × 农作物价格 × 销售收益率

在遵循上述排序原则的情况下,测定各个影响因素变化的影响时,采用"逐项变动的原则",即未变动的因素固定在基期,已变动的因素固定在报告期。这种多因素指数分析法也称为连锁替代法。例如,用 q 表示产量,m 表示原材料单耗,p 表示原材料单价,则可按下列程序对原材料消耗额的变动进行因素分析:

$$\sum q_0 m_0 p_0 \rightarrow \sum q_1 m_0 p_0 \rightarrow \sum q_1 m_1 p_0 \rightarrow \sum q_1 m_1 p_1$$

相应地,就可建立多因素指数体系进行相对数分析和绝对数分析:

$$\frac{\sum q_1 m_1 p_1}{\sum q_0 m_0 p_0} = \frac{\sum q_1 m_0 p_0}{\sum q_0 m_0 p_0} \times \frac{\sum q_1 m_1 p_0}{\sum q_1 m_0 p_0} \times \frac{\sum q_1 m_1 p_1}{\sum q_1 m_1 p_0} \qquad (5.23)$$

$$\sum q_1 m_1 p_1 - \sum q_0 m_0 p_0 = \left(\sum q_1 m_0 p_0 - \sum q_0 m_0 p_0\right) + \left(\sum q_1 m_1 p_0 - \sum q_1 m_0 p_0\right)$$
$$+ \left(\sum q_1 m_1 p_1 - \sum q_1 m_1 p_0\right) \qquad (5.24)$$

例 5.6 某工业企业某月原材料消耗资料如表 5-3 所示。

表 5-3　某工业企业某月原材料消耗资料

产　品	计量单位	产　量		原材料单耗(千克)		原材料价格(元)	
		基期 q_0	报告期 q_1	基期 m_0	报告期 m_1	基期 p_0	报告期 p_1
甲	台	400	450	120	110	56	60
乙	件	1000	1000	75	65	30	28
丙	千克	4800	4840	30	25	15	20

试对原材料消耗总额的变动因素进行因素分析。

解　根据上表所列的资料得计算结果如表 5-4 所示。

表 5-4　某工业企业某月原材料消耗资料

产　品	原材料消耗总额(万元)			
	$q_0 m_0 p_0$	$q_1 m_0 p_0$	$q_1 m_1 p_0$	$q_1 m_1 p_1$
甲	240	270.0	247.5	297
乙	225	337.5	270.0	252
丙	216	217.8	181.5	242
合　计	681	825.3	699.0	791

(1)原材料消耗总额指数:

$$\overline{K}_{qmp} = \frac{\sum q_1 m_1 p_1}{\sum q_0 m_0 p_0} = \frac{791}{681} = 116.15\%$$

原材料消耗总额变动的绝对额:

$$\sum q_1 m_1 p_1 - \sum q_0 m_0 p_0 = 791 - 681 = 110(万元)$$

(2)产量指数:

$$\overline{K}_q = \frac{\sum q_1 m_0 p_0}{\sum q_0 m_0 p_0} = \frac{825.3}{681} = 121.19\%$$

产量变动导致原材料消耗总额变动的绝对额：

$$\sum q_1 m_0 p_0 - \sum q_0 m_0 p_0 = 825.3 - 681 = 144.3（万元）$$

（3）原材料单耗指数：

$$\overline{K}_m = \frac{\sum q_1 m_1 p_0}{\sum q_1 m_0 p_0} = \frac{699}{825.3} = 84.70\%$$

原材料单耗变动导致原材料消耗总额变动的绝对额：

$$\sum q_1 m_1 p_0 - \sum q_1 m_0 p_0 = 699 - 825.3 = -126.3（万元）$$

（4）原材料价格指数：

$$\overline{K}_p = \frac{\sum q_1 m_1 p_1}{\sum q_1 m_1 p_0} = \frac{791}{699} = 113.16\%$$

原材料价格变动导致原材料消耗总额变动的绝对额：

$$\sum q_1 m_1 p_1 - \sum q_1 m_1 p_0 = 791 - 699 = 92（万元）$$

（5）影响因素综合分析：

$$116.15\% = 121.19\% \times 84.70\% \times 113.16\%$$
$$110 \text{ 万元} = 144.3 \text{ 万元} + (-126.3) \text{ 万元} + 92 \text{ 万元}$$

计算结果表明，原材料的消耗总额报告期比基期增长了 16.15%，增加了 110 万元。其中，由于产量的增长导致原材料消耗总额增长 21.19%，增加了 144.3 万元；由于原材料单耗的下降导致原材料消耗总额降低 15.3%，减少了 126.3 万元；由于原材料价格的增长导致原材料消耗总额增长 13.16%，增加了 92 万元。

（二）平均指标变动的因素分析

指数因素分析法不仅适用于总量指标的变动分析，还适用于对平均指标的变动进行因素分析。在总体分组的情况下，平均指标的计算公式为：

$$\overline{x} = \frac{\sum xf}{\sum f} = \sum x \cdot \frac{f}{\sum f}$$

可见，在分组条件下，平均指标的变动受两个因素的影响：一是各组变量水平 x；二是各组次数 f 或各组比重 $f / \sum f$，也就是总体的结构。例如，某企业职工平均工资的变动，既受各类职工工资水平变动的影响，也受该企业职工构成（各类职工比重）变化的影响；企业（或社会）平均利润率既受各产品（或各行业）利润率的影响，也受产品（或行业）构成变动的影响；某种产品平均售价的变动受各组价格水平和销售结构的影响。

为了分别测定各个因素对总平均指标变动的影响作用，也需要利用有关指数体系来进行因素分析，其基本原理与对总量指标进行因素分析的原理相同，即分析其中一个因素变动时假定另一个因素不变。具体地说，对平均指标变动进行因素分析需要计算如下三个指数。

1. 可变构成指数

可变构成指数也称平均指标对比指数，它反映平均指标的变动程度。其计算公式为：

$$\overline{K}_{可变} = \frac{\overline{x_1}}{\overline{x_0}} = \frac{\sum x_1 f_1}{\sum f_1} / \frac{\sum x_0 f_0}{\sum f_0} = \frac{\sum x_1 \dfrac{f_1}{\sum f_1}}{\sum x_0 \dfrac{f_0}{\sum f_0}} \qquad (5.25)$$

2. 固定构成指数

固定构成指数说明各组变量水平的变动程度及其对平均指标变动的影响程度。虽然各组比重 $f/\sum f$ 是相对数,但与变量 x 相比,其数量特性更加明显,在因素分析中应该将其看成是"数量"指标,因此在计算固定构成指数时,同度量因素 $f/\sum f$ 应固定在报告期。即固定构成指数的计算公式为:

$$\overline{K}_{固定} = \frac{\sum x_1 f_1}{\sum f_1} / \frac{\sum x_0 f_1}{\sum f_1} = \frac{\sum x_1 \dfrac{f_1}{\sum f_1}}{\sum x_0 \dfrac{f_1}{\sum f_1}} \qquad (5.26)$$

3. 结构影响指数

结构影响指数反映总体结构的变动程度及其对平均指标变动的影响程度。计算时,同度量因素(即各组变量水平)固定在基期。即结构影响指数的计算公式为:

$$\overline{K}_{结构} = \frac{\sum x_0 f_1}{\sum f_1} / \frac{\sum x_0 f_0}{\sum f_0} = \frac{\sum x_0 \dfrac{f_1}{\sum f_1}}{\sum x_0 \dfrac{f_0}{\sum f_0}} \qquad (5.27)$$

综上所述,对平均指标变动的因素分析所依据的指数体系为:

$$可变构成指数(\overline{K}_{可变}) = 固定构成指数(\overline{K}_{固定}) \times 结构影响指数(\overline{K}_{结构}) \qquad (5.28)$$

用符号表示为:

$$\frac{\dfrac{\sum x_1 f_1}{\sum f_1}}{\dfrac{\sum x_0 f_0}{\sum f_0}} = \frac{\dfrac{\sum x_1 f_1}{\sum f_1}}{\dfrac{\sum x_0 f_1}{\sum f_1}} \times \frac{\dfrac{\sum x_0 f_1}{\sum f_1}}{\dfrac{\sum x_0 f_0}{\sum f_0}} \qquad (5.28')$$

或

$$\frac{\sum x_1 \dfrac{f_1}{\sum f_1}}{\sum x_0 \dfrac{f_0}{\sum f_0}} = \frac{\sum x_1 \dfrac{f_1}{\sum f_1}}{\sum x_0 \dfrac{f_1}{\sum f_1}} \times \frac{\sum x_0 \dfrac{f_1}{\sum f_1}}{\sum x_0 \dfrac{f_0}{\sum f_0}} \qquad (5.28'')$$

同样,对平均指标的变动也可以从绝对数进行因素分析,相应的数量关系为:

$$平均指标变动的绝对量 = 各组变量水平变动的绝对影响量 + 结构变动的绝对影响量 \qquad (5.29)$$

即:

$$\frac{\sum x_1 f_1}{\sum f_1} - \frac{\sum x_0 f_0}{\sum f_0} = \left(\frac{\sum x_1 f_1}{\sum f_1} - \frac{\sum x_0 f_1}{\sum f_1}\right) + \left(\frac{\sum x_0 f_1}{\sum f_1} - \frac{\sum x_0 f_0}{\sum f_0}\right) \quad (5.29')$$

或

$$\sum x_1 \frac{f_1}{\sum f_1} - \sum x_0 \frac{f_0}{\sum f_0} = \left(\sum x_1 \frac{f_1}{\sum f_1} - \sum x_0 \frac{f_1}{\sum f_1}\right) + \left(\sum x_0 \frac{f_1}{\sum f_1} - \sum x_0 \frac{f_0}{\sum f_0}\right)$$

$$(5.29'')$$

例 5.7 根据表 5-5 的资料,进行总平均工资变动的因素分析。

表 5-5 某企业工人工资情况表

工人按熟练程度分组	月工资（元）		工人数（人）		工资总额（元）		
	基期 x_0	报告期 x_1	基期 f_0	报告期 f_1	基期 $x_0 f_0$	报告期 $x_1 f_1$	假定期 $x_0 f_1$
熟练工	3000	3300	70	70	210000	23100	210000
非熟练工	1800	1980	30	130	54000	257400	234000
合　计	——	——	100	200	264000	488400	444000

解 根据表 5-5 得:

(1)平均工资指数:

$$\overline{K}_{可变} = \frac{\overline{x_1}}{\overline{x_0}} = \frac{\sum x_1 f_1}{\sum f_1} \bigg/ \frac{\sum x_0 f_0}{\sum f_0} = \frac{488400}{200} \bigg/ \frac{264000}{100} = \frac{2442}{2640} = 92.50\%$$

平均工资变动总额为:

$$\frac{\sum x_1 f_1}{\sum f_1} - \frac{\sum x_0 f_0}{\sum f_0} = 2442 - 2640 = -198 \text{（元）}$$

(2)固定构成指数:

$$\overline{K}_{固定} = \frac{\sum x_1 f_1}{\sum f_1} \bigg/ \frac{\sum x_0 f_1}{\sum f_1} = \frac{488400}{200} \bigg/ \frac{444000}{200} = \frac{2442}{2220} = 110.00\%$$

各组工资水平变动导致的平均工资变动额为:

$$\frac{\sum x_1 f_1}{\sum f_1} - \frac{\sum x_0 f_1}{\sum f_1} = 2442 - 2220 = 222 \text{（元）}$$

(3)结构影响指数:

$$\overline{K}_{结构} = \frac{\sum x_0 f_1}{\sum f_1} \bigg/ \frac{\sum x_0 f_0}{\sum f_0} = \frac{444000}{200} \bigg/ \frac{264000}{100} = \frac{2220}{2640} = 84.09\%$$

各组工人比重变动导致的平均工资变动额为:

$$\frac{\sum x_0 f_1}{\sum f_1} - \frac{\sum x_0 f_0}{\sum f_0} = 2220 - 2640 = -420 \text{（元）}$$

(4)影响因素综合分析:

$$92.50\% = 110.00\% \times 84.09\%$$

$$-198 \text{元} = 222 \text{元} + (-420) \text{元}$$

计算结果表明,该企业工人平均工资报告期比基期下降 7.50%,平均每人下降了 198 元。其中,由于各组工资水平变动使平均工资增长了 10.00%,导致平均每人增长了 222 元;各组工人比重变动使平均工资下降了 15.91%,导致平均每人下降了 420 元。

三、指数推算

指数体系的另一个重要应用,就是根据已知因素的变动推算未知因素的变动,即指数推算。例如根据

商品销售额指数 = 商品销售量指数 × 销售价格指数

已知商品销售额指数和两个因素指数中的一个,就可以推算另一个因素指数。比如,凡是不便直接计算数量综合变动的事物,均可参照下式加以推算:

商品销售量指数＝商品销售额指数/销售价格指数

又如根据

货币购买力指数 × 居民消费价格指数 = 1

可得:

货币购买力指数＝1/居民消费价格指数

例 5.8　设某地区商品销售额指数为 111%,销售价格指数为 101%,居民消费价格指数为 102%,计算该地区商品销售量指数和货币购买力指数。

解　该地区商品销售量指数为:

$$\overline{K}_q = \frac{\overline{K}_{pq}}{\overline{K}_p} = \frac{111\%}{101\%} = 110\%$$

货币购买力指数:

$$\overline{K}_q = \frac{\overline{K}_{pq}}{\overline{K}_p} = \frac{1}{102\%} = 98\%$$

计算结果表明,该地区商品销售量上升了 10%,但由于生活费用的上升而使货币购买力下降 2%。

例 5.9　某地区物价上涨了 20%,问现在该地区 1 元相当于原来的多少?

解　本问题实际上等同于买与现在同样多的商品,现在要花 1 元,原来需要花多少元。我们设为 x 元,则:

$$\frac{1}{x} = \frac{\sum p_1 q_1}{\sum p_0 q_1} = \overline{K}_p = 120\%$$

由此得到 $x = 0.83$(元)。

另外,从上面的分析和计算过程可以看到,问 1 元货币相当于原来的多少,实际上就是求货币购买力指数,因此也可直接使用上面的货币购买力指数的计算公式。

第五节　几种常见的经济指数介绍

一、居民消费价格指数

(一)居民消费价格指数的意义

居民消费价格指数(Consumer Price Index,CPI),是通过一组代表性消费品及服务项目的价格水平变动,反映居民家庭所购买的消费品及服务的价格水平变动情况的相对数。在我国,由于城乡居民在消费水平和消费结构上仍然存在较大差别,因此,需分别计算城市居民消费价格指数和农村居民消费价格指数。为反映全体社会居民消费价格的变动情况,还需计算包括城乡两部分居民的综合消费价格指数。

居民消费价格指数是市场价格统计中最重要的指标之一,这一指标通常影响着政府关于财政、货币、消费、工资、社会保障等政策的制定,是研究人民生活水平、监测社会稳定性、进行宏观经济分析和调控的重要依据。其具体应用主要有以下几个方面。

(1)用来测定通货膨胀。通货膨胀的严重程度是用通货膨胀率来反映的,它说明了一定时期内商品价格持续上升的幅度,通货膨胀率小于 0 表示出现了通货紧缩。测定通货膨胀的程度通常以报告期的上期为基期,最常见的方法就是用居民消费价格指数来表示。其计算公式为:

$$通货膨胀率 = \frac{报告期居民消费价格指数 - 基期居民消费价格指数}{基期居民消费价格指数} \tag{5.30}$$

(2)反映货币购买力水平。货币购买力是指单位货币所能购买的消费品和服务的数量。价格上升意味着货币贬值,货币购买力下降;反之,价格下降意味着货币升值,货币购买力上升。因此居民消费价格指数的倒数就是货币购买力指数,计算公式为:

$$货币购买力指数 = \frac{1}{居民消费价格指数} \tag{5.31}$$

(3)测定实际工资水平。居民消费价格指数的提高意味着实际工资减少,居民消费价格指数的下降意味着实际工资提高。因此,利用居民消费价格指数可以将名义工资转化为实际工资,其计算公式为:

$$实际工资 = \frac{名义工资}{居民消费者价格指数} \tag{5.32}$$

类似于实际工资,将各价值量指标的名义值除以居民消费价格指数减缩为实际值,可以消除价格变化的影响。例如,也可以得到居民实际可支配收入水平和实际消费水平等。

(二)商品和服务项目的分类与代表品的选择

商品和服务项目分为 8 大类,即食品类(包括餐饮业)、烟酒及用品类、衣着类、家庭设备用品及维修类、医疗保健和个人用品类、交通和通讯类、娱乐教育文化用品及服务类、居住类。每个大类又分为若干中类,中类还有基本分类(也就是小类),共有 251 个基本分类。基本分类中包括若干代表规格品(简称代表品)。

市场上流通的商品数以万计,提供劳动服务的门类越来越多,不可能也没必要根据居民消费的所有商品和服务项目来计算指数。世界上所有国家或地区,都是选择部分项目作为代表品进行计算的,少的只有 20 多种,多的达 1000 种以上,大多数在 300～500 种。我国规定编制居民消费价格指数的必选品种有 550 种,其中商品品种约 500 种,服务项目约 50 种,各地还可根据当地实际情况再适当增加一些调查品种。代表品的选择原则是:居民消费量较大、生产和市场供应比较稳定、价格变动趋势和程度有较强的代表性,代表规格品一经确定,年内不能更换。代表品的数量每年可适当变更,但更换数量要有一定限制,一般不超过 10 个,以保证代表品的稳定性。

(三)代表地区、代表市场和代表企业的选择

按照选择代表地区的原则,目前在全国抽选出 226 个市县作为国家掌握的价格调查点,其中城市 146 个,县城 80 个。为增强各地区价格指数的代表性,部分地区还结合当地实际情况,适当增选一定数量的中、小城市和县城进行调查。

代表地区确定后,在中选的地区中再进行代表市场和代表企业(商店或农贸市场)的选择,一般是每种代表品在大中城市选 3～4 个商店和 3～5 个农贸市场,小城市和县城选 2～3 个商店和 1～2 个农贸市场。为保证价格资料的连续性,各地区可选若干辅助调查点备用,以便在正式调查点缺少价格资料时采用辅助调查点的价格资料。

抽选价格调查点时,首先对各类型的商业网点销售额由高到低排队,然后进行等距抽样。要考虑到大中小型商店兼顾、各种经济类型兼顾、综合性商店与专业性商店兼顾、各种商业业态兼顾、布局合理等因素,对抽样结果还要作一些修正。

(四)价格资料的搜集与平均价格的计算

价格调查所搜集的价格资料,必须是实际成交的价格,即居民通过各种渠道(商店、工厂、集贸市场、餐饮业等)购买所实际支付的价格,不受挂牌价格的限制。

根据商品或服务项目与人民生活的相关程度和价格变动的频率,确定价格调查的次数。鲜菜、鲜果、肉禽蛋、水产品等价格,每 5 天调查一次;粮食、油脂、烟酒饮料、餐饮业及其它常用商品价格每 10 天调查一次;国家和地方政府定价的商品或服务项目的价格,每 15 天调查一次。

为简便起见,平均价格一般采用简单算术平均法计算。就是说,各调查地区(市场)的平均价格由各调查点价格简单算术平均而成,月平均价格由各时点的价格简单算术平均而成,年平均价格由各月平均价格简单算术平均而成。

(五)权数的确定

权数是反映调查商品或服务项目价格变动在总指数形成中的影响程度指标,是根据居民家庭用于各种商品或服务开支占总支出比重计算的。由于城乡居民消费构成差别较大,故各地和全国均分别计算三种权数,即城市居民、农村居民和不分城乡的所有居民的三种消费价格指数的权数。

权数一般根据城乡住户调查统计中的居民人均消费支出数据计算,在住户调查中没有的则通过典型调查取得。

权数应随居民消费构成的变化而变化。但权数的计算工作繁琐、浩大,所以世界上大多数国家和地区都是每隔三五年进行一次调整。为了及时反映居民消费构成的变化,我国居民消费价格指数的权数每年计算一次。

权数是按总指数、大类、中类、小类和代表品分层计算的,每层的权数总和($\sum W$)为100%或1000‰。各省的权数按中选的样本市县的资料计算,全国的权数则根据各省的资料计算。

(六)计算方法

居民消费价格指数的计算从各个代表规格品的个体指数开始,逐级计算基本分类指数、中类指数、大类指数和总指数。计算步骤和方法依次为:

(1)计算各个代表品的价格指数 k_p。它等于各个代表品报告期的平均价格与基期平均价格之比,即:

$$k_p = \frac{p_1}{p_0} \tag{5.33}$$

(2)计算基本分类价格指数 $\overline{K}_小$。它由基本类中的每个代表品的价格指数的几何平均得到,即:

$$\overline{K}_小 = \sqrt[n]{k_{p_1} \times k_{p_2} \times \cdots \times k_{p_n}} \tag{5.34}$$

其中,n 为基本分类中代表品的个数。

(3)依次按固定权数的加权算术平均数指数计算中类指数、大类指数和总指数,计算公式分别为:

$$\overline{K}_中 = \sum \overline{K}_小 w \tag{5.35}$$

$$\overline{K}_大 = \sum \overline{K}_中 w \tag{5.36}$$

$$\overline{K}_总 = \sum \overline{K}_大 w \tag{5.37}$$

例 5.10 某市居民消费价格指数的有关资料如表5-6所示,试计算该市居民消费价格指数。

解 根据表5-6的资料按如下步骤计算。

(1)计算面粉和大米两个代表品的个体价格指数。

$$k_{面粉} = \frac{2.52}{2.4} = 105\% \ , \ k_{大米} = \frac{3.71}{3.5} = 106\%$$

(2)计算细粮小类的价格指数。

$$\overline{K}_细粮 = \sqrt{105\% \times 106\%} = 105.50\%$$

(3)计算粮食中类的价格指数。

$$\overline{K}_粮食 = \sum \overline{K}_小 w = 105.5\% \times 65\% + 110.4 \times 35\% = 107.21\%$$

(4)计算食品大类的价格指数。

$$\overline{K}_食品 = \sum \overline{K}_中 w = 107.21\% \times 18\% + 108.3\% \times 36\% + 101.0\% \times 5\% + 98.1\% \times 10\%$$
$$+ 105.0\% \times 16\% + 102.0 \times 16\%$$
$$= 105.25\%$$

(5)计算居民消费价格指数。

$$\overline{K}_总 = \sum \overline{K}_大 w$$
$$= 105.25\% \times 34\% + 102.3\% \times 4\% + 102\% \times 9\% + 98.4\% \times 6\% + 104.3\% \times 10\%$$
$$+ 100.5\% \times 10\% + 102.2\% \times 14\% + 118.7\% \times 13\%$$
$$= 105.2\%$$

表 5-6　某市居民消费价格指数的有关资料

商品类别及名称	代表规格品	计算单位	平均价格（元）		权数（W）（%）	指数（%）
			p_0	p_1		
居民消费价格指数					100	⋯
一、食品类					48.7	⋯
1.粮食					18	⋯
（1）细粮					65	⋯
面粉	标准	千克	2.4	2.52	——	⋯
大米	粳米	千克	3.5	3.71	——	⋯
（2）粗粮					35	110.4
2.肉禽及其制品					36	108.3
3.蛋					5	101.0
4.水产品					10	98.1
5.鲜菜					16	105.0
6.鲜果					15	102.0
二、烟酒及用品类					5.4	102.3
三、衣着类					8.7	102.0
四、家庭设备用品及服务					5.8	98.4
五、医疗保健及个人用品					4.5	104.3
六、交通和通信					6.5	100.5
七、娱乐教育文化用品及服务					8.9	102.2
八、居住					11.5	118.7

二、生产者价格指数

　　生产者价格指数（Producer Price Index，PPI）是反映产品出厂、矿、农场的价格总水平变动程度的动态相对数指标，是批发价格指数的一种，又称生产者产品销售价格指数或生产者所得价格指数，普遍见于国外编制的价格指数中。如美国劳工统计局编者的生产者价格指数，涉及所有工、矿、农、林、渔产品价格；有些国家按照制造业、矿业、农业等生产部门分别编制几个独立的指数，如德国分别编制工业生产者和农业生产者价格指数。中国虽然没有这一称谓，但也编制同类性质的指数，主要有工业品出厂价格指数和农副产品收购价格总指数两种。

　　生产者价格指数是根据每种商品在非零售市场上首次交易中的价格计算的。其计入的产品覆盖了原始的、经过制造和在各个加工阶段上加工的货物，也包括制造业、农业、林业、渔业以及公用事业等的各类产出。其主要的目的是衡量企业购买的一篮子物品和劳务的总费用。由于企业最终要把它们的费用以更高消费价格的形式转移给消费者，所以生产者价格指数的变动可以用来预测消费价格指数的变动状况。生产者价格指数与居民消费价格指数相比，主要区别于选取的代表性商品所属的类别不同,但计算过程与方法相同。

在中国,工业生产者价格指数包括工业生产者出厂价格指数和工业生产者购进价格指数,是工业生产产品出厂价格和购进价格在某个时期内变动的相对数,反映全部工业生产者出厂和购进价格变化趋势和变化幅度。一般习惯上把工业生产者出厂价格指数简称 PPI。

三、工业生产指数

工业生产指数是典型的数量指标指数,概括地反映一国或一地区各种工业产品产量的综合变动程度,是衡量经济增长水平的重要指标。工业生产指数的编制方法有多种,以往我国采用的是固定加权综合指数法,即通过计算各种工业品的不变价格产值来编制的。其计算公式为:

$$\overline{K}_q = \frac{\sum q_1 p_n}{\sum q_0 p_n} \tag{5.38}$$

式中,p_n 代表不变价格。我国先后采用过 1952 年、1957 年、1970 年、1980 年和 1990 年的不变价格标准。

采用不变价格法编制工业生产指数,需要先对各种工业产品分别制定相应的不变价格标准 p_n,再逐项计算各种产品的不变价格产值,加总起来得到不变价格总产值,最后将不同时期的不变价格总产值加以对比,得到相应时期的工业生产指数,整个编制过程特别是不变价格的制定和不变价格产值的计算非常复杂,因此要连续不断地全面开展这项工作,面临着许多实际问题。因此国际上较为普遍地采用算术平均数指数的形式来编制工业生产指数,其公式为:

$$\overline{K}_q = \frac{\sum k_q q_0 p_0}{\sum q_0 p_0} \tag{5.39}$$

式中,k_q 为各种工业品的个体产量指数,$q_0 p_0$ 为相应产品的基期增加值。

在实践中,为了简化指数的编制工作,常常以各种工业产品的增加值比重为权数,并且将这些比重权数相对固定下来,运用固定加权算术平均数指数法连续地编制各个时期的工业生产者指数。其计算公式如下:

$$\overline{K}_q = \sum k_q w \tag{5.40}$$

式中,w 往往采用经济发展比较稳定的某一时期各种工业品的增加值比重作为固定的权数。

四、股票价格指数

股票是由股份公司发给投资者作为入股的凭证,持有者有权分享公司的利益,同时也要承担公司的责任和风险。股票具有"价值",并可作为"商品"转让。股票"价值"决定了股票价格,但是股票价格会受多种因素的影响而围绕着股票"价值"上下波动,有时这种波动幅度相当大。如股票的供求状况,当市场上可供投资的金融工具很少,股票发行量又很小时,供不应求的局面必然使股票成为抢手货,股票价格也就会大大高于其"价值"。相反,如果股票发行过多,则其价格必然低于其"价值"。除了供求关系以外,股票发行者经营业绩、政治经济形势的变化以及某些机构对股市的控制或操纵等,也都对股票价格产生一定影响。正因为如此,股票价格的变动,已成为反映一个国家、地区的政治、经济形势变动的睛雨表。

下面介绍几种影响较大、计算方法有代表性的股票价格指数。

(一)道·琼斯股价指数

道·琼斯股价指数(Dow Jone's Stork Price Index)是由美国新闻出版商道·琼斯公司计算并发布的,是历史最悠久的股票价格指数。最初组成道·琼斯股票价格平均数的股票只有11种,采用简单算术平均法计算。后来几经变动,选择的股票种类不断增加,从1938年至今增加到65种,其中包括30种工业股票、20种交通运输业股票及15种公用事业股票,编制方法也从简单算术平均改为平均修正法。由于各种股份公司经常有股数增加和股票拆细的情况发生,这样,作为分母的股票总股数必然增加,促使单位股份降低。难以体现股票价格变动的真实情况,因此,需要对分母做适当处理,以免平均数受到影响。道·琼斯股票价格平均数以1928年10月1日为基期,即以该日的股份平均数为基数,以后各期股票价格同基期相比计算出来的百分数就成为各期的股票价格指数。

由于道·琼斯指数的采样股票数目较少,且多是热门股,缺乏广泛的代表性,并且没有考虑权数,导致少数几种流动性较小的股票价格的大幅度涨落对平均数产生很大影响。

(二)标准—普尔混合指数

标准—普尔混合指数(Standard and Poor's Composite Index)是1923年由美国最大的证券研究组织——标准—普尔公司编制发布。该指数最初包括233种上市的工业、铁路、公用事业的普通股票,以后逐步调整为500种。其中工业股票400种、公用事业股票40种、金融机构股票40种、交通运输业股票20种。

标准—普尔公司每半小时计算并报道该公司编制的指数,发表在该公司主办的《展望》刊物上。许多报纸每天登载它的最高、最低及收盘价指数。美国著名的《商业周刊》杂志每期公布标准—普尔混合指数。

标准—普尔混合指数包括的500种普通股票总价值很大,其成分股有90%在纽约证券交易所上市,其中也包括一些在别的交易所和店头市场交易的股票,所以它的代表性比道·琼斯平均指数要广泛很多,故更能真实地反映股票市价变动的实际情况。比较起来,道·琼斯工业投票指数对股价的短期走势具有一定的敏感性,而标准—普尔混合指数用于分析股价的长期走势,则较为可靠。从对投票市场价格分析研究的角度,一些银行的证券专家和经济学家偏向采用标准—普尔混合指数,而从实用的角度,大多数证券公司和投资者则喜欢采用道·琼斯工业股票指数。

(三)纳斯达克指数

纳斯达克市场的英文直译名为"全美证券交易商协会自动报价系统"(The Nation Association of Securities Dealers Automated Quotations),它是全球第一个电子化的股票市场。纳斯达克指数由纳斯达克证券市场编制发布。纳斯达克证券市场有限公司隶属于美国国家证券交易委员会(The National Association of Securities Dealers,NASD),该协会是一个自律性的管理机构,几乎所有的美国证券经纪和交易商都是它的会员。纳斯达克证券市场创立于1971年,这一年的2月8日,纳斯达克股市开始正式交易。美国设立纳斯达克证券交易所的主要目的是在电脑软、硬件及生物工程等高科技领域,为一些崭露头角而又无法在纽约证券交易所和美国证券交易所上市的小型公司提供风险资本的支持,以推动高科技产业的迅速发展。

纳斯达克指数的编制始于1985年1月,对在纳斯达克股市上市的公司股票价格,以资本量的大小为权数加权平均计算得出。纳斯达克指数主要有两个:NASDAQ综合指数(Nasaqd

Composite Index)和 Nasdaq—100 指数(Nasdaq—100 Index)。NASDAQ 综合指数包括在纳斯达克上市的所有美国公司和非美国公司,每一家公司的股票通达其市值在综合指数中的比例来影响 NASDAQ 综合指数。现在 NASDAQ 综合指数包括 5000 多家公司,超过了其他证券市场指数,具有广泛的基础,已成为最有影响力的证券市场指数之一。Nasdaq—100 指数,是由在纳斯达克全国市场上市的、最大的 100 家非金融性国内公司的 4 个指数综合而成,反映纳斯达克成长最快的主要非金融性公司的情况,每一家公司的股票通过其市值在综合指数中的比例来影响 Nasdaq—100 指数。

(四)上证指数体系

作为国内外普遍采用的衡量中国证券市场表现的权威统计指标,由上海证券交易所编制并发布的包括上证 180 指数、上证 50 指数、上证综合指数、上证 380 指数,以及上证国债、企业债和上证基金指数为核心的上证指数体系,科学反映上海证券市场层次丰富、行业广泛、品种拓展的市场结构和变化特征,便于市场参与者的多维度分析,引导市场资金的合理配置。

上证指数体系的构建也包括以下方面:

(1)上证综合指数于 1991 年 7 月 15 日发布,是上海第 1 只反映市场整体走势的旗舰型指数,也是中国资本市场影响力最大的指数,包含 A 股、B 股等上交所全部上市股票,以总股本为权重加权计算,代表中国资本市场 20 年发展历程,是中国资本市场的象征。

(2)上证 180 指数选择总市值和成交金额排名靠前的股票,按照中国证券一级行业的自由流通市值比例,分配和选取 180 只固定样本,以自由流通股本为权重加权计算。这些公司核心竞争力强、资产规模大、经营业绩好、产品品牌广为人知,是上海证券市场上最具代表性的大型蓝筹股票指数,是投资评价尺度和金融、衍生产品标的基础指数,于 2002 年 7 月发布。指数集中于金融、能源、原材料和工业等传统行业。

(3)上证 50 指数是在上证 180 指数的样本股中挑选规模最大、流动性最好的 50 只股票,反映最具市场影响力的一批龙头企业的状况,于 2004 年 1 月发布。指数集中于金融、能源、原材料和工业等传统行业。

(4)发布于 2010 年 11 月的上证 380 指数,代表了上海市场成长性好、盈利能力强的新兴蓝筹企业,这部分企业规模适中、具有成长为蓝筹企业的潜力,代表了国民经济发展战略方向和经济结构调整方向。它是在上证 180 指数之外的公司中,剔除亏损及近 5 年未分红送股公司,按中证二级行业的自由流通市值比例分配样本,在行业内选取规模、流动性、成长性和盈利能力综合排名靠前的 380 只样本股。指数则广泛分布于节能环保、新一代信息技术、生物、高端装备、新能源、新材料等新兴产业和消费领域,凸显了我国经济结构调整的方向。

(5)上证国债指数以所有剩余期限在一年以上的固定利率国债为样本,按照发行量加权计算,以反映债券市场的整体变动状况;上证企债指数以剩余期限在一年以上的非股权连接类企业债为样本,以发行量加权计算,反映了企业债市场的整体走势和收益状况;上证企业债 30 指数,选取流动性、发行规模等指标排名靠前的 30 只企业债,市场代表性好,可作为债券 ETF 的跟踪标的。

应用案例

应用统计指数评价医疗质量[①]

医疗质量是衡量一个医院服务质量、技术水平的主要标志。医院要制定出反映医疗质量和工作效率的统计指标,以提供较确切的反馈信息,及时发现失控现象、分析原因、采取措施,保证医院各系统的正常进行。一个医院的医疗质量可以通过床位周转次数、入出院诊断符合率、治愈好转率及抢救成功率四项指标组成医疗质量指数(U)进行评价。根据指标数值的变化情况,分析原因,改进工作。

一、指标构成

床位周转指数(T):为单位时间内实际病床周转次数除以期望病床周转次数的商数。

诊断符合指数(B):在单位时间内实际病床使用率除以期望病床使用率的商数。

治疗有效指数(E):为单位时间内治愈好转率除以期望治愈好转率的商数。

抢救成功指数(S):为单位时间内抢救成功率除以期望抢救成功率的商数。

期望数是根据市卫生局规定的指标(病床周转 14 次,诊断符合率 95%)设定的,也可以按前三年平均抢救成功率 85.5%,治疗有效率 93.8%。其计算公式为:

$$U = T \times B \times E \times S \tag{5.41}$$

二、应用举例

以本院[②] 1998—2005 年以来的统计资料为例,代入公式,观察我院历年医疗质量指数的变化状况(见表 5-7)。

表 5-7 青岛市第五人民医院 1998—2005 年医疗质量指数变动情况

年份	治愈好转率(%)	抢救成功率(%)	诊断符合率(%)	平均病房周转次数	治疗有效指数	抢救成功指数	诊断符合指数	病房周转指数	质量指数
1998	94.9	93.8	95.6	15.1	1.01	1.10	1.01	1.08	1.21
1999	94.1	92.0	96.7	13.8	1.00	1.08	1.02	0.99	1.09
2000	93.6	88.3	98.6	12.9	1.00	1.03	1.04	0.92	0.99
2001	95.4	92.9	99.3	12.2	1.02	1.09	1.05	0.87	1.02
2002	94.0	97.9	99.0	12.2	1.00	1.03	1.04	0.95	1.02
2003	93.9	85.3	99.2	12.8	1.00	1.00	1.04	0.91	0.95
2004	94.4	89.4	99.8	12.2	1.01	1.05	1.04	0.87	0.96
2005	93.1	83.3	98.9	10.9	0.99	0.97	1.04	0.78	0.78

本文介绍的这种评价医疗指数的构成、公式和应用方法,在实际应用和评价医疗质量时具有以下优点:

(1)医疗质量指数由四个相互联系相互制约的单项指标构成。如在资料中进行评价医疗质量指数是由治疗有效、抢救成功、病床使用、病床周转四个指标构成。由于各指标间的水平

---

① 资料来源:李霞.《应用统计指数评价医疗质量》,载《中国统计》,2007(09)。

② 作者工作单位为青岛市第五人民医院。

各异,所以对医疗质量指数的影响也不同。如资料中 2004 年的医疗指数 096,是由治疗有效指数 1.01、抢救成功指数 1.04、诊断符合指数 104、病床周转指数 0.87,这四项指标共同作用的结果。

(2)采用指数法便于评价医疗质量。因为按公式计算的结果是以 1 为基准而上下变动的,在观察比较时很直观。如从表 5-7 中的纵项来看,病床周转指数在四项指际中的数值最低,所以应当把提高病床的周转次数作为提高医疗质量的重点。

(3)医疗指数是用实际医疗指标与期望数比较得出的。期望数是根据有关部门规定的要求或医院近三年进展性均数确定的,是医院目标管理的基础指标。因此,使用统计指数评价医疗质量更有实用意义。

(4)根据质量指标及其构成变动情况,可以适当地调节指标(期望值)并找出差距的原因,及时采取措施。若质量指数过大(以 1 为基准),说明指标完成计划(期望值)较好或者是期望值过低。可在这个基础上适当的提高期望值,以使医疗质量和工作效率更高、更好,若质量指标过小,则表明指标完成计划(期望值)不好或者是期望值过高。可找出原因,及时采取措施。如针对我院病床周转指标过低的情况,可采用:动员病人及时出院(这主要是针对慢性病人讲的。在病情稳定、身体已恢复得比较好的情况下,可以动员病人及时出院),缩短住院时间;充分发挥我院中西医结合的特长,缩短住院时间;提高医疗水平和护理质量,用缩短住院的时间等措施来提高病床的周转次数。

(5)本文所用统计指数主要由环节质量指标组成,因此不仅可用来评价质量,还便于控制质量;不仅适用于一所医院,医院各病房之间及其单个病房的医疗质量都可采用该指数。

思考与练习

一、单项选择题

1.下列指标中属于狭义的指数的是( )。

A.某地区本月社会商品零售量为上月的 110%

B.某地区本月的电力消耗总量为上月的 112%

C.某地区本月居民收入总额为上月的 106%

D.某地区本月居民生活用水价格为上月的 103%

2.编制总指数的两种基本形式是( )。

A.数量指标指数和质量指标指数　　　B.综合指数和平均指数

C.算术平均指数和调和平均指数　　　D.定基指数和环比指数

3.若为纯粹反映价格变化而不受销售量结构变动的影响,计算价格总指数时应选择的计算公式是( )。

A.拉氏指数　　　B.派氏指数　　　C.马—艾指数　　　D.理想指数

4.编制数量指标综合指数时,其同度量因素最好固定在( )。

A.报告期　　　B.基期　　　C.计划期　　　D.任意时期

5.某企业报告期产量比基期增长了 10%,生产费用增长了 8%,则其产品单位成本降低了( )。

A.1.8%　　　B.2%　　　C.20%　　　D.18%

6.设 q 表示总产量,p 表示单位产品成本,则 $\sum p_1 q_1 - \sum p_0 q_1$ 表示( )。

A. 由于单位成本的变动而引起的总成本增减数

B. 由于单位成本的变动而引起的总产量增减数

C. 由于总产量变动而引起的单位成本增减数

D. 由于总产量变动而引起的总成本增减数

7. 某商品价格发生变化,现在的 100 元只值原来的 90 元,则价格指数为(   )。

A. 10%　　　　　　B. 90%　　　　　　C. 110%　　　　　　D. 111%

8. 某位居民在维持基本生活水准情况下,按报告期的物价购买消费品多支付 20 元,按基期价格购买的消费品支出是 400 元,则价格指数为(   )。

A. 95%　　　　　　B. 110%　　　　　　C. 90%　　　　　　D. 105%

9. 数量指标综合指数 $\dfrac{\sum q_1 p_0}{\sum q_0 p_0}$ 变形为加权算术平均数指数时的权数是(   )。

A. $q_1 p_1$　　　　B. $q_0 p_0$　　　　C. $q_1 p_0$　　　　D. $q_0 p_1$

10. 按照个体价格指数和报告期销售额计算的价格指数是(   )。

A. 综合指数　　　　　　　　　　B. 平均指标对比指数

C. 加权算术平均数指数　　　　　　D. 加权调和平均数指数

11. 居民消费价格指数反映了(   )。

A. 城乡商品零售价格的变动趋势和程度

B. 城乡居民购买生活消费品价格的变动趋势和程度

C. 城乡居民购买服务项目价格的变动趋势和程度

D. 城乡居民购买生活消费品和服务项目价格的变动趋势和程度

12. 平均指标的固定构成指数反映的是(   )。

A. 平均指标的变动　　　　　　　　B. 总体结构的变动

C. 各组变量水平的变动　　　　　　D. 以上三种因素的总变动

13. 某单位职工的平均工资比基期提高了 10%,职工人数结构变动指数为 105%,则各类职工的工资水平(   )。

A. 提高 5%　　　B. 提高 4.8%　　　C. 下降 4.6%　　　D. 提高 15.5%

14. 在由 3 个指数所组成的指数体系中,两个因素指数的同度量因素通常(   )。

A. 都固定在基期　　　　　　　　B. 都固定在报告期

C. 一个固定在基期,一个固定在报告期　　　D. 采用基期和报告期的平均数

15. 下列关于拉氏指数和派氏指数的说法,不正确的是(   )。

A. 拉氏指数是一种固定权数的指数,其结果不包含同度量因素的变动

B. 派氏指数立足于报告期的时期情况,能够避免脱离实际

C. 加权算术平均数指数一般由拉氏综合指数变形而成

D. 加权算术平均数指数一般由派氏综合指数变形而成

二、思考题

1. 什么是统计指数? 它有哪些作用?

2. 综合指数的编制原理是怎样的?

3. 综合指数和平均指数的关系是怎样的?

4.什么是指数体系？它的主要作用是什么？

5.什么是可变构成指数、固定构成指数与结构影响指数？三者的关系怎样？如何计算及运用？

三、计算题

1.某市几种主要副食品价格调整前后资料如下表所示：

副食品	调整前		调整后	
	零售价（元/斤）	销售量（万公斤）	零售价（元/斤）	销售量（万公斤）
蔬菜	3.00	5.00	4.00	5.20
猪肉	22.00	4.46	24.40	5.52
鲜蛋	7.20	1.20	7.68	1.15
水产品	13.60	1.15	15.2	1.30

试计算：

(1)四种商品物价和销售量的总指数；

(2)由于四种商品价格变动使该市居民增加支出的金额。

2.在2013年S市的统计公报中提到"（2013年）全年实现社会消费品零售总额4537.14亿元，比上年增长17.9%，扣除物价上涨因素，实际增长7.4%。其中吃的商品零售额1800.16亿元，增长18.1%；穿的商品零售额556.17亿元，增长16.7%；用的商品零售额2114.16亿元，增长17.7%。"根据这段资料，要求：

(1)推算2013年S市消费品零售价格比2012年上涨了多少？

(2)估计由于零售价格上涨对S市居民消费支出的影响。

3.已知某企业三种商品的价格和销售资料见下表：

商品名称	计量单位	价格（元）		销售量	
		2012年	2013年	2012年	2013年
甲	双	45	68	5000	5500
乙	件	140	160	800	1000
丙	套	200	230	800	600

(1)计算三种商品的价格和销售量个体指数；

(2)计算三种商品销售额指数和商品销售额的增加额；

(3)计算三种商品的价格总指数和由于物价变动对销售额绝对值的影响；

(4)计算三种商品的销售量总指数和由于销售量变动对销售额绝对值的影响。

4.试根据以下某企业三种产品产值和产量的资料，计算三种产品产量总指数，以及近10年由于产量增加使企业所增加的产值。

产品	实际产值（万元）		2013年比2003年产量增长（%）
	2003年	2013年	
甲	400	4260	74
乙	848	1135	10
丙	700	1432	40

5. 某企业产品产量和成本资料如下表所示：

产品名称	计量单位	产量		单位成本（元）	
		基期	报告期	基期	报告期
甲	吨	2000	2210	10	8
乙	件	3000	3500	12	12

试从相对数和绝对数两个方面分析产量和产品单位成本变动对企业总成本变动的影响。

6. 已知某工业企业报告期总生产费用（$\sum p_1 q_1$）为 2850 万元，比基期增长 14%，又知基期假定的总生产费用（$\sum p_0 q_1$）为 3000 万元。（其中 p 代表单位产品生产费用，q 代表产量）

(1) 计算该企业的单位产品生产费用指数和产量指数；

(2) 试从相对数和绝对数两个方面对该企业总生产费用的变动进行因素分析。

7. 某企业资料如下表所示：

产品	总产值（万元）		报告期出厂价格比基期增长（%）
	基期	报告期	
甲	1450	1680	12
乙	2200	2760	15
丙	3500	3780	5

(1) 计算出厂价格指数和由于价格变化而增加的总产值；

(2) 计算总产值指数和产品产量指数；

(3) 试从相对数和绝对数两方面简要分析总产值变动所受的因素影响。

8. 据调查，某地甲、乙、丙、丁四种商品的个体价格指数分别为 110%，95%，100% 及 105%，各类代表商品的固定权数分别为 10%，30%，40% 和 20%，试计算这四种商品的价格总指数。

9. 某企业工人数及工资资料如下：

按技术级别分组	工人数（人）		工资水平（元）	
	基期	报告期	基期	报告期
高级技师	45	50	6000	6800
中级技师	120	180	5000	5400
初级技师	40	135	3000	3700

试分析该企业技师工资水平变动情况（从相对数和绝对数两方面分析）。

10. 根据下列资料，计算某市粮食、肉禽、食品类物价指数和全部零售商品物价指数，即计算下表中的 A→G 的各类指数。

商品类别及名称	权数（%）	平均价格（元）		个体指数（%）	类指数（%）
		本年	上年		
居民消费价格指数					G
一、食品类	35				F

续表

商品类别及名称	权数(%)	平均价格(元)		个体指数(%)	类指数(%)
		本年	上年		
1.粮食	25				E
(1)细粮	90				102
(2)粗粮	10				98
2.肉禽及其制品	28				D
(1)肉类	60				125
(2)禽类	40				C
①活鸡	55	18	15	A	
②活鸭	45	21	19	B	
3.蛋	12				108
4.水产品	13				96
5.鲜菜	18				125
6.鲜果	4				90
二、烟酒及用品类	5				108
三、衣着类	15				85
四、家庭设备用品及服务	6				98
五、医疗保健及个人用品	10				96
六、交通和通信	12				88
七、娱乐教育文化用品及服务	14				138
八、居住	3				116

第六章

抽样分布与参数估计

情景导入

第二次世界大战中的点估计——德军有多少辆坦克？

二战期间，盟军非常想知道德军总共制造了多少辆坦克。德国人在制造坦克方面是墨守成规的，他们把坦克从 1 开始连续编号。在战争过程中，盟军缴获了一些德军坦克，并记录了它们的生产编号。那么怎样利用这些号码来估计德军坦克总数呢？在这个问题中，总体参数是未知的坦克总数 N，而缴获坦克的编号则是样本。

假设我们是盟军手下负责解决这个问题的统计人员。制造出来的坦克总数肯定大于等于记录的最大编号。为了找到它的最大编号大多少，我们先找到被缴获坦克编号的平均值，并认为这个值是全部编号的中值。因此样本均值的 2 倍就是总数的点估计；当然要特别假设缴获的坦克代表了所有坦克的一个随机样本。这种估计 N 的公式的缺点是：不能保证均值的 2 倍一定大于记录中的最大编号。

N 的另一个点估计公式是：用观测到的最大编号乘以因子 $(1+1/n)$，其中 n 是被俘虏坦克个数。假如你俘虏了 10 辆坦克，其中最大编号是 50，那么坦克总数的点估计是 $(1+1/10) \times 50 = 55$。此处我们认为坦克的实际数略大于最大编号。

从战后发现的德军记录来看，盟军的估计值非常接近所生产的坦克的真实值。记录仍然表明统计估计比通常通过其他情报方式作出估计要大大接近于真实数目。

（资料来源：《统计学——基本概念和方法》，Gudmund R. Iversen 和 Mary Gergen 著，吴喜之等译。）

上面的案例运用的点估计是参数估计的一种形式，但这种估计没有告诉我们估计的误差，以及这种估计的可靠性，要搞清楚估计的误差及可靠性，就需要参数估计的另一种形式——区间估计。本章将讨论如何通过样本信息来有效地估计总体的情况，即参数估计问题。由于参数估计的依据是抽样分布理论，因此在介绍参数估计之前，需要介绍抽样分布的若干理论，本章将围绕这两面的内容来阐述一些基本的统计思想、原理和方法。学完本章，我们将对上面的案例会有一个更深刻的理解。

第一节　概率基础

一、随机事件与概率

（一）随机试验与事件

随机现象在自然界和社会经济生活中都普遍存在，如产品抽样检验，抽到的产品可能是正品,也可能是次品;投一枚硬币可能出现正面,也可能出现反面;手机通话,可能一次拨通,也可能要二次、三次,甚至更多次才能拨通。随机现象的特点是:在基本条件不变的情况下,一系列的试验或观测会得到不同的结果,并且在试验或观测前不能预见何种结果将出现。虽然随机现象的结果不能预见,但这并不意味我们在随机现象面前无能为力。我们仍然可以通过随机试验,以及其他相关知识来认识随机现象的规律。随机试验,简称试验,它必须满足以下的性质:①每次试验的可能结果不是唯一的;②每次试验之前不能确定何种结果会出现;③试验可在相同条件下重复进行。

在随机试验中,可能出现也可能不出现的结果,称为随机事件,简称事件。试验的结果可能是一个简单事件,也可能是一个复杂事件;简单事件就是不可以再分解的事件,又称为基本事件。复杂事件是由简单事件组合而成的事件。基本事件还可被称为样本点,设试验有 n 个基本事件,分别记为 ω_i($i=1,2,\cdots,n$),则集合 $\Omega=\{\omega_1,\omega_2,\cdots,\omega_n\}$,称为样本空间,$\Omega$ 中的元素就是样本点。

例 6.1　投掷一粒均匀的六面体骰子,出现的点数有可能是 1,2,3,,4,5,6,共六种。这六种结果是基本结果,不可以再分解成更简单的结果了,所以 $\Omega=\{1,2,3,4,5,6\}$ 为该试验的样本空间。"出现点数是奇数"的结果就不是简单事件,它是由基本事件 {1},{3} 和 {5} 组合而成的。我们通常用大写字母 $A,B,C,\cdots$ 来表示随机事件,设 A 表示"出现点数是奇数",则 $A=\{1,3,5\}$;设 B 表示"出现点数是偶数,则 $B=\{2,4,6\}$。

与随机现象相对应的是确定性现象。所谓确定性现象,是指在一定的条件下,其结果能够明确预见的现象。例如,在通常气压条件下,水在 100℃ 时一定会沸腾,这是一个必然的结果。为了方便与统一,我们把确定性现象的结果也看做一种特殊的随机事件,即必然事件,用样本空间 Ω 表示,不可能出现的试验结果称为不可能事件,用空集 Φ 表示。

下面,先介绍几个事件之间的简单关系和运算。

(1)包含关系:A 事件发生必然导致 B 事件发生,称为 A 事件包含于 B 事件或 B 事件包含 A 事件,记作 $A\subset B$ 或 $B\supset A$。

从集合的角度看,事件 $A\subset B$,当且仅当 A 事件中的样本点全在 B 事件中。

(2)相等关系:$A\subset B$,且 $B\subset A$,则称 A,B 是相等事件,记作 $A=B$。

两事件相等意味着两个事件有完全相同的样本点。

(3)事件的交:事件 A 与 B 同时发生的事件,称为事件 A、B 的交,记作 $A\bigcap B$ 或 AB。

从集合上看,$A\bigcap B$ 的样本点就是 A 事件中的样本点与 B 事件中的样本点的交集。

(4)事件的并:事件 A 与 B 至少有一个发生,称为事件 A、B 的并,记作 $A\bigcup B$。

从集合上看,$A\bigcup B$ 的样本点就是 A 事件中的样本点与 B 事件中的样本点的并集。

说明:以上关于两个事件的交与并,很容易推广到多个事件的交与并,这里请读者自行写出其定义。

(5)事件的差:A 事件发生,但 B 事件不发生的事件称为 A 与 B 的差,记作 $A-B$。

从集合上看,$A-B$ 的样本点就是 A 事件中的样本点与 B 事件中的样本点的差集。

(6)互不相容:若事件 A,B 不可能同时发生,即 $A\bigcap B=\Phi$,则称 A 与 B 互不相容。

(7)对立事件:A、B 事件中必然有一个要发生,但两者也不能同时发生,即 $A\bigcup B=\Omega$ 且 $A\bigcap B=\Phi$,则称为 A 与 B 互为对立事件,记作 $B=\overline{A}$ 或 $A=\overline{B}$。

从集合上看,对立事件的样本点组成的集合之间是互为补集的。考察事件之间的对立关系往往是分析问题的突破口,因为有些事件直接考虑较为复杂,这时可以转换思维,去考虑它的对立事件,往往能取得较好的效果。

例 6.2 从 0~9 的整数中随机取数,样本空间为 $\Omega = \{0,1,2,3,4,5,6,7,8,9\}$,记 $A = \{$抽到的为偶数$\}$,$B = \{$抽到的为素数$\}$,$C = \{$抽到的是 3 的倍数$\}$,试求:

(1) AB ;(2) $A \bigcup B \bigcup C$;(3) $\bar{A}$;(4) $B - C$

解 $A = \{0,2,4,6,8\}$,$B = \{2,3,5,7\}$,$C = \{3,6,9\}$,则 $AB = \{2\}$,$A \bigcup B \bigcup C = \{0,2,3,4,5,6,7,8,9\}$,$\bar{A} = \{1,3,5,7,9\}$,$B - C = \{2,5,7\}$

(二)概率

1.概率的定义

概率就是指随机事件发生的可能性,也称为几率,是对随机事件发生可能性的度量。如何计算概率?最直观的方式就是进行重复试验,通过试验的频率来发现概率。

例如,不断重复地投掷一枚均匀硬币,出现正面的频率会稳定在 $\frac{1}{2}$ 附近。历史上,有人为此作过试验,结果如表 6-1 所示。

表 6-1 频率实验的结果

试验者	试验次数(n)	正面朝上的次数(m)	正面出现的频率
Buffon	4040	2048	0.5069
K. Pearson	12000	6019	0.5016
K. Pearson	24000	12012	0.5005
Romanovsky	80640	40151	0.4979

上述试验表明,试验次数越多,出现正面朝上的频率越接近 0.5,这是因为均匀的硬币掷出正面、反面的可能性都是一样大的。

下面给出概率的频率定义,也称为概率的统计定义。

进行 n 次重复试验,随机事件 A 发生的次数是 m 次,发生的频率是 m/n,当试验的次数 n 很大时,如果频率在某一数值 p 附近摆动,面且随着试验次数 n 的不断增加,频率的摆动幅度越来越小,则称 p 为事件 A 发生的概率,记为:

$$P(A) = p \tag{6.1}$$

由于频率取值在 0~1 之间,因此:$0 \leqslant p \leqslant 1$。

如果随机试验的样本空间是有限集合,所有样本点出现的可能性相同,则事件 A 的概率可根据以下公式计算:

$$P(A) = \frac{m}{n} = \frac{A\text{ 包含的样本点个数}}{\text{样本点总数}} \tag{6.2}$$

这样的概率计算模型,称为古典概型。

古典概型所能计算的只是有限场合的情况,那些有无限多结果的场合又如何呢?下面就用几何方法来说明这个问题。

如果随机试验的样本空间 Ω 充满某个区域(可以是一维、二维或三维),其度量(长度、面积或体积等)大小可用 $m(\Omega)$ 表示。若任意一点落在 Ω 的度量相同的子区域内是等可能的,那么事件 A 的概率 $P(A)$ 与 A 的位置和形状均无关,而与其度量成正比,即有:

$$P(A) = \frac{m(A)}{m(\Omega)} \tag{6.3}$$

这样的概率计算模型,称为几何概型。

例 6.3 设一个袋子中装有白球 2 个,黑球 3 个,从中随机摸出 1 只球,请问刚好是白球的概率有多大?

解 由于摸出的任何 1 只球都形成一个基本事件,所以样本点总数为 $n = 5$。用 A 表示摸出的是白球事件,则 A 由两个基本点组成,即 $A = \{白球,白球\}$,$m = 2$。因此,刚好摸出白球的概率为:

$$P(A) = \frac{m}{n} = \frac{2}{5} = 0.4$$

例 6.4 甲乙两人约定在下午 6 时到 7 时之间在某地会面,并约定先到者应等候另一个人 20 分钟,过时即可离去。求两人能会面的概率。

解 设 x,y 分别表示两人到达该地的时刻与 6 时的时刻之差(以分钟为单位)。因为两人到达的时间是随机的,故 x,y 分别等可能地在 $[0, 60]$ 上取值,那么该问题的样本空间为 $\Omega = \{(x, y) \mid 0 \leqslant x \leqslant 60, 0 \leqslant y \leqslant 60\}$。记事件 A 为"两人能会面",这相当于:

$$A = \{(x, y) \mid |x - y| \leqslant 20\}$$

容易计算出 $m(\Omega) = 3600$,$m(A) = 2000$,于是:

$$P(A) = \frac{m(A)}{m(\Omega)} = \frac{2000}{3600} = \frac{5}{9} = 0.5556$$

2. 概率的基本性质

设 A, B 为任意两个随机事件,则关于概率,有如下基本性质:

性质 1 非负性:任意事件的概率都是非负的,即 $P(A) \geqslant 0$。

性质 2 规范性:不可能事件的概率为 0,必然事件的概率为 1,即 $P(\Phi) = 0$,$P(\Omega) = 1$。

性质 3 可加性:若事件 A, B 为互不相容,即 $AB = \Phi$,则:

$$P(A \bigcup B) = P(A) + P(B)$$

对于任意两个事件 A, B(不限制两者是否互不相容),该性质可以推广为:

$$P(A \bigcup B) = P(A) + P(B) - P(AB)$$

推论 1 $P(\overline{A}) = 1 - P(A)$。

这个推论非常有意义,其提供的思想是:当直接对事件 A 求概率有困难时,可以考虑去求其对立事件的概率。

例 6.5 袋中装有 4 只黑球和 1 只白球,每次从袋中随机地摸出 1 只球,并换入 1 只黑球。连续进行,请问第三次摸到黑球的概率是多少?

解 记 A 为"第三次摸到黑球",则 $\overline{A}$ 为"第三次摸到白球"。

先计算 $P(\overline{A})$。由于袋中只有 1 只白球,如果某一次摸到了白球,换入了黑球,则袋中只有黑球了。所以 $\overline{A}$ 相当于第一次、第二次都是摸到黑球,第三次摸到白球。注意这是一种有放回的摸球,样本点总数为 5^3,$\overline{A}$ 包含的样本点个数是 $4^2 \times 1$。故:

$$P(\bar{A}) = \frac{4^2 \times 1}{5^3} = \frac{16}{125}$$

所以

$$P(A) = 1 - P(\bar{A}) = 1 - \frac{16}{125} = \frac{109}{125}$$

推论 2 $P(A - B) = P(A) - P(AB)$。特别地，若 $B \subset A$，则 $P(A - B) = P(A) - P(B)$。

3. 条件概率

条件概率研究的是某一事件发生的条件下，另一事件是否会受到影响，影响有多大？这实际上就是将原有的样本空间缩小。其一般定义如下：

设 A 与 B 是样本空间 Ω 中的两事件，若 $P(B) > 0$，则称

$$P(A \mid B) = \frac{P(AB)}{P(B)} \tag{6.4}$$

为"在 B 发生下 A 发生的条件概率"，简称条件概率。

4. 事件的独立性

两个事件之间的独立性是指：一个事件的发生不影响另一个事件的发生。这在实际问题中是很多的。譬如在掷两颗骰子的试验中，记事件 A 为"第一颗骰子的点数为 1"，记事件 B 为"第二颗骰子的点数为 4"。显然 A 与 B 发生是相互不影响的。

另外，从概率的角度看，事件 A 的条件概率 $P(A \mid B)$ 与无条件概率 $P(A)$ 的差别在于：事件 B 的发生改变了 A 事件发生的概率，也即事件 B 对事件 A 有某种"影响"。如果事件 B 的发生对事件 A 的发生毫无影响，即有 $P(A \mid B) = P(A)$。由此又可推出 $P(B \mid A) = P(B)$，即事件 A 发生对事件 B 发生也无影响。可见独立性是相互的，它们都等价于：

$$P(AB) = P(A)P(B) \tag{6.5}$$

另外，对于 $P(B) = 0$ 或 $P(A) = 0$，(6.5)式仍然成立。为此，我们用(6.5)式作为两个事件相互独立的定义，即：

如果(6.5)式成立，则称事件 A 与 B 相互独立，简称 A 与 B 独立。否则称 A 与 B 不独立。

独立性在统计学中是非常重要的概念，我们在许多地方要用到它。

二、随机变量及其分布

为了便于应用数学方法来分析随机现象，有必要对随机试验的结果进行量化处理，因此要引进随机变量的概念。所谓随机变量就是其取值带有随机性的变量。在给定的条件下，这种变量的取值事先不能确定，只能由随机试验的结果来定，并且随试验的结果而变。例如，投一枚骰子，可能出现的点数是：$\{1,2,3,4,5,6\}$，其试验结果可用点数这个随机变量 X 进行描述。

如果随机变量所有可能的取值是有限的，或虽是无限但仍是可列的，这种随机变量称为离散型随机变量，如掷骰子试验中出现的点数就是一个离散型随机变量；另一种情况是随机变量的取值范围充满某个实数区域甚至整个实数轴，这种随机变量称为连续型随机变量。

另外要说明的是，在本书中，我们一般用大写字母 X，Y，Z，…来表示随机变量，用 x,y，z，…来表示其相应的取值。

(一)离散型随机变量的概率分布

设离散型随机变量 X 的所有可能取值为 $x_1,x_2,\cdots,x_n,\cdots$，相应的概率为 $p(x_1),p(x_2)$，$\cdots,p(x_n),\cdots$。用表格的形式统一表示出来如下所示：

X	x_1	x_2	$\cdots$	x_n	$\cdots$
P	p_1	p_2	$\cdots$	p_n	$\cdots$

这称为离散型随机变量 X 的概率分布。也可简单记为：
$$P(X = x_i) = p_i \ (i = 1,2,\cdots)$$

概率分布有以下性质：

(1)非负性：$p_i \geqslant 0$（$i = 1,2,\cdots$）；

(2)规范性：$\sum_i p_i = 1$。

离散型随机变量 X 的数学期望为：
$$E(X) = \sum_i x_i p_i \tag{6.6}$$

随机变量的数学期望简称期望或期望值，它实际上是依概率加权的平均数，故也称平均值或均值。

容易验证，随机变量的期望值满足如下性质：

性质 1 对任意的常数 a,c，有 $E(aX + c) = aE(X) + c$。

推论 对任意的常数 a,c，有 $E(aX) = aE(X)$，$E(c) = c$

性质 2 对任意的常数 a 和 b，以及任意的随机变量 X_1 和 X_2，有 $E(aX_1 + bX_2) = aE(X_1) + bE(X_2)$。

离散型随机变量 X 的方差为：
$$\mathrm{Var}(X) = E\left[X - E(X)\right]^2 = \sum_i \left[x_i - E(X)\right]^2 p(x_i) \tag{6.7}$$

方差的算术平方根，称为标准差。方差或标准差反映随机变量 X 对其期望值的离散程度，方差或标准差越小，说明期望值的代表性越好，反之则反。

容易验证，随机变量的方差满足如下性质：

性质 1 $\mathrm{Var}(X) = E(X^2) - \left[E(X)\right]^2$。

性质 2 对任意常数 c，有 $\mathrm{Var}(c) = 0$。

性质 3 对任意常数 a 和 c，有 $\mathrm{Var}(aX + c) = a^2 \mathrm{Var}(X)$。

性质 4 对相互独立的两随机变量 X_1 和 X_2，有 $\mathrm{Var}(X_1 + X_2) = \mathrm{Var}(X_1) + \mathrm{Var}(X_2)$。

在一些问题中，我们只对试验中某事件 A 是否出现感兴趣，如果 A 发生，我们称"成功"，否则称"失败"。像这样只有两种结果的试验称为伯努利(Bernoulli)试验。设 A 出现的概率为 p，我们重复进行 n 次伯努利试验，称为 n 重伯努利试验，有时也简称伯努利试验。

以 X 表示 n 重伯努利试验中成功的次数，则：
$$P(X = k) = C_n^k p^k (1-p)^{n-k} \ (k = 0,1,2,\cdots,n) \tag{6.8}$$

显然，这里 X 是一个随机变量，其所服从的分布称为二项分布，记作 $X \sim B(n,p)$。

(二)连续型随机变量的概率分布

1.分布函数与密度函数

对于连续型随机变量 X，它的取值不能一一列出，因此其概率分布形式不能同离散型随机变量一样,通过表格形式全部表现出来。但是,对任意的实数 x,由随机变量的定义知,$X \leqslant x$ 是一随机事件,可以对它求概率,记为 $F(x) = P(X \leqslant x)$,该函数就是随机变量的分布函数。分布函数的导数称为密度函数,记作 $p(x)$。反过来通过对密度函数积分,可得到随机变量 X 在数值 x 附近或在一个区间上取值的概率。注意,连续型随机变量取一个固定的值的概率为 0。

连续型随机变量的密度函数有以下的性质:

性质 1 非负性:$p(x) \geqslant 0$。

性质 2 规范性:$\int_{-\infty}^{+\infty} p(x)dx = 1$。

性质 3 连续型随机变量 X 在任意区间 $(a,b]$ 上取值的概率为:

$$P(a < X \leqslant b) = \int_a^b p(x)dx \tag{6.9}$$

通过性质 3 可知,连续型随机变量在 X 在 a 到 b 取值的概率是由 x 轴、被积函数 $p(x)$、直线 $x = a$ 和 $x = b$ 所围成的曲边梯形的面积,如图 6-1 所示。

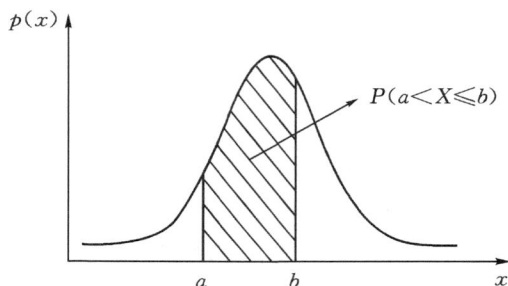

图 6-1 概率的几何意义

2.连续型随机变量的期望与方差

连续型随机变量 X 的数学期望为:

$$E(X) = \int_{-\infty}^{+\infty} xp(x)dx \tag{6.10}$$

同离散型随机变量的数学期望一样,连续型随机变量的期望值同样可以看做是依概率加权的算术平均数,这可以从微元法的角度去理解,如图 6-2 所示。

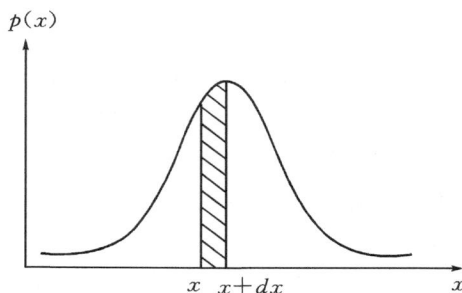

图 6-2

在连续型随机变量 X 所有可能取值区间上任取一个小区间 $[x, x+dx]$,根据(6.9)式知

随机变量 X 在这个小区间上取值的概率即为图 6-2 中阴影部分所示的曲边梯形的面积。由于这个小区间的宽度 dx 极其微小（可以认为是无穷小），因此这个曲边梯形的面积近似为 $p(x)dx$ 。由于区间 $[x, x+dx]$ 的长度微小，因此可以用 x 来作为 X 在该区间上的代表值，这样 $xp(x)dx$ 就代表随机变量 X 在小区间 $[x, x+dx]$ 上的取值与相应概率的乘积，因此随机变量 X 所有可能取值依概率加权的算术平均数为：

$$\int_{-\infty}^{+\infty} xp(x)dx$$

这即为随机变量的数学期望。

连续型随机变量 X 的方差为：

$$\mathrm{Var}(X) = E\left[X - E(X)\right]^2 = \int_{-\infty}^{+\infty} \left[x - E(X)\right]^2 p(x)dx \tag{6.11}$$

可以验证，上述离散型随机变量的数学期望和方差，对于连续型随机变量也是成立的，这里不再赘述。

3. 正态分布

正态分布是最重要的一种连续型随机变量分布，原因有三：第一，它是最常见的一种分布，许多随机变量服从或近似服从正态分布。如同龄人的身高、体重，农作物的产量，学生考试的成绩，等等；第二，许多有用的分布可以由正态分布推导出来，如卡方分布、t 分布和 F 分布都可由正态分布导出；第三，正态分布在一定条件下，还是一些其他分布的近似分布，如大样本下的 t 分布与正态分布近似。

如果连续型随机变量 X 的密度函数为：

$$p(x) = \frac{1}{\sqrt{2\pi}\sigma} e^{-\frac{(x-\mu)^2}{2\sigma^2}} \quad (-\infty < x < +\infty) \tag{6.12}$$

则称随机变量 X 服从均值为 μ，方差为 σ^2 的正态分布，记为 $X \sim N(\mu, \sigma^2)$。

正态分布的密度函数图形一般称为正态曲线，它是一条以均值为中心的对称钟型曲线，如图 6-3 所示。

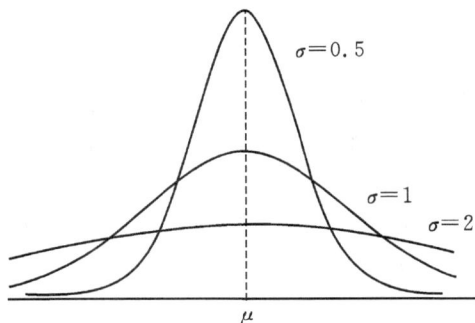

图 6-3　不同标准差下的正态曲线

从图 6-3 可看到：μ 是正态分布的中心，σ 是标准差，反映分布的离散程度。σ 越大，分布曲线越平缓，离散程度越大；σ 越小，分布曲线越陡峭，说明分布越集中。

如果一个正态分布的 $\mu = 0$，$\sigma = 1$，则称该正态分布为标准正态分布，相应的随机变量称为标准正态随机变量，用 Z 表示，即 $Z \sim N(0,1)$，相应的分布密度函数为：

$$p(z) = \frac{1}{\sqrt{2\pi}} e^{-\frac{z^2}{2}} \tag{6.13}$$

标准正态随机变量的分布函数一般记为 $\Phi(z)$,即:

$$\Phi(z) = P(Z \leqslant z) = \int_{-\infty}^{z} \frac{1}{\sqrt{2\pi}} e^{-\frac{z^2}{2}} dz \tag{6.14}$$

$\Phi(z)$ 的值可以通过查标准正态分布概率表获得,也可以通过 Excel、R 等计算软件来获取。在 Excel 中计算 $\Phi(z)$ 的函数为 NORMSDIST 或 NORMDIST,而在 R 软件中计算 $\Phi(z)$ 的函数为 pnorm,其具体使用格式如下:

   pnorm(q, mean = 0, sd = 1, lower. tail = TRUE, log. p = FALSE)

其中,参数 q 是正态分布函数的自变量数值,mean 代表正态分布的均值(默认为 0),sd 代表正态分布的标准差(默认为 1),其他参数见该函数帮助。例如:

   $\Phi(2) = \text{NORMSDIST}(2) = \text{NORMDIST}(2,0,1,\text{TRUE}) = \text{pnorm}(2) = 0.97725$

关于 $\Phi(z)$,不难得到如下简单性质:① $\Phi(-z) = 1 - \Phi(z)$;② $P(Z > z) = 1 - \Phi(z)$;③ $P(a < Z < b) = \Phi(b) - \Phi(a)$;④ $\Phi(|z|) = 2\Phi(z) - 1$。

例 6.6 设随机变量 Z 服从标准正态分布,求以下概率的大小(结果保留四位小数):

(1) $P(-1 < Z < 1)$;(2) $P(0 < Z < 1.25)$;(3) $P(1 < Z < 1.25)$;(4) $P(Z > 1)$;

解 显然 $\Phi(0) = 0.5$,而根据查表或计算机得到 $\Phi(1) = 0.84134$,$\Phi(1.25) = 0.89435$,则:

$$P(-1 < Z < 1) = 2\Phi(1) - 1 = 2 \times 0.84134 - 1 \approx 0.6827$$

$$P(0 < Z < 1.25) = \Phi(1.25) - \Phi(0) = 0.89435 - 0.5 \approx 0.3944$$

$$P(1 < Z < 1.25) = \Phi(1.25) - \Phi(1) = 0.89435 - 0.84134 \approx 0.0530$$

$$P(Z > 1) = 1 - \Phi(1) = 1 - 0.84134 \approx 0.1587$$

关于正态分布,还有几个比较重要的性质,下面罗列如下:

性质 1 若 $X \sim N(\mu, \sigma^2)$,则对于任意常数 a 和 b,都有 $aX + b \sim N(a\mu + b, a^2\sigma^2)$。

推论 若 $X \sim N(\mu, \sigma^2)$,则 $\frac{X - \mu}{\sigma} \sim N(0, 1)$。

$\frac{X - \mu}{\sigma}$ 是一个非常重要的变换,称为标准化变换。我们可以利用这个变换来计算非标准正态分布的概率,以及可以计算出随机变量取值落于任何区间的概率。

性质 2 两个相互独立的正态随机变量的和仍是正态随机变量,即 $X_1 \sim N(\mu_1, \sigma_1^2)$,$X_2 \sim N(\mu_2, \sigma_2^2)$,$X_1$ 和 X_2 独立,则 $X_1 + X_2 \sim N(\mu_1 + \mu_2, \sigma_1^2 + \sigma_2^2)$。

性质 2 称为正态分布的再生性定理,是概率统计上一个非常重要的定理,很多分布与正态分布之间的关系都是通过这一性质来连接的。

例 6.7 假定学生某门学科的考试成绩服从均值为 75 分、标准差为 12 分的正态分布。那么学生的成绩在 75~90 分的概率应为多少?

解 设 X 表示学生的成绩,要计算的概率是 $P(75 < X < 90)$。

首先对 X 进行标准化:

$$Z = \frac{X - 75}{12}$$

将计算 X 的概率转化为计算 Z 的概率:

$$P(75 < X < 90) = P(\frac{75-75}{12} < \frac{X-75}{12} < \frac{90-75}{12}) = P(0 < Z < 1.25) = 0.3944$$

例6.8 随机变量 X 服从正态分布 $N(\mu,\sigma^2)$，试分别求 X 落在以 μ 为中心，以 σ，1.96σ，2σ 和 3σ 为半径的区间内的概率。

解 作变换 $Z = \frac{X-\mu}{\sigma}$，则 Z 服从标准正态分布。所求概率分别为：

$$P(\mu-\sigma < X < \mu+\sigma) = P(\frac{\mu-\sigma-\mu}{\sigma} < \frac{X-\mu}{\sigma} < \frac{\mu+\sigma-\mu}{\sigma}) = P(-1 < Z < 1) = 68.27\%$$

$$P(\mu-1.96\sigma < X < \mu+1.96\sigma) = P(\frac{\mu-1.96\sigma-\mu}{\sigma} < \frac{X-\mu}{\sigma} < \frac{\mu+1.96\sigma-\mu}{\sigma}) =$$

$$P(-1.96 < Z < 1.96) = 95\%$$

$$P(\mu-2\sigma < X < \mu+2\sigma) = P(\frac{\mu-2\sigma-\mu}{\sigma} < \frac{X-\mu}{\sigma} < \frac{\mu+2\sigma-\mu}{\sigma}) = P(-2 < Z < 2) =$$

$$95.45\%$$

$$P(\mu-3\sigma < X < \mu+3\sigma) = P(\frac{\mu-3\sigma-\mu}{\sigma} < \frac{X-\mu}{\sigma} < \frac{\mu+3\sigma-\mu}{\sigma}) = P(-3 < Z < 3) =$$

$$99.73\%$$

从计算结果可知：随机变量 X 落在以 μ 为中心，以 3σ 为半径的区间外的概率只有 $1-99.73\% = 0.27\%$，这是一个非常小的概率。一般可以认为 X 不会落到以 μ 为中心，以 3σ 为半径的区间之外，这就是所谓的"3σ 原则"。

4. 其他常用的连续型分布

除正态分布外，常用的连续型随机变量的分布还有卡方分布（或称 χ^2 分布）、F 分布、t 分布。

（1）χ^2 分布。设 $X_1, X_2, \cdots, X_n$ 是相互独立，且服从标准正态分布的随机变量，则称随机变量 $\chi^2 = \sum_{i=1}^{n} X_i^2$ 所服从的分布为自由度为 n 的 χ^2 分布，记作 $\chi^2 \sim \chi^2(n)$。

（2）F 分布。设 $X \sim \chi^2(m)$，$Y \sim \chi^2(n)$，且 X 和 Y 相互独立，则称随机变量 $F = \frac{X/m}{Y/n}$ 所服从的分布为分子自由度和分母自由度分别为 m 和 n 的 F 分布，记作 $F \sim F(m,n)$。

χ^2 分布和 F 分布都是取值非负的偏态分布，如图 6-4 和图 6-5 所示。

（3）t 分布。设 $X \sim N(0,1)$，$Y \sim \chi^2(n)$，且 X 和 Y 相互独立，则称随机变量 $t = \frac{X}{\sqrt{Y/n}}$ 所服从的分布为自由度为 n 的 t 分布，记作 $t \sim t(n)$。

t 分布的分布曲线与标准正态分布曲线相似，也是对称曲线，只是峰比标准正态分布低一些，尾部的概率比标准正态分布的大一些，如图 6-6 所示。而且随着自由度 n 的增大，t 分布与标准正态分布越来越接近。一般当 n 大于或等于 30 时，t 分布与标准正态分布的差别已非常小，可用标准正态分布代替它。

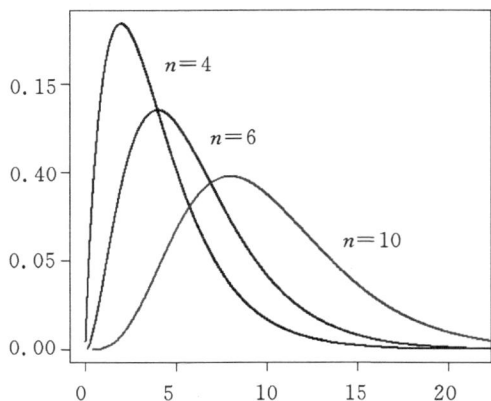

图 6-4　不同自由度下的 χ^2 分布

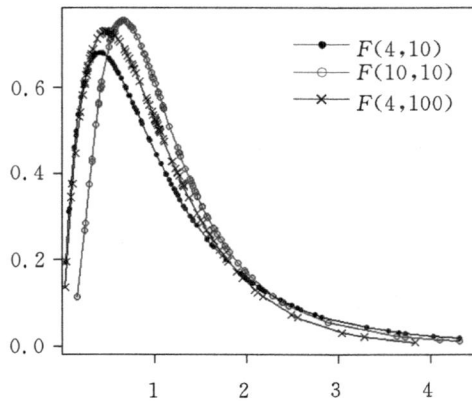

图 6-5　不同自由度组合下的 F 分布

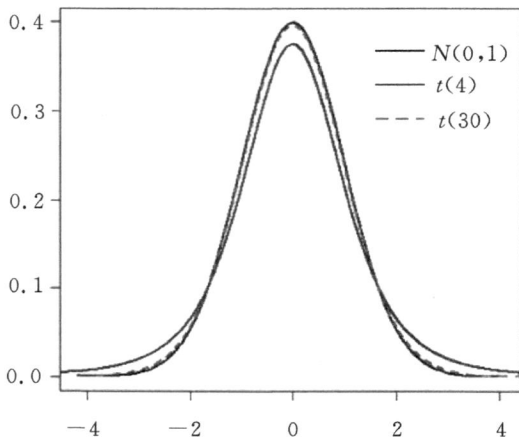

图 6-6　t 分布曲线与标准正态曲线

三、大数定律与中心极限定理

(一)大数定律

大数定律又称作大数法则。人们在观察个别事物时,是连同一切个别的特性来观察的。个别现象受偶然因素影响,有各自不同的表现。但是,对总体大量观察后再进行平均,就能使偶然因素的影响相互抵消,消除由个别偶然因素引起的极端性影响,从而使总体平均数稳定下来,反映出事物变化的一般规律,这就是大数定律的意义。

大数定律:独立同分布的随机变量 $X_1, X_2, \cdots, X_n, \cdots$,设它们服从的总体的平均数为 μ,方差为 σ^2。则对任意的正数 ε,有:

$$\lim_{n \to \infty} P\left\{ \left| \frac{1}{n} \sum_{i=1}^{n} X_i - \mu \right| < \varepsilon \right\} = 1 \qquad (6.15)$$

该定律说明,当 n 充分大时,独立同分布的一系列随机变量,其平均数与它们共同的期望值之间的偏差,可以有很大的把握被控制在任意给定的范围之内。由于从总体中抽出的样本是独立且与总体同分布的,因此,当样本容量 n 充分大时,样本平均与总体平均之间的误差可以有很大的把握被控制在任意给定的范围之内,这就是人们用样本平均估计总体平均的理论根据。

由于比率是一个特殊的平均数,因此大数定律对比率指标自然也成立:设 m 是 n 次试验中事件 A 发生的次数,P 是事件 A 发生的概率,则对于任意小的正数 ε,有:

$$\lim_{n\to\infty} P\left\{ \left| \frac{m}{n} - P \right| < \varepsilon \right\} = 1 \tag{6.16}$$

即当 n 充分大时,事件 A 发生的频率接近(依概率收敛于)事件 A 发生的概率,反映了频率在大量重复试验过程中的稳定性。该定理称为伯努利大数定律,它提供了用频率代替概率的理论根据。

(二)中心极限定理

随机变量 $X_1, X_2, \cdots, X_n, \cdots$ 相互独立,且同服从同一分布,该分布存在有限的期望 μ 和方差 σ^2,则当 n 趋近于无穷大时,算术平均数 $\overline{X} = \frac{1}{n} \sum_{i=1}^{n} X_i$ 近似服从正态分布,即:

$$\overline{X} \overset{\cdot}{\sim} N(\mu, \sigma^2/n) \tag{6.17}$$

从上述中心极限定理可以得出结论:无论总体服从何种分布,只要它的期望值与方差存在,我们就可以通过增大样本容量 n 的方式,保证样本平均数 $\overline{x}$ 近似服从正态分布。也就是说,大样本的平均数近似服从正态分布。

对于成数指标,我们设总体成数是 ρ,样本成数是 p,则当样本容量充分大时,p 近似服从 $N(\rho, \frac{\rho(1-\rho)}{n})$。

第二节 抽样分布

一、抽样的基本概念

抽样推断涉及的基本概念有:总体与样本、样本容量与样本个数、总体参数与样本统计量、重复抽样与不重复抽样。关于总体与样本的概念,我们已在第一章作了介绍,这里不再重复,只介绍样本容量与样本个数、总体参数与样本统计量、重复抽样与不重复抽样三对概念。

(一)样本容量与样本个数

1.样本容量

样本是从总体中抽出的部分单位的集合,这个集合的大小称为样本容量,一般用 n 表示,它表明一个样本中所包含的单位数。样本容量大,样本误差会小,但调查费用必增加,反之,样本容量过小,又将导致抽样误差增大,甚至失去抽样推断的价值。因此,在抽样设计中应根据调查目的认真考虑合适的样本容量。一般地,样本单位数大于 30 个的样本称为大样本,不超过 30 个的样本称为小样本。

2.样本个数

样本个数又称样本可能数目,它是指从一个总体中可能抽取多少个样本。样本个数的多少与抽样方法有关。关于样本个数的计算我们将在"重复抽样与不重复抽样"中介绍。

(二)总体参数与样本统计量

1.总体参数

总体分布的数量特征就是总体的参数,也是抽样统计推断的对象。常见的总体参数有:总体的平均数指标,总体成数(比重)指标,总体分布的方差、标准差,等等。它们都是反映总体分布特征的重要指标。平均数反映总体分布的集中趋势,方差或标准差反映总体分布的离中趋势。总体成数(即总体比率)指标是指总体中具有某性质的单位数目在总体中所占的比重,它反映了总体的结构特征。这些指标的计算前面第三章已有介绍,这里不再重复。

2.样本统计量

与总体参数相对应的是样本的统计量。由于样本是从总体中随机地抽出来的,而样本统计量是样本的一个函数,因此,它们是随机变量。我们利用统计量来估计和推断总体的有关参数。与总体参数相对应,常见的统计量有:

$$\overline{x} = \frac{\sum x}{n} \ (\text{或} \ \overline{x} = \frac{\sum xf}{\sum f}) \tag{6.18}$$

$$p = \frac{n_1}{n} \tag{6.19}$$

$$s^2 = \frac{\sum (x - \overline{x})^2}{n-1} \ (\text{或} \ s^2 = \frac{\sum (x - \overline{x})^2 f}{\sum f - 1}) \tag{6.20}$$

以上式子中,$\overline{x}$ 是样本平均数(或称样本均值),p 是样本成数,s^2 是样本方差,s 是样本标准差。n 是样本容量,n_1 是样本中具有某种特征的单位数目,f 是在分组样本资料下的权数。

应当指出,尽管样本统计量的计算公式与总体参数的计算公式形式上十分类似,但两者有重要区别:总体参数是常数,通常用希腊字母表示。计算总体参数公式中所用到的总体各单位的标志值是确定的具体数值,本书中一般用大写字母 X 表示。样本统计量是随机变量,计算样本统计量的公式中所用的样本单位标志值在未具体观察前是不确定的随机变量,在本书中一般用小写字母 x 表示;计算总体参数公式中所使用的单位数包括总体的所有单位,通常用大写字母 N 表示,计算样本统计量所使用的单位数只是样本所包含的单位数,即样本容量,用小写字母 n 表示;计算总体参数公式中所使用的权数 F 是整个总体分组资料下的权数,计算样本统计量所使用的权数 f 是样本分组资料下的权数。

(三)重复抽样和不重复抽样

简单随机抽样的抽样方法有重复抽样与不重复抽样两种。

1.重复抽样

重复抽样亦称重置抽样或有放回抽样,是指从总体中抽出一个样本单位,记录其标志值后,又将其放回总体中继续参加下一轮样本单位的抽取。重复抽样的特点是:第一,n 个单位的样本是由 n 次试验的结果构成的。第二,每次试验是独立的,即其试验的结果与前次、后次的结果无关。第三,每次试验是在相同条件下进行的,每个单位在多次试验中选中的机会(概率)是相同的。在重复抽样中,如果考虑顺序,样本可能的个数是 N^n,N 为总体单位数,n 为样本容量;如果不考虑顺序,其样本可能个数为 $(N+n-1)!/[(N-1)!n!]$。

2.不重复抽样

不重复抽样亦称为不重置抽样或无放回抽样,即每次从总体中抽取一个单位,登记后不放回原总体,不参加下一轮抽样。下一次继续从总体余下的单位中抽取样本。其特点是:第一,n 个单位的样本由 n 次试验结果构成,但由于每次抽取不重复,所以实质上相当于从总体中同时抽取 n 个样本单位。第二,每次试验结果不是独立的,上次中选情况影响下次抽选结果。第三,每个单位在多次(轮)试验中中选的机会是不等的。不重复抽样,如果考虑顺序,其样本可能个数为 $N!/(N-n)!$;如果不考虑顺序,其样本可能个数为 $N!/[(N-n)!n!]$。

二、抽样分布

我们知道,统计量是样本的函数,并且从总体中可以随机地抽取许多样本,所以对每一个样本,我们都可以计算出一个样本统计量的观测值。所有可能的样本观测值及其对应的概率便是所谓的抽样分布,换句话说,抽样分布就是样本统计量的概率分布。比如样本均值的分布、样本成数的分布、样本方差的分布等都称为抽样分布。抽样分布可能是精确地服从某种已知的分布(所谓已知分布,例如我们在第一节介绍过的常见分布),也可能是以某种已知分布为极限分布。在实际应用中,后者更为多见。抽样分布是统计推断的理论依据,具有重要作用。只有了解和掌握了统计量的分布,才可能进行参数估计和建设检验。

(一)样本均值的抽样分布

1.样本均值抽样分布的数值特征

从样本推断的角度看,我们主要关心分布的数学期望和方差。这两个特征一方面与总体分布的均值和方差有关,另一方面也与抽样的方法是重复抽样还是不重复抽样有关。

设总体单位数为 N,其均值为 μ,方差为 σ^2,从总体中抽出的样本为 $x_1,x_2,\cdots,x_n$。下面分重复抽样和不重复抽样两种情形来计算这个样本的均值 $\overline{x}$ 的期望和方差。

(1)重复抽样的情形。

此时,由于样本中每个 x_i($i=1,2,\cdots,n$)都是从总体中随机抽出的,都是与总体同分布的随机变量,并且是相互独立的,则样本均值 $\overline{x}$ 的期望和方差分别为:

$$E(\overline{x}) = E(\frac{x_1+x_2+\cdots+x_n}{n}) = \frac{1}{n}E(x_1+x_2+\cdots+x_n)$$

$$= \frac{1}{n}[E(x_1)+E(x_2)+\cdots+E(x_n)] = \mu \tag{6.21}$$

$$\mathrm{Var}(\overline{x}) = \mathrm{Var}(\frac{x_1+x_2+\cdots+x_n}{n}) = \frac{1}{n^2}\mathrm{Var}(x_1+x_2+\cdots+x_n)$$

$$= \frac{1}{n^2}[\mathrm{Var}(x_1)+\mathrm{Var}(x_2)+\cdots+\mathrm{Var}(x_n)] = \frac{\sigma^2}{n} \tag{6.22}$$

从以上的式子我们知道,样本均值的分布中心与总体的分布中心完全相同,方差是总体分布方差的 $1/n$。因此,样本均值的分布的集中趋势优于总体分布自身的集中趋势。由于样本均值能"集中"分布于总体均值附近,我们可以考虑用样本均值来估计总体的均值。用样本统计量去估计总体参数难免有误差,样本变量的离散程度越大,产生误差的可能性也越大。我们用样本均值的标准差来反映样本均值与总体均值的平均误差程度,称其为抽样平均误差,记为:

$$\sigma_{\bar{x}} = \frac{\sigma}{\sqrt{n}} \tag{6.23}$$

由(6.23)式可以看出:抽样平均误差是总体标准差的$1/\sqrt{n}$,通常比总体标准差小得多。

例 6.9 某班组有 5 个工人,他们的单位工时工资分别是 4,6,8,10,12 元,现用重复抽样方式从 5 个工人中抽出 2 人,计算样本的平均工时工资的抽样平均误差。

解 总体分布的平均数与方差分别是:

$$\mu = \frac{\sum X}{N} = \frac{4+6+8+10+12}{5} = 8$$

$$\sigma^2 = \frac{\sum (X-\mu)^2}{N} = \frac{(4-8)^2+(6-8)^2+(8-8)^2+(10-8)^2+(12-8)^2}{5} = 8$$

抽样平均误差为:

$$\sigma_{\bar{x}} = \frac{\sigma}{\sqrt{n}} = \frac{\sqrt{8}}{\sqrt{2}} = 2$$

(2)不重复抽样的情形。

在上述计算 $\bar{x}$ 的期望时并不需要用到重复抽样这一条件,因此,在不重复抽样的情形下,样本均值 $\bar{x}$ 的期望同样等于总体均值 μ。但是,在不重复抽样下,样本均值的方差则需要用 $\frac{N-n}{N-1}$ 去修正重复抽样时的样本均值的方差,即:

$$E(\bar{x}) = \mu \ , \ \mathrm{Var}(\bar{x}) = \frac{\sigma^2}{n} \cdot \frac{N-n}{N-1} \tag{6.24}$$

现在以例 6.9 的资料为例,验证上述结果。在不重复抽样条件下,所有样本均值如表 6-2 所示。

表 6-2 样本工时平均工资 　　　　　　　　　　　　　　　　　　　　单位:元

样本变量值	4	6	8	10	12
4	——	5	6	7	8
6	5	——	7	8	9
8	6	7	——	9	10
10	7	8	9	——	11
12	8	9	10	11	——

从表 6-2 中可整理出样本均值的分布,如表 6-3 所示。

表 6-3 样本工时平均工资分布

样本工时平均工资 $\bar{x}$(元)	频　数	频　率(%)
5	2	10
6	2	10
7	4	20
8	4	20

表 6 - 3

样本工时平均工资 $\overline{x}$（元）	频　数	频　率(%)
9	4	20
10	2	10
11	2	10
合计	20	100

根据表 6 - 3 的分布数据，可计算样本平均工资的期望与方差：

$$E(\overline{x}) = \frac{5 \times 2 + 6 \times 2 + \cdots + 11 \times 2}{20} = 8 = \mu$$

$$\mathrm{Var}(\overline{x}) = \frac{(5-8)^2 \times 2 + (6-8)^2 \times 2 + \cdots + (11-8)^2 \times 2}{20} = 3 = \frac{\sigma^2}{n} \cdot \frac{N-n}{N-1}$$

与重复抽样相比，不重复抽样的抽样平均误差多了一个系数 $\sqrt{\dfrac{N-n}{N-1}}$（实际计算时也可以用 $\sqrt{1-\dfrac{n}{N}}$ 近似），这个系数称为不重复抽样的修正系数。由于该系数在 0～1，因此，不重复抽样平均误差比重复抽样小，当然我们也可以很直观地看出这一点，因为不重复抽样排除了"一个极端值被多次抽出"的可能，这显然对降低抽样误差有利。显然，对于无限总体进行不重复抽样时，可以按重复抽样来处理；对于有限总体，当 N 很大，而 $\dfrac{n}{N}$ 很小时，修正系数近似为 1，修正与否对平均误差几乎没有影响，这时可以不考虑抽样方式差异，都按重复抽样处理。

2. 样本均值抽样分布的具体形式

当总体服从正态分布时，根据正态分布再生定理，样本均值服从正态分布。当总体不服从正态分布时，根据中心极限定理，当 n 充分大时（通常要求 $n \geqslant 30$），样本均值近似服从正态分布。即：

$$\overline{x} \overset{\cdot}{\sim} N(\mu, \sigma_{\overline{x}}^2)$$

其中，$\sigma_{\overline{x}}^2$ 也即 $\mathrm{Var}(\overline{x})$，根据抽样方式的不同，分别由公式(6.22)或公式(6.24)给出。

(二)样本成数的抽样分布

1. 样本成数抽样分布的数值特征

总体成数 ρ 是指具有某种特征的单位在总体中的比重。在前面我们已经知道，成数是一个特殊平均数，设总体单位总数目是 N，总体中有该特征的单位数是 N_1。设 X 是 0,1 变量，即总体单位有该特征，X 取 1，否则取 0，于是有：

$$\mu = \frac{N_1}{N} = \rho, \ \sigma^2 = \rho(1-\rho) \tag{6.25}$$

现从总体中抽出 n 个单位，如果其中有相应特征的单位数是 n_1，则样本成数是：

$$p = \frac{n_1}{n} \tag{6.26}$$

p 也是一个随机变量，利用样本均值分布性质的结论，在重复抽样时，有：

$$E(p) = \mu = \rho \; , \; \mathrm{Var}(p) = \frac{\sigma^2}{n} = \frac{\rho(1-\rho)}{n} \qquad (6.27)$$

样本成数的抽样平均误差为：

$$\sigma_p = \sqrt{\frac{\rho(1-\rho)}{n}} \qquad (6.28)$$

在实际工作中，总体成数 ρ 常常是未知的，只要样本充分大，计算样本成数的期望值与方差时，可以用样本成数的观测值来代替。

在不重复抽样时，有：

$$E(p) = \rho \; , \; \mathrm{Var}(p) = \frac{\rho(1-\rho)}{n} \cdot \frac{N-n}{N-1} \qquad (6.29)$$

与样本均值的分布一样，对于无限总体进行不重复抽样时，可以按重复抽样来处理；对于有限总体，当 N 很大，而 n/N 很小时，修正系数近似于 1，修正与否对平均误差几乎没有影响，这时可不考虑抽样方式的差异，都按重复抽样处理。

2.样本成数抽样分布的具体形式

我们知道，当从总体中抽出一个样本容量为 n 的样本时，样本中具有某种特征的单位数服从二项分布，因而样本成数 p 也服从二项分布，所以我们也可以用二项分布的相关结果得到样本成数的期望和方差。根据中心极限定理，当样本容量充分大时，二项分布趋于正态分布。所以在大样本下，样本成数近似服从正态分布，即：

$$p \stackrel{\cdot}{\sim} N(\rho, \sigma_p^2)$$

其中，σ_p^2 也即 $\mathrm{Var}(p)$，根据抽样方式的不同，分别由(6.27)式和(6.29)式给出。

例 6.10 已知一批产品的合格率为 90%，现采用重复抽样方式从中抽取出 400 件，求样本合格率的抽样平均误差。

解 $$E(p) = \rho$$
$$\sigma_p = \sqrt{\frac{\rho(1-\rho)}{n}} = \sqrt{\frac{0.9 \times 0.1}{400}} = 1.5\%$$

由于样本容量大，样本成数的平均误差就大大减小。

(三)样本方差的抽样分布

1.样本方差的数学期望

易知

$$\sum_{i=1}^{n}(x_i - \overline{x})^2 = \sum_{i=1}^{n}x_i^2 - n\overline{x}^2$$

因此

$$E\Big[\sum_{i=1}^{n}(x_i-\overline{x})^2\Big] = E\Big(\sum_{i=1}^{n}x_i^2\Big) - nE(\overline{x}^2) = \sum_{i=1}^{n}E(x_i^2) - n[\mathrm{Var}(\overline{x}) + E(\overline{x})^2]$$

$$= \sum_{i=1}^{n}[\mathrm{Var}(x_i) + E(x_i)^2] - n[\mathrm{Var}(\overline{x}) + \mu^2] = n(\sigma^2 + \mu^2) - n[\mathrm{Var}(\overline{x}) + \mu^2] = n\sigma^2 - n\mathrm{Var}(\overline{x})$$

则在重复抽样的情形下，有：

$$E\Big[\sum_{i=1}^{n}(x_i-\overline{x})^2\Big] = n\sigma^2 - n\frac{\sigma^2}{n} = (n-1)\sigma^2$$

此时

$$E(s^2) = E\left[\frac{1}{n-1}\sum_{i=1}^{n}(x_i - \overline{x})^2\right] = \frac{1}{n-1}(n-1)\sigma^2 = \sigma^2 \tag{6.30}$$

可见,在重复抽样下,样本方差的分布中心就是总体方差,因此也可以考虑用样本方差去估计总体方差。同时(6.30)式也说明了样本方差的计算公式中的分母为什么是 $n-1$,而不是 n。

在不重复抽样的情形下,有:

$$E\left[\sum_{i=1}^{n}(x_i - \overline{x})^2\right] = n\sigma^2 - n\frac{\sigma^2}{n}\frac{N-n}{N-1} = \frac{(n-1)N}{N-1}\sigma^2$$

于是

$$E(s^2) = \frac{1}{n-1}\frac{(n-1)N}{N-1}\sigma^2 = \frac{N}{N-1}\sigma^2 \tag{6.31}$$

可见对于无限总体,不重复抽样和重复抽样下 s^2 的期望是相同的,而就算是有限总体,总体单位总数 N 一般是很大的,因此 $N/(N-1)$ 非常接近于1,从而 s^2 的期望也近似为 σ^2。由此可见,对于样本方差,不重复抽样一般可以按照重复抽样来进行处理。

2.样本方差的具体分布

要用样本方差 s^2 去估计总体的方差 σ^2,必须要知道样本方差的抽样分布。那么,作为估计量的样本方差是如何分布的呢? 统计证明,对于来自正态总体的简单随机样本,其统计量 $\frac{(n-1)s^2}{\sigma^2}$ 的抽样分布服从自由度为 $n-1$ 的 χ^2 分布,即:

$$\chi^2 = \frac{(n-1)s^2}{\sigma^2} \sim \chi^2(n-1)$$

(四)关于抽样平均误差计算的说明

计算抽样平均误差的公式中涉及总体参数,但总体参数往往未知,则可用以下方法解决:

(1)用历史资料已有的总体参数来代替公式中涉及的总体参数;

(2)用样本资料对应的统计量(即相应的点估计)来代替公式中的总体参数;

(3)在正式进行抽样调查之前,可用试验性调查的数据资料代替总体情况。

第三节 参数估计

一、参数估计概述

如果能够掌握总体的全部数据,那么只需要作一些简单的统计描述,就可以得到所关心的总体特征,如总体均值、方差、比例等。但现实情况比较复杂,有些现象的范围比较广,不可能对总体中的每个单位都进行测定。或者有些总体的个体数很多,不可能也没有必要进行一一测定。这就需要从总体中抽取一部分个体进行调查,进而利用样本提供的信息来推断总体的特征。

参数估计就是用样本统计量去估计总体的参数。比如,用样本均值 $\overline{x}$ 去估计总体均值 μ,用样本成数 p 估计总体成数 ρ,用样本方差 s^2 估计总体方差,等等。如果将总体参数用符号 θ

来表示,用于估计总体参数的统计量用 $\hat{\theta}$ 表示,当用 $\hat{\theta}$ 来估计 θ 时候,$\hat{\theta}$ 也称为估计量,而根据一个具体的样本计算出来的估计量的数值称为估计值。比如,要估计一个班学生考试的平均分数,从中抽取一个随机样本,全班的平均分数就是参数,根据样本计算的平均分数 $\bar{x}$ 就是一个估计量,假定计算出来的样本平均分数是 80 分,这个 80 分就是估计量的具体数值,称为估计值。关于估计量和估计值,要注意的是估计量是在抽样之前就已经确定的理论形式,是随机的,而估计值是根据一个具体的样本计算出的估计量的数值,因此估计值是确定的,非随机的。

参数估计应满足以下两个要求:一是估计的精度要求,二是可靠性要求。所谓精度就是估计误差的最大范围,即误差的最大值,可通过极限误差来反映;所谓可靠性是指估计结果正确的概率大小。

设抽样估计的极限误差是 Δ,即有 $|\theta - \hat{\theta}| \leqslant \Delta$。极限误差是根据研究对象的变异程度和分析任务的性质来确定的允许误差范围。显然,Δ 越小,估计的精度要求越高,Δ 越大,估计的精度要求越低。极限误差的确定要以实际需要为基本标准。比如,对航天元器件的估计误差,就要求控制在极小的范围内;而对一些小商品,如纽扣的合格率估计,其估计误差就可以控制在较大的范围里,因为这种误差,对消费者、对厂商的负面影响都有限。

可靠性是抽样估计本身正确性的一个概率保证,通常称为估计的置信度。我们知道,对于连续型随机变量,它在一个点上取值的概率为零,因此,对服从连续型分布的样本统计量,直接用它去估计总体参数值很难说是可靠的,因此,我们更多的是考虑用样本统计量去估计总体参数的范围。例如,通过抽样估计某班学生某课程平均成绩的范围,这时我们要考虑这个估计正确的概率大小问题。一种极端估计是:平均成绩在 0~100 分。显然这个范围的估计正确的概率很大,100% 的正确,但这个估计无精度可言。如提高精度,估计平均成绩在 70~80 分,这时估计正确的把握性肯定低于 1。可见估计中精度要求与可靠性要求是一对矛盾的双方。

二、点估计

(一)点估计的定义

点估计就是用估计量 $\hat{\theta}$ 的某个取值直接作为总体参数 θ 的估计值。例如,用样本均值 $\bar{x}$ 直接作为总体均值 μ 的估计值,用样本成数 p 直接作为总体成数 ρ 的估计值,用样本方差 s^2 直接作为总体方差的估计值,等等。假定要估计一个班学生考试成绩的平均分数,根据抽出的一个随机样本计算的平均分数为 80 分,用 80 分作为全班平均考试分数的一个估计值,这就是点估计。再比如,若要估计一批产品的合格率,根据抽样结果合格率为 96%,将 96% 直接作为这批产品合格率的估计值,这也是一个点估计。

由于样本是随机的,根据一个具体的样本得到的估计值很可能不同于总体参数的真值。点估计的缺陷是没办法给出估计的可靠性,也没办法说出点估计值与总体参数真实值接近的程度,也就是估计的精度,因为一个点估量的可靠性和精度是是由其抽样分布的标准误差来衡量的。因此,我们不能完全依赖于一个点估计值,而应围绕点估计值构造出总体参数的一个区间。

(二)点估计的评价标准

用于估计总体参数 θ 的点估计量 $\hat{\theta}$ 可以有很多。比如,可以用样本均值作为总体均值的估计量,也可以用样本中位数作为总体均值的估计量,等等。那么,究竟用哪种估计量作为总体参数的估计呢? 自然要用估计效果比较好的那种估计量。什么样的估计量才算是一个好的估计量? 这就需要一定的评价标准。统计学家给出了评价点估计量的一些评价标准,主要有以下几个。

1.无偏性

对于总体的待估计参数 θ,所选择的估计量为 $\hat{\theta}$,若

$$E(\hat{\theta}) = \theta \tag{6.32}$$

则称 $\hat{\theta}$ 是 θ 的一个无偏的估计量。图 6-7 给出了估计量无偏和有偏的情形。

无偏性要求用来估计总体参数的样本统计量,其分布是以总体参数真值为中心的,在一次具体的抽样估计中,估计量或者大于总体参数,或者小于总体参数;但是,在进行重复抽样估计的过程中,所有估计量的平均数应该等于待估的总体参数。这说明,无偏估计要求估计量没有系统偏差。

由上一节内容可以知道,样本均值 $\bar{x}$、样本成数 p 和样本方差 s^2 分别作为总体均值 μ、总体成数 ρ 和总体方差 σ^2 的点估计量时,均是无偏的。

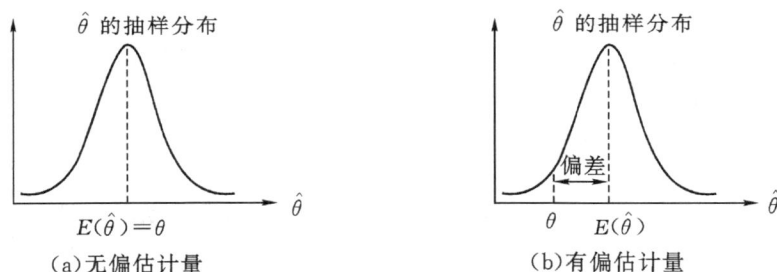

(a)无偏估计量 (b)有偏估计量

图 6-7 无偏和有偏估计量的情形

2.有效性

有效性是指估计量的方差尽可能小。一个无偏的估计量并不意味着它就非常接近被估计的参数,它还必须与总体参数的离散程度比较小,而估计量的离散程度一般是用估计量的方差(或标准差)来度量的。对同一总体参数的两个无偏估计量,有更小标准差的估计量更有效。假定有两个用于估计总体参数的无偏估计量,分别用 $\hat{\theta_1}$ 和 $\hat{\theta_2}$ 表示,如果:

$$\mathrm{Var}(\hat{\theta_1}) < \mathrm{Var}(\hat{\theta_2}) \tag{6.33}$$

就称 $\hat{\theta_1}$ 是比 $\hat{\theta_2}$ 更有效的一个估计量。

在无偏估计的条件下,估计量的方差越小,估计也就越有效。图 6-8 说明了两个无偏估计量 $\hat{\theta_1}$ 和 $\hat{\theta_2}$ 的抽样分布。可以看到,$\hat{\theta_1}$ 的方差比 $\hat{\theta_2}$ 的方差小,因此 $\hat{\theta_1}$ 的值在 θ 附近的波动比 $\hat{\theta_2}$ 小,平均而言,$\hat{\theta_1}$ 的值比 $\hat{\theta_2}$ 的值更接近总体的参数。即 $\hat{\theta_1}$ 比 $\hat{\theta_2}$ 更有效,是一个更好的估计量。

3.一致性

一致性是指随着样本容量不断增大,样本统计量接近总体参数的可能性就越来越大,或者,对于任意给定的偏差控制水平,两者之间的偏差高于此控制水平的可能性越来越小,接近

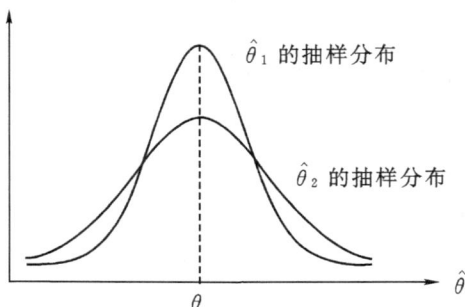

图 6-8　两个无偏估计量的抽样分布

于 0。用公式表示即为：

$$\lim_{n \to \infty} P(|\theta - \hat{\theta}| < \varepsilon) = 1 \tag{6.34}$$

式中，ε 为一任意小的正数。

(6.34)式说明，当 n 充分大时，$\hat{\theta}$ 与 θ 之间的偏差，可以有很大的把握被控制在任意给定的范围之内。当 n 趋于无穷大时，估计量 $\hat{\theta}$ 依概率收敛于 θ。

可以在数学上证明，样本均值 $\overline{x}$、样本成数 ρ 和样本方差 s^2 分别作为总体均值 μ、总体成数 ρ 和总体方差 σ^2 的估计，满足无偏性、有效性和一致性。

三、区间估计概述

点估计给出总体参数的具体估计值，但这个估计值误差有多大？可靠性如何？这些问题点估计都不能回答。区间估计则弥补了点估计这些方面的不足。

所谓区间估计，就是估计总体参数的区间范围，并要求给出区间估计成立的概率值。设 $\hat{\theta}_1$ 和 $\hat{\theta}_2$ 都是两个样本统计量（$\hat{\theta}_1 < \hat{\theta}_2$），分别作为总体参数 θ 区间估计的下限与上限，则要求：

$$P(\hat{\theta}_1 \leqslant \theta \leqslant \hat{\theta}_2) = 1 - \alpha \tag{6.35}$$

式中，α（$0 < \alpha < 1$）是区间估计的显著性水平，其取值大小由实际问题确定，经常取 1％、5％和 10％；$1 - \alpha$ 称为置信度或置信水平。区间 $[\hat{\theta}_1, \hat{\theta}_2]$ 称为总体参数 θ 的 $1 - \alpha$ 置信区间，$\hat{\theta}_1$ 称为置信下限，$\hat{\theta}_2$ 称为置信上限。

对总体参数进行区间估计就是要找到总体参数的置信区间，有关置信区间概念可用图 6-9 来表示。

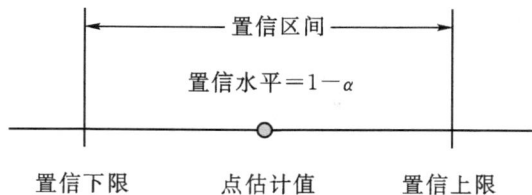

图 6-9　置信区间示意图

　　区间估计的特点是：给出总体参数的一个估计区间，总体参数恰好在这个区间内的概率不要求达到1，可放低要求，减去一个小概率的显著性水平，即达到$1-\alpha$就行了。这是因为较宽的区间虽有更大的可能性包含参数，但过宽的区间往往没有实际意义。比如，某同学在考试之前说"我们班这次考试（百分制）的平均分数在100分之内"，虽然这很有把握，但有什么意义呢？另一方面，要求过于准确（过窄）的区间同样不一定有意义，因为过窄的区间虽然看上去很准确，但把握性就会降低，除非无限制增加样本容量，而现实中样本量总是有限的。由此可见，区间估计总是要给结论留点余地。

　　因此，在样本容量给定时，区间估计的区间范围与可靠性之间不可能同时达到最佳，实践中一般是规定一定的可靠性，即给定置信水平$1-\alpha$，然后寻找范围尽可能短的估计区间，这也是区间估计得到的区间叫做置信区间的由来。

　　对于置信区间的理解，还需要注意以下几点：

　　（1）总体参数的真值虽是未知，但却是固定的，而用样本构造的区间则是不固定的，因此置信区间是一个随机区间，它会因样本的不同而变化，而且不是所有的区间都包含总体参数的真值。一个置信区间就像是为捕获未知参数而撒出去的网，不是所有撒网的地点都能捕获到参数。

　　（2）在实际问题中，进行估计时往往只抽取一个样本，此时所构造的是与该样本相联系的一定置信水平（比如95％）下的置信区间。由于用该样本所构造的区间是一个特定的区间，而不再是随机区间，所以无法知道这个样本所产生的区间是否包含总体参数的真值。我们只能希望这个区间是大量包含总体参数真值的区间中的一个，但它也可能是少数几个不包含参数真值的区间中的一个。比如，从一个均值$\mu=2$的总体中抽取20个随机样本，得到总体均值μ的20个估计区间，如图6-10所示。图中每个区间中间的点表示μ的点估计，即样本均值$\bar{x}$。可以看出20个区间中只有第15个区间没有包含总体均值μ。如果这是95％的置信区间，最后只有5％的区间没有包含μ。

　　再比如，用95％的置信水平得到某班学生考试成绩的置信区间为60～80，我们不能说60～80这个区间以95％的概率包含全班学生平均考试成绩的真值，或者表述为全班学生的平均考试成绩以95％的概率落在60～80分，这类表述都是错误的，因为总体均值μ是一个常数，而不是一个随机变量。μ要么落在这个范围内，要么不在这个范围内，这里并不涉及概率。我们只是知道在多次抽样中有95％的样本得到的区间包含全班学生平均考试成绩的真值。它的真正意义是如果做了100次抽样，大概有95次找到的区间包含真值，有5次找到的区间不包含真值。假定全班考试成绩平均数的真值为70，60～80这个区间一定包含真值，如果全班考试成绩平均数的真值为55，那么区间60～80就绝对不包含真值。因此，这个概率不是用来描述某个特定的区间包含总体参数真值的可能性，而是针对随机区间而言的。一个特定的区间"总是包含"或"绝对不包含"参数的真值，不存在"以多大的概率包含总体参数"的问题。但是，用概率可以知道在多次抽样得到的区间中大概有多少个区间包含了参数的真值。

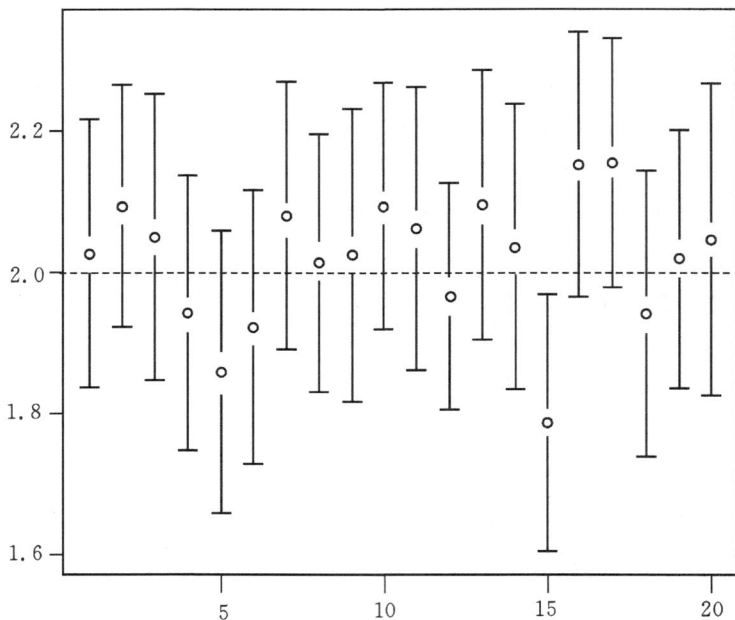

图 6 - 10   重复构造出的 μ 的 20 个置信区间

三、单个总体参数的区间估计

研究一个总体时,所关心的参数主要有总体均值 μ、总体成数 ρ 和总体方差 σ^2 等。下面将介绍如何用样本统计量来构造一个总体参数的置信区间。

(一)总体均值的区间估计

对单个总体均值的区间估计,分以下三种情况。

1.正态总体,且总体方差 σ^2 已知时

根据上一节的内容知,如果总体服从正态分布,则样本均值 $\overline{x} \sim N(\mu, \sigma_{\overline{x}}^2)$。为了进行区间估计,首先将 $\overline{x}$ 标准化,得到服从标准正态分布的 z 统计量,即:

$$z = \frac{\overline{x} - \mu}{\sigma_{\overline{x}}} \sim N(0,1) \tag{6.36}$$

容易知道,在对称分布下,概率相同的区间中对称区间的长度是最短的,因此,这里只考察对称区间情况,令

$$P(|z| \leqslant c) = 1 - \alpha \tag{6.37}$$

根据图 6 - 11,有:

$$P(z \geqslant c) = \frac{\alpha}{2} \tag{6.38}$$

记区间的临界值 $c = z_{\alpha/2}$,该临界值由标准正态随机变量分布在该值右边的概率 $\frac{\alpha}{2}$ 唯一确定,因此称为标准正态分布的 $\frac{\alpha}{2}$(上侧)分位数。

将(6.36)式和 $c = z_{\alpha/2}$ 代入(6.37)式,有:

$$P(-z_{\alpha/2} \leqslant \frac{\overline{x} - \mu}{\sigma_{\overline{x}}} \leqslant z_{\alpha/2}) = 1 - \alpha \qquad (6.39)$$

对(6.39)式括号内不等式作等价变换后得到:

$$P(\overline{x} - z_{\alpha/2}\sigma_{\overline{x}} \leqslant \mu \leqslant \overline{x} + z_{\alpha/2}\sigma_{\overline{x}}) = 1 - \alpha \qquad (6.40)$$

于是,总体均值 μ 的 $1 - \alpha$ 置信区间为:

$$[\overline{x} - z_{\alpha/2}\sigma_{\overline{x}}, \overline{x} + z_{\alpha/2}\sigma_{\overline{x}}] \qquad (6.41)$$

这是一个以 $\overline{x}$ 为中心,半径为 $z_{\alpha/2}\sigma_{\overline{x}}$ 的对称区间,常将之表示为:

$$\overline{x} \pm z_{\alpha/2}\sigma_{\overline{x}} \qquad (6.42)$$

将抽样平均误差 $\sigma_{\overline{x}}$ 的计算公式代入上式,可以得到总体均值 μ 的 $1 - \alpha$ 置信区间如下:

重复抽样时:

$$\overline{x} \pm z_{\alpha/2} \frac{\sigma}{\sqrt{n}} \qquad (6.43)$$

不重复抽样时:

$$\overline{x} \pm z_{\alpha/2} \frac{\sigma}{\sqrt{n}} \cdot \sqrt{\frac{N-n}{N-1}} \qquad (6.44)$$

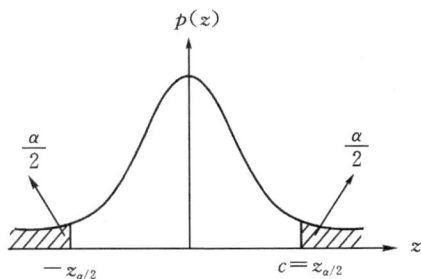

图 6-11 标准正态分布示意图

上面置信区间公式中的临界值 $z_{\alpha/2}$ 可以通过查标准正态分布分位数表或者是利用计算机软件来获取。Excel 中,得到标准正态分布分位数的函数是 NORMSINV 或 NORMINV;在 R 中,得到标准正态分布分位数的函数是 qnorm。要注意的是,在 Excel 和 R 中计算的正态分布分位数是下侧分位数(默认方式),因此需通过公式

$$z_\alpha = z_{1-\alpha}^* \quad (z_\alpha^* \text{为标准正态分布的下侧} \alpha \text{分位数}) \qquad (6.45)$$

来转换。例如:

$z_{0.05} = \text{NORMSINV}(0.95) = \text{NORMINV}(0.95, 0, 1) = \text{qnorm}(0.95) = 1.644854$

另外,在 Excel 中专门提供了正态总体、方差已知,且是重复抽样时的区间估计的函数 CONFIDENCE,但该函数只给出了置信区间的半径 $z_{\alpha/2}\sigma_{\overline{x}}$,并未给出置信上下限。该函数的具体使用格式如下:

CONFIDENCE(alpha, standard_dev, size)

其中,alpha 为显著性水平 α,standard_dev 为总体标准差,size 为样本容量。

下面,关于置信水平 $1 - \alpha$、临界值 $z_{\alpha/2}$ 及参数估计的极限误差之间的关系,作以下几点说

明：

说明 1：从(6.41)式或(6.42)式可以看出，$\bar{x}$ 作为 μ 的点估计，极限误差为：

$$\Delta = z_{\alpha/2}\sigma_{\bar{x}} \tag{6.46}$$

通常，我们先给出置信水平 $1-\alpha$ 的具体数值，根据这个数值计算出极限误差和置信区间，但有时也反过来，先给出极限误差 Δ，即等价于给出置信区间 $\bar{x}-\Delta \leqslant \mu \leqslant \bar{x}+\Delta$，而要求计算这个区间估计的置信水平。由(6.46)式得出：

$$z_{\alpha/2} = \frac{\Delta}{\sigma_{\bar{x}}} \tag{6.47}$$

由(6.47)式计算出 $z_{\alpha/2}$，然后查标准正态分布表或利用计算机软件得出 $P(z \leqslant z_{\alpha/2})$。由于

$$P(z \leqslant z_{\alpha/2}) = 1 - P(z \geqslant z_{\alpha/2}) = 1 - \frac{\alpha}{2} \tag{6.48}$$

因此，可以计算出 $1-\frac{\alpha}{2}$，从而得出置信水平 $1-\alpha$。

说明 2：临界值 $z_{\alpha/2}$ 与置信水平 $1-\alpha$ 两者之间的关系是密切相关的，可相互确定。由图 6-11 可以看到，当置信水平 $1-\alpha$ 提高时，区间估计的概率增大，α 相应地减小，临界值 $z_{\alpha/2}$ 增大；反之，置信水平 $1-\alpha$ 降低时，区间估计的概率减小，临界值 $z_{\alpha/2}$ 也减小。因此，也称临界值 $z_{\alpha/2}$ 为概率度，用来间接反映区间估计的概率大小。

说明 3：当置信水平 $1-\alpha$ 提高时，$z_{\alpha/2}$ 增大，由(6.46)式知，在抽样平均误差不变的情况下，极限误差 Δ 增大，参数估计的精度降低；反之则反。这从理论上表明参数估计的可靠性要求和精度要求确实是一对矛盾的双方。

例 6.11 在某天生产的 500 袋食品中，按不重复抽样方法随机抽取 25 袋进行检查，测得平均每袋的重量为 996 克，已知该种袋装食品的重量服从正态分布，且标准差为 20 克，试以 95％ 的置信水平估计该种食品平均重量的置信区间。如果要求估计的误差不超过 10 克，这时置信水平为多少？

解 (1)已知 $\bar{x}=996$ 克，$n=25$，$\sigma=20$ 克，$\alpha=0.05$。通过查表得：

$$z_{\alpha/2} = z_{0.025} = 1.96$$

由于总体服从正态分布，不重复抽样，则该种食品平均重量的 95％ 置信区间为：

$$\bar{x} \pm z_{\alpha/2}\frac{\sigma}{\sqrt{n}} \cdot \sqrt{\frac{N-n}{N-1}} = 996 \pm 1.96 \times \frac{20}{\sqrt{25}}\sqrt{\frac{500-25}{500-1}} = 996 \pm 7.65 = [988.35, 1003.65]$$

(2)若要求极限误差 $\Delta=10$ 克，则：

$$z_{\alpha/2} = \frac{\Delta}{\sigma_{\bar{x}}} = \frac{\Delta}{\frac{\sigma}{\sqrt{n}}\sqrt{\frac{N-n}{N-1}}} = \frac{10}{3.9} = 2.564$$

由此查表得：

$$1-\frac{\alpha}{2} = P(z \leqslant 2.564) = 0.9948$$

从而得到置信水平 $1-\alpha=0.9896$，即置信水平几乎达到 99％。

2.正态总体，且总体方差 σ^2 未知时

当总体服从正态分布但方差未知时，可用样本方差 s^2 代替总体方差 σ^2。这时可以证明样本均值经过标准化以后得到的随机变量服从自由度为 $n-1$ 的 t 分布，即：

$$t = \frac{\overline{x} - \mu}{\sigma_{\overline{x}}} \sim t(n-1) \tag{6.49}$$

t 分布是类似于正态分布的对称分布，这时采用 t 分布建立的总体均值的置信区间为：

重复抽样时：

$$\overline{x} \pm t_{\alpha/2}(n-1)\frac{s}{\sqrt{n}} \tag{6.50}$$

不重复抽样时：

$$\overline{x} \pm t_{\alpha/2}(n-1)\frac{s}{\sqrt{n}} \cdot \sqrt{\frac{N-n}{N-1}} \tag{6.51}$$

以上区间估计公式中，临界值 $t_{\alpha/2}(n-1)$ 可以通过查 t 分布分位数表或计算机软件得到，在 Excel 中，计算 t 分布分位数是 TINV，但该函数是计算的是双尾概率下的分位数，因此，采用该函数，需要通过公式 $t_{\alpha/2} = t_\alpha^*$（$t_\alpha^*$ 为 t 分布的双尾 α 分位数）来转换。在 R 中计算 t 分布分位数的函数是 qt，但它仍计算的是下侧分位数（默认方式），因此需要用类似于 (6.45) 式进行转换，例如：

$$t_{0.025}(8) = \text{TINV}(0.05, 8) = \text{qt}\,(0.975, 8)$$

例 6.12　假设轮胎的寿命服从正态分布。为估计某种轮胎的平均寿命，现随机抽取 12 只轮胎试用，测得他们的寿命（单位：万公里）如下：

　4.68　4.85　4.32　4.85　4.61　5.02　5.20　4.60　4.58　4.72　4.38　4.70

试求该种轮胎的平均寿命的 95% 置信区间。

解　经计算知 $\overline{x} = 4.7092$，$s = 0.2480$。取 $\alpha = 0.05$，查表知 $t_{0.025}(10) = 2.2010$，于是该种轮胎的平均寿命的 95% 置信区间为：

$$\overline{x} \pm t_{\alpha/2}(n-1)\frac{s}{\sqrt{n}} = 4.7092 \pm 2.2010 \times \frac{0.2480}{\sqrt{12}} = 4.7092 \pm 0.1576 = [4.5516, 4.8668]$$

对于正态总体、方差未知，且是重复抽样的情况下，若提供的是原始数据，则可以直接使用 Excel【数据分析】中的【描述统计】来直接得到置信区间对应的极限误差。例如，对于例 6.12，使用【描述统计】得到的结果如图 6-12 所示。

这个结果中"标准误差"即为例 6.12 的抽样平均误差 $\sigma_{\overline{x}} = \frac{s}{\sqrt{n}}$，"置信度（95.0%）"对应的结果即为例 6.12 中计算的极限误差。

说明：大样本的情况下，t 分布非常接近标准正态分布，此时 (6.50) 式和 (6.51) 式中的 $t_{\alpha/2}(n-1)$ 可以用 $z_{\alpha/2}$ 来代替。

3. 非正态总体时

当总体是非正态总体时，样本均值 $\overline{x}$ 的分布一般比较复杂，这里只考虑大样本的情况。根据中心极限定理，大样本下，样本均值 $\overline{x}$ 近似服从正态分布 $N(\mu, \sigma_{\overline{x}}^2)$。因此，在大样本情况下，总体方差 σ^2 已知时，总体均值 μ 的 $1-\alpha$ 置信区间

列1	
平均	4.70916667
标准误差	0.07158866
中位数	4.69
众数	4.85
标准差	0.24799041
方差	0.06149924
峰度	0.27285963
偏度	0.39203942
区域	0.88
最小值	4.32
最大值	5.2
求和	56.51
观测数	12
最大(1)	5.2
最小(1)	4.32
置信度(95.0%)	0.15756559

图 6-12　例 6.12 中的数据的各描述性统计指标

可直接用(6.43)式或(6.44)式来进行计算;当总体方差未知时,只需将(6.43)式或(6.44)式中的总体标准差 σ 用样本标准差 s 代替即可。

下面,我们将总体均值的区间估计作一个总结,如表 6-4 所示。

表 6-4 不同情况下总体均值的区间估计

总体分布	样本容量	σ 已知	σ 未知
正态分布	大样本($n \geqslant 30$)	$\overline{x} \pm z_{\alpha/2} \dfrac{\sigma}{\sqrt{n}}$	$\overline{x} \pm t_{\alpha/2}(n-1) \dfrac{s}{\sqrt{n}}$ 或 $\overline{x} \pm z_{\alpha/2} \dfrac{s}{\sqrt{n}}$
	小样本($n < 30$)	$\overline{x} \pm z_{\alpha/2} \dfrac{\sigma}{\sqrt{n}}$	$\overline{x} \pm t_{\alpha/2}(n-1) \dfrac{s}{\sqrt{n}}$
非正态分布	大样本	$\overline{x} \pm z_{\alpha/2} \dfrac{\sigma}{\sqrt{n}}$	$\overline{x} \pm z_{\alpha/2} \dfrac{s}{\sqrt{n}}$

注:表 6-4 只考虑了重复抽样的情况,不重复抽样时加上修正系数即可。

(二)总体成数的区间估计

这里只讨论大样本情况下总体成数的估计问题[1]由于成数指标是一个特殊的平均数,类似于总体均值的区间估计,总体成数的区间估计是:

重复抽样时:

$$p \pm z_{\alpha/2} \sqrt{\frac{\rho(1-\rho)}{n}} \tag{6.52}$$

不重复抽样时:

$$p \pm z_{\alpha/2} \sqrt{\frac{\rho(1-\rho)}{n}} \cdot \sqrt{\frac{N-n}{N-1}} \tag{6.53}$$

在实践中,由于总体成数 ρ 常常未知,这时可以使用样本成数 p 来代替。

例 6.13 某城市想要估计下岗职工中女性所占的比例,随机抽取 100 名下岗职工,其中 65 人为女性。用 95% 的置信水平估计该城市下岗职工中女性比例的置信区间。

解 由抽样结果计算的样本成数 $p = 65\%$ 。通过查表知 $z_{0.025} = 1.96$,因此该城市下岗职工中女性比例的 95% 置信区间为:

$$p \pm z_{\alpha/2} \sqrt{\frac{p(1-p)}{n}} = 65\% \pm 1.96 \times \sqrt{\frac{65\% \times (1-65\%)}{100}} = 65\% \pm 9.35\% = [55.65\%, 74.35\%]$$

(三)总体方差的区间估计

估计总体方差时,首先假定总体服从正态分布[2]。其原理与总体均值和总体成数的区间估计不同,不再是"点估计量 ± 极限误差"的形式。这是因为样本方差的抽样分布服从自由度为 $n-1$ 的 χ^2 分布,因此需要用 χ^2 分布构造总体方差的置信区间。由于 χ^2 分布是不对称分布,无法用"点估计量 ± 极限误差"得到总体方差的置信区间。

---

[1] 对于总体成数的估计,确定样本容量是否"足够大"的一般经验规则是:区间 $p \pm 2\sqrt{p(1-p)/2}$ 中不包含 0 或 1。或者要求 $np \geqslant 10$ 和 $n(1-p) \geqslant 10$ 。

[2] 其他形式的分布,方差的抽样分布比较复杂,这里不讨论。

怎样构造总体方差的置信区间呢？注意到 $\chi^2 = \dfrac{(n-1)s^2}{\sigma^2} \sim \chi^2(n-1)$，因此可以考虑用 χ^2 分布构造的总体方差 σ^2 的置信区间。设

$$P(c \leqslant \chi^2 \leqslant d) = 1 - \alpha \tag{6.54}$$

由于 χ^2 分布是偏态分布，寻找平均长度最短的区间很难实现，因此这里采用等尾置信区间：把 α 分为两部分，使得 χ^2 分布在 c 的左侧及 d 的右侧的面积各为 $\alpha/2$，如图 6-13 所示，即：

$$P(\chi^2 < c) = \frac{\alpha}{2} \ , \ P(\chi^2 > d) = \frac{\alpha}{2} \tag{6.55}$$

记 $c = \chi_{1-\alpha/2}^2(n-1)$，$d = \chi_{\alpha/2}^2(n-1)$，分别称为 χ^2 分布的 $1-\alpha/2$ 分位数和 $\alpha/2$ 分位数。同样，它们可以通过查 χ^2 分布分位数表或利用计算机软件得到。

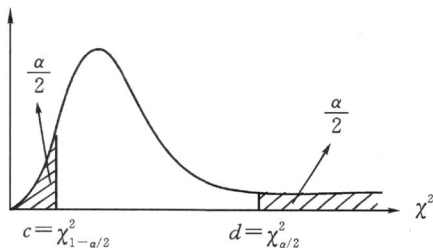

图 6-13　自由度为 $n-1$ 的 χ^2 分布

将 $c = \chi_{1-\alpha/2}^2(n-1)$，$d = \chi_{\alpha/2}^2(n-1)$，$\chi^2 = \dfrac{(n-1)s^2}{\sigma^2}$ 代入 (6.54) 式，得

$$P\left(\chi_{1-\alpha/2}^2(n-1) \leqslant \frac{(n-1)s^2}{\sigma^2} \leqslant \chi_{\alpha/2}^2(n-1)\right) = 1 - \alpha \tag{6.56}$$

由此，我们得到总体方差 σ^2 的一个 $1-\alpha$ 置信区间为：

$$\frac{(n-1)s^2}{\chi_{\alpha/2}^2(n-1)} \leqslant \sigma^2 \leqslant \frac{(n-1)s^2}{\chi_{1-\alpha/2}^2(n-1)} \tag{6.57}$$

在 Excel 中，计算 χ^2 分布的分位数的函数是 CHIINV，该函数的习惯和本书是一致，都取的是上侧分位数。而在 R 中，计算 χ^2 分布的分位数的函数是 qchisq，该函数计算的仍是下侧分位数（默认方式），仍需要通过类似于 (6.45) 式的公式来进行转换，例如：

$$\chi_{0.025}^2(8) = \text{CHIINV}(0.025, 8) = \text{qchisq}(0.975, 8) = 17.53455$$

例 6.14　某厂生产的零件重量服从正态分布 $N(\mu, \sigma^2)$，现从该厂生产的零件中抽取 9 个，测得的质量为（单位：g）：

$$45.3 \quad 45.4 \quad 45.1 \quad 45.3 \quad 45.5 \quad 45.7 \quad 45.4 \quad 45.3 \quad 45.6$$

试求总体标准差 σ 的 95% 置信区间。

解　经计算得 $s^2 = 0.0325$，查表知 $\chi_{0.975}^2(8) = 2.1797$，$\chi_{0.025}^2(8) = 17.5345$，由此得 σ^2 的 95% 置信区间为：

$$\left[\frac{(n-1)s^2}{\chi_{\alpha/2}^2(n-1)}, \frac{(n-1)s^2}{\chi_{1-\alpha/2}^2(n-1)}\right] = \left[\frac{8 \times 0.0325}{17.5345}, \frac{8 \times 0.0325}{2.1797}\right] = [0.0148, 0.1193]$$

从而 σ 的 95% 置信区间为 $[0.1218, 0.3454]$。

四、两个总体参数的区间估计

对于两个总体,所关心的参数主要有两个总体的均值之差 $\mu_1 - \mu_2$、两个总体的成数之差 $\rho_1 - \rho_2$、两个总体的方差比 σ_1^2/σ_2^2。

下面,为了简单起见,我们只考虑重复抽样情况下以上两总体参数的区间估计。

(一)两个总体均值之差的区间估计

在实际中,经常遇到需要比较两个总体均值的问题。例如,某化工厂需要比较两个供应商提供的原材料所带来的产量;某百货商店准备在两个可供选择的郊区设一个店,为了确定应该设在何处,该商店应该根据两个郊区居民的平均收入的比较来确定等。这通常要对两个总体的均值之差作出估计。

1. 独立大样本下的估计

如果两个样本是从两个总体中独立抽取的,即一个样本中的元素与另一个样本中的元素相互独立,则称为独立样本。

如果两个样本都为大样本($n_1 \geqslant 30$ 和 $n_2 \geqslant 30$),两个样本均值之差 $\overline{x_1} - \overline{x_2}$ 近似服从期望值为 $\mu_1 - \mu_2$、方差为 $\dfrac{\sigma_1^2}{n_1} + \dfrac{\sigma_2^2}{n_2}$ 的正态分布,而两个样本均值之差经标准化后则服从标准正态分布,即:

$$z = \frac{(\overline{x_1} - \overline{x_2}) - (\mu_1 - \mu_2)}{\sqrt{\dfrac{\sigma_1^2}{n_1} + \dfrac{\sigma_2^2}{n_2}}} \sim N(0,1) \tag{6.58}$$

当两个总体的方差 σ_1^2 和 σ_2^2 都已知时,两个总体均值之差 $\mu_1 - \mu_2$ 的 $1-\alpha$ 置信区间为:

$$(\overline{x_1} - \overline{x_2}) \pm z_{\alpha/2} \sqrt{\dfrac{\sigma_1^2}{n_1} + \dfrac{\sigma_2^2}{n_2}} \tag{6.59}$$

当两个总体的方差 σ_1^2 和 σ_2^2 未知时,可以用两个样本方差 s_1^2 和 s_2^2 来代替,这时两个总体均值之差 $\mu_1 - \mu_2$ 的 $1-\alpha$ 置信区间为:

$$(\overline{x_1} - \overline{x_2}) \pm z_{\alpha/2} \sqrt{\dfrac{s_1^2}{n_1} + \dfrac{s_2^2}{n_2}} \tag{6.60}$$

例 6.15 某地区教育部门想估计两所中学的学生高考时的英语平均分数之差,为此在两所中学独立地抽取两个随机样本,有关数据如表 6−5 所示。试计算两所中学高考英语平均分数之差的 95% 置信区间。

表 6−5 两个样本的有关统计量

中学 1	中学 2
$n_1 = 46$	$n_2 = 33$
$\overline{x_1} = 126$	$\overline{x_2} = 118$
样本标准差 $s_1 = 5.8$	样本标准差 $s_2 = 7.2$

解 依题知

$$\overline{x} - \overline{y} \pm z_{\alpha/2} \sqrt{\dfrac{s_x^2}{n} + \dfrac{s_y^2}{m}} = 126 - 118 \pm 1.96 \times \sqrt{\dfrac{5.8^2}{46} + \dfrac{7.2^2}{33}} = [5.03, 10.97]$$

故两所中学高考英语平均分数之差的 95% 置信区间为 5.03～10.97 分。

2. 独立小样本下的估计

当两个样本都是独立小样本时($n_1 < 30$ 和 $n_2 < 30$),为估计两个总体均值之差,需要假定两个总体都服从正态分布。当两个总体方差 σ_1^2 和 σ_2^2 都已知时,两个样本的均值之差经标准化后服从标准正态分布,此时可按(6.59)式建立两个总体均值之差的置信区间。当 σ_1^2 和 σ_2^2 未知时,有以下几种情况。

(1)两个总体的方差未知,但相等,即 $\sigma_1^2 = \sigma_2^2 = \sigma^2$

这时,需要将两个样本的数据合并在一起,以给出 σ^2 的合并估计 s_w^2,其计算公式为:

$$s_w^2 = \frac{(n_1 - 1)s_1^2 + (n_2 - 1)s_2^2}{n_1 + n_2 - 2} \tag{6.61}$$

将 s_w^2 代替两个总体的方差,则可以证明两个样本均值之差标准话后服从自由度 $n_1 + n_2 - 2$ 的 t 分布,即:

$$t = \frac{(\overline{x_1} - \overline{x_2}) - (\mu_1 - \mu_2)}{s_w \sqrt{\dfrac{1}{n_1} + \dfrac{1}{n_2}}} \sim t(n_1 + n_2 - 2) \tag{6.62}$$

因此,两个总体均值之差 $\mu_1 - \mu_2$ 的 $1 - \alpha$ 置信区间为:

$$(\overline{x_1} - \overline{x_2}) \pm t_{\alpha/2}(n_1 + n_2 - 2) \sqrt{\frac{1}{n_1} + \frac{1}{n_2}} s_w \tag{6.63}$$

(2)两个总体的方差未知,且不相等,即 $\sigma_1^2 \neq \sigma_2^2$

此时,两个样本均值之差经标准化后近似服从自由度为 ν 的 t 分布,自由度 ν 的计算公式为:

$$\nu = \left(\frac{s_1^2}{n_1} + \frac{s_2^2}{n_2}\right)^2 \bigg/ \left[\frac{s_1^4}{n_1^2(n_1 - 1)} + \frac{s_2^4}{n_2^2(n_2 - 1)}\right] \tag{6.64}$$

两个总体均值之差 $\mu_1 - \mu_2$ 的 $1 - \alpha$ 置信区间为:

$$(\overline{x_1} - \overline{x_2}) \pm t_{\alpha/2}(\nu) \sqrt{\frac{s_1^2}{n_1} + \frac{s_2^2}{n_2}} \tag{6.65}$$

例 6.16 为估计两种方法组装产品所需时间的差异,分别对两种不同的组装方法各随机安排 12 个工人,每个工人组装一件产品所需的时间(单位:分钟)如表 6-6 所示。假定两种方法组装产品的时间服从正态分布。以 95% 的置信水平建立两种方法组装产品所需平均时间差值的置信区间:(1)假定 $\sigma_1^2 = \sigma_2^2$;(2)假定 $\sigma_1^2 \neq \sigma_2^2$。

表 6-6　两种方法组装产品所需的时间

方法 1	28.3	30.1	29.0	37.6	32.1	28.8	36.0	37.2	38.5	34.4	28.0	30.0
方法 2	27.6	22.2	31.0	33.8	20.0	30.2	31.7	26.0	32.0	31.2	33.4	26.5

解 (1)假定 $\sigma_1^2 = \sigma_2^2$。根据样本数据计算得到:

方法 1:$\overline{x_1} = 32.5$,$s_1^2 = 15.996$;方法 2:$\overline{x_2} = 28.8$,$s_2^2 = 19.358$;

σ^2 的合并估计量为:

$$s_w^2 = \frac{(n_1 - 1)s_1^2 + (n_2 - 1)s_2^2}{n_1 + n_2 - 2} = \frac{(12 - 1) \times 15.996 + (12 - 1) \times 19.358}{12 + 12 - 2} = 17.677$$

查表知 $t_{0.025}(22) = 2.0739$。则 $\mu_1 - \mu_2$ 的 95% 置信区间为:

$$(\overline{x_1} - \overline{x_2}) \pm t_{a/2}(n_1 + n_2 - 2)\sqrt{\frac{1}{n_1} + \frac{1}{n_2}}s_w = (32.5 - 28.8) \pm 2.0739 \times$$

$$\sqrt{17.677 \times (\frac{1}{12} + \frac{1}{12})} = 3.7 \pm 3.56 = [0.14, 7.26]$$

所以两种方法组装产品所需平均时间差值的 95% 置信区间为 0.14~7.26 分钟。

(2)假定 $\sigma_1^2 \neq \sigma_2^2$ 时。可计算

$$\nu = (\frac{s_1^2}{n_1} + \frac{s_2^2}{n_2})^2 / [\frac{s_1^4}{n_1^2(n_1-1)} + \frac{s_2^4}{n_2^2(n_2-1)}] = (\frac{15.996}{12} + \frac{19.358}{12})^2$$

$$/ [\frac{15.996^2}{12^2(12-1)} + \frac{19.358^2}{12^2(12-1)}] = 21.80286$$

利用 Excel 或 R 软件,可以得到 $t_{0.025}(21.80286) = 2.0750$,于是 $\mu_1 - \mu_2$ 的 95% 置信区间为:

$$(\overline{x_1} - \overline{x_2}) \pm t_{a/2}(\nu)\sqrt{\frac{s_1^2}{n_1} + \frac{s_2^2}{n_2}} = (32.5 - 28.8) \pm 2.0750 \times \sqrt{\frac{15.996}{12} + \frac{19.358}{12}}$$

$$= 3.7 \pm 3.5616 = [0.1384, 7.2616]$$

所以两种方法组装产品所需平均时间差值的 95% 置信区间为 0.1384~7.2616 分钟。

3.配对样本下的估计

在例 6.16 中,使用的是两个独立的样本。但使用独立样本来估计两个总体均值之差时存在着潜在的弊端。比如,在对每种方法随机指派 12 个工人时,偶尔可能会使技术较差的 12 个工人指派给方法 1,而技术较好的 12 个工人指派给方法 2。这种不公平的指派,可能会掩盖两种方法组装产品所需时间的真正差异。

为解决这一问题,可以使用配对样本,即一个样本中的数据与另一个样本中的数据相对应。比如,先指定 12 个工人用第一种方法组装产品,然后再让 12 个工人用第二种方法组装产品,这样得到的两种方法组装产品的数据就是配对数据。配对样本可以消除由于样本指定的不公平造成的两种方法组装时间上的差异。

使用配对样本进行估计时,在大样本条件下,两个总体均值之差 $\mu_d = \mu_1 - \mu_2$ 的 $1-\alpha$ 置信区间为:

$$\overline{d} \pm z_{a/2}\frac{\sigma_d}{\sqrt{n}} \tag{6.66}$$

式中,d 表示两个配对数据的差值;$\overline{d}$ 表示各差值的均值;σ_d 表示各差值的标准差。当总体的 σ_d 未知时,可用样本差值的标准差 s_d 来代替。

在小样本情况下,假定两个总体各观察值的配对差服从正态分布,且分布的标准差 σ_d 未知时[①],两个总体均值之差 $\mu_d = \mu_1 - \mu_2$ 的 $1-\alpha$ 置信区间为:

$$\overline{d} \pm t_{a/2}(n-1)\frac{s_d}{\sqrt{n}} \tag{6.67}$$

例 6.17 由 10 名学生组成一个随机样本,让他们分别采用 A 和 B 两套试卷进行恻试,结果如表 6-7 所示。假定两套试卷分数之差服从正态分布,试建立两套试卷平均分数之差 95% 的置信区间。

---

① σ_d 已知时采用(6.66)式计算。

表 6-7　10 名学生两套试卷的测试分数

学生编号	试卷 A	试卷 B	差值 d
1	78	71	7
2	63	44	19
3	72	61	11
4	89	84	5
5	91	74	17
6	49	51	-2
7	68	55	13
8	76	60	16
9	85	77	8
10	55	39	16

解　根据表 6-7 的数据计算得 $\bar{d} = 11$，$s_d = 6.53$，查表知 $t_{0.025}(9) = 2.2622$。于是两种试卷测试的分数之差 $\mu_d = \mu_1 - \mu_2$ 的 95% 置信区间为：

$$\bar{d} \pm t_{\alpha/2}(n-1)\frac{s_d}{\sqrt{n}} = 11 \pm 2.2622 \times \frac{6.53}{\sqrt{10}} = 11 \pm 4.67 = [6.3, 15.7]$$

即 A、B 两种试卷产生的分数之差在 6.3～15.7 分，置信度为 95%。

(二)两个总体成数之差的区间估计

在社会经济等问题的研究中，我们常常需要了解两个总体成数之差。例如，对两个大企业、两个社会经济团体的某个经济指标的比率进行比较等。

由于总体成数是特殊的平均数，因此两个总体成数的区间估计与两个总体均值之差的区间估计考虑方式基本上是相同的，只是样本成数的分布不同而已，这里我们假定在大样本情形下进行估计。

由样本成数的抽样分布可知，从两个二项总体中抽出两个独立大样本，则两个样本成数之差近似服从正态分布，而两个样本成数之差经标准化后则近似服从标准正态分布，即：

$$z = \frac{(p_1 - p_2) - (\rho_1 - \rho_2)}{\sqrt{\dfrac{\rho_1(1-\rho_1)}{n_1} + \dfrac{\rho_2(1-\rho_2)}{n_2}}} \sim N(0,1) \tag{6.68}$$

由于两个总体成数 ρ_1 和 ρ_2 通常是未知的，可用样本成数 p_1 和 p_2 来代替。因此，根据正态分布建立的两个总体成数之差 $\rho_1 - \rho_2$ 的 $1-\alpha$ 置信区间为：

$$(p_1 - p_2) \pm z_{\alpha/2}\sqrt{\dfrac{p_1(1-p_1)}{n_1} + \dfrac{p_2(1-p_2)}{n_2}} \tag{6.69}$$

例 6.18　在某个电视节目的收视率调查中，从农村随机调查了 400 人，有 32% 的人收看了该节目；从城市随机调查了 500 人，有 45% 的人收看了该节目。试以 95% 的置信水平计算城市与农村收视率差别的置信区间。

解　设城市收视率为 $p_1 = 45\%$，农村收视率为 $p_2 = 32\%$，$\alpha = 0.05$。查表知 $z_{0.025} = 1.96$，因此所求的置信区间为：

$$(p_1 - p_2) \pm z_{a/2} \sqrt{\frac{p_1(1-p_1)}{n_1} + \frac{p_2(1-p_2)}{n_2}}$$

$$= (45\% - 32\%) \pm 1.96 \times \sqrt{\frac{45\% \times (1-45\%)}{500} + \frac{32\% \times (1-32\%)}{400}}$$

$$= 13\% \pm 6.32\% = [6.68\%, 19.32\%]$$

即在 95% 的置信水平下,城市与农村收视率差别在 6.68%～19.32%。

(三)两个总体方差比的区间估计

在实际问题中,经常会遇到比较两个总体的方差问题。比如,希望比较用两种不同方法生产的产品性能的稳定性,比较不同测量工具的精度,等等。

同单个总体方差的区间估计,这里一样需要假定涉及的总体服从正态分布。由于样本方差的抽样分布是 χ^2 分布,则两样本方差之比的抽样分布为 F 分布,即:

$$F = \frac{s_1^2}{\sigma_1^2} / \frac{s_2^2}{\sigma_2^2} \sim F(n_1-1, n_2-1) \tag{6.70}$$

由于 F 分布也是偏态分布,因此同 χ^2 分布构造置信区间一样,采用等尾置信区间,如图 6-14 所示,则有:

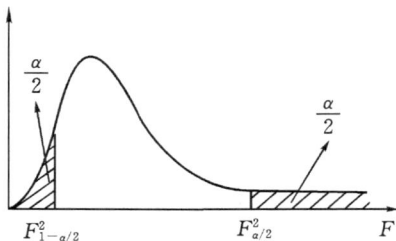

图 6-14 F 分布示意图

$$P(F_{1-a/2}(n_1-1, n_2-1) \leqslant \frac{s_1^2}{\sigma_1^2} / \frac{s_2^2}{\sigma_2^2} \leqslant F_{a/2}(n_1-1, n_2-1)) = 1-\alpha \tag{6.71}$$

即有:

$$P(\frac{s_1^2/s_2^2}{F_{a/2}(n_1-1, n_2-1)} \leqslant \frac{\sigma_1^2}{\sigma_2^2} \leqslant \frac{s_1^2/s_2^2}{F_{1-a/2}(n_1-1, n_2-1)}) = 1-\alpha \tag{6.72}$$

所以,两个总体方差比 $\frac{\sigma_1^2}{\sigma_2^2}$ 的 $1-\alpha$ 置信区间为:

$$\frac{s_1^2/s_2^2}{F_{a/2}(n_1-1, n_2-1)} \leqslant \frac{\sigma_1^2}{\sigma_2^2} \leqslant \frac{s_1^2/s_2^2}{F_{1-a/2}(n_1-1, n_2-1)} \tag{6.73}$$

在 Excel 中,计算 F 分布的分位数的函数是 FINV,该函数的习惯和本书是一致,都取的是上侧分位数。而在 R 中,计算 F 分布的分位数的函数是 qf,该函数计算的仍是下侧分位数(默认方式),仍需要通过类似于(6.45)式的公式来进行转换,例如:

$$F_{0.025}(12,15) = FINV(0.025, 12, 15) = qf(0.975, 12, 15) = 2.963282$$

例 6.19 生产工序的方差是工序质量的一个重要度量。当方差较大时,需要对工序进行改进以减小方差。下面是两部机器生产的袋茶重量的数据(单位:克):

机器 1:3.45　3.22　3.90　3.20　2.98　3.70　3.22　3.75　3.28　3.50　3.38

3.35　2.95　3.45　3.20　3.16　3.48　3.12　3.20　3.18　3.25

　　机器 2:3.22　3.28　3.35　3.38　3.19　3.30　3.30　3.20　3.05　3.30　3.29

3.33　3.34　3.35　3.27　3.28　3.16　3.28

　　试求两个总体方差比 σ_1^2/σ_2^2 的 95% 置信区间。

　　解　已知 $n_1 = 21$，$n_1 = 18$，$\alpha = 0.05$；经计算得 $s_1^2 = 0.0584$，$s_2^2 = 0.0065$。查表知 $F_{0.025}(20,17) = 2.6158$，$F_{0.975}(20,17) = 0.3964$，于是两部机器生产数据的方差比 σ_1^2/σ_2^2 的 95% 置信区间为:

$$\left[\frac{s_1^2/s_2^2}{F_{\alpha/2}(n_1-1, n_2-1))}, \quad \frac{s_1^2/s_2^2}{F_{1-\alpha/2}(n_1-1, n_2-1)}\right] = \left[\frac{0.0584/0.0065}{2.6158}, \frac{0.0584/0.0065}{0.3964}\right]$$

$$= [3.4112, 22.5103]$$

第四节　样本容量的确定[①]

　　在进行参数估计之前,首先应该确定一个适当的样本容量,也就是应该抽取一个多大的样本来估计总体参数。在进行估计时,总是希望提高估计的可靠程度。但在一定的样本量下,要提高估计的可靠程度(置信水平),就应扩大置信区间,而过宽的置信区间在实际估计中往往是没有意义的。比如,我们说出某一天会下雨,置信区间并不宽,但可靠性相对较低,如果说第三季度会下一场雨,尽管很可靠,但精度又太差,也就是置信区间太宽了,这样的估计是没有意义的。如果想要缩小置信区间,又不降低置信程度,就需要增加样本量。但样本量的增加也会受到许多限制,比如会增加调查的费用和工作量。通常,样本容量的确定与可以容忍的置信区间的宽度以及对此区间设置的置信水平有一定关系。因此,如何确定一个适当的样本容量,也是抽样估计中需要考虑的问题。

一、估计总体均值时样本容量的确定

(一)估计一个总体均值时样本容量的确定

　　由上一节的内容知道,重复抽样下,对于正态总体或大样本时的非正态总体,其均值的置信区间为:

$$\overline{x} \pm z_{\alpha/2} \frac{\sigma}{\sqrt{n}} \tag{6.74}$$

对应的极限误差为:

$$\Delta = z_{\alpha/2} \frac{\sigma}{\sqrt{n}} \tag{6.75}$$

　　由(6.75)式可以知道,在一定的置信水平 $1-\alpha$ 下,并给定了所允许的极限误差 Δ,那么就可以得出必要的样本容量 n,具体为:

$$n = z_{\alpha/2}^2 \frac{\sigma^2}{\Delta^2} \tag{6.76}$$

　　在不重复抽样下,对于正态总体或大样本时的非正态总体,估计总体均值的极限误差为:

---

① 　小样本估计一般不需要讨论此问题,因此本节的讨论都是在大样本估计的前提下进行的。

$$\Delta = z_{\alpha/2} \frac{\sigma}{\sqrt{n}} \sqrt{1 - \frac{n}{N}} \qquad (6.77)$$

将上式平方,并进行整理即可以得到在不重复抽样下,必要的样本容量的计算公式:

$$n = \frac{N z_{\alpha/2}^2 \sigma^2}{N\Delta^2 + z_{\alpha/2}^2 \sigma^2} \qquad (6.78)$$

例 6.20 拥有工商管理学士学位的大学毕业生年薪的标准差大约为 2000 元,假定想要估计年薪 95% 的置信区间,希望估计误差不超过 400 元,应抽取多大的样本容量?

解 已知 $\sigma = 2000$ 元,$\Delta = 400$ 元,$\alpha = 0.05$。查表知 $z_{0.025} = 1.96$,则:

$$n = z_{\alpha/2}^2 \frac{\sigma^2}{\Delta^2} = 1.96^2 \times \frac{2000^2}{400^2} = 96.04 \approx 97$$

即应至少抽取 97 人作样本。

(二)估计两总体均值差时样本容量的确定

在估计两个总体均值之差时,样本量的确定方法与上述类似。对于给定的极限误差和置信水平 $1 - \alpha$,估计两个总体均值所需的样本容量为:

$$n_1 = n_2 = z_{\alpha/2}^2 \frac{\sigma_1^2 + \sigma_2^2}{\Delta^2} \qquad (6.79)$$

式中,n_1 和 n_2 分别为来自两个总体的样本量;σ_1^2 和 σ_2^2 分别为两个总体的方差。

例 6.21 一所中学的教务处想要估计试验班和普通班数学考试成绩平均分数差值的置信区间。要求置信水平为 95%,预估计两个班考试分数的方差分别为:试验班 $\sigma_1^2 = 90$,普通班 $\sigma_2^2 = 120$。如果要求估计误差不超过 5 分,在两个班应分别抽取多少名学生作为样本?

解 已知 $\sigma_1^2 = 90$,$\sigma_2^2 = 120$,$\Delta = 5$,$z_{0.025} = 1.96$,则:

$$n_1 = n_2 = z_{\alpha/2}^2 \frac{\sigma_1^2 + \sigma_2^2}{\Delta^2} = 1.96^2 \times \frac{90 + 120}{5^2} = 32.269 \approx 33$$

即两个班应各抽取 33 名学生作为样本。

二、估计总体成数时样本容量的确定

(一)估计一个总体成数时样本容量的确定

成数是特殊的平均数,因此估计总体成数时,只需将估计总体均值时的总体方差换成成数方差即可,即有:

重复抽样时:

$$n = z_{\alpha/2}^2 \frac{\rho(1 - \rho)}{\Delta^2} \qquad (6.80)$$

不重复抽样时

$$n = \frac{N z_{\alpha/2}^2 \rho(1 - \rho)}{N\Delta^2 + z_{\alpha/2}^2 \rho(1 - \rho)} \qquad (6.81)$$

(二)估计两总体成数之差时样本容量的确定

将(6.79)式中的方差换为成数方差,即可得出量总体所需样本容量:

$$n_1 = n_2 = z_{\alpha/2}^2 \frac{\rho_1(1 - \rho_1) + \rho_2(1 - \rho_2)}{\Delta^2} \qquad (6.82)$$

三、应注意的问题

（1）计算样本容量时，一般总体的方差与成数都是未知的，可用有关资料替代：一是用历史资料已有的方差与成数代替；二是在进行正式抽样调查前进行几次试验性调查，用试验中方差的最大值代替总体方差；三是成数方差在完全缺乏资料的情况下，就用成数方差的最大值 0.25 代替。

（2）如果进行一次抽样调查，同时需要估计总体均值与成数，用上面的公式同时计算出两个样本容量，可取一个最大的结果，同时满足两方面的需要。

（3）上面的公式计算结果如果带小数，这时样本容量不按四舍五入法取整数，应取比这个小数大的最小整数，如例 6.20 和例 6.21。

例 6.22 对企业产品合格率进行抽样调查，根据历史上进行的二次调查资料，合格率分别是 15% 和 13%，这次调查要求误差不超过 5%，置信水平为 95%，问至少要抽出多少产品作为样本？

解 已知 $\alpha = 0.05$，$\Delta = 0.05$，查表知 $z_{0.025} = 1.96$。由于 $\rho(1-\rho)$ 在 $\rho \leqslant 0.5$ 时是递增函数，因此计算成数方差，应按历史上调查的合格率 $\rho = 15\%$ 来进行计算，因此：

$$n = z_{\alpha/2}^2 \frac{\rho(1-\rho)}{\Delta^2} = 1.96^2 \times \frac{15\%(1-15\%)}{0.05^2} = 195.922$$

故至少应抽取 196 件产品进行检验。

例 6.23 对某型号电池进行电流强度检验，根据以往正常生产的经验数据，已知电流强度的标准差 $\sigma = 0.4$ 安培，合格率 $\rho = 90\%$。采用随机重复抽样方式，需要在 99.73% 的置信水平下，抽样平均电流的误差范围不超过 0.08 安培，抽样合格率误差范围不超过 5%，试求必要的抽样单位数。

解 已知 $1 - \alpha = 99.73\%$，$z_{\alpha/2} = 3$，按估计总体均值和成数计算的样本容量分别为：

$$n_1 = z_{\alpha/2}^2 \frac{\sigma^2}{\Delta_{\bar{x}}^2} = 3^2 \times \frac{0.4^2}{0.08^2} = 225，\quad n_2 = z_{\alpha/2}^2 \frac{\rho(1-\rho)}{\Delta_\rho^2} = 3^2 \times \frac{90\% \times (1-90\%)}{0.05^2} = 324$$

取以上结果中的较大者，即 $n = 324$，即应抽取 324 个电池作样本保证抽样调查的可靠性与准确性。

应用案例

有重大科学突破时科学家年龄的估计[①]

"科学创造最佳年龄区"的概念是赵红洲首先提出的。他认为，在人的一生中，总有一个记忆力方兴未艾、理解力"运若转轴"的时期，即记忆力和理解力都好的时期。处于这个时期的人不仅有丰富的实践经验，也有广博的科学知识；不仅有驾驭大量材料的能力，而且有敢想敢干的精神，精力旺盛又富于想象。这个时期，就是一个人创造力最好的"黄金时代"，或者说是科学发现的"最佳年龄区"。

经过统计分析，赵红洲指出杰出科学家作出重大贡献的最佳年龄区 25～45 岁，其最佳峰值年龄和首次贡献的最佳成名年龄随着时代的变化而逐渐增大。伟大的科学发现是由于富于创造力的年轻人所提出的。下表是 16 世纪中叶至 20 世纪 12 个重大科学突破的资料。

---

① 本案例选自《统计学案例与分析》，贾俊平，郝静等编著。

表 6 - 8　16 世纪中叶至 20 世纪 12 个重大科学突破的资料

科学发现	科学家	年份	年龄
太阳中心论	哥白尼	1543	40
天文学的基本定律	伽利略	1600	43
运动定律、微积分、万有引力	牛顿	1665	23
电的实质	富兰克林	1746	40
燃烧即氧化	拉瓦锡	1774	31
进化论	达尔文	1858	49
电磁理论	麦克斯威尔	1864	33
留声机、电灯	爱迪生	1877	30
X 射线	居里夫人	1896	34
量子论	普朗克	1901	43
相对论	爱因斯坦	1905	26
量子力学的数学基础	薛定尔	1926	39

下面运用本章的内容估计 16 世纪中叶至 20 世纪有重大突破时的科学家的平均年龄,并分析这个估计的可靠性与精确性。

一、有重大突破时科学家平均年龄的估计

评价一个估计量的好坏有很多标准,其中最主要的是无偏性、有效性、一致性。对总体均值的估计可以采用多种估计量,如样本均值、样本中位数等,但从数理统计的角度可以证明,在样本量足够大的前提下,样本均值总能满足无偏性和一致性,并且在相同样本量的前提下,它的精度要高于其他估计量。另外,从实践的角度来看,样本均值的分布要比其他估计量的分布要明确,便于我们对估计量的可靠性和精确性加以分析。

综合上述分析,在本案例中要对重大突破时科学家的平均年龄进行估计,我们把已知的有重大突破时 12 为科学家的年龄作为样本,以它们的均值来估计总体的均值。根据样本数据,得到 16 世纪中叶到 20 世纪有重大突破时科学家平均年龄的点估计约为 35.92 岁。

二、估计的可靠性与精确性分析

在上面的分析中,我们已经得出有重大突破时科学家平均年龄的点估计值约为 35.92 岁,但是我们没有对这种估计的可靠性和精度进行分析。这个估计的数字离真实值有多远,缺乏这样的分析难免使我们的估计的说服力遭到质疑。在统计学中,区间估计这个方法使我们能很好地避免这个问题。

在对总体均值进行区间估计时,需要考虑总体是否是正态分布、总体方差是否已知、用于估计的样本是大样本($n \geqslant 30$)还是小样本($n < 30$)等几种情况。不同的情形,要采用不同的估计方法。

在本案例中,样本容量 $n = 12$,属于小样本,用 R 软件进行 K-S(Kolmogorov-Smirnov)正态性检验[1],并作出该样本的正态 QQ 图[2](见图 6 - 15),结果如下:

---

① 这种检验属于非参数检验的内容,请读者自行查阅相关理论内容。
② 专门用来鉴别样本数据是否来自正态分布,若是,图中散点大致分布在一条直线附近。具体可参考有关的统计书籍。

One-sample Kolmogorov-Smirnov test

D = 0.1557, p-value = 0.933

alternative hypothesis：two-sided

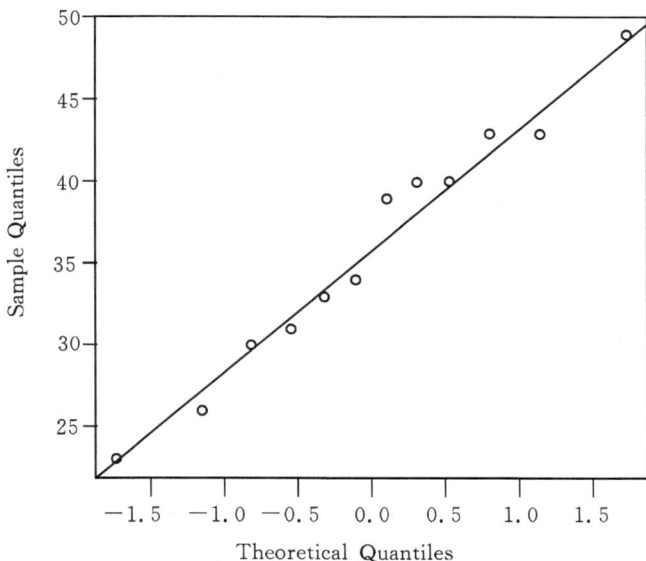

图 6-15　16 世纪中叶至 20 世纪有重大科学突破的 12 个科学家年龄的正态 QQ 图

K-S 正态性检验没有拒绝正态分布的假设，因此可以认为，有重大突破时的科学家的年龄服从正态分布。而通过图 6-15 所示的正态 QQ 图，可以看到图上的散点近似地分布在一条直线附近，因此也可以认为样本数据来自正态分布。

因此，对于本案例，可以用 t 分布来建立总体均值的置信区间。根据样本数据得 $\bar{x} = 35.92$，$s = 7.69$。取置信水平 $1 - \alpha = 95\%$，则 $t_{\alpha/2}(n-1) = t_{0.025}(11) = 2.01$，由此得到有重大突破时科学家平均年龄的 95% 置信区间为：

$$\bar{x} \pm t_{0.025}(11)\frac{s}{\sqrt{n}} = 35.92 \pm 2.01 \times \frac{7.69}{\sqrt{11}} = 35.92 \pm 5.10 = [30.82, 41.02]$$

综上所述，在 95% 的可靠程度下，可以认为有重大突破时科学家的平均的年龄为 35.92 岁，这种估计的最大偏差不超过 5.10 岁，即可以认为这些科学家的平均年龄在 30.82～41.02 岁。

思考与练习

一、单项选择题

1.样本统计量是（　　　）。

A.确定的　　　　　B.唯一的　　　　　　C.随机变量　　　　D.确定变量

2.抽样平均误差反映了样本统计量与总体参数之间的（　　　）。

A.实际误差　　　　B.实际误差的绝对值　C.平均误差程度　　D.可能的误差范围

3.重复抽样与不重复抽样相比，其样本均值抽样分布的标准差（　　　）。

A.重复抽样大　　　B.不重复抽样大　　　C.一样大　　　　　D.不一定

4.用重复抽样方法抽取样本单位,如果要使在可靠程度不变的情况,参数估计的误差降低50%,则样本容量需要增加(   )。

A.2 倍　　　　　　B.3 倍　　　　　　C.4 倍　　　　　　D.5 倍

5.在参数估计中,随着样本容量的增大,样本统计量接近总体参数的概率就越大,这一性质称为(   )。

A. 无偏性　　　　B. 有效性　　　　C. 及时性　　　　D. 一致性

6.下面关于置信区间的表述正确的是(   )。

A. 任何总体参数的置信区间都等于点估计值加减极限误差

B. 一个具体样本构建的总体参数的 95% 的置信区间,将以 95% 的概率包含总体参数

C. 在样本量相同的情况下,总体均值的 90% 的置信区间要比 95% 的置信区间窄

D. 在相同的置信水平下,一个较大的样本构建的总体均值的置信区间要比一个较小的样本构建的置信区间准确

7.质检部门的一项抽样调查表明,某种袋装食品平均重量的 99% 置信区间为 490～505 克,这里的 99% 是指(   )。

A. 食品重量的合格率为 99%

B. 在 100 袋食品中,有 99 袋的重量在 490～505 克

C. 可以用 99% 的概率保证该食品每袋的平均重量在 490～505 克

D. 如果用相同的方法进行多次估计,每袋食品重量的平均值在 490～505 克的频率约为 99%

8.在某个电视节目的收视率调查中,随机抽取由 165 个家庭构成的样本,其中观看该节目的家庭有 33 个。用 90% 的置信水平估计观看该节目的家庭比例的置信区间为(   )。

A.20% ± 3%　　B.20% ± 4%　　C.20% ± 5%　　D.20% ± 6%

9.在一项对学生资助贷款的研究中,随机抽取 480 名学生作为样本,得到毕业前的平均欠款余额为 12168 元,标准差为 2200 元。则贷款学生总体中平均欠款的 95% 置信区间为(   )。

A.11971～12365 元　B.11971～13365 元　　C.11971～14365 元　D.11971～15365 元

10.随机抽取 20 罐啤酒,得到装填的标准差为 0.5 升。用 95% 的置信水平得到总体装填量标准差 σ 的置信区间为(   )。

A.[0.028,0.105]　　B.[0.28,1.05]　　C.[0.14,0.53]　　D.[2.8,10.5]

11.分别来自两个正态总体的两个独立样本的样本均值和方差如下表所示:

来自总体 1 的样本	来自总体 2 的样本
$n_1 = 14$	$n_2 = 7$
$\overline{x_1} = 53.2$	$\overline{x_2} = 43.4$
$s_1^2 = 96.8$	$s_2^2 = 102.0$

两个总体均值之差 95% 的置信区间为(   )。

A.9.8 ±7.94　　B.9.8± 9.09　　C.9.8 ± 13.14　　D.9.8 ±15.25

12.某企业产品的合格率曾有 99%、97% 和 95% 三种情况,为推断该企业当前产品的合格率,应选哪一合格率作为样本容量的计算依据?(   )

A.95%　　　　　　B.97%　　　　　　C. 99%　　　　　　D. $\sqrt[3]{99\% \cdot 97\% \cdot 95\%}$

二、思考题

1.什么是重复抽样和不重复抽样？为什么相同条件下不重复抽样的误差总是小于重复抽样的误差？

2.评价参数估计量好坏的标准是什么？

3.解释置信水平和置信区间的含义。

4.举例说明参数估计的精度与可靠程度之间的关系。

5.简述样本容量与置信水平、总体的差异程度及估计允许的误差之间的关系。

6.估计样本容量时涉及到的总体标准差、总体成数往往未知，那么在实际抽样中应如何处理？

三、计算题

1.某市居民家庭人均年收入是服从元 $\mu = 4000$ ，$\sigma = 1200$ 元的正态分布，求该市居民家庭人均年收入：

(1)在 5000~7000 元的概率；

(2)超过 8000 元的概率。

2.某地区粮食播种面积 5000 亩，按不重复抽样方法随机抽取了 100 亩进行实测，调查结果，平均亩产 450 公斤，亩产量标准差为 52 公斤。试以 95% 的置信度估计该地区粮食平均亩产量和总产量的置信区间。

3.已知某种材料的抗压强度服从正态分布 $N(\mu, \sigma^2)$ ，现随机地抽取 10 个试件进行抗压试验，测得数据为：482,193,457,471,510,446,435,418,394,469。

(1)求平均抗压强度 μ 的 95% 置信区间；

(2)若已知 $\sigma = 30$ ，求平均抗压强度 μ 的 95% 置信区间；

(3)求 σ 的 95% 置信区间。

4.采用简单随机重复抽样的方法，从 2000 件产品中抽查 200 件，其中合格品 190 件。要求：

(1)计算样本合格品率及其抽样平均误差；

(2)以 95.45% 的置信度，对合格品率和合格品数量进行区间估计；

(3)如果估计合格率的极限误差为 2.31%，则其置信度是多少？

5.设从总体 $N(\mu_1, \sigma_1^2)$ 和 $N(\mu_2, \sigma_2^2)$ 中分别抽取容量 $n_1 = 10$ ，$n_2 = 15$ 的独立样本，经计算得 $\overline{x_1} = 82$ ，$s_1^2 = 56.5$ ，$\overline{x_2} = 76$ ，$s_2^2 = 52.4$ 。

(1)若已知 $\sigma_1^2 = 64$ ，$\sigma_2^2 = 49$ ，求 $\mu_1 - \mu_2$ 的 95% 置信区间；

(2)若已知 $\sigma_1^2 = \sigma_2^2$ ，求 $\mu_1 - \mu_2$ 的 95% 置信区间；

(3)若对 σ_1^2 ，σ_2^2 一无所知，求 $\mu_1 - \mu_2$ 的 95% 置信区间；

(4)求 σ_1^2/σ_2^2 的 95% 置信区间。

6.假设人体身高服从正态分布，今抽测甲、乙地区 18~25 岁女青年身高的数据如下：甲地区抽取 10 名，样本均值为 1.64 米，样本标准差为 0.2 米；乙地区抽取 10 名，样本均值为 1.62 米，样本标准差为 0.4 米。求：

(1)两正态总体方差比的 95% 置信区间；

(2)两正态总体均值差的 95% 置信区间。

7.某大学为了解学生每天上网的时间，在全校 7500 名学生中采取重复抽样方法随机抽取

36 人,调查他们每天上网的时间,得到下面的数据(单位:小时):

3.3	3.1	6.2	5.8	2.3	4.1	5.4	4.5	3.2
4.4	2.0	5.4	2.6	6.4	1.8	3.5	5.7	2.3
2.1	1.9	1.2	5.1	4.3	4.2	3.6	0.8	1.5
4.7	1.4	1.2	2.9	3.5	2.4	0.5	3.6	2.5

求该校大学生平均上网时间的置信区间,置信水平分别为 90%、95% 和 99%。

8. 一家研究机构想估计在网络公司工作的员工每周加班的平均时间,为此随机抽取了 18 个员工,得到他们每周加班的时间数据如下(单位:小时):

6	21	17	20	7	0	8	16	29
3	8	12	11	9	21	25	15	16

假定员工每周加班的时间服从正态分布,估计网络公司员工平均每周加班时间的 90% 的置信区间。

9. 顾客到银行办理业务时往往需要等待一些时间,而等待时间的长短与许多因素有关,比如,银行的业务员办理业务的速度,顾客等待排队的方式,等等。为此,某银行准备采取两种排队方式进行试验,第一种排队方式是:所有顾客都进入一个等待队列;第二种排队方式是:顾客在三个业务窗口处列队三排等待。为比较哪种排队方式使顾客等待的时间更短,银行各随机抽取的 10 名顾客,他们在办理业务时所等待的时间(单位:分钟)如下:

方式 1	6.5	6.6	6.7	6.8	7.1	7.3	7.4	7.7	7.7	7.7
方式 2	4.2	5.4	5.8	6.2	6.7	7.7	7.7	8.5	9.3	10.0

(1)构建第一种排队方式等待时间标准差的 95% 的置信区间;

(2)构建第二种排队方式等待时间标准差的 95% 的置信区间;

(3)根据(1)和(2)的结果,你认为哪种排队方式更好?

10. 某居民小区共有居民 500 户,小区管理者准备采用一项新的供水设施,想了解居民是否赞成。采取不重复抽样随机抽取了 50 户,其中 32 户赞成,18 户反对。

(1)求总体中赞成新措施的户数比例的置信区间,置信水平为 95%;

(2)如果小区管理者预计赞成的比例能达到 80%,要求估计误差不超过 10%,应抽取多少户进行调查?

11. 一家人才测评机构对随机抽取的 10 名小企业的经理人用两种方法进行自信心测试,得到的自信心测试分数如下:

人员编号	1	2	3	4	5	6	7	8	9	10
方法 1	78	63	72	89	91	49	68	76	85	55
方法 2	71	44	61	84	74	51	55	60	77	39

构建两种方法平均自信心得分之差 $\mu_d = \mu_1 - \mu_2$ 的 95% 的置信区间。

12. 某超市想要估计每个顾客平均每次购物花费的金额。根据过去的经验,标准差大约为 120 元,现要求以 95% 的置信水平估计每个顾客平均购物金额的置信区间,并要求估计误差不超过 20 元,应抽取多少顾客作样本。

13. 生产工序的方差是工序质量的一个重要度量。当方差较大时,需要对工序进行改进以减小方差。下面是两部机器生产的袋茶重量(单位:克)的数据:

机器 1			机器 2		
3.45	3.22	3.90	3.22	3.28	3.35
3.20	2.98	3.70	3.38	3.19	3.30
3.22	3.75	3.28	3.30	3.20	3.05
3.50	3.38	3.35	3.30	3.29	3.33
2.95	3.45	3.20	3.34	3.35	3.27
3.16	3.48	3.12	3.28	3.16	3.28
3.20	3.18	3.25	3.30	3.34	3.25

构造两个总体方差比 σ_1^2/σ_2^2 的 95% 的置信区间。

14. 某外贸公司出口一种茶叶,规定每包规格不低于150克,现在用重复抽样的方法抽取其中100包进行检验,其结果如下:

每包重量(克)	包数
146~148	10
148~150	10
150~152	50
152~154	30

(1)以 95% 的置信水平计算该批茶叶合格率的取值范围;

(2)在显著水平 $\alpha=0.05$ 下,判断该批茶叶平均重量是否达到规格要求。

15. 从某企业工人中随机抽选部分进行调查,所得工资分布数列如下:

工资水平(元)	600	700	800	900	1000
工人数(人)	5	10	11	20	4

试求:

(1)以 95.45% 的置信度估计该企业工人平均工资的置信区间,以及该企业工人中工资不少于800元的工人所占比重的置信区间;

(2)如果要求估计平均工资的允许误差范围不超过30元,估计工资不少于800元的工人所占比重的允许误差范围不超过10%,置信度仍为95.45%,试问至少应抽多少工人?

第七章

假设检验

情景导入

女士品茶——不同调制顺序的奶茶能区分吗？

20世纪20年代后期，在英国剑桥一个夏日的午后，一群大学的绅士和他们的夫人，以及来访者，正围坐在户外的桌旁，享用着下午的奶茶。奶茶由牛奶和茶混合而成，调制时可以先倒茶后倒牛奶，也可以先倒牛奶后倒茶。

在场的一位女士声称，她能分辨这两种不同做法调制出来的奶茶。在场的一帮科学精英们，对这位女士的说法感到很可笑。这怎么可能呢？他们不能想象，仅仅因为倒茶和牛奶的顺序不同，奶茶就会发生不同的化学反应。同时在场的著名统计学家费希尔(R. A. Fisher)确不这么看，他对这个问题产生了很大的兴趣，他兴奋地对在场的人们说："让我们来检验这个命题吧！"

费希尔设计了如下的实验来检验该女士的说法：

取8个一样的杯子，每杯含体积相同的奶茶，由同样比例的茶和牛奶混合调匀而成，其中4个杯子先倒茶后倒牛奶，4个杯子先倒牛奶后倒茶，把8个杯子随机排成一列。

如果品尝的结果是，她4杯全说对了。问该女士是否有鉴别这两种茶的能力？费希尔的推理如下：

引入如下一个假设：

$$H_0:该女士对这种奶茶无鉴别力$$

当 H_0 正确时，她全靠猜(随机判断)，可算得4杯全说对的概率为：

$$\frac{1}{C_8^4} = \frac{1}{70} \approx 0.014$$

因此，若该女士全部说对，下列两种情况必发生其一：一是 H_0 不成立，即该女士确有鉴别力；二是 H_0 成立，而这意味着发生了一个概率仅为0.014的事件(四杯全说对)。第二种情况相当于在一个装有70个球的箱子中随机摸出一个球，正好摸到了指定的那个球，这是一个小概率事件。我们很难用运气来解释所发生的结果，因而有相当的理由承认第一种可能性。或者说该女士4杯全说对这一结果，是一个不利于 H_0 的显著的特征。据此，我们拒绝 H_0，认为该女士确有鉴别力。

在这个例子中，该女士品尝的结果是选对3杯，则可以算得，纯凭瞎猜，出现此结果及更好结果的概率是：

$$\frac{C_4^3 C_4^1 + 1}{C_8^4} = \frac{17}{70} = 0.243$$

数值接近1/4，这个概率不算太小，就好比从装有4个球的盒子中，随机取一个球，正好是指定的那个球,这不算太稀罕。因此,选对 3 杯这一结果,并没有给拒绝 H_0 充分的支持,我们还不能拒绝这个假设。

费希尔把上述性质的推理叫做"显著性检验"。本例中,显著一词,是指由试验结果反映的"该女士对这两种奶茶有鉴别力"的显著程度,是用概率来表达的,概率越小,显著性越高,"该女士对这两种奶茶有鉴别力"的理由就越充分。

以上"女士品茶"的案例是一个统计史上一个非常著名的统计试验,它是由著名统计学家费希尔设计的。其实,费希尔设计这个试验的兴趣不在于判断女士能否正确地品尝出不同的奶茶来,而在于找到一种能判断该女士的说法是否正确的方法。也许正是这件事,激发了这位统计学家的灵感,提出了显著性检验的思想,在开创假设检验这个方向上起了重大作用。假设检验和上一章阐述的参数估计合称为推断统计学的两大基本内容,因此假设检验在现代统计学中占有十分重要的地位。学完本章,我们将对假设检验有一个深入的了解,同时读者回过头来再看"女士品茶",相信会有一个更深刻的认识。

第一节　假设检验概述

假设检验是推断统计学的另一项重要内容,它与参数估计类似,但角度不同。参数估计是利用样本信息推断未知的总体参数,而假设检验则是先对总体参数提出一个假设值,然后利用样本信息判断这一假设是否成立。假设检验按照检验内容的不同,可以分为参数检验和非参数检验。对已知总体分布的某个未知参数进行的检验,称为参数检验;对总体的分布形式进行的检验,称为非参数检验。本章主要讨论参数检验,关于非参数检验,限于篇幅和内容深度,本章不作介绍,读者可以查阅相关书籍。同时,为了叙述的简洁性,本章后面介绍的各种检验,其样本的获取都是重复抽样得到的,对不重复抽样的情形,读者可类似处理。

在本章第一节中,我们将首先对假设检验的基本思想、涉及的一些基本概念和应注意的相关事项等作个介绍,为后面各节内容的学习打下基础。

一、假设检验的基本思想

假设检验运用的是概率反证法的基本思想,即"在逻辑上应用反证法,在统计上应用小概率原理"来判断总体的某个假设是否成立。这主要表现在假设检验总是首先对总体提出某个假设,然后在假定这个假设成立的情形下看有什么结果会产生,如果导致一个不合理的现象出现,那就表示这个假设是不正确的,这时我们只能拒绝这个假设。如果没有导致不合理的现象发生,则我们就不能否定这个假设。在这里,我们所说的"不合理",并不是形式逻辑中的绝对的不合理,而是基于人们在实践中广泛采用的一个原则:小概率原理。所谓的小概率原理是指:概率很小的事件(称为小概率事件)在一次试验或观察中实际上不会发生。例如,在 10000件产品中,如果只有 1 件是次品,那么可以得知,在一次试验中随机抽取 1 件产品,它为次品的概率仅为 0.01%,此概率是非常小的。在这样小的概率下,一次试验,是不可能抽到次品的。上面"女士品茶"的问题中,费希尔运用的就是这一概率反证法的基本思想,即先假定那位女士不具有鉴别奶茶的能力,那么如果她四杯奶茶全选对就意味着一个概率仅为 1/70 的小概率事件发生了,这在统计意义上是难以让人接受,因此我们自然会否定"女士不具有鉴别奶茶的能力"这一假设,即认为她有鉴别能力;再比如,在上面次品率仅为 0.01%的例子中,如果一次试验就抽中了次品，我们当然就有理由怀疑该批产品的次品率不是很小，否则就不会那么容易抽到次品，因此，有足够的理由否认该批产品的次品率很低的假设。

要注意的是，概率反证的思维方法与数学里的"反证法"很相似，但有明显区别。数学里的"反证法"旨在寻找严格意义下的矛盾，从而其否定假设的结论是严格的。而假设检验应用的概率反证法旨在寻找统计意义下的矛盾，其结论的严格性取决于人们心目中的小概率标准，即"发生概率究竟为多小，才算是小概率事件"。显然，小概率标准越严格（即小概率事件发生的概率越小），小概率事件就越难发生，则根据概率反证法作出否定某假设的结论也就越严格，反之就越不严格。

二、假设检验中的一些基本概念

（一）原假设和备择假设

在假设检验中，首先需要提出两种假设，即原假设和备择假设。

原假设也称零假设，它通常是研究者想收集证据予以推翻的假设，用 H_0 表示。备择假设是原假设的对立，是在否认原假设之后所要接受的内容，它通常是我们真正感兴趣的一个判断，也是研究者收集证据予以支持的假设，用 H_1 表示。原假设和备择假设是相互对立的，当原假设被否定时，备择假设就自然成立。

假设检验总是先假定原假设 H_0 成立，然后进行推理，推理的过程中一旦发现有小概率事件发生，就可以拒绝 H_0，否则就不能轻易地去否定 H_0。这么做，实际上是将原假设 H_0 置于了被保护的地位。也就说，虽然假设检验的目的是为了收集证据否定 H_0，支持 H_1，但并不是随意的否定 H_0，而是在有充足证据的情形下的否定。

确定原假设和备择假设在假设检验中十分重要，它直接关系到检验的结论。为此，我们下面说明提出原假设和备择假设应注意的几个问题。

（1）原假设是假设检验的关键，是要否定的对象，习惯上把概念明确的假设作为原假设，这样不容易引起歧义。这是因为，一方面，否定一个概念明确的假设要比否定一个概念不明确的要容易得多，比如否定一个学生"优"要比否定"不是优"要容易（"不是优"意味着良、中、差都有可能）；否定 $\mu=5$ 要比否定 $\mu\neq5$ 要容易（$\mu\neq5$ 意味着 μ 可能大于5，也可能小于5）；另一方面，假设检验在逻辑上运用的是反证法，是在假设 H_0 为真的情况下进行推理的，那么 H_0 为真的概念一定要明确，否则后面就不好推理。比如以 $\mu=5$ 为 H_0，在 $H_0：\mu=5$ 为真时（此时概念很明确），后面的统计推理就可以很方便地进行。因此，我们通常将"$=$，$\leqslant$ 或 $\geqslant$"放在原假设 H_0 中，而将"$\neq$，$>$ 或 $<$"放在备择假设 H_1 中。

（2）通常把传统的、已有的、旧的、广为人们认同的内容放在原假设中。这样做的目的是为了将这些内容置于被保护的地位，也就是说要推翻原有的东西，必须找出很充足的证据，这是符合事物发展规律的，因为已有的东西往往经历过考验，新的东西如果要超越过去必须充分证明自己的优秀，这样做更加稳健。例如，当要否定某领域权威专家所作出的结论，就必须要找出很充足的理由证明专家的结论是有问题的。这是因为专家作为权威，是被大众认可了的，其结论不正确的可能性是很小的，因此，要否定他的结论，必须要有很充分的理由。再比如，法庭上的审判，是将"被告无罪"作为原假设的，这么做是为了保证尽量避免冤枉好人，即没有足够的证据，不能随便定罪，必须要找到人证、物证等法律上所要求的较为齐全的定罪证据，否则只能将其无罪释放。

（3）原假设的提出和我们已经掌握的信息、经验和初步判断有关。例如，某公司若长期与一可靠供应商合作，该供应商声称其产品平均使用寿命 μ 超过 1000 小时，此时若要检验（即合作中的检验）供应商的说法，原假设应为 $H_0: \mu \geqslant 1000$。原因有二，一是在合作中进行检验，目的是监督，既然是监督，那就是怀疑或害怕该供应商变得不可靠了，因此备择假设为 $H_1: \mu < 1000$，原假设为 $H_0: \mu \geqslant 1000$；二是供应商一直以来都是可靠的，对他进行检验主要是害怕其变得不可靠了，为不冤枉该供应商，必须在检验中有足够的证据才可以否定该供应商，因此要把该供应商的言论置于被保护的地位，即放在原假设 H_0 中。现在假如某公司正准备与一新供应商合作，该供应商也声称其产品平均使用寿命超过 1000 小时，此时原假设应为 $H_0: \mu \leqslant 1000$。因为既然已准备和供应商合作，那就是希望看到平均使用寿命超过 1000 小时，也就是说想找证据支持供应商的结论，所以备择假设是 $H_1: \mu > 1000$，原假设是 $H_0: \mu \leqslant 1000$；另外以前毕竟没有合作过，供应商的说法是不能轻易相信的（因此目前只能暂时认定供应商有问题，$\mu \leqslant 1000$），要相信该供应商，就必须有足够的证据否定该供应商在说谎。

再例如，近年来出现很多医患纠纷，病人一方往往将医院告上法庭，但是由于存在高度的信息不对称，患方很难举证医院的不当之处，为保护弱势群体，国家对相应法律关系进行了调整：病人方提出指控，而医院面对指控应该举证自己的清白，也就是说如果医院没有充足证据来否定病人方的指控，那么医院就应当承担相应责任。在原先患方指控并举证的情况下，即 H_0：医院无责任，此时患方需要收集证据证明医院有责任，从而否定 H_0；在医院举证的情况下，即 H_0：医院有责任，此时医院需要收集证据证明其无责任，从而否定有责任的原假设即 H_0。这个转换，就是一种假设检验的转换，从无罪推定到有罪推定的转换。前一种情况下，如果患方无法找到可靠证据，则无法证明医院有责任；后一种情况下，医院不能举出充足的证据证明其无责任，就必须承担相应的法律责任。

从上面两个例子可以看出，当我们对问题的了解程度不同、掌握的信息不同或初步的判断不同，即使是对同一问题，也会提出不同的假设。

（4）由于备择假设是研究者想要收集证据予以支持的结论，体现了检验的目的性，因此备择假设一般比原假设好把握，所以在提出检验假设时建议先提出备择建设，再提出原假设。

例 7.1　一种零件的 生产标准是直径应为 10 厘米，为对生产过程进行控制，质量监测人员定期对一台加工机床检查，确定这台机床生产的零件是否符合标准要求。如果零件的平均直径大于或等于 10 厘米，则表明生产过程不正常，必须进行调整。试陈述用来检验生产过程是否正常的原假设和备择假设。

解　设这台机床生产的所有零件平均直径的真值为 μ。如果 $\mu = 10$ 表明生产过程正常。如果 $\mu > 10$ 或 $\mu < 10$ 则表明机床的生产过程不正常，研究者要检测这两种情况中的任何一种。因此，研究者想收集证据予以支持的假设应该是"生产过程不正常"（因为如果研究者认为生产过程正常，也就没有必要进行检验了）。所以建立的原假设和备择假设应为：

$$H_0: \mu = 10（生产过程正常）\quad VS \quad H_1: \mu \neq 10（生产过程不正常）$$

这旦"VS"是"Versus"的缩写，是"对"的意思，即表示 H_0 对 H_1 的假设检验问题。

例 7.2　某品牌洗涤剂在它的产品说明书中声称：平均净含量不少于 500 克。从消费者的利益出发，有关研究人员要通过抽检其中的一批产品来验证该产品制造商的说明是否属实。试陈述用于检验的原假设与备择假设。

解　设该品牌洗涤剂平均含量的真值为 μ。如果抽检的结果发现 $\mu < 500$，则表明该产

品说明书中关于其含量的陈述是不真实的,有关部门应对其采取相应的措施。一般来说,研究者抽检的意图是倾向于证明这种洗涤剂的平均净含量并不符合说明书中的陈述,因为这会损害消费者的利益(如果研究者对产品说明丝毫没有质疑,也就没有抽检的必要了)。所以 $\mu < 500$ 是研究者想要收集证据支持的观点。建立的原假设和备择假设应为:

$$H_0 : \mu \geqslant 500 (净含量符合说明书) \quad VS \quad H_1 : \mu < 500 (净含量不符合说明书)$$

例 7.3 一家研究机构估计,某城市中家庭拥有汽车的比例超过 30%。为验证这一估计是否正确,该研究机构随机抽取了一个样本进行检验。试陈述用于检验的原假设与备择假设。

解 设该城市中家庭拥有汽车的比例的真值为 ρ。显然,研究者想收集证据予以支持的假设是"该城市中家庭拥有汽车的比例超过 30%"。因此建立的原假设和备择假设应为:

$$H_0 : \rho \leqslant 30\% \quad VS \quad H_1 : \rho > 30\%$$

(二)双侧检验和单侧检验

双侧检验和单侧检验是按备择假设的方向来区分的,备择假设方向对称,则是双侧检验,否则为单侧检验。

备择假设没有特定的方向性,并含有符号"≠"的假设检验,称为双侧检验或双尾检验(two－tailed test),假设待检验的总体参数为 θ,其检验的假设值为 θ_0。则双侧检验的假设可以描述为:

$$H_0 : \theta = \theta_0 \quad VS \quad H_1 : \theta \neq \theta_0 \qquad (7.1)$$

备择假设具有特定的方向性,并含符号">"或"<"的假设检验,称为单侧检验或单尾检验(one－tailed test)。单侧检验根据备择假设的方向不同,分为左侧检验和右侧检验。

若备择假设的方向为"<",则检验称为左侧检验,(7.2)式和(7.3)式所示的检验均为左侧检验。

$$H_0 : \theta = \theta_0 \quad VS \quad H_1 : \theta < \theta_0 \qquad (7.2)$$

$$H_0 : \theta \geqslant \theta_0 \quad VS \quad H_1 : \theta < \theta_0 \qquad (7.3)$$

若备择假设的方向为">",则检验称为右侧检验,(7.4)式和(7.5)式均为右侧检验。

$$H_0 : \theta = \theta_0 \quad VS \quad H_1 : \theta > \theta_0 \qquad (7.4)$$

$$H_0 : \theta \leqslant \theta_0 \quad VS \quad H_1 : \theta > \theta_0 \qquad (7.5)$$

(三)检验统计量

假设检验运用的是概率反证法的原理,其关键是判断原假设 H_0 为真时是否有小概率事件发生。而如何发现小概率事件的发生,是通过一定的样本统计量来完成的,这个样本统计量就称为检验统计量。当根据样本计算出来的检验统计量的取值落在了 H_0 为真时的一个概率很小的区域内,就可以拒绝原假设 H_0,否则若原假设 H_0 为真,意味着小概率事件发生了,这是难以让人接受的。

由于不同的检验统计量具有不同的分布形式,因此我们要根据所检验的问题选择合适、正确的检验统计量,并识别其分布。对于点估计量的抽样分布为对称分布的总体参数(如总体均值和总体成数)进行的检验,检验统计量的构造形式一般为:

$$检验统计量 = \frac{点估计量 - 假设值}{点估计量的分布标准差} \qquad (7.6)$$

(四)显著性水平

当原假设 H_0 为真时,拒绝原假设 H_0 的概率,我们称为显著性水平,记为 α。它实际上就是人们心目中的小概率标准,这是由概率反证法的基本原理所决定的。因为根据概率反证法,是否拒绝 H_0,关键看在 H_0 为真时,是否有小概率事件发生,如果有,就可以拒绝 H_0。换句话说,H_0 为真时,拒绝 H_0 就等同于一个小概率事件发生了。因此显著性水平 α 就是人们心目中的小概率标准。

概率为多小的事件才算是小概率事件,这没有固定的标准,只能根据实际需要来确定。因此,显著性水平 α 一般根据实际问题事先给定,因此假设检验通常也称为显著性检验。人们通常取 α 为 0.05,对于一些要求比较严格的问题,例如在一些高精密质量检验的假设检验中,显著性水平可以取 0.01 或者更小。α 越小,表明 H_0 为真时,拒绝原假设 H_0 的小概率事件就难发生,而如果这一事件真的发生,我们据此作出拒绝 H_0 的信心也就越足,犯错误的可能性越小。

(五)拒绝域、接受域和临界值

H_0 为真时,概率不超过显著性水平 α 的检验统计量的区域称为拒绝域。与之相对应的,在 H_0 为真时,概率至少为 $1-\alpha$ 的检验统计量的区域称为接受域。这两个区域是互补的关系,即检验统计量的实际值必然落入且只能落入其中一个区域。

确定拒绝域是确定检验规则的关键,它实际上就是拒绝原假设 H_0 的检验统计量的区域。因为一旦根据样本计算得到的检验统计量落在了拒绝域内,就可以拒绝 H_0,否则不拒绝 H_0。而承认 H_0 为真,意味着发生了一个小概率事件,即检验统计量落在了一个概率不超过 α 的区域内,这是难以让人接受的。若检验统计量没有落在拒绝域内,即落在了接受域内,就不能拒绝 H_0。因为 H_0 为真,检验统计量落在接受域的可能性还是比较大的,概率至少为 $1-\alpha$,即并没有发生小概率事件,不能拒绝 H_0。由此可见,是否拒绝 H_0,关键就是要看检验统计量是否落在了拒绝域内。

拒绝域和接受域之间的分界线称为检验的临界值,要确定拒绝域,就是要找到检验的临界值。

(六)两类错误

假设检验立足于"小概率原理",但小概率事件并不是完全不会发生,只是发生的概率很小而已,因此进行假设检验可能会犯错误。实际上,假设检验从某种意义上类似于在法庭上对一个由检察机关以盗窃罪名起诉的嫌疑人进行的审判。原假设为"没有盗窃(即无罪)",备择假设为"进行了盗窃(即有罪)"。这里的数据就是收集的盗窃的证据。当法庭认为证据确凿时,就否定原假设,倾向于备择假设。而当证据不充分时,法庭会说"证据不足"而不予定罪。但"证据不足"不等于证明了该被告没有盗窃[①]。就像你不能说由于你没有见到某人偷东西就能够证明他从来不偷东西一样。如果被告的确是清白的但判他有罪,那就犯了一个错误(相当于后面阐述的假设检验的第 I 类错误)。反过来,如果被告有罪而被判无罪的话,我们又犯了另一类错误(相当于后面阐述的假设检验的第 II 类错误)。各种可能的情况如表 7-1 所示:

---

① 法庭上可能会用"无罪释放"这种法律用语,但这不意味着证明了这个人无罪。

表 7 - 1　法庭审判决策表

真实情况	决策	
	无罪释放	有罪监禁
无罪	正确决策	冤枉好人（第 I 类错误）
有罪	放跑坏人（第 II 类错误）	正确决策

在假设检验中，当原假设 H_0 实际是正确的，却作出了拒绝 H_0 的假设，就犯了错误，它类似于法庭上审判犯下的"冤枉好人"的错误，我们把这类错误称为第 I 类错误，也称为弃真错误。当 H_0 是错误的，但没有拒绝 H_0，就犯了另一类错误，它类似于法庭上审判犯下的"放跑坏人"的错误，我们把这类错误称为第 II 类错误，也称为受伪错误。表 7 - 2 给出了根据样本可能作出的检验决策及其产生的结果。

表 7 - 2　假设检验决策表

真实情况	决策	
	不拒绝 H_0	拒绝 H_0
H_0 正确	正确决策	第 I 类错误（弃真错误）
H_0 错误	第 II 类错误（受伪错误）	正确决策

显然，犯第 I 类错误的概率就是前面提到的显著性水平 α，因此第 I 类错误也称为 α 错误。犯第 II 类错误的概率记作 β，因此第 II 类错误也称为 β 错误。毫无疑问，我们自然希望犯两类错误的概率都小，但对于一定的样本容量，二者不可能同时变小，减小犯第 I 类错误的概率 α，会增加犯第 II 类错误的概率 β，反之则反。比如，为了尽可能地避免冤枉好人，就需要在法庭上举证的时候拿出更多、更严格的犯罪证据，而这势必会导致放跑坏人的可能性加大；反之，采用类似"宁可错杀三千，也不愿放走一个"的政策，会大大增加冤枉无辜的概率。要想同时降低 α 和 β，唯一的办法是增加样本容量，但这样一来势必会增加成本和检验的难度（数据搜集和计算难度加大），因此人们只能在两类错误的发生概率之间进行平衡，以使 α 和 β 控制在都能够接受的范围内。一般来说，对于一个给定的样本，犯哪类错误的后果更严重，就应该首要控制哪类错误发生的概率。一般认为类似"冤枉好人"的第 I 类错误要比"放跑坏人"的第 II 类错误更严重一些；另外，由于通常将希望出现的结论作为备择假设 H_1，为使拒绝 H_0 接受 H_1 具有较高的可信度，因此在实际研究和工作中，通常首先控制第 I 类错误的概率，即首先控制 α。

与犯第 II 类错误的概率相联系的一个概念是检验功效。检验功效是在原假设 H_0 不正确时，检验拒绝原假设 H_0 的概率，即不受伪的概率 $1 - \beta$。$1 - \beta$ 越大，在 H_0 不正确时，检验结论判断出 H_0 不正确的概率越大，检验的判别能力就越好，反之则反。在给定 α 的情况下，使用 β 最小或 $1 - \beta$ 最大的检验称为最佳检验。

三、假设检验的具体步骤

根据前面叙述的假设检验的基本思想，假设检验的实施步骤一般可以归纳为以下几步：

（1）建立假设。首先根据前面讲述的原假设确定原则提出原假设 H_0 和备择假设 H_1。

（2）确定检验统计量，并确定该统计量的分布情况，然后根据样本信息计算该检验统计量的实际值。确立假设后，要判断是否拒绝原假设应依据检验统计量的数值，从概率意义上进行判断。另外,不同的检验统计量有不同的分布,具体服从什么分布由许多因素决定,如统计量的构造形式、样本是大样本还是小样本、是否知道总体方差等。

(3)给定显著性水平 α,确定拒绝域。在假定原假设成立的条件下,由检验统计量的分布及要求的显著性水平 α 求出相应的临界值,得出拒绝域。

(4)将检验统计量的实际值与拒绝域的临界值进行比较,作出是否拒绝原假设的决策。如果检验统计量的取值落入拒绝域中,我们就选择拒绝原假设;若检验统计量的取值落入拒绝域外,我们就不能拒绝原假设,在必要时还应作进一步检验。

四、检验结果的表述

假设检验的目的主要是收集证据拒绝原假设,而支持你所倾向的备择假设。因为假设检验只提供不利于原假设的证据,因此,当拒绝原假设时,表明样本提供的证据证明它是错误的,当没有拒绝原假设时,我们也没法证明它是正确的,因为假设检验的程序没有提供它正确的证据。换句话说,假设检验从来就不打算证明总体的情况是什么,而在于证明总体的状况不是什么。这与法庭上对被告的定罪类似:先假定被告是无罪的,除非你有足够的证据证明他是有罪的,否则法庭就不能认定被告有罪。当证据不足时,法庭的裁决是"被告无罪",但这里没有证明被告就是清白的(即法庭从来不打算证明某个人就是清白的,而在于证明什么人是有罪的)。

假设检验得出的结论都是根据原假设进行阐述的,我们要么拒绝原假设,要么不拒绝原假设。拒绝原假设的结论是明确的,这时也称样本结果在"统计上是显著的[①]";不拒绝原假设的结论是不明确的,这时也称结果在"统计上不显著"。当不能拒绝原假设时,我们也不说"接受原假设",因为没有证明原假设是真的(如果采用"接受"原假设的说法,给人的感觉是你证明了原假设是正确的)。没有足够的证据拒绝原假设并不等于你已经"证明"了原假设是真的,它仅仅意味着目前我们还没有足够的证据拒绝原假设,只表示手头上这个样本提供的证据还不足以拒绝原假设。比如,在例 7.2 中,如果拒绝原假设,就可以说该品牌洗涤剂的净含量与说明书所标识的不相符;但如果不拒绝原假设,只能说这个样本提供的证据还不足以证明净含量不是 500 克或 500 克以上,这并不等于证明了净含量就超过了 500 克。"不拒绝"的表述方式实际上意味着我们没有得出明确的结论。

再举一个简单的例子说明"接受"的表述不妥。比如,原假设为 $H_0: \mu = 10$,从该总体中抽出一个随机样本,得到 $\bar{x} = 9.8$,在 $\alpha = 0.05$ 的显著性水平上,样本提供的证据没有推翻这一假设,我们说"接受"原假设,这意为着样本提供的证据已经证明 $\mu = 10$ 是正确的。如果我们将原假设改为 $H_0: \mu = 10.5$,同样,在 $\alpha = 0.05$ 的水平上,同一个样本提供的证据也没有推翻这一假设,我们又说"接受"原假设。但这两个原假设究竟哪一个是"真实的"呢?我们不知道。H_0 只是对总体参数的一个假定值,由样本提供的信息也就自然无法证明它正确,因此采用"不拒绝 H_0"的表述方法更合理一些,因为这种表述意味着样本提供的证据不够充分,因而没有足够的理由拒绝 H_0,这并不等于已经证明原假设正确。

此外,假设检验通常是先确定显著性水平 α(至少在你心目中有一个潜在的 α),这就等于

---

① 要注意的是"统计上显著"也不一定有实际意义,因为只要样本足够大,总能把与假设值的任何细微差别都查出来(就像一个人,总能被查出各种各样的毛病),即使这种差别几乎没有任何实际意义。因此,在实际检验中,不要刻意追求"统计上的显著性",也不要把统计上的显著性与实际意义上的显著性混同起来。

控制了犯第 I 类错误的概率,但犯第 II 类错误的概率 β 却是不确定的。在拒绝 H_0 时,犯第 I 类错误的概率不超过给定的显著性水平 α,当样本结果显示没有充分理由拒绝原假设时,有时也难以确切知道第 II 类错误发生的概率。因此,在假设检验中采用"不拒绝 H_0"而不采用"接受 H_0"的表述方法,这在多数场合中避免了第 II 类错误发生的风险,因为"接受 H_0"所得结论的可靠性将由犯第 II 类错误的概率 β 来测量,而 β 的控制又相对复杂,有时甚至根本无法知道 β 的值(除非你能确切给出 β,否则就不宜表述成"接受"原假设)。当然不拒绝 H_0 并不意味着 H_0 为真的概率很高,它只是意味着拒绝 H_0 需要更多的证据。

第二节　单个正态总体的检验

理解假设检验的原理后,在实际中应用它并不困难。本章只讨论参数检验而不涉及非参数检验,而参数检验需要知道总体的分布,在本章我们假定总体服从正态分布。总体参数的假设检验与参数估计类似,当研究一个总体时,要检验的参数主要是总体均值 μ、总体成数 ρ 和总体方差 σ^2。

一、总体均值的检验

总体均值的假设检验就是检验由样本信息所推断的当前总体均值是否与事先假设的总体均值存在显著性差异。

设 $x_1,x_2,\cdots,x_n$ 是来自正态总体 $N(\mu,\sigma^2)$ 的样本,样本均值为 $\bar{x}$,样本标准差为 s^2。考虑如下关于总体均值 μ 的检验问题:

双侧检验:
$$H_0:\mu=\mu_0 \quad VS \quad H_1:\mu\neq\mu_0 \tag{7.7}$$

右侧检验:
$$H_0:\mu=\mu_0 \quad VS \quad H_1:\mu>\mu_0 \tag{7.8}$$

左侧检验:
$$H_0:\mu=\mu_0 \quad VS \quad H_1:\mu<\mu_0 \tag{7.9}$$

由于正态总体含两个参数,总体方差 σ^2 已知与否对检验有影响,下面我们分 σ^2 已知和未知两种情况叙述。

(一)总体方差 σ^2 已知时

由于总体均值 μ 的点估计 $\bar{x}\sim N(\mu,\sigma^2/n)$,故这里选择检验统计量为:
$$z=\frac{\bar{x}-\mu_0}{\sigma/\sqrt{n}} \tag{7.10}$$

对于双侧检验问题(7.7)式,在 H_0 为真时,$z\sim N(0,1)$,且直觉告诉我们点估计 $\bar{x}$ 一般在 $\mu=\mu_0$ 附近,因此 z 的取值一般比较接近于 0。那么反过来,当我们发现 z 的取值与 0 有较大差距时,直觉就会告诉我们,当前的样本信息与 H_0 是不相符的,至于有多么不相符,取决于 z 的值与 0 之间的差距。换句话说,当我们发现 z 的绝对值远大于 0(大于某个我们无法接受的正数)时,我们就会潜意识地去拒绝 H_0。因此,对于双侧检验(7.7)式,检验的拒绝域的形式为:
$$W=\{|z|\geqslant c\} \tag{7.11}$$

式中,W 为拒绝 H_0 的 z 的取值的区域,即拒绝域;c 为一足够大的正数,是检验的临界值。

当 H_0 为真时,拒绝 H_0 的概率就是显著性水平 α,即有:

$$P(|z| \geqslant c) = \alpha \tag{7.12}$$

再根据图 7-1 知 $c = z_{\alpha/2}$。因此,双侧检验(7.7)式的拒绝域为:

$$W = \{|z| \geqslant z_{\alpha/2}\} \tag{7.13}$$

于是,对于双侧检验(7.7)式,检验决策的规则为:当 $|z| \geqslant z_{\alpha/2}$ 时,拒绝 H_0,接受 H_1,认为总体均值 μ 显著不等于 μ_0;当 $|z| < z_{\alpha/2}$ 时,不拒绝 H_0,即根据当前的样本信息,还不足以说明总体均值 μ 与给定值 μ_0 之间存在着显著的差异。

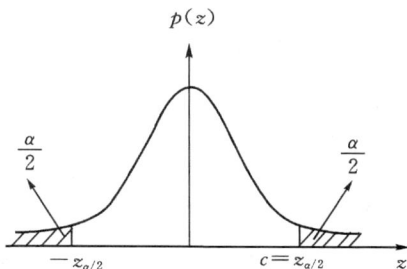

图 7-1 标准正态分布示意图

对于右侧检验(7.8)式,类似考虑可知拒绝域的形式为:

$$W = \{z \geqslant c\} \tag{7.14}$$

这样,在 H_0 为真时,有:

$$P(z \geqslant c) = \alpha \tag{7.15}$$

由此得到 $z = z_\alpha$,故右侧检验(7.8)式的拒绝域为:

$$W = \{z \geqslant z_\alpha\} \tag{7.16}$$

所以,对于右侧检验(7.8)式,检验决策的规则为:当 $z \geqslant z_\alpha$ 时,拒绝 H_0,接受 H_1,认为总体均值 μ 显著大于 μ_0;当 $z < z_\alpha$ 时,不拒绝 H_0,即根据当前的样本信息,还不足以说明总体均值 μ 大于 μ_0。

同样考虑易知,对于左侧检验(7.9)式,检验拒绝域的形式为:

$$W = \{z \leqslant c\} \tag{7.17}$$

这里 c 是一足够小的负数。从而在 H_0 为真时,有:

$$P(z \leqslant c) = \alpha \tag{7.18}$$

故:

$$P(z \geqslant c) = 1 - \alpha \tag{7.19}$$

由此得到 $z = z_{1-\alpha} = -z_\alpha$,故左侧检验(7.9)式的拒绝域为:

$$W = \{z \leqslant -z_\alpha\} \tag{7.20}$$

所以,对于左侧检验(7.9)式,检验决策的规则为:当 $z \leqslant -z_\alpha$ 时,拒绝 H_0,接受 H_1,认为总体均值 μ 显著小于 μ_0;当 $z > -z_\alpha$ 时,不拒绝 H_0,即根据当前的样本信息,还不足以说明总体均值 μ 小于 μ_0。

(二)总体方差 σ^2 未知时

由于 σ 未知,前面采用的检验统计量 z 的计算式中含有未知参数而无法计算,需要修改,一个自然的想法是将 z 统计量中的 σ 换成样本标准差 s,这就形成了 t 检验统计量:

$$t = \frac{\overline{x} - \mu_0}{s/\sqrt{n}} \tag{7.21}$$

但是,在 H_0 为真时,检验统计量 t 不再服从标准正态分布,而是服从自由度为 $n-1$ 的 t 分布,即 $t \sim t(n-1)$。按前面的过程进行类似分析,可以得到以上三种检验的拒绝域,具体如下:

对于双侧检验(7.7)式,检验的拒绝域为:

$$W = \{|t| \geqslant t_{a/2}(n-1)\} \tag{7.22}$$

对于右侧检验(7.8)式,检验的拒绝域为:

$$W = \{t \geqslant t_a(n-1)\} \tag{7.23}$$

对于左侧检验(7.9)式,检验的拒绝域为:

$$W = \{t \leqslant -t_a(n-1)\} \tag{7.24}$$

综上所述,关于单个正态总体的均值的检验问题可汇总成表 7-3 所示。

表 7-3 单个正态总体均值的假设检验

检验法[①]	条件	原假设 H_0	备择假设 H_1	检验统计量	拒绝域 W
z 检验	σ 已知	$\mu = \mu_0$	$\mu \neq \mu_0$	$z = \dfrac{\overline{x} - \mu_0}{\sigma/\sqrt{n}}$	$\lvert z \rvert \geqslant z_{a/2}$
			$\mu > \mu_0$		$z \geqslant z_a$
			$\mu < \mu_0$		$z \leqslant -z_a$
t 检验	σ 未知	$\mu = \mu_0$	$\mu \neq \mu_0$	$t = \dfrac{\overline{x} - \mu_0}{s/\sqrt{n}}$	$\lvert t \rvert \geqslant t_{a/2}(n-1)$
			$\mu > \mu_0$		$t \geqslant t_a(n-1)$
			$\mu < \mu_0$		$t \leqslant -t_a(n-1)$

从表 7-3 可以看到,拒绝域 W 的方向只和备择假设 H_1 的方向有关(这也是可以理解的,拒绝 H_0 的样本信息必然更加靠近于 H_1),因此对于上面的单侧检验中原假设中的"="可相应地换成"$\leqslant$"或"$\geqslant$",拒绝域却并不发生改变。另外,在大样本的情形下,就算 σ 未知,也可以直接考虑:

$$\frac{\overline{x} - \mu_0}{s/\sqrt{n}} \sim N(0,1) \tag{7.25}$$

从而用 z 检验来代替 t 检验。

例 7.4 某大型糖果生产企业,为了保证产品质量,新购置了一台包装机包装糖果。每袋糖重是一个随机变量,它服从正态分布。当机器正常时,其均值为 0.5 千克,标准差为 0.015 千克。某日开工后为检验包装机是否正常,随机地抽取它所包装的糖 9 袋,称得净重为(千克):

0.497　0.506　0.518　0.524　0.498　0.511　0.520　0.515　0.512

---

① 按检验统计量的常用符号分为 z 检验和 t 检验,其中 z 检验的统计量服从标准正态分布,t 检验的统计量服从 t 分布。

请问当天机器运行是否正常？

解 依题建立假设：

$$H_0 : \mu = 0.5 \qquad VS \qquad H_1 : \mu \neq 0.5$$

已知 $n = 9$，$\sigma = 0.015$ 千克，通过样本数据计算得到 $\overline{x} = 0.511$ 千克，则：

$$z = \frac{\overline{x} - \mu_0}{\sigma / \sqrt{n}} = \frac{0.511 - 0.5}{0.015/3} = 2.24$$

取显著性水平 $\alpha = 0.05$，经查表得 $z_{0.025} = 1.96$。由于 $2.24 > 1.96$，所以拒绝原假设，即认为当天机器生产不正常。

例 7.5 某灯具厂生产一种白炽灯泡，根据长期观察，得知该灯泡使用寿命服从正态分布，平均使用时间为 1500 小时，标准差为 10 小时。现准备采用新技术延长灯泡寿命，引用该生产技术后抽检了 16 个灯泡进行试验，使用寿命分别为：

1533　1514　1502　1497　1502　1503　1504　1497

1518　1500　1494　1514　1513　1500　1518　1513

试以 0.05 的显著性水平判断该种新技术是否显著提高了灯泡的使用寿命。

解 灯具厂采用新技术自然希望能延长灯泡使用寿命，因而也想收集证据支持"灯泡的使用寿命有显著提高"的假设，也就是 $\mu > 1500$，因此属于右侧检验。提出的假设为：

$$H_0 : \mu = 1500 \qquad VS \qquad H_1 : \mu > 1500$$

已知 $n = 16$，$\sigma = 10$ 小时，通过样本数据计算得到 $\overline{x} = 1507.625$ 小时，则：

$$z = \frac{\overline{x} - \mu_0}{\sigma / \sqrt{n}} = \frac{1507.625 - 1500}{10/4} = 3.05$$

经查表知 $z_{0.05} = 1.645$，由于 $3.05 > 1.645$，所以拒绝原假设，即认为该种新技术显著提高了灯泡的使用寿命。

例 7.6 一种汽车配件的长度要求为 12 厘米，高于或低于该标准均被认为是不合格的。汽车生产企业在购进配件时，通常是经过招标，然后对中标的配件提供商提供的样品进行检验，以决定是否采购。现对一个配件提供商提供的 10 个样品进行检验，长度（单位：厘米）结果如下：

12.2　10.8　12.0　11.8　11.9　12.4　11.3　12.2　12.0　12.3

假定该供货商生产的配件长度服从正态分布，在 0.05 的显著性水平下，检验该供货商提供的配件是否符合要求。

解 依题建立假设：

$$H_0 : \mu = 12 \qquad VS \qquad H_1 : \mu \neq 12$$

根据样本数据计算得到 $\overline{x} = 11.89$，$s = 0.4932$，则：

$$t = \frac{\overline{x} - \mu_0}{s / \sqrt{n}} = \frac{11.89 - 12}{0.4932/\sqrt{10}} = -0.7053$$

经过查表知 $t_{0.025}(9) = 2.262$，显然 $|t| < t_{0.025}(9)$，因此不拒绝 H_0，即没有足够的证据表明供货商提供的配件是不符合要求的。

例 7.7 一种机床加工的零件尺寸绝对平均误差为 1.35 毫米。生产厂家准备采用一种新的机床进行加工以期进一步降低误差。为检验新机床加工的零件平均误差与旧机床相比是否有显著降低，从新机床生产的零件中随机抽取了 50 个进行检验。50 个零件尺寸的绝对误差(单位:毫米)数据如表 7-4 所示。试在 $\alpha = 0.05$ 的显著性水平下检验新机床加工的零件尺寸的平均误差与旧机床相比是否有显著降低。

表 7-4 50 个零件尺寸的绝对误差数据

1.26	1.19	1.31	0.97	1.81	1.13	0.96	1.06	1.00	0.94
0.98	1.10	1.12	1.03	1.16	1.12	1.12	0.95	1.02	1.13
1.23	0.74	1.50	0.50	0.59	0.99	1.45	1.24	1.01	2.03
1.98	1.97	0.91	1.22	1.06	1.11	1.54	1.08	1.10	1.64
1.70	2.37	1.38	1.60	1.26	1.17	1.12	1.23	0.82	0.86

解   这里关心的是新机床加工的零件尺寸的平均误差与旧机床相比是否有显著降低,也就是 μ 是否小于 1.35,属于左侧检验。提出的假设为:

$$H_0: \mu = 1.35 \qquad VS \qquad H_1: \mu < 1.35$$

由于是大样本数据,因此直接采用 z 检验。根据样本数据计算得到 $\overline{x} = 1.215$,$s = 0.3657$。则:

$$z = \frac{\overline{x} - \mu_0}{s/\sqrt{n}} = \frac{1.215 - 1.35}{0.3657/\sqrt{50}} = -2.6061$$

因为 $z < -z_{0.05} = -1.645$,因此在 0.05 的显著性水平下,拒绝 H_0,即认为新机床加工的零件尺寸的平均误差与旧机床相比有显著降低。

二、总体成数的检验

对于总体成数 ρ,同样有以下三种检验:

双侧检验:

$$H_0: \rho = \rho_0 \qquad VS \qquad H_1: \rho \neq \rho_0 \qquad (7.26)$$

右侧检验:

$$H_0: \rho = \rho_0 \qquad VS \qquad H_1: \rho > \rho_0 \qquad (7.27)$$

左侧检验:

$$H_0: \rho = \rho_0 \qquad VS \qquad H_1: \rho < \rho_0 \qquad (7.28)$$

总体成数的检验与总体均值的检验类似,本节只介绍大样本[①]情形下的总体成数的检验方法。检验总体成数,构造的检验统计量与检验总体均值时类似,具体为:

$$z = \frac{p - \rho_0}{\sqrt{\dfrac{\rho_0(1 - \rho_0)}{n}}} \qquad (7.29)$$

式中,p 为样本成数,n 为样本容量。

由于在大样本情形下 p 近似服从正态分布,因此在 $H_0: \rho = \rho_0$ 为真时,z 近似服从标准正态分布 $N(0,1)$,因此,对总体成数进行检验的拒绝域就与上面对总体均值按 z 检验方法进行检验的拒绝域完全相同,具体可见表 7-3。

---

① 总体成数检验时,确定样本容量是否"足够大"的方法与总体成数的区间估计一样,参见第六章;另外由于是在大样本下的检验,因此,这里不必要求总体服从正态分布。

例 7.8 一份以休闲和娱乐为主题的杂志,声称其读者群有 80% 为女性。为验证这一说法是否属实,某研究部门抽取了由 200 人组成的一个随机样本,发现有 146 个女性经常阅读该杂志。分别取显著性水平 $\alpha = 0.05$ 和 $\alpha = 0.01$,检验该杂志读者群中的比例是否为 80%。

解 依题建立的假设为:

$$H_0: \rho = 80\% \qquad VS \qquad H_1: \rho \neq 80\%$$

根据抽样结果计算得:$p = \dfrac{146}{200} = 73\%$,则检验统计量为:

$$z = \frac{p - \rho_0}{\sqrt{\dfrac{\rho_0(1 - \rho_0)}{n}}} = \frac{73\% - 80\%}{\sqrt{\dfrac{80\%(1 - 80\%)}{200}}} = -2.475$$

经查表知 $z_{0.025} = 1.96$,$z_{0.005} = 2.58$,显然有 $|z| \geqslant z_{0.025}$,但 $|z| \leqslant z_{0.005}$。因此在显著性水平 $\alpha = 0.05$ 下,拒绝原假设 H_0,样本提供的证据表明该杂志的说法并不属实;而在显著性水平 $\alpha = 0.01$ 下,不拒绝 H_0,样本提供的证据尚不能推翻该杂志的说法。

这个例子表明,对于同一个检验,不同的显著性水平有可能会得出不同的结论。这是自然的,请读者先自行领悟其中的道理,我们将在第四节具体论述这一问题。

三、总体方差的检验

在生产和生活的许多领域,仅仅保证所观测到的样本均值维持在特定水平范围之内并不意味着整个过程就是正常的,方差的大小是否适度是需要考虑的另一重要因素。一个方差大的产品自然意味着其质量或性能不稳定。相同均值的产品,方差小的自然要好些。

关于总体方差 σ^2 的检验,考虑如下三种形式:

双侧检验:

$$H_0: \sigma^2 = \sigma_0^2 \qquad VS \qquad H_1: \sigma^2 \neq \sigma_0^2 \qquad (7.30)$$

右侧检验:

$$H_0: \sigma^2 = \sigma_0^2 \qquad VS \qquad H_1: \sigma^2 > \sigma_0^2 \qquad (7.31)$$

左侧检验:

$$H_0: \sigma^2 = \sigma_0^2 \qquad VS \qquad H_1: \sigma^2 < \sigma_0^2 \qquad (7.32)$$

对于总体方差的检验,检验统计量不能再按(7.6)式的方式进行构造。在正态总体的情形下,考虑到样本方差 s^2 的抽样分布是 χ^2 分布,故构造的检验统计量为:

$$\chi^2 = \frac{(n-1)s^2}{\sigma_0^2} \qquad (7.33)$$

根据上一章的内容可知,在 H_0 为真时,$\chi^2 \sim \chi^2(n-1)$。由于这里采用的服从 χ^2 分布的检验统计量,因此,对总体方差 σ^2 进行检验的方法,我们称为 χ^2 检验。

对于双侧检验(7.30)式,在 H_0 成立的情况下,直觉告诉我们 χ^2 统计量的值不会很大,也不会很小,应该比较接近于 $n-1$;反过来,当我们发现 χ^2 统计量的取值很大或者很小,直觉就会告诉我们当前的样本信息与 H_0 是不相符的。因此,对于双侧检验(7.30)式,检验的拒绝域的形式为:

$$W = \{\chi^2 \leqslant c_1 \text{ 或 } \chi^2 \geqslant c_2\} \qquad (7.34)$$

其中,c_1 和 c_2 为检验的临界值,且 $c_1 < c_2$。

当 H_0 为真时,拒绝 H_0 的概率就是显著性水平 α,即有:

$$P\{\chi^2 \leqslant c_1 \text{ 或 } \chi^2 \geqslant c_2\} = P(\chi^2 \leqslant c_1) + P(\chi^2 \geqslant c_2) = \alpha \qquad (7.35)$$

由于 χ^2 分布不再是对称分布,因此为了简单起见,这里采用等尾的原则,即认为:

$$P(\chi^2 \leqslant c_1) = P(\chi^2 \geqslant c_2) = \frac{\alpha}{2} \qquad (7.36)$$

由此可以得到 $c_1 = \chi^2_{1-\alpha/2}(n-1)$,$c_2 = \chi^2_{\alpha/2}(n-1)$。因此,对于双侧检验(7.30)式,检验的拒绝域为:

$$W = \{\chi^2 \leqslant \chi^2_{1-\alpha/2}(n-1) \text{ 或 } \chi^2 \geqslant \chi^2_{\alpha/2}(n-1)\} \qquad (7.37)$$

对于右侧检验(7.31),类似分析可得其拒绝域为:

$$W = \{\chi^2 \geqslant \chi^2_\alpha(n-1)\} \qquad (7.38)$$

对于左侧检验(7.32),拒绝域为:

$$W = \{\chi^2 \leqslant \chi^2_{1-\alpha}(n-1)\} \qquad (7.39)$$

例 7.9 啤酒生产企业采用自动生产线灌装啤酒,每瓶的装填量为 640 毫升,但由于受某些不可控因素的影响,每瓶的装填量会有差异。此时,不仅每瓶的平均装填量很重要,装填量的方差 σ^2 同样很重要。如果 σ^2 很大,会出现装填量太多或太少的情况,这样,要么生产企业不划算,要么消费者不满意,假定生产标准规定每瓶装填量的标准差不应超过 4 毫升。企业质检部门抽取了 10 瓶啤酒进行检验,得到的样本标准差为 $s = 3.8$ 毫升。试以 0.05 的显著性水平检验装填量的标准差是否符合要求。

解 由于是质检部门进行检验,其目的是为了发现生产不符合规定的情况,因此备择假设 H_1 应为"生产不符合规定",即 $\sigma > 4$ 毫升,因此这是一个右侧检验问题,检验假设为:

$$H_0: \sigma \leqslant 4 \qquad VS \qquad H_1: \sigma > 4$$

根据题中已知条件可得检验统计量:

$$\chi^2 = \frac{(n-1)s^2}{\sigma_0^2} = \frac{(10-1) \times 3.8^2}{4^2} = 8.1225$$

查表知 $\chi^2_{0.05}(9) = 16.92$,因此 $\chi^2 < \chi^2_{0.05}(9)$,不拒绝 H_0,即认为样本提供的证据还不足以表明啤酒装填量的标准差不符合要求。

第三节　两个正态总体的检验

现实中,人们经常需要比较两个总体的参数是否存在显著差异,对于这类问题,可以利用两个总体参数的假设检验来解决。

对于两个总体参数的检验,同样包括总体均值、总体成数和总体方差的假设检验,但涉及的检验统计量主要有三个,即 z 统计量、t 统计量和 F 统计量。前两个检验统计量主要用于均值和成数的假设检验,后一个检验统计量主要用于方差的假设检验。下面我们分别来讨论这三类总体参数的两总体检验问题,和上一节相同,本节主要讨论两个总体都是正态总体的情形(关于总体成数的讨论,由于是在大样本下进行的,故总体不局限于正态分布)。

一、两个正态总体均值的检验

根据样本获得方式的不同,两个总体均值的检验分为独立样本和配对样本两种情形,下面分别阐述其检验方法。

（一）独立样本下两总体均值的检验

设 $x_1, x_2, \cdots, x_{n_1}$ 是来自正态总体 $N(\mu_1, \sigma_1^2)$ 的样本，$y_1, y_2, \cdots, y_{n_2}$ 是来自另一个正态总体 $N(\mu_2, \sigma_2^2)$ 的样本，且这两个样本之间是相互独立的，两个样本的样本均值分别设为 $\bar{x}$ 和 $\bar{y}$。下面考虑如下三类检验问题[①]：

双侧检验：
$$H_0: \mu_1 = \mu_2 \qquad VS \qquad H_1: \mu_1 \neq \mu_2 \tag{7.40}$$

右侧检验：
$$H_0: \mu_1 = \mu_2 \qquad VS \qquad H_1: \mu_1 > \mu_2 \tag{7.41}$$

左侧检验：
$$H_0: \mu_1 = \mu_2 \qquad VS \qquad H_1: \mu_1 < \mu_2 \tag{7.42}$$

1. 当总体方差 σ_1^2 和 σ_2^2 已知时

考虑到两个样本之间的均值之差 $\bar{x} - \bar{y}$ 服从正态分布，因此可以构造如下的检验统计量：

$$z = \frac{\bar{x} - \bar{y}}{\sqrt{\dfrac{\sigma_1^2}{n_1} + \dfrac{\sigma_2^2}{n_2}}} \tag{7.43}$$

容易知道，在 H_0 为真时，$z \sim N(0,1)$，因此从上一节的分析可知：

（1）对于双侧检验（7.40）式，检验的拒绝域为：
$$W = \{ |z| \geqslant z_{\alpha/2} \} \tag{7.44}$$

（2）对于右侧检验（7.41）式，检验的拒绝域为：
$$W = \{ z \geqslant z_\alpha \} \tag{7.45}$$

（3）对于左侧检验（7.42）式，检验的拒绝域为：
$$W = \{ z \leqslant -z_\alpha \} \tag{7.46}$$

2. 当总体方差 σ_1^2 和 σ_2^2 未知，但相等

两个总体的方差未知，（7.43）式的检验统计量无法计算，这时可以考虑用样本联合方差去估计它们的方差。此时构造的检验统计量为：

$$t = \frac{\bar{x} - \bar{y}}{s_w \sqrt{\dfrac{1}{n_1} + \dfrac{1}{n_2}}} \tag{7.47}$$

其中，

$$s_w^2 = \frac{(n_1 - 1)s_x^2 + (n_2 - 1)s_y^2}{n_1 + n_2 - 2} \tag{7.48}$$

式中，s_x^2 和 s_y^2 分别为两个样本的样本方差。

容易知道，在 H_0 为真时，$t \sim t(n_1 + n_2 - 2)$，因此：

（1）对于双侧检验（7.40）式，检验的拒绝域为：
$$W = \{ |t| \geqslant t_{\alpha/2}(n_1 + n_2 - 2) \} \tag{7.49}$$

（2）对于右侧检验（7.41）式，检验的拒绝域为：

[①] 为方便，这里只考虑两总体均值差为 0 的原假设，对于总体均值差为一假定常数（不为 0）的原假设，只需将这里的检验统计量的分子减去这个被假定的常数即可。

$$W = \{ t \geqslant t_\alpha(n_1 + n_2 - 2) \} \tag{7.50}$$

(3)对于左侧检验(7.42)式,检验的拒绝域为:

$$W = \{ t \leqslant - t_\alpha(n_1 + n_2 - 2) \} \tag{7.51}$$

2. 当总体方差 σ_1^2 和 σ_2^2 未知,且不相等

此时,两总体的方差直接用相应的样本方差代替,即构造的检验统计量为:

$$t = \frac{\overline{x} - \overline{y}}{\sqrt{\dfrac{s_x^2}{n_1} + \dfrac{s_y^2}{n_2}}} \tag{7.52}$$

这里要注意的是,在 H_0 为真时,t 统计量虽仍服从的 t 分布,但自由度不再是 $n_1 + n_2 - 2$,而是按下式计算得到:

$$\nu = \left(\frac{s_x^2}{n_1} + \frac{s_y^2}{n_2} \right)^2 \Big/ \left[\frac{s_x^4}{n_1(n_1 - 1)} + \frac{s_y^4}{n_2(n_2 - 1)} \right] \tag{7.53}$$

由此得到:

(1)对于双侧检验(7.40)式,检验的拒绝域为:

$$W = \{ |t| \geqslant t_{\alpha/2}(\nu) \} \tag{7.54}$$

(2)对于右侧检验(7.41)式,检验的拒绝域为:

$$W = \{ t \geqslant t_\alpha(\nu) \} \tag{7.55}$$

(3)对于左侧检验(7.42)式,检验的拒绝域为:

$$W = \{ t \leqslant - t_\alpha(\nu) \} \tag{7.56}$$

例 7.10 将某小学一年级学生随机分为两组,对其中一组运用新型的教学方式,称为新型组;另一组按照传统的教学方式教学,称为传统组。经过六个月后,对该年级学生进行成绩测试。假定两组成绩都服从正态分布。从新型组抽取 31 名学生,求得其平均成绩为 78.06,标准差为 9.36;同样,从传统组抽取 31 名,求得的平均成绩为 76.30,标准差为 10.12。试在 0.05 的显著性水平下比较新型组相比于传统组,成绩是否有显著提高。

解 设 μ_1,μ_2 为新型组和传统组考试成绩的总体均值,则依题提出假设:

$$H_0 : \mu_1 = \mu_2 \qquad VS \qquad H_1 : \mu_1 > \mu_2$$

(1)若两总体标准差相等,即 $\sigma_1^2 = \sigma_2^2$ 时,

总体方差的联合估计量为:

$$s_w^2 = \frac{(n_1 - 1)s_x^2 + (n_2 - 1)s_y^2}{n_1 + n_2 - 2} = \frac{30 \times 9.36^2 + 30 \times 10.12^2}{60} = 87.61$$

则检验统计量:

$$t = \frac{\overline{x} - \overline{y}}{s_w \sqrt{\dfrac{1}{n_1} + \dfrac{1}{n_2}}} = \frac{78.06 - 76.30}{\sqrt{\left(\dfrac{1}{31} + \dfrac{1}{31} \right) \times 87.61}} = 0.711$$

查表知 $t_{0.05}(60) = 1.67$,由于 $t < t_{0.05}(60)$,因此不能拒绝原假设 H_0,即以当前的样本信息,还不足以说明新型组的成绩相比于传统组有所提高,也就是不能表明新教学方法的有效性。

(2)若两总体标准差不相等,即 $\sigma_1^2 \neq \sigma_2^2$ 时,

检验统计量为:

$$t = \frac{\overline{x} - \overline{y}}{\sqrt{\frac{s_x^2}{n_1} + \frac{s_y^2}{n_2}}} = \frac{78.06 - 76.30}{\sqrt{\frac{9.36^2}{31} + \frac{10.12^2}{31}}} = 0.711$$

检验依据的 t 分布的自由度为：

$$\nu = \left(\frac{s_x^2}{n_1} + \frac{s_y^2}{n_2}\right)^2 / \left[\frac{s_x^4}{n_1(n_1-1)} + \frac{s_y^4}{n_2(n_2-1)}\right] = \left(\frac{9.36^2}{31} + \frac{10.12^2}{31}\right)^2 / \left[\frac{9.36^4 + 10.12^4}{31 \times 30}\right] = 59.638$$

通过计算机可得，$t_{0.05}(59.638) = 1.67$，因此，这里得出的结论与假定总体标准差相等时相同。

另外，本题属于大样本的情形，因此也可以直接采用 z 检验临界值来代替这里的 t 检验临界值，得出的结论是相同的。

(二)配对样本下两总体均值的检验

配对样本的检验需要假定两个总体配对差值构成的总体服从正态分布，而且样本配对差 $x-y$ 是由差值总体中随机抽取的。在这样的情形下，两个总体均值的检验就可以完全转换成配对差均值检验这个单总体检验问题了，此时选择的检验统计量为：

$$z = \frac{\overline{d}}{\sigma_d / \sqrt{n}} \tag{7.57}$$

式中，$\overline{d}$ 为配对差值的样本均值，n 为样本容量，σ_d 为配对差值的总体标准差，它未知时，可用配对差的样本标准差 s_d 代替(此时统计量在小样本时不再记作 z，而记作 t)。

这里由于检验的拒绝域完全与上一节的单个总体均值检验的拒绝域相同，因此不再写出。

例 7.11 某饮料公司研制出一种新产品，为比较消费者对新旧产品口感的满意程度，该公司随机抽取一组消费者共 8 人，每个消费者先品尝一种饮料，然后再品尝另一种饮料，两种饮料的品尝的顺序是随机的，而后每个消费者要对两种饮料分别进行评分(0~10 分)，评分结果如表 7-5 所示。试在 0.05 的显著性水平下，检验消费者对两种饮料的评分是否存在着显著差异。

表 7-5 两种饮料评分等级的样本数据

消费者编号		1	2	3	4		6	7	8
评分等级	旧款饮料	5	4	7	3	5	8	5	6
	新款饮料	6	6	7	4	3	9	7	6

解 由于每位消费者都品尝了两种饮料，且品尝的顺序是随机的，即消费者事先并不知道他品尝的是哪种饮料，因此，本题属于配对样本的情况。这里假设两种饮料的评分之差服从正态分布，提出如下检验假设：

$$H_0: \mu_1 - \mu_2 = 0 \qquad VS \qquad H_1: \mu_1 - \mu_2 \neq 0$$

这里 μ_1 消费者对旧款饮料评分的总体均值，μ_2 消费者对新款饮料评分的总体均值。

经计算知，消费者对旧款和新款饮料评分之差的样本均值 $\overline{d} = -0.625$，$s_d = 1.3025$，则检验统计量为：

$$t = \frac{\overline{d}}{s_d / \sqrt{n}} = \frac{-0.625}{1.3025 / \sqrt{8}} = -1.357$$

查表知 $t_{0.025}(7) = 2.365$，因此，$|t| < t_{0.025}(7)$，故不拒绝 H_0，即以当前的样本信息，还不足以表明消费者对新旧饮料的评分有显著差异。

在 Excel 的【数据分析】中提供了两正态总体均值检验的功能，如图 7-2 所示：

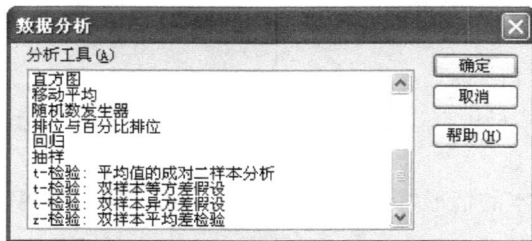

图 7-2　Excel【数据分析】对话框

其中【z-检验:双样本平均差检验】对应于两总体方差已知的情况下的两总体均值检验；【t-检验:双样本等方差假设】对应于总体方差未知，但相等情况下的两总体均值检验；【t-检验:双样本异方差假设】对应于总体方差未知且相等情况下的两总体均值检验；【t-检验:平均值的成对而样本分析】对应于配对样本情形下的两总体均值检验。在图 7-2 中，选择这些功能之一，点击【确定】，即可出现相应的参数设置框，它的设置比较简单，这里不再介绍，请读者自行探索。

二、两个总体成数的检验

这里考虑以下两总体成数的检验问题：

双侧检验：

$$H_0:\rho_1 - \rho_2 = \rho_0 \qquad VS \qquad H_1:\rho_1 - \rho_2 \neq \rho_0 \tag{7.58}$$

右侧检验：

$$H_0:\rho_1 - \rho_2 = \rho_0 \qquad VS \qquad H_1:\rho_1 - \rho_2 > \rho_0 \tag{7.59}$$

左侧检验：

$$H_0:\rho_1 - \rho_2 = \rho_0 \qquad VS \qquad H_1:\rho_1 - \rho_2 < \rho_0 \tag{7.60}$$

这里 ρ_1 和 ρ_2 分别为两个总体待检验的总体成数，ρ_0 为常数，是两总体成数之差的假定值。

两个总体成数的检验思路与两个总体均值的检验是基本上类似的，只是这里要求两个样本都是大样本。在大样本的情况下，样本成数的抽样分布可以认为就是正态分布，因此构造如下的检验统计量：

$$z = \frac{p_1 - p_2 - \rho_0}{\sqrt{\dfrac{\rho_1(1-\rho_1)}{n_1} + \dfrac{\rho_2(1-\rho_2)}{n_2}}} \tag{7.61}$$

式中，p_1 和 p_2 分别为两个样本成数，n_1 和 n_2 分别为两个样本的样本容量。

在 H_0 为真时，$z \sim N(0,1)$，因此两个总体成数的检验使用的就是 z 检验法，其拒绝域与前面相同（见表 7-3），这里不再写出。

由于两个总体成数 ρ_1 和 ρ_2 是未知的（否则就没有必要检验了），需要利用两个样本成数 p_1 和 p_2 来估计，这时有以下两种情况：

（1）$\rho_0 = 0$ 的情形。

此时原假设为 $H_0 : \rho_1 - \rho_2 = 0$ 或 $H_0 : \rho_1 = \rho_2$，则 $\rho_1 = \rho_2 = \rho$ 的最佳估计量是将两个样本合并后得到的联合样本成数 p。设 m_1 和 m_2 分别表示两个样本中具有某种属性的总体单位数，则合并后的联合比例为：

$$p = \frac{m_1 + m_2}{n_1 + n_2} = \frac{n_1 p_1 + n_2 p_2}{n_1 + n_2} \tag{7.62}$$

将(7.62)式的得到 p 代替(7.61)式中的 ρ_1 和 ρ_2，得到两个总体成数检验的统计量为：

$$z = \frac{p_1 - p_2}{\sqrt{p(1-p)\left(\dfrac{1}{n_1} + \dfrac{1}{n_2}\right)}} \tag{7.63}$$

(2) $\rho_0 \neq 0$ 的情形。

这时可直接用两个样本成数 p_1 和 p_2 来作为相应两个总体成数 ρ_1 和 ρ_2 的估计量，从而得到两个样本成数的检验统计量为：

$$z = \frac{p_1 - p_2 - \rho_0}{\sqrt{\dfrac{p_1(1-p_1)}{n_1} + \dfrac{p_2(1-p_2)}{n_2}}} \tag{7.64}$$

例 7.12 一所大学准备采取一项学生在宿舍上网收费的措施，为了解男女学生对这一措施的看法是否存在差异，分别抽取了 200 名男学生和 200 名女学生进行调查，其中一个问题是："你是否赞成采取上网收费的措施?"调查的结果显示男学生表示赞成的比例为 27%，女学生表示赞成的比例为 35%。调查者认为，男学生中表示赞成的比例显著低于女学生。取显著性水平 $\alpha = 0.05$，检验样本提供的证据是否支持调查者的看法。

解 设 ρ_1 和 ρ_2 分别表示男生和女生中表示赞成的总体比例。依题意提出假设：

$$H_0 : \rho_1 = \rho_2 \qquad VS \qquad H_1 : \rho_1 < \rho_2$$

两个样本表示赞成的联合比例为：

$$p = \frac{n_1 p_1 + n_2 p_2}{n_1 + n_2} = \frac{200 \times 27\% + 200 \times 35\%}{200 + 200} = 31\%$$

检验统计量为：

$$z = \frac{p_1 - p_2}{\sqrt{p(1-p)\left(\dfrac{1}{n_1} + \dfrac{1}{n_2}\right)}} = \frac{27\% - 35\%}{\sqrt{31\%(1 - 31\%) \times \left(\dfrac{1}{200} + \dfrac{1}{200}\right)}} = -1.730$$

查表知 $z_{0.05} = 1.645$，因此 $z < -z_{0.05}$，故拒绝 H_0，表明样本提供的证据支持调查者的看法，即男学生中表示赞成的比例显著低于女学生。

例 7.13 有两种方法生产同一种产品，方法 1 的生产成本较高而次品率较低，方法 2 的生产成本较低而次品率则较高。管理人员在选择生产方法时，决定对两种方法的次品率进行比较，如方法 1 比方法 2 的次品率低 8% 以上，则决定采用方法 1，否则就采用方法 2。管理人员从方法 1 生产的产品中随机抽取 300 个，发现有 33 个次品，从方法 2 生产的产品中也随机抽取 300 个，发现有 84 个次品。试在显著性水平 $\alpha = 0.01$ 进行检验，说明管理人员决定采用哪种方法进行生产。

解 设 ρ_1 和 ρ_2 分别表示用方法 1 和方法 2 生产的产品中的总体次品率。依题意提出的检验假设为：

$$H_0 : \rho_2 - \rho_1 \leqslant 8\% \qquad VS \qquad H_1 : \rho_2 - \rho_1 > 8\%$$

根据已知条件,计算得到的方法 1 和方法 2 下的样本次品率分别为 $p_1 = 11\%$,$p_2 = 28\%$。则检验统计量为:

$$z = \frac{p_2 - p_1 - \rho_0}{\sqrt{\dfrac{p_1(1 - p_1)}{n_1} + \dfrac{p_2(1 - p_2)}{n_2}}} = \frac{28\% - 11\% - 8\%}{\sqrt{\dfrac{11\%(1 - 11\%)}{300} + \dfrac{28\%(1 - 28\%)}{300}}} = 7.912$$

查表知 $z_{0.01} = 2.33$,因此 $z > z_{0.01}$,故拒绝 H_0,表明方法 1 的次品率比方法 2 的次品率显著低 8% 以上,所以应采用方法 1 进行生产。

三、两个总体方差的检验

这里考虑以下两总体方差的检验问题:

双侧检验:

$$H_0 : \sigma_1^2 = \sigma_2^2 \qquad VS \qquad H_1 : \sigma_1^2 \neq \sigma_2^2 \tag{7.65}$$

右侧检验:

$$H_0 : \sigma_1^2 = \sigma_2^2 \qquad VS \qquad H_1 : \sigma_1^2 > \sigma_2^2 \tag{7.66}$$

左侧检验:

$$H_0 : \sigma_1^2 = \sigma_2^2 \qquad VS \qquad H_1 : \sigma_1^2 < \sigma_2^2 \tag{7.67}$$

这里 σ_1^2 和 σ_2^2 为待检验的两正态总体的方差。

考虑到两个样本方差 s_1^2 和 s_2^2 之比 s_1^2/s_2^2 抽样分布为 F 分布,因此考虑构造如下的检验统计量:

$$F = \frac{s_1^2}{s_2^2} \tag{7.68}$$

在 H_0 为真时,$F \sim F(n_1 - 1, n_2 - 1)$,$n_1$ 和 n_2 分别为来自两个正态总体的样本的样本容量。由于 F 分布是类似于 χ^2 分布的偏态分布,故同上一节单个正态总体方差检验的思考方式可类似得到以上三种检验的拒绝域,具体如下:

对于双侧检验(7.65)式,检验的拒绝域为:

$$W = \{F \leqslant F_{1-\alpha/2}(n_1 - 1, n_2 - 1) \text{ 或 } F \geqslant F_{\alpha/2}(n_1 - 1, n_2 - 1)\} \tag{7.69}$$

对于右侧检验(7.66)式,类似分析可得其拒绝域为:

$$W = \{F \geqslant F_\alpha(n_1 - 1, n_2 - 1)\} \tag{7.70}$$

对于左侧检验(7.67)式,拒绝域为:

$$W = \{F \leqslant F_{1-\alpha}(n_1 - 1, n_2 - 1)\} \tag{7.71}$$

例 7.14 用两种不同方法冶炼某种金属材料,分别抽样测定其杂质的含量(单位:%),数据如下:

冶炼方法 1:26.9　22.8　25.7　23.0　22.3　24.2　26.1　26.4　27.2　29.5
冶炼方法 2:22.6　24.5　20.6　23.5　24.3　21.9　23.2　22.5

假设两种冶炼方法下的杂质含量均服从正态分布,试在 0.05 的显著性水平下检验两种冶炼方法的杂质含量的差异性是否显著不同。

解　设 σ_1^2 和 σ_2^2 分别为冶炼方法 1 和冶炼方法 2 下的杂质含量的总体方差,则依题建立的假设为:

$$H_0 : \sigma_1^2 = \sigma_2^2 \qquad VS \qquad H_1 : \sigma_1^2 \neq \sigma_2^2$$

已知 $n_1 = 10$，$n_2 = 8$，经过计算得到冶炼方法 1 和冶炼方法 2 下的杂质含量的样本方差分别为 $s_1^2 = 5.272$，$s_2^2 = 1.644$，则检验统计量为：

$$F = \frac{s_1^2}{s_2^2} = \frac{5.272}{1.644} = 3.207$$

查表知 $F_{0.025}(9,7) = 4.82$，$F_{0.975}(9,7) = 0.24$。由于 F 介于 $F_{0.025}(9,7)$ 和 $F_{0.975}(9,7)$ 之间，因此不拒绝 H_0，即以当前的样本数据还不足以说明两种冶炼方法下的杂志含量的差异性显著不同。

在 Excel 的【数据分析】中也提供了两正态总体方差检验的功能，如图 7-3 所示。这里将具体的操作过程省去，请读者自行探索。

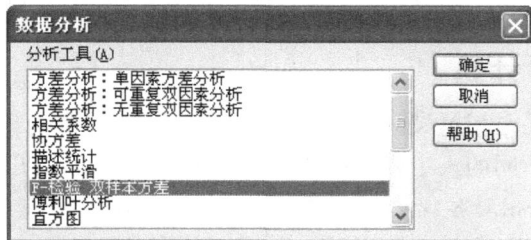

图 7-3 Excel【数据分析】对话框

第四节 假设检验的 P 值

前面的检验决策都是依据计算出的检验统计量是否落在拒绝域来进行判断的，这种决策方式总是依赖于事先给定的显著性水平，存在着很强的主观性。实际上我们也可以采用另一种方式直接进行决策，而不依赖于人们设定的显著性水平，而这种方式需要计算出假设检验的 P 值。为了很好地理解 P 值这一概念，我们从显著性水平与拒绝域的关系开始讨论。

一、显著性水平与拒绝域的关系

在第二节例 7.8 中，我们看到不同的显著性水平得到的拒绝域范围不同，从而导致得出的结论不同，这并不是偶然的，而是由于显著性水平和拒绝域之间存在着非常密切的关系所导致的。下面我们以双侧 z 检验为例来说明显著性水平与拒绝域的关系。

如图 7-4 所示，z_c 为根据具体样本计算出来的 z 检验统计量的具体数值。从图中可以看到，z_c 落在了显著性水平为 α_1 的拒绝域内，因此在 α_1 的显著性水平下，根据具体样本计算的结果会作出拒绝原假设 H_0 的结论。但当显著性水平 α 从 α_1 的水平降至为 α_2 的水平时，检验的临界值 $z_{\alpha/2}$ 变大，拒绝域的范围变窄，使得检验统计量的具体数值 z_c 落在了拒绝域之外，从而会作出不拒绝原假设 H_0 的结论。由此我们可以看出，显著性水平 α 越小，拒绝域的范围就越窄，就越不容易作出拒绝原假设 H_0 的结论。[①]

---

① 读者也可以从另一角度去理解这一结论。显著性水平 α 是犯第 I 类错误的概率，当 α 被控制得越小，第 I 类错误就越难发生，即越不容易作出拒绝原假设的结论。

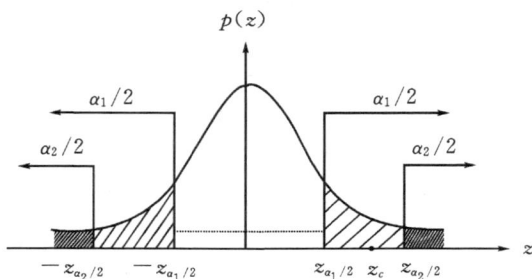

图 7-4 双侧 z 检验不同显著性水平下的拒绝域示意图

二、P 值的概念及计算

从上面对显著性水平与拒绝域的关系的分析中可以看到，事先给定显著性水平的检验决策，带有一定的主观性，不同的人主张不同的显著性水平，可能会得出不同的结论。为此，我们引入 P 值的概念，它可以相对客观地反映样本数据的实际显著性。

从图 7-4 中可以看到，当显著性水平 α 从 α_1 逐渐降至为 α_2 的过程中，检验的结论由最初的拒绝原假设 H_0 逐渐地变为了不拒绝原假设 H_0，这其中有一个临界状态，即检验的临界值 $z_{\alpha/2}$ 刚好落在 z_c 处对应的显著性水平，它是能够根据当前样本作出拒绝原假设 H_0 的最小的一个显著性水平。因为当 α 大于这个显著性水平时，$z_{\alpha/2}$ 就会小于 z_c，从而拒绝 H_0；当 α 小于这个显著性水平时，$z_{\alpha/2}$ 就会超过 z_c，从而不拒绝 H_0。因此，根据所获得的具体样本，能作出拒绝原假设的所有显著性水平中，存在着一个最小的显著性水平，我们将其称为假设检验的 P 值。

有了 P 值的概念，前面事先给定显著性水平 α 的决策也可以借助于 P 值来给出，其检验决策的规则为：

(1) 如果 $P \leqslant \alpha$，则在显著性水平 α 下拒绝 H_0；

(2) 如果 $P > \alpha$，则在显著性水平 α 下不拒绝 H_0。

根据图 7-4 及上面对 P 值概念的分析，我们可以得到双侧 z 检验的 P 值的计算公式：

$$P = P(|z| > |z_c|) = 2P(z > |z_c|) \tag{7.72}$$

式中，z 为服从标准正态分布的随机变量，z_c 为根据具体样本计算出的 z 检验统计量的数值。

类似地，右侧 z 检验的 P 值的计算公式为：

$$P = P(z > z_c) \tag{7.73}$$

类似地，左侧 z 检验的 P 值的计算公式为：

$$P = P(z < z_c) \tag{7.74}$$

由于 t 分布与标准正态分布形状相同，因此将上面计算公式中的标准正态随机变量 z 换成 t 分布随机变量 t，即可得出相应的 t 检验的 P 值。

对于前两节介绍的 χ^2 检验和 F 检验的 P 值的计算公式，读者可类似分析和思考，这里先不给出，我们将在后面的章节中陆续给出。

三、关于 P 值的几点说明

(1) P 值越小，拒绝 H_0 的理由就越充分。P 值越低，则表明根据当前样本观测值拒绝 H_0

而犯错误（即第Ⅰ类错误）的可能性就可控制得越低,也就是认为在 H_0 为真时,抽中像目前样本这样的信息是极偶然的,其概率仅为 P。比如要检验全校学生生活费支出是否等于 500 元,检验假设为：$H_0:\mu = 500$；$H_1:\mu \neq 500$。假如抽出一个样本算出样本均值 600 元,得到的 P 值为 0.02,这个 0.02 是指如果平均消费真是 500 元的话,那么从该总体中抽出一个均值为 600 的样本,概率仅为 0.02。如果你认为这个概率太小了,就可以拒绝原假设,因为如果原假设正确的话,几乎不可能抓到这样的一个样本,既然抓到了,就表明这样的样本不在少数,所以原假设是不对的。显然 P 值越小,你拒绝原假设的理由越充分。

（2）究竟确定多大的 P 值才使你有理由拒绝原假设呢？或者说,要证明原假设不正确,P 值多小才能令人信服呢？这要根据两种情况来确定：第一,原假设的可信度有多高？如果原假设所代表的是人们一直很相信的看法,就需要很强的证据（小的 P 值）才能说服他们。第二,拒绝原假设的成本有多高？拒绝原假设可能会付出很高的成本,就需要一个更小的 P 值,例如备择假设代表要花很多钱把产品包装换成另一种包装,此时就要有很强的证据显示新包装一定会增加销售量（因为拒绝原假设要花很高的成本）。

一般来说,$P < 0.1$ 代表有"一些证据"不利于原假设；$P < 0.05$ 代表有"适度证据"不利于原假设；$P < 0.01$ 代表有"很强证据"不利于原假设。实际上,有了 P 值,也就不用太关心事先给定显著性水平了。只要你认为这么大的 P 值就算是显著了,你就可以在这样的 P 值水平上拒绝原假设。当然,统计上通常要求 P 值不应大于 0.1。

（3）P 值决策优于事先给定显著性水平的决策。与传统的事先给定显著性水平的决策相比,P 值决策提供了更多的信息。比如,根据事先确定 α 进行决策时,只要检验统计量的值落在拒绝域,无论它在哪个位置,拒绝原假设的结论都是一样的（只能说犯第Ⅰ类错误的概率是 α）。但实际上,检验统计量落在拒绝域不同的地方,实际的显著性是不同的。比如,检验统计量落在临界值附近与落在远离临界值的地方,实际的显著性有较大差异。而 P 值给出的是根据实际样本的检验统计量的值算出的显著性水平,它告诉我们实际的显著性水平是多少。根据事先给定显著性水平的决策,如果拒绝原假设,也仅仅是知道犯错误的可能性是 α 那么大,但究竟是多少却不知道。而 P 值则是算出的犯第Ⅰ类错误的实际概率。从图 7-5（图中 z_{c_1} 和 z_{c_2} 为依据不同的样本观测值计算出的检验统计量的两个值）可以容易看出事先给定显著性水平的决策和 P 值决策的差异。

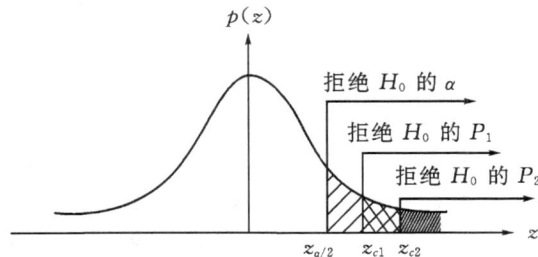

图 7-5 不同样本观测值的不同显著性（以右侧 z 检验为例）

应用案例

实践中的假设检验①

假设检验是《统计学》中很重要的内容，许多《统计学》教材都花很多笔墨详细介绍，并解释假设检验的结果如何分析。《统计学》(贾俊平编著，中国人民大学出版社 2008 年 11 月第 3 版)作了这样的描述："假设检验得出的结论都是根据原假设进行阐述的。我们要么拒绝原假设，要么不拒绝原假设。当不能拒绝原假设时，我们也从来不说'接受原假设'。没有足够的证据拒绝原假设，只表示手头上这个样本提供的证据还不足以拒绝原假设。"另一本书《统计学：从数据到结论》(吴喜之著，中国统计出版社 2006 年 10 月第 2 版)也论述到"在不能拒绝原假设时，只能够说，按照目前的证据和检验方法，不足以拒绝原假设而已。'接受'原假设的说法是不妥当的。统计工作者必须给用户一个没有偏见的信息，而不是代替用户做没有指明风险的决策"。实际上，上述两位作者都认为在无法拒绝原假设时，我们对原假设不能给出"接受"的结论，即不能认为原假设正确。

在教学过程中，我也一贯反对使用"接受原假设"的说法。但这种做法仅限于《统计学》教科书假设检验章节适用。在实际工作中及《统计学》的回归分析和方差分析章节中，在不能拒绝原假设时，都采用了"接受原假设"的做法。如方差齐性检验时，没有拒绝原假设，即认为是方差相等的。这与假设检验章节中的要求是相违背的，这就是典型的"说的一套，做的是另一套"。实践中在用到假设检验时也是如此。

一、生产实践中的假设检验

在日常生产的数据分析中，很多地方会用到假设检验。一般地，在得出不能拒绝原假设的结论时，都会接受原假设，即认为原假设是对的。根据教材知道，这样就会犯第 II 类错误。通常对于犯第 II 类错误的概率无法仔细研究，这个风险是很大的。那么生活中能否严格按照教材上的说法采取"不拒绝也不接受"的做法呢？实际上，根据《统计学》教材，当不能拒绝原假设时，表示没任何结论，即不能说明原假设对，也不能说明原假设错。这是一种极不负责任的说法。也就是说检验白做了。但实际工作中，如果按照教材上的做法就行不通。比如检验一条生产线上的包装食品重量是否合格。原假设是合格，备择假设是不合格。当不能拒绝原假设时，到底生产线是要继续生产呢？还要停产呢？这时如果严格按照《统计学》的说法就是"不知道应不应该生产，也不知道应不应该停产"。那样企业生产就无法安排了。这时，通常会采取接受原假设的做法，即认为产品合格，继续生产。

如果继续生产，那样犯第 II 类错误的风险不是很大吗？这样根据假设检验的结论安排生产安全吗？大家知道，假设检验用的是反证法，只能证明原假设错，而不能证明原假设正确。这会不会带来严重的后果？多年来，实际工作中，都是按照"不拒绝就接受"的做法来做的，事实证明，没有因为犯第 II 类错发生什么可怕的后果，这到底是为什么呢？关键在于这个假设检验的原假设。在实际工作中，特别是像生产是否正常的检验，都是把长久以来证明是正确的命题当做原假设，这样没有充足理由拒绝它时，接受它犯错误的可能性就大大降低了，所以在实际工作中不拒绝就接受原假设的做法也是可行的。

---

① 资料来源：郭洪伟.《实践中的假设检验》，载《中国统计》，2011 年第 5 期。

二、人际交往中的假设检验

大家在日常的人际交往过程中也会不自觉地运用假设检验的方法进行决策,但不幸的是很多人也采取了不拒绝就接受的方法进行决策,这种决策在上面的生产实践中本无可厚非,但在这里笔者不提倡大家这么做。这是因为,人际交往的原假设与上面生产实际中的原假设不同。很多人际交往作假设检验的原假设不是基于丰富的经验而提出的,原假设本身有问题,这样在采取不拒绝就接受原假设的做法时,就会有很大的风险。

举个例子,假如你和一个网友见面,你不知道他是好人还是坏人,只能基于你已经获得的不一定全面的信息和他交往。在见面之前你会对这个网友持一个基本的看法,这就是你的原假设。你可以假设他很诚实,和他交往的过程中,若没有发现什么不诚实的,就会坚定你的想法,认为他是个诚实的人,从而没有设防的进一步和他交往。但这时要注意,那个网友可能是个骗子,他有很多伪装,让你对他的检验没有拒绝原假设,这时你若采取"不拒绝就接受的做法"会吃亏的。这里关键是你的原假设错了。如果对于一个网友(事先你不知道他是个骗子),如果你持有的原假设是他不诚实,那么除非有很强的证据否定原假设,一般情况下你都不会被骗,因为不拒绝原假设时你所接受的是个正确的命题。所以很多人会见网友时为了防骗都假设对方不诚信,这样确实能保护大家,但是这样做的结果是,长此以往大家都不信任对方,整个社会将变得越来越冷漠。

同时在人际交往中,第一印象也会影响原假设,所以第一印象在人际交往中很重要,很多心理学书籍都要求大家管理好第一印象,因为我们与别人交往的原假设大都基于第一印象。有句俗语"先入为主"讲的就是这个道理。第一印象一旦形成就很难改变,因为我们在不能否定原假设时会接受原假设,实际上这样决策的风险是很大的。但遗憾的是人都是感性的,都是按照第一印象来交往的。例如你和 A 第一次见面,觉得他是个好人,以后你可能发现他做了件坏事,但是一般地你不会改变对于 A 印象,你会解释说"瑕不掩玉。"(因为这时,还没有足够理由拒绝原假设,相当于 P 值还不够小)如果第一次见面,你觉得 A 是个坏人(原假设他是坏人,他实际上是个好人),以后你发现他对你做好事时,你也会认为"他是黄鼠狼给鸡拜年"。

三、男女婚嫁的错误

假设检验不光在人际交往过程中有很大用处,在处理男、女的婚姻大事上也有重要体现。很多人婚后的不幸福及居高不下的离婚率使很多青年男女不敢轻易结婚。还有些人因为涉世不深,早早结婚,等明白了木已成舟,后悔也来不及了。有些人因持有不正确的择偶观,而使自己的终身大事一拖再拖,最后不得不步入大龄剩男剩女的行列。在婚姻问题的处理上,男性比女性有更多选择权,因为大龄男士可以选择比自己小的女士,机会很多。但大龄女士选择年轻男士基本不可能,所以随着年龄的增加男士可选择的结婚对象越来越多,而女士可选择的结婚对象越来越少,所以男士和女士对结婚对象的选择决策应该有根本的区别。由于男士的选择较多,在此只讨论女士的结婚对象的选择问题。

结婚在人的一生中一般只有一次(不含重婚),这很像假设检验,都只是做一次抽样就作出决策。这时决策的结果有对有错。类似于假设检验,这里的错误也有两种:第 I 类错误即弃真错误,第 II 类错误即取伪错误。男女找对象的弃真错误是指:错过了一个好的结婚对象,但这种情况下,你还是单身还有机会寻找好的伴侣;这里的取伪错误是指:找了一个不好的人结婚,这时就很被动,因为没有其他选择的机会了,因为你已经结婚了,除非你离婚,离婚对于一个人来说打击是非常大的。另外,一般来说离婚的女人若想再婚比起单身时选择面更小。所以,从"弃真"和"取伪"的利弊来说,一般对于一个女生第 II 类错误更可怕,因为犯第 I 类错误还有选择的机会,还可以再试。有一句常用来安慰失恋女生的话:"三条腿的蛤蟆找不到,两条腿的男人多的是。"这句话很糙,但也道出了女性选择结婚对象的原则:"宁可错过一个好的,不能将就一个坏的。"

从上面的论述中可以看出,青年女性在年轻的时候不要盲目结婚,别怕"过了这个村就没那个店了"。不要因为某个男生的甜言蜜语就匆忙决定"非他不嫁",这样很容易犯"取伪"错误,特别是那些涉世未深的女学生更是如此。所以,年轻女性在谈恋爱时一定要避免犯"取伪"错误。关键是你还年轻,还有很多的选择机会。但在这一点上也不能过分,在二十多岁到三十岁的过程中发现好男人,也应该结婚。别像有些人因为担心"取伪",一直不结婚,都到了三十多岁还没结婚,到那时发现,"取伪"已经不可怕,最担心的是"弃真"了。所以对于"弃真"、"取伪"不能一概地说重视哪一个,关键看该女性处于什么年龄段,一般来讲年轻的女性(作者认为18~26岁)应尽量避免"取伪"错误,别怕犯"弃真"错误,而大龄女青年(作者认为26岁以上)应首先关注"弃真"错误,因为可选择的对象越来越少,别再纠缠于"取伪"错误。

思考与练习

一、单项选择题

1. 一家食品生产企业声称,它们生产的某种食品的合格率 ρ 在95%以上。为检验这一说法是否属实,某食品安全检测部门打算抽取部分食品进行检验,该检验的原假设和备择假设为( )。

A. $H_0:\rho \leqslant 95\%$ VS $H_1:\rho > 95\%$ B. $H_0:\rho = 95\%$ VS $H_1:\rho \neq 95\%$
C. $H_0:\rho \geqslant 95\%$ VS $H_1:\rho < 95\%$ D. $H_0:\rho < 95\%$ VS $H_1:\rho \geqslant 95\%$

2. 在假设检验中,原假设所表达的含义通常是指( )。

A. 参数是错误的   B. 参数发生了变化
C. 参数没有发生变化   D. 变量之间存在某种关系

3. 一项新的减肥计划声称:在计划实施的第一个月内,参加者的体重平均至少可以减轻8公斤。随机抽取40位参加该项计划组成的样本,结果显示:样本的体重平均减少7公斤,标准差为3.2公斤,该检验的原假设和备择假设是( )。

A. $H_0:\mu \leqslant 8$ VS $H_1:\mu > 8$ B. $H_0:\mu \geqslant 8$ VS $H_1:\mu < 8$
C. $H_0:\mu \leqslant 7$ VS $H_1:\mu > 7$ D. $H_0:\mu \geqslant 7$ VS $H_1:\mu < 7$

4. 在假设检验,原假设和备择假设( )。

A. 有可能都成立   B. 有可能都不成立
C. 只有一个成立而且必有一个成立   D. 原假设一定成立,备择假设不一定成立

5. 某电池生产商声称,它们生产的5号电池的平均使用时间为85小时。质检部门抽取20节电池的随机样本,在 $\alpha = 0.05$ 的显著性水平下,检验结果是未能拒绝原假设,这意味着( )。

A. 该企业生产的5号电池的平均使用时间是85小时
B. 该企业生产的5号电池的平均使用时间不是85小时
C. 没有证据证明该企业生产的5号电池的平均使用时间是85小时
D. 没有证据证明该企业生产的5号电池的平均使用时间不是85小时

6. 要检验某地区的人均消费水平是否等于1500元,提出的原假设和备择假设分别为

$H_0 : \mu = 1500$ 和 $H_1 : \mu \neq 1500$ 。在该假设检验中,第 I 类错误是指(　　)。

A. 该地区人均消费水平的实际值是 1500 元,检验结果却拒绝了原假设

B. 该地区人均消费水平的实际值是 1500 元,检验结果却未拒绝原假

C. 该地区人均消费水平的实际值不是 1500 元,检验结果却拒绝了原假设

D. 该地区人均消费水平的实际值不是 1500 元,检验结果却未拒绝原假设

7. 在假设检验中,第 II 类错误是指(　　)。

A. 当原假设正确时拒绝原假设　　　　　　B. 当原假设错误时未拒绝原假设

C. 当备择假设正确时未拒绝备择假设　　　D. 当备择假设不正确时拒绝备择假设

8. 如果原假设 H_0 为真,所得到的样本结果会像实际观测结果那么极端或更极端的概率称为(　　)。

A. 临界值　　　　　　　　　　　　　　　B. 统计量

C. 观测到的显著性水平　　　　　　　　　D. 事先给定的显著性水平

9. 在假设检验中,分别用 α,β 表示犯第 I 类错误和第 II 类错误的概率,则当样本容量 n 一定时,下列说法正确的是(　　)。

A. α 减小时,β 也减小　　　　　　　　　B. α 增大时,β 也增大

C. α,β 不能同时减小,减小其中一个,另一个就会增大

D. A 和 B 同时成立

10. 在假设检验中,如果所计算出的 P 值越小,说明检验结果(　　)。

A. 越显著　　　　B. 越不显著　　　　C. 越真实　　　　D. 越不真实

11. 检验总体均值的假设:$H_0 : \mu = 10$　VS　$H_1 : \mu \neq 10$,由 $n = 20$ 组成的一个随机样本,得到样本均值 $\bar{x} = 10.15$,计算出的检验 P 值为 0.02,在 $\alpha = 0.05$ 的显著性水平下,得到的结论是(　　)。

A. 拒绝 H_0　　　　　　　　　　　　　　B. 不拒绝 H_0

C. 可以拒绝,也可以不拒绝 H_0　　　　　D. 可能拒绝与可能不拒绝 H_0

12. 在一项犯罪研究中,收集到的 2010 年的犯罪数据。在那些被判纵火罪的罪犯中,有 50 人是酗酒者,43 人不喝酒;在那些被判诈骗罪的罪犯中,有 63 人是酗酒者,144 人是戒酒者。在 $\alpha = 0.01$ 的显著性水平下,检验“纵火犯中酗酒者的比重 ρ_1 高于咋骗犯中酗酒者的比重 ρ_2”,建立的原假设和备择假设是(　　)。

A. $H_0 : \rho_1 \geqslant \rho_2$　VS　$H_1 : \rho_1 < \rho_2$　　　B. $H_0 : \rho_1 \leqslant \rho_2$　VS　$H_1 : \rho_1 > \rho_2$

C. $H_0 : \rho_1 = \rho_2$　VS　$H_1 : \rho_1 \neq \rho_2$　　　D. $H_0 : \rho_1 < \rho_2$　VS　$H_1 : \rho_1 \geqslant \rho_2$

二、思考题

1. “假设检验的基本思路是:概率性质的反证法,主要依据是:小概率原理。”你同意这种说法吗？简述你对假设检验的理解和检验步骤。

2. 解释原假设和备择假设的含义,并归纳常见的几种建立原假设和备择假设的原则。

3. 第 I 类错误和第 II 类错误分别指什么？它们发生的概率大小之间存在怎样的关系？是否有什么办法使得两类错误同时减少？

4. 怎样理解显著性水平？

5. 为什么说假设检验不能证明原假设正确？

6. 在假设检验中,为什么采取“不拒绝原假设”而不采取“接受原假设”的表述方式？

7.在研究方法上,参数估计与假设检验有什么相同点和不同点?

8.什么是P值?P值能告诉我们什么信息?当相应的P值较小时为什么要拒绝原假设?

9.利用P值进行检验和利用统计量进行检验(即事先给定显著性水平的检验)有什么不同?

三、计算题

1.化肥厂用自动包装机包装化肥,每包的质量服从正态分布,其平均质量为100千克,标准差为1.2千克。某日开工后,为了确定这天包装机工作是否正常,随机抽取9袋化肥,称得质量如下:

    99.3 98.7 100.5 101.2 98.3 99.7 99.5 102.1 100.5

假定方差稳定不变,问这一天包装机的工作是否正常?(取$\alpha = 0.05$)

2.一个小学校长在报纸上看到这样的报道:"这一城市的初中学生平均每周看8小时电视。"她认为她所在的学校的学生看电视的时间明显小于该数字。为此她在该校随机调查了100个学生,得知平均每周看电视的时间$\bar{x} = 6.5$小时,样本标准差$s = 2$小时。请问是否可以认为这位校长的看法是对的?(取$\alpha = 0.05$)

3.在针织品漂白工艺过程中,要考察温度对针织品断裂强力(主要质量指标)的影响。为了比较70℃与80℃的影响有无差别,在两个温度下,分别重复做了8次试验,得到的数据(单位:N):

70℃时的强力:20.5 18.8 19.8 20.9 21.5 19.5 21.0 21.2

80℃时的强力:17.7 20.3 20.0 18.8 19.0 20.1 20.0 19.1

根据经验,温度对针织品断裂强度的波动没有影响。问在70℃时的平均断裂强力与80℃时的平均断裂强力之间是否有显著差别?(假定断裂强力服从正态分布,$\alpha = 0.05$)

4.两台车床生产同一种滚珠,滚珠直径服从正态分布。从中分别抽取8个和9个产品,测得其滚珠直径为:

甲车床:15.0 14.5 15.2 15.5 14.8 15.1 15.2 14.8

乙车床:15.2 15.0 14.8 15.2 15.0 15.0 14.8 15.1 14.8

(1)在0.05的显著性水平下,比较两台车床生产的滚珠直径的方差是否有显著差异。

(2)在0.05的显著性水平下,比较两台车床生产的滚珠直径的平均值是否有显著差异。

5.某加油站经理希望了解驾车人士在该加油站的加油习惯。在一周内,他随机地抽取100名驾车人士调查,得到如下结果:平均加油量等于13.5加仑,样本标准差是3.2加仑,有19人购买无铅汽油。试问:

(1)以0.05的显著性水平,是否有证据说明平均加油量并非12加仑?

(2)计算(1)的P值。

(3)以0.05的显著性水平来说,是否有证据说明少于20%的驾车者购买无铅汽油?

(4)计算(3)的P值。

(5)在加油量服从正态分布假设下,若样本容量为25,计算(1)和(2)。

6.为研究新生儿的体重是否有显著增加的趋势,医院从2014年元旦出生的新生儿中随机抽取了50名,测量他们的平均体重为3300克,而2013年元旦时抽取的50名新生儿的平均体重是3200克。现假设根据以往的调查,新生儿体重的标准差是65克。试问:

(1)以0.05的显著性水平,检验新生儿体重在这两年中是否有显著的变化?

(2)计算检验的P值,并根据P值重新检验(1)中的结论。

7. 为监测空气质量,某城市环保部门每隔几周对空气烟尘质量进行一次随机测试。已知该城市过去每立方米空气中悬浮颗粒的平均值是 82 微克。在最近一段时间的检测中,每立方米空气中悬浮颗粒的数值如下(单位:微克):

81.6	86.6	80.0	71.6
96.6	74.9	83.0	85.5
68.6	70.9	88.5	94.9
77.3	76.1	92.2	72.5
85.8	68.7	58.3	72.4
66.6	71.7	73.2	73.2
78.6	61.7	86.9	75.6
74.0	82.5	87.0	83.0

根据最近的测量数据,能否认为该城市空气中悬浮颗粒的平均值显著低于过去的平均值?

8. 某市场研究机构用一组被调查者样本来给某特定商品的潜在购买力打分。样本中每个人都分别在看过该产品的新的电视广告之前与之后打分。潜在购买力的分值为 0～10 分,分值越高表示潜在购买力越高。原假设认为"看后"平均得分小于或等于"看前"平均得分,拒绝该假设就表明广告提高了平均潜在购买力得分。对 $\alpha = 0.05$ 的显著性水平,用下列数据检验该假设,并对该广告给予评价。

个体	购买力得分		个体	购买力得分	
	看后	看前		看后	看前
1	6	5	5	3	5
2	6	4	6	9	8
3	7	7	7	7	5
4	4	3	8	6	6

9. 为研究小企业经理是否认为他们获得了成功,在随机抽取的 100 个小企业的经理人中,认为自己成功的人数为 24 人;而在对 95 个男性经理的调查中,认为自己成功的人数为 39 人。在 $\alpha = 0.05$ 的显著性水平下,检验男女经理认为自己成功的人数比重是否有显著差异。

10. 为比较新旧两种肥料对产量的影响,以便决定是否采用新肥料。研究者选择了面积相等、土壤等条件相同的 40 块田地,分别施用新旧两种肥料,得到的产量数据如下:

新肥料					旧肥料				
105	109	110	118	109	109	101	97	98	100
113	111	111	99	112	98	98	94	99	104
106	117	99	107	119	103	88	108	102	106
110	111	103	110	119	97	105	102	104	101

取显著性水平 $\alpha = 0.05$:

(1)分别在两种肥料获得的农作物产量的方差相等和不相等的假定条件下,检验新肥料获得的平均产量是否显著地高于旧肥料?

(2)两种肥料下获得的农作物产量的方差是否有显著差异?

第八章
方差分析

情景导入

不同促销方式对销售额是否有显著影响?

某连锁超市公司为了研究不同促销手段对商品销售额的影响,选择了某类日常生活用品在其下属的 20 个门店分别采用某种促销方式(每种促销方式随机选择 4 个门店)进行了为期 1 个月的实验,实验前该类商品在这 20 个门店的月销售额基本处于同一水平。实验结果如表 8-1 所示:

表 8-1 不同促销方式的试验结果

促销方式	月销售额(万元)			
A_1(通常销售)	12.5	15.4	11.8	13.2
A_2(广告宣传)	13.1	14.7	12.3	13.6
A_3(有奖销售)	15.6	16.5	13.4	13.1
A_4(特价销售)	17.9	19.6	21.8	20.4
A_5(买一送一)	18.2	17.1	16.5	16.2

其中"通常销售"是指不采用任何促销手段,"广告宣传"是指没有价格优惠的单纯广告促销,"买一送一"是指买一件商品送另一件小商品。现该公司管理部门希望了解的是:

(1)不同的促销方式对该类商品销售的增长是否有显著影响?

(2)如有影响,哪类促销方式效果最好?

掌握以上信息对该公司制定今后的最佳销售策略有着非常重要的意义。而要掌握这些信息,就需要对各种促销方式下的销售额是否有差异进行假设检验。但如果对这一问题采用上一章的检验方法,用 t 检验作两两比较,则需要作 10 次检验,这样做不仅较繁琐,工作量大,而且准确性也将会受到怀疑,因为每次检验犯第一类错误的概率假设都是 α 的话,那么作多次检验会使犯第一类错误的概率相应增加,检验完成时,犯第一类错误的概率会大于 α。在本问题中,假设 $\alpha=0.05$,由于每次检验是独立的,则按照乘法原理,10 次检验发生第一类错误的概率将会达到 $1-(1-\alpha)^{10}=1-0.95^{10}=0.401$,这与扔硬币出现正面的概率相差无几。

因此,要解决这类问题,必须发掘一种新方法,这种方法就是方差分析,它是同时考虑所有的样本数据,一次即可判断多个总体的均值是否相同,这不仅排除了犯错误的累计概率,也提高了检验效率。

方差分析是在 20 世纪 20 年代发展起来的一种统计方法,它是由英国统计学家费希尔(R. A. Fisher)在进行实验设计时为解释实验数据而首先引人的。目前,方差分析方法广泛应用于分析心理学、生物学、工程和医药的实验数据。从形式上看,方差分析是比较多个总体的均值是否相等,但本质上它所研究的是变量之间的关系,这与第 9 章中将要介绍的回归分析方法有许多相同之处,但又有本质区别。在研究一个(或多个)分类型自变量与一个数值型因变量之间的关系时,方差分析就是其中的主要方法之一。本章将首先介绍方差分析的基本原理,然后介绍单因子方差分析和双因子方差分析的方法及应用。

第一节　方差分析的基本原理

一、方差分析的概念

方差分析(analysis of variance,ANOVA)是通过检验各总体的均值是否相等来判断分类自变量对数值因变量是否有显著影响的一种统计分析方法。在具体学习方差分析之前,我们先介绍方差分析中的几个基本概念。

在方差分析里,我们把涉及的分类自变量称为因子或因素;因子的每个取值称为水平或处理。例如,在本章开头的引入案例中,"促销方式"便是要分析的因子,它有通常销售、广告宣传、有奖销售、特价销售和买一送一 5 个水平或处理。

只考虑一个因子的方差分析,我们称为单因子方差分析,例如,本章开头的引入案例便属于单因子方差分析的范畴。同时考虑两个因子对数值因变量是否产生影响的方差分析称为双因子方差分析。涉及多个因子的方差分析,我们称为多因子方差分析。本章仅讨论单因子方差分析和双因子方差分析。

二、方差分析的基本原理

为叙述方便,我们以本章开头的引入案例(以下简称引例)为例,来说明方差分析的基本原理。在该案例中,每种促销方式(每种处理)各抽取了 4 个样本数据,总共获得了 20 个销售数据。每个样本都是来自每种处理所对应的总体(这里对应 A_1, A_2, A_3, A_4, A_5 五个总体)。要判断促销方式对该商品的销售额是否有影响,检验假设可以写为:

$H_0: \mu_1 = \mu_2 = \mu_3 = \mu_4 = \mu_5$,即促销方式对商品销售额没有显著影响。

$H_1: \mu_1, \mu_2, \mu_3, \mu_4, \mu_5$ 不全相等,即促销方式对商品销售额有显著影响。

其中,$\mu_1, \mu_2, \mu_3, \mu_4, \mu_5$ 分别为引例中 A_1, A_2, A_3, A_4, A_5 五种促销方式下的销售额的总体均值。

如何判断促销方式对该商品的销售额是否有影响呢? 虽然上面的检验假设是通过不同促销方式下的销售额的均值是否相同来判断其影响的,但在比较均值时,需要借助于方差,也就是通过对数据误差来源的分析来判断均值是否相同,进而分析促销方式对销售额的增长是否有显著影响,所以给它取名为方差分析。

(一)误差来源与分解

怎样分析数据的误差呢? 从引例中可以看出,所有 20 个销售额数据是不同的,反映这全部 20 个观测数据的误差称为总误差。总误差用总平方和(sum of squares for total)表示,记为 SST,用公式表示即为:

$$SST = \sum_{i=1}^{k} \sum_{j=1}^{n_i} (x_{ij} - \overline{x})^2 \tag{8.1}$$

式中，k 为因子不同处理的个数，n_i 为第 i 个处理下的样本观测数据的个数，x_{ij} 为第 i 个处理下的第 j 个观测数据，$\overline{x}$ 为总样本平均数，即所有样本观测值的平均数。

总误差来源于处理误差和随机误差两种。由于因子的水平不同（即处理不同）造成的误差称为处理误差，它反映了因子的不同水平（促销方式）对观测数据（销售额）的影响。由于随机因素造成的误差称为随机误差，它反映了随机因素对观测数据的影响。

同一促销方式下的数据也存在着差异，像这种反映因子的同一水平下样本观测数据的误差，称为组内误差。组内误差是纯粹由于抽样的随机性所造成的误差，用组内平方和（within—group sum of squares）表示，记为 SSE，用公式表示即为：

$$SSE = \sum_{i=1}^{k} \sum_{j=1}^{n_i} (x_{ij} - \overline{x_i})^2 \tag{8.2}$$

式中，$\overline{x_i}$ 为第 i 个因子水平下的样本观测值的均值。

不同促销方式下的数据显然也是不同的，像这样来自因子的不同水平之间样本观测数据的误差，称为组间误差。由于因子的水平不同以及抽样的随机性，导致了不同水平间样本观测值的不同，因此组间误差中同时含有处理误差和随机误差。组间误差用组间平方和（between—group sum of squares）表示，记为 SSA，用公式表示即为：

$$SSA = \sum_{i=1}^{k} \sum_{j=1}^{n_i} (\overline{x_i} - \overline{x})^2 = \sum_{i=1}^{k} n_i (\overline{x_i} - \overline{x})^2 \tag{8.3}$$

这样，全部数据的总误差就可以分解成组内误差和组间误差两种。即显然有：

$$SST = SSE + SSA \tag{8.4}[1]$$

以上关于数据误差的来源及其分解过程，可以用图 8-1 来表示。

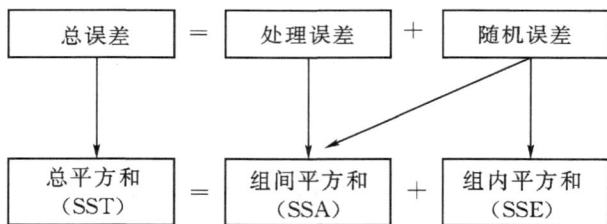

图 8-1　误差的来源及其分解

（二）误差分析

方差分析的基本原理就是要分析数据的总误差中有没有处理误差。如果处理（不同的促销方式）对观测数据（销售额）没有显著影响，意味着没有处理误差。这时每种处理对应的总体均值（μ_i）应该相等。如果存在处理误差，每种处理所对应的总体均值（μ_i）至少有一对不相等。

那如何判断总误差中是否存在着处理误差呢？这可以通过比较组间误差和组内误差的大小来实现。但由于各误差的平方和的大小与独立观测值的多少有关，为消除其对误差平方和大小的影响，需要将其平均，也就是用各平方和除以它们所对应的自由度，这一结果称为均方，

---

[1]　该式的数学证明过程请读者自行完成。

也称方差①。

容易知道,总平方和 SST、组内平方和 SSE 和组间平方和 SSA 的自由度分别为 $n-1$(n 为样本观测值总数)、$n-k$(k 为因子水平的个数)和 $k-1$,由此可以得到:

总方差为:

$$\text{MST} = \frac{\text{SST}}{n-1} = \frac{1}{n-1} \sum_{i=1}^{k} \sum_{j=1}^{n_i} (x_{ij} - \overline{x})^2 \tag{8.5}$$

组内方差为:

$$\text{MSE} = \frac{\text{SSE}}{n-k} = \frac{1}{n-k} \sum_{i=1}^{k} \sum_{j=1}^{n_i} (x_{ij} - \overline{x_i})^2 \tag{8.6}$$

组间方差为:

$$\text{MSA} = \frac{\text{SSA}}{k-1} = \frac{1}{k-1} \sum_{i=1}^{k} n_i (\overline{x_i} - \overline{x})^2 \tag{8.7}$$

这样,要判断总误差中是否存在处理误差,就只需要比较组间方差和组内方差的大小。若总误差中不存在处理误差,则同一水平内的数据差异和不同水平之间的数据差异都是由于抽样的随机性导致的,此时组间方差和组内方差的数值就应该很接近,两者之间的比值就会接近于 1;若总误差中存在着处理误差,则由图 8-1 知,它必存在于组间误差之中,这样就会导致组间方差大于组内方差,两者之间的比值就会大于 1。因此,反过来,当组间误差与组内误差之间的比值大至某种程度时,就可以认为因子的不同水平之间存在着显著差异,也就是自变量对因变量有影响。

三、方差分析的基本假定

在现实生活中,方差分析虽有其广泛的应用,但需要注意的是,方差分析是有假定前提的。即在进行方差分析之前,我们一般认为数据满足以下三个基本假定。

1. 正态性假定

正态性假定是指每个总体都应服从正态分布。也就是说,对于因素的每一个水平,其观测值是来自正态分布总体的简单随机样本。例如,在引例中,要求每种促销方式下的销售额必须服从正态分布。

2. 方差齐性的假定

方差齐性的假定是指各个总体的方差 σ^2 必须相同。也就是说,对于各组观察数据,是从具有相同方差的正态总体中抽取的。例如,在引例中,要求不同促销方式下的销售额的方差都相同。

3. 独立性假定

独立性假定即假定每个样本观测数据都是来自因子各水平的独立样本。例如,在引例中,5 个样本数据是来自不同促销方式下的 5 个独立样本。

当然,有时现实中的数据并不都满足这三个假定,因此在做方差分析之前最好检验一下数据是否满足这三个假定。正态性假定的检验方法很多,包括作数据的直方图、茎叶图、箱线图、

---

① 这里的方差与第三章介绍的方差概念有所不同,它不是用误差平方和除以误差个数,而是除以相应的自由度。

正态 QQ 图、也可以进行非参数检验。至于方差齐性的假定，可用 Bartlett 检验法，一般的统计软件（如 R），都提供了直接进行这种检验的功能。

上述三个假定中，方差分析对独立性的要求比较严格，若该假设得不到满足，方差分析的结果往往会受到较大影响。而对正态性和方差齐性的要求相对较宽松，对分析结果的影响不是很大。

第二节　单因子方差分析

如果在实验中，将影响数值因变量的其他因子保持不变，而只考虑一个因子对数值因变量的影响的方差分析就称为单因子方差分析。这里的单因子一般是分类型变量（也可以是数值变量的分组），而且满足上一节提出的假定条件。

一、数据排列

为了检验单一因子对所考察对象是否有显著影响，我们可以在该因子的不同水平下进行一组重复实验（或抽样）；并将处于不同水平下的实验结果作为来自不同总体的样本，即得到多个组别的重复实验结果。一般单因子方差分析的实验结果可以按表 8-2（或其转置）的形式排列。

在表 8-2 中，x_{ij}（$i=1,2,\cdots,k$；$j=1,2,\cdots,n_i$）表示样本观测值，A_i（$i=1,2,\cdots,k$）表示因子 A 的各个水平，一共 k 个水平，每个水平下有 n_i（$i=1,2,\cdots,k$）个观测值，因此总样本容量为 $n=\sum_{i=1}^{k}n_i$。

表 8-2　单因子方差分析的数据排列

观测次数	因子 A			
	A_1	A_2	$\cdots$	A_k
1	x_{11}	x_{21}	$\cdots$	x_{k1}
2	x_{12}	x_{22}	$\cdots$	x_{k2}
$\cdots$	$\cdots$	$\cdots$	$\cdots$	$\cdots$
n_i	x_{1n_1}	x_{2n_2}	$\cdots$	x_{kn_k}

二、检验步骤

要检验自变量因子 A 对因变量的影响作用是否显著，就是要检验因子 A 各个水平下因变量的总体均值是否相等，这与假设检验的思路有相似之处，在此将单因子方差分析的步骤归纳为提出检验假设、构造并计算检验统计量、作出决策等 3 个步骤。

（一）提出检验假设

从上面的分析，可以看出，检验的假设应为：

$H_0:\mu_1=\mu_2=\cdots=\mu_i=\cdots=\mu_k$（即自变量对因变量没有显著影响）

$H_1:\mu_i(i=1,2,\cdots,k)$ 不全相等（即自变量对因变量有显著影响）

式中，μ_i 为第 i 个因子水平 A_i 对应的总体均值（$i=1,2,\cdots,k$）。

这里要注意的是，拒绝原假设 H_0 只表明至少有两个总体的均值不相等，并不意味着所有的均值都不相等。

(二)构造并计算检验统计量

根据上一节的内容,可以用组间方差 MSA 除以组内方差 MSE 来构造检验的统计量。由于在方差分析的三个假定满足情况下,H_0 为真时,由此构造出的检验统计量服从分子自由度为 $k-1$、分母自由度为 $n-k$ 的 F 分布[①],因此这一统计量称为 F 统计量,即在 H_0 为真时:

$$F = \frac{\text{MSA}}{\text{MSE}} \sim F(k-1, n-k) \tag{8.8}$$

要计算 F 统计量,首先需要计算出所有观测值的样本均值及各水平下的观测值的样本均值,然后计算各观测值与相应的样本均值之间的离差,再按照(8.6)式和(8.7)式分别计算出 MSE 和 MSA,最后按(8.8)式计算 F 统计量即可。这个过程所涉及的计算量往往比较大,因此我们一般需要借助于计算机来完成这一计算过程。

(三)给定显著性水平,作出决策

给定显著性水平 α,则在 H_0 为真时,有:

$$P\{F \geqslant F_\alpha(k-1, n-k)\} = \alpha \tag{8.9}$$

式中,$F_\alpha(k-1, n-k)$ 为分子、分母自由度分别为 $k-1$ 和 $n-k$ 的 F 分布的 α 分位数(上侧)。

由此可以得到检验假设的拒绝域为:

$$W = \{F \geqslant F_\alpha(k-1, n-k)\} \tag{8.10}$$

即可以按如下规则作出决策:

(1)当计算出来的检验统计量 $F \geqslant F_\alpha(k-1, n-k)$,拒绝 H_0,表明因子不同水平下的总体均值之间的差异是显著的,所检验的因子(即分类自变量)对所考察的对象(即数值因变量)有显著影响。

(2)当计算出来的检验统计量 $F < F_\alpha(k-1, n-k)$,不拒绝 H_0,即没有充足的证据表明因子不同水平下的总体均值之间有差异,亦即没有足够的理由表明所检验的因子对所考察的对象有影响。

上面的检验也可以通过 P 值来进行决策,其 P 值的计算公式为:

$$P = P(F \geqslant F_0) \tag{8.11}$$

式中,F 为服从 $F(k-1, n-k)$ 的随机变量,F_0 为样本观测值代入(8.8)式后计算出的 F 统计量的样本值。

方差分析中,关于以上各检验步骤涉及的若干计算结果,一般通过表 8-3 所示的方差分析表的形式显示出来。

如前所述,方差分析的计算量较大,一般需借助于计算机,在 Excel 2010 中,进行单因子方差分析的操作步骤为:依次点击【数据】→【数据分析】→【方差分析:单因素方差分析】→【确定】,出现单因子方差分析对话框后,在【输入区域】中输入原始数据所在的区域,在【分组方式】中选择"行"或"列"(根据因子水平是按行排列还是按列排列进行选择),在【α】方框内键入显著性水平(默认为 0.05),在【输出选项】中选择输出区域,然后点击【确定】即可输出方差分析的计算结果。

---

① 具体证明见相关数理统计方面的书籍。

表 8-3　单因子方差分析表

误差来源	平方和	自由度 df	方差	F 统计量的样本值	F 统计量的临界值	检验的 P 值
组间（处理误差）	SSA	$k-1$	MSA	$F=\dfrac{\text{MSA}}{\text{MSE}}$	$F_\alpha(k-1,n-k)$	$P=P(F\geqslant\dfrac{MSA}{MSE})$（这里 F 为服从 $F(k-1,n-k)$ 的随机变量）
组内（随机误差）	SSE	$n-k$	MSE			
总和	SST	$n-1$	——			

对于引例的数据，利用 Excel 进行分析的计算结果（显著性水平 $\alpha=0.05$ ）如图 8-2 所示。

方差分析：单因素方差分析

SUMMARY

组	观测数	求和	平均	方差
行 1	4	52.9	13.225	2.429167
行 2	4	53.7	13.425	1.009167
行 3	4	58.6	14.65	2.763333
行 4	4	79.7	19.925	2.649167
行 5	4	68	17	0.78

方差分析

差异源	SS	df	MS	F	P-value	F crit
组间	127.717	4	31.92925	16.57658	2.22E-05	3.055568
组内	28.8925	15	1.926167			
总计	156.6095	19				

图 8-2　本章引入案例的方差分析

从图 8-2 的计算结果可以看到，计算出来的检验统计量 $F=16.58$ ，而临界值 $F_{0.05}(4,15)=3.06$ ，因此拒绝 H_0，认为不同的促销方式之间的销售有显著差异，即商品的促销方式对销售额的影响是显著的。当然从检验的 P 值（ 2.22×10^{-5} ）同样可以得出这一结论。

在 R 软件中，提供了进行方差分析的函数 aov，其使用格式为：

aov(formula, data = NULL, projections = FALSE, qr = TRUE, contrasts = NULL, ...)

其中，formula 是方差分析的公式，data 是数据框，其他参数请参见在线帮助。

这里 formula 的输入要注意的是：formula 左端的因变量数据（即所有样本观测值）要一般是向量的形式，右端的自变量（即各因子水平）要以 R 中“因子”[①]的特殊类型输入，它各个位置的元素是因变量相应位置的数据属于因子水平的类别数，比如因变量的第 5 个数据属于因子的第 2 个水平，则自变量的第 5 个元素便是 2。

另外，可用函数 summary[②] 列出方差分析表的详细信息。

对于引例，我们可以在 R 中输入如下代码：

```
X=c(12.5,15.4,11.8,13.2,13.1,14.7,12.3,13.6,15.6,16.5,13.4,13.1,17.9,19.6,
21.8,20.4,18.2,17.1,16.5,16.2)
```

① 生成因子常用的 R 函数是 factor 和 gl，具体见附录一。

② 该函数为 R 中比较特殊的一类函数，称为泛型函数，可用于很多模型结果的显示，下一章回归模型的结果显示还会用到此函数。

```
A = gl(5,4) #产生因子
fit = aov(X~A)
summary(fit)
```

运行结果为：

	Df	Sum Sq	Mean Sq	F value	Pr(>F)	
A	4	127.717	31.929	16.577	2.223e - 05	* * *
Residuals	15	28.893	1.926			

Signif. codes: 0 '* * *' 0.001 '* *' 0.01 '*' 0.05 '.' 0.1 '

这个结果和 Excel 得出的计算结果是完全相同的。

三、关系强度的测度

对本章开头的案例,进行检验的结果表明,不同促销方式之间的平均销售额之间有显著差异。这意味着促销方式对商品的销售额有影响,或者说促销方式与销售之间有显著的关系,那么这种显著的关系强度如何呢？需要通过一定的统计量进行量化。

由误差平方和的含义知,组间平方和度量了自变量对因变量的影响效应。组间平方和越大,表明分类自变量与数值因变量之间的关系就越强。因此可以用组间平方和占总平方和的比例大小来反映它们之间关系强弱,这一比例记为 R^2,即:

$$R^2 = \frac{\text{SSA}}{\text{SST}} = \frac{\sum_{i=1}^{k} n_i \left(\overline{x_i} - \overline{x}\right)^2}{\sum_{i=1}^{k} \sum_{j=1}^{n_i} \left(x_{ij} - \overline{x}\right)^2} \tag{8.12}$$

其平方根 R 就可以用来测量两个变量之间的关系强度。[①]

例如,对于引例, $R^2 = 127.717/156.6095 = 0.8155$, $R = 0.9031$ 。这表明促销方式(自变量)对销售额(因变量)的影响效应占总效应的 81.55% ,而 $R=0.9031$ 表明促销方式与销售额之间具有高度相关的关系。

四、多重比较

引例的检验结果表明,不同促销方式之间平均销售额不全相等,但这并不意味着不同促销方式两两之间的平均销售额都不相等。那么究竟哪些平均销售额不相等呢,即这种差异到底出现在哪些促销方式之间呢,这就需要进行多重比较。

多重比较的方法有多种,这里只介绍费希尔提出的最小显著差异方法(Least Significant Difference),简写为 LSD,其检验步骤为:

第一步:提出假设: $H_0:\mu_i = \mu_j$ VS $H_1:\mu_i \neq \mu_j$ 。

第二步:计算检验统计量 $\overline{x_i} - \overline{x_j}$ 。

第三步:计算 LSD ,其公式为;

$$\text{LSD} = t_{\alpha/2}(n-k) \sqrt{\text{MSE}\left(\frac{1}{n_i} + \frac{1}{n_j}\right)} \tag{8.13}$$

---

① 参见第九章,在那里,将 R^2 定义为判定系数,其平方根定义为相关系数。

式中，$t_{\alpha/2}(n-k)$ 为 $t(n-k)$ 分布的 $\alpha/2$ 分位数（上侧），这里的 k 是因素中水平的个数；MSE 为组内方差；n_i 和 n_j 分别是第 i 个水平的样本容量和第 j 个水平的样本容量。

第四步：给定显著性水平 α，作出决策。如果 $|\overline{x}_i - \overline{x}_j| \geqslant \mathrm{LSD}$，则拒绝 H_0；如果 $|\overline{x}_i - \overline{x}_j| < \mathrm{LSD}$，则不拒绝 H_0。

上面 LSD 检验的 P 值可由下式计算：

$$P_{ij} = P\left(|t| \geqslant \frac{|\overline{x}_i - \overline{x}_j|}{\sqrt{\mathrm{MSE}\left(\dfrac{1}{n_i} + \dfrac{1}{n_j}\right)}}\right) \tag{8.14}$$

式中，t 为服从 $t(n-k)$ 分布的随机变量。

另外，以上介绍的多重比较的检验属于双侧检验，除此之外，还可以是单侧的，即检验假设可以改为 $H_0: \mu_i = \mu_j$ VS $H_1: \mu_i > \mu_j$（或 $\mu_i < \mu_j$）。由于多重比较的检验实质上还是一种 t 检验，因此备择假设的方向与样本均值之间的大小方向一致的单侧检验的 P 值是双侧检验 P 值的一半，即为：

$$P_{ij} = P\left(t \geqslant \frac{|\overline{x}_i - \overline{x}_j|}{\sqrt{\mathrm{MSE}\left(\dfrac{1}{n_i} + \dfrac{1}{n_j}\right)}}\right) = P\left(t \leqslant -\frac{|\overline{x}_i - \overline{x}_j|}{\sqrt{\mathrm{MSE}\left(\dfrac{1}{n_i} + \dfrac{1}{n_j}\right)}}\right)$$

$$= \frac{1}{2}P\left(|t| \geqslant \frac{|\overline{x}_i - \overline{x}_j|}{\sqrt{\mathrm{MSE}\left(\dfrac{1}{n_i} + \dfrac{1}{n_j}\right)}}\right) \tag{8.15}$$

按上面的步骤对本章引入案例进行多重比较，需要进行 $C_5^2 = 10$ 对检验，计算量较大，这里借助于计算机完成。关于多重比较，Excel 没有直接提供检验的功能，这可以借助 R 软件来完成。R 中实现多重比较的函数是 pairwise. t. test，其使用格式为：

pairwise. t. test(x, g, p. adjust. method = p. adjust. methods, …)

其中，x 是因变量向量（即所有样本观测值的向量）；g 是因子向量（即以"因子"形式表现的自变量）；p. adjust. method 是 P 值的调整方法[①]，如果 p. adjust. method＝ "none"表示 P 值由 (8.14) 式计算，不作任何调整，默认值("holm")按 Holm 方法作调整；该函数其他参数请参见此函数的在线帮助。

另外，pairwise. t. test 的输出结果中并不给出多重比较的检验统计量的值，而给出相应的检验 P 值，这时检验按 P 值与给定显著性水平 α 之间的关系进行决策，即 $P \leqslant \alpha$，拒绝原假设 H_0；否则 $P > \alpha$，则不拒绝 H_0。

对于本章开头的引例，作多重比较，只需在 R 中输入如下代码：

pairwise. t. test(X,A)♯X,A 同上面方差分析

运行结果为：

Pairwise comparisons using t tests with pooled SD

data： X and A

	1	2	3	4
2	0.84125	—	—	—

---

① 为了克服多重比较检验的缺点，统计学家们提出了许多更有效的方法来调整 P 值，由于这些方法涉及较深的统计知识，这里只作这一说明，具体的调整方法可参见有关数理统计方面的书籍。

3	0.50125	0.50125	—	—
4	5.7e−05	7.3e−05	0.00062	—
5	0.01109	0.01443	0.12056	0.04668

P value adjustment method： holm

从结果上看，A_1（通常销售）、A_2（广告宣传）、A_3（有奖销售）之间两两比较的 P 值都在 0.5 以上，远大于 0.05，因此可以认为这三种促销售方式下的销售额的均值没有显著的差异。而 A_4（特价销售）与其他促销方式以及 A_5（买一送一）与其他促销方式之间的 P 值均小于 0.05，因此在显著性水平 $\alpha=0.05$ 下，可以认为 A_4（特价销售）与其他促销方式以及 A_5（买一送一）与其他促销方式之间均存在着显著差异。因此，我们可以认为，相比于通常销售（即 A_1），其他四种促销方式中只有 A_4 和 A_5 两种促销方式是有效的。

在得出 A_4、A_5 为有效促销方式之后，还需要比较这两种方式谁更有效。经计算知 $\overline{x_4}=19.925$，$\overline{x_5}=17$。因此，根据(8.14)式、(8.15)式及 R 的运行结果知，假设检验 $H_0:\mu_4=\mu_5$ VS $H_1:\mu_4>\mu_5$ 的 P 值为 0.02334，明显小于给定的显著性水平（$\alpha=0.05$），因此拒绝 H_0，可以认为促销方式 A_4 比 A_5 更有效，这就回答了本章开头案例所提出的问题了。

综合案例方差分析的结果，我们可以看到，对超市所供应的大宗商品，对顾客最有吸引力的是能直接看到实惠的"特价销售"方式，而"有奖销售"及无价格优惠的"广告宣传方式"，虽然花费不少投入，但在超市销售中几乎没什么效果，因此就不宜采用。

第三节 双因子方差分析

一、基本概念

分析两个因子（分为行因子和列因子）对实验结果的影响的方差分析称为双因子方差分析。

如果两个因子对实验结果的影响是相互独立的，而分别判断行因子和列因子对实验数据的影响，这时的双因子方差分析称为无交互作用的双因子方差分析或无重复双因子方差分析（Two−factor without replication）。

如果除了行因子和列因子对实验数据的单独影响外，两个因子的搭配还会对结果产生一种新的影响，这时的双因子方差分析称为有交互作用的双因子方差分析或可重复双因子方差分析（Two−factor with replication）。

无交互作用的方差分析无须重复实验；有交互作用的方差分析需要在不同水平组合下进行重复实验，其中又有等重复的双因子方差分析和不等重复的双因子方差分析之分。本节主要介绍无交互作用的双因子方差分析和等重复的交互作用的双因子方差分析。

二、无交互作用的双因子方差分析

(一)数据排列与误差分解

1.数据排列

在无交互作用的双因子方差分析中，由于是两个因子，因此在获取数据时，需要将一个因子安排在"行"（row）的位置,称为行因子;另一个因子安排在"列"（column）的位置,称为列因子。假设行因子有 k 个水平,列因子有 r 个水平,则进行双因子方差分析的样本观测数据一般按表 8-4 的形式排列。

表 8-4　无交互作用的双因子方差分析的数据排列

		列因子（B）				均值
		B_1	B_2	...	B_r	
行因子（A）	A_1	x_{11}	x_{12}	...	x_{1r}	$\overline{x}_{1.}$
	A_2	x_{21}	x_{22}	...	x_{2r}	$\overline{x}_{2.}$
	...	...	...	...	...	...
	A_k	x_{k1}	x_{k2}	...	x_{kr}	$\overline{x}_{k.}$
均值		$\overline{x}_{.1}$	$\overline{x}_{.2}$		$\overline{x}_{.r}$	$\overline{x}$

表 8-4 中, A_i ($i=1,2,\cdots,k$)表示行因子的 k 个水平; B_j ($j=1,2,\cdots,r$)表示列因子的 r 个水平; x_{ij} ($i=1,2,\cdots,k$; $j=1,2,\cdots,r$)表示行因子的第 i 个水平和列因子的第 j 个水平下的样本观测值; $\overline{x}_{i.}$ 是行因子第 i 个水平 A_i 下的 r 个观测值的样本均值($i=1,2,\cdots,k$); $\overline{x}_{.j}$ 是列因子第 j 个水平 B_j 下的 k 个观测值的样本均值($j=1,2,\cdots,r$); $\overline{x}$ 为所有样本观测值的均值。

2. 误差分解

如第一节所述,所有观测数据的总误差可以分解为组内误差和组间误差两个部分。而不考虑交互作用的双因子方差分析下,组间误差又可以分解成行因子的组间误差和列因子的组间误差,因此总误差就可以分解成组内误差、行因子组间误差和列因子组间误差三个部分。其中组内误差来源于随机误差,行因子组间误差来源于行因子的处理误差和随机误差,列因子组间误差来源于列因子的处理误差和随机误差。

总误差用总平方和表示,其计算公式为:

$$\text{SST} = \sum_{i=1}^{k} \sum_{j=1}^{r} (x_{ij} - \overline{x})^2 \tag{8.16}$$

行因子和列因子的组间误差分别用行因子和列因子组间平方和 SSR 和 SSC 表示,其计算公式为:

$$\text{SSR} = \sum_{i=1}^{k} \sum_{j=1}^{r} (\overline{x}_{i.} - \overline{x})^2 = r \sum_{i=1}^{k} (\overline{x}_{i.} - \overline{x})^2 \tag{8.17}$$

$$\text{SSC} = \sum_{i=1}^{k} \sum_{j=1}^{r} (\overline{x}_{.j} - \overline{x})^2 = k \sum_{j=1}^{r} (\overline{x}_{.j} - \overline{x})^2 \tag{8.18}$$

组内误差用组内平方和表示,其计算公式为:

$$\text{SSE} = \sum_{i=1}^{k} \sum_{j=1}^{r} (x_{ij} - \overline{x}_{i.} - \overline{x}_{.j} + \overline{x})^2 \tag{8.19}$$

根据以上分析,显然有:

$$\text{SST} = \text{SSR} + \text{SSC} + \text{SSE} \qquad (8.20)^{①}$$

以上关于总误差的分解与来源可用图8-3表示。

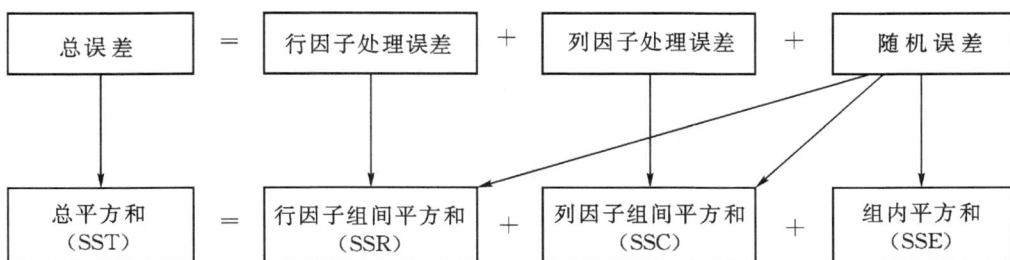

图8-3　无交互作用的双因子方差分析的误差分解

容易知道,总平方和SST的自由度为$n-1$(n为样本总量,即$n=kr$);行因子组间平方和SSR的自由度为$k-1$;列因子组间平方和SSC的自由度为$r-1$;组内平方和SSE的自由度为$(k-1)(r-1)$。由此可计算各个误差的均方(即方差),具体公式如下:

总方差:

$$\text{MST} = \frac{\text{SST}}{n-1} = \frac{\sum_{i=1}^{k}\sum_{j=1}^{r}(x_{ij}-\overline{x})^2}{n-1} \qquad (8.21)$$

行因子组间方差:

$$\text{MSR} = \frac{\text{SSR}}{k-1} = \frac{r\sum_{i=1}^{k}(\overline{x}_{i.}-\overline{x})^2}{k-1} \qquad (8.22)$$

列因子组间方差:

$$\text{MSC} = \frac{\text{SSC}}{r-1} = \frac{k\sum_{j=1}^{r}(\overline{x}_{.j}-\overline{x})^2}{r-1} \qquad (8.23)$$

组内方差:

$$\text{MSE} = \frac{\text{SSE}}{(k-1)(r-1)} = \frac{\sum_{i=1}^{k}\sum_{j=1}^{r}(x_{ij}-\overline{x}_{i.}-\overline{x}_{.j}+\overline{x})^2}{(k-1)(r-1)}$$

$$(8.24)$$

(二)检验步骤

1.提出假设

设$\mu_{i.}$为行因子的第i个水平对应的总体均值,则检验行因子时提出的检验假设为:

$H_0:\mu_{1.}=\mu_{2.}=\cdots=\mu_{i.}=\cdots=\mu_{k.}$(即行因子对因变量没有显著影响)

$H_1:\mu_{i.}(i=1,2,\cdots,k)$不全相等(即行因子对因变量有显著影响)

① 该式的数学证明过程请读者自行完成。

设 $\mu._j$ 为列因子的第 j 个水平对应的总体均值,则检验列因子时提出的检验假设为:

$$H_0:\mu._1 = \mu._2 = \cdots = \mu._j = \cdots = \mu._r（即列因子对因变量没有显著影响）$$

$$H_1:\mu._j(j = 1,2,\cdots,r)\text{不全相等（即列因子对因变量有显著影响）}$$

2.构造检验统计量

与单因子方差分析类似,如果因子对因变量没有影响,则对应的组间方差和组内方差之间的比值接近于 1;若因子对因变量有显著影响,则对应的组间方差和组内方差之间的比值应大于 1。因此仍以组间方差除以组内方差作为检验统计量,且可以证明在 H_0 为真时,该统计量服从 F 分布。即有:

（1）检验行因子效应的统计量:

$$F_R = \frac{\text{MSR}}{\text{MSE}} \sim F(k-1,(k-1)(r-1)) \tag{8.25}$$

（2）检验列因子效应的统计量:

$$F_C = \frac{\text{MSC}}{\text{MSE}} \sim F(r-1,(k-1)(r-1)) \tag{8.26}$$

3.给定显著性水平 α，作出决策

在给定显著性水平 α 下,可以得出临界值 $F_\alpha(k-1,(k-1)(r-1))$ 和 $F_\alpha(r-1,(k-1)(r-1))$。于是有检验规则:

（1）若 $F_R \geqslant F_\alpha(k-1,(k-1)(r-1))$（或 $F_C \geqslant F_\alpha(r-1,(k-1)(r-1))$）,则拒绝 H_0,说明行因子（或列因子）各水平之间的差异是显著的,即认为行因子（或列因子）对所考察的对象有显著影响;

（2）若 $F_R < F_\alpha(k-1,(k-1)(r-1))$（或 $F_C < F_\alpha(r-1,(k-1)(r-1))$）,则不拒绝 H_0,行因子（或列因子）各水平之间的差异不显著,即没有足够的证据表明行因子（或列因子）对所考察的对象有影响。

以上检验规则也可换成用检验的 P 值来描述,在此略去,这里只给出检验 P 值的计算公式:

$$P_R = P(F \geqslant F_R) \tag{8.27}$$

$$P_C = P(F \geqslant F_C) \tag{8.28}$$

式中,P_R、P_C 分别为行因子和列因子检验的 P 值,(8.27)式和(8.28)式中的随机变量 F 分别服从分布 $F(k-1,(k-1)(r-1))$ 和 $F(r-1,(k-1)(r-1))$。

以上各步骤中的相关计算结果一般通过表 8-5 所示的方差分析表的形式显示出来。

表 8-5 无交互作用的双因子方差分析表

误差来源	平方和	自由度 df	方差	F 统计量的样本值	F 统计量的临界值	检验的 P 值
行因子（组间误差）	SSR	$k-1$	MSR	$F_R = \dfrac{\text{MSR}}{\text{MSE}}$	$F_\alpha(k-1,(k-1)(r-1))$	$P_R = P(F \geqslant F_R)$
列因子（组间误差）	SSC	$r-1$	MSC	$F_C = \dfrac{\text{MSC}}{\text{MSE}}$	$F_\alpha(r-1,(k-1)(r-1))$	$P_C = P(F \geqslant F_C)$

续表 8-5

误差来源	平方和	自由度 df	方差	F 统计量的样本值	F 统计量的临界值	检验的 P 值
组内（随机误差）	SSE	$(k-1)(r-1)$	MSE	——	——	——
总和	SST	$n-1$	——	——	——	——

在 Excel 2010 中进行无交互作用的双因子方差分析的操作步骤为：依次点击【数据】→【数据分析】→【方差分析：无重复双因素方差分析】→【确定】，出现无重复双因素方差分析对话框后，在【输入区域】中输入原始数据所在的区域，在【α】方框内键入显著性水平（默认为 0.05），在【输出选项】中选择输出区域，然后点击【确定】即可输出方差分析的计算结果。

例 8.1 某品牌饮料生产商要分析颜色和销售地区对该饮料销售量的影响作用，因此将该品牌的饮料调制成四种颜色，在五个地区进行销售，通过一周的销售实验，得到如表 8-6 所示的销售数据（单位：听）。试在显著性水平 $\alpha = 0.05$ 下，分析饮料颜色和地区这两个因素对于销售量是否有显著影响。

表 8-6 饮料销售实验数据

		饮料颜色（列因子）			
		红色	黄色	蓝色	无色
地区因素（行因子）	东部	286	352	342	367
	西部	264	347	365	353
	南部	298	317	361	349
	北部	283	323	332	328
	中部	301	360	327	344

解 利用 Excel 求解上述问题，得出的计算结果（显著性水平 $\alpha = 0.05$）如图 8-4 所示。

方差分析：无重复双因素分析						
SUMMARY	观测数	求和	平均	方差		
行 1	4	1347	336.75	1250.25		
行 2	4	1329	332.25	2126.25		
行 3	4	1325	331.25	836.25		
行 4	4	1266	316.5	512.3333		
行 5	4	1332	333	636.6667		
列 1	5	1432	286.4	215.3		
列 2	5	1699	339.8	352.7		
列 3	5	1727	345.4	289.3		
列 4	5	1741	348.2	200.7		
方差分析						
差异源	SS	df	MS	F	P-value	F crit
行	973.7	4	243.425	0.89651	0.495835	3.259167
列	12826.95	3	4275.65	15.7468	0.000184	3.490295
误差	3258.3	12	271.525			
总计	17058.95	19				

图 8-4 无交互作用的双因子方差分析结果

从这个结果中可以看到 $F_R = 0.897$，小于其临界值 $F_{0.05}(4,12) = 3.259$，故不拒绝 H_0（从 P 值大于 0.05 也能判断出这点），即以当前的样本数据，还不足以说明该饮料在不同地区之间的销售量存在着差异。$F_c = 15.747$，大于其临界值 $F_{0.05}(3,12) = 3.490$，故拒绝 H_0。（从 P 值小于 0.05 也能判断出这点），认为该饮料颜色对其销售量存在显著影响。

在 R 软件中进行无交互作用的双因子方差分析，仍使用 aov 函数。对于例 8.1，只需输入如下代码：

```
X = c(286,352,342,367,264,347,365,353,298,317,361,349,283,323,332,328,301,
360,327,344)
A = gl(5,4)
B = gl(4,1,20)
fit = aov(X~A + B)
summary(fit)
```

运行结果为：

```
          Df    Sum Sq      Mean Sq      F value      Pr(>F)
A          4    973.7       243.4        0.8965       0.4958352
B          3    12826.9     4275.6       15.7468      0.0001842     * * *
Residuals  12   3258.3      271.5
Signif. codes：0 ' * * * ' 0.001 ' * * ' 0.01 ' * ' 0.05 '.' 0.1 ' '
```

三、有交互作用的双因子方差分析

（一）数据排列与误差分解

1. 数据排列

当因素之间存在着交互作用时，为了区分随机误差和交互作用，需要在不同的水平组合下进行重复观测。设在行因子和列因子每一个水平组合下重复观测 m 次，得到的数据一般按如表 8-6 所示的形式排列。

表 8-6　有交互作用的双因子方差分析的数据排列

		列因子（B）			
		B_1	B_2	...	B_r
行因子（A）	A_1	x_{111}	x_{121}	...	x_{1r1}
		x_{112}	x_{122}	...	x_{1r2}
		...	...	...	...
		x_{11m}	x_{12m}	...	x_{1rm}
	A_2	x_{211}	x_{221}	...	x_{2r1}
		x_{212}	x_{222}	...	x_{2r2}
		...	...	...	...
		x_{21m}	x_{22m}	...	x_{2rm}
	...	...	...	...	...
	A_k	x_{k11}	x_{k21}	...	x_{kr1}
		x_{k12}	x_{k22}	...	x_{kr2}
		...	...	...	...
		x_{k1m}	x_{k2m}	...	x_{krm}

表中 x_{ijt} 表示行因子的第 i 个水平 A_i 和列因子的第 j 个水平 B_j 下的第 t 次实验观测得到的样本值。

2. 误差分解

和无交互作用的双因子方差分析类似,所有观测数据的总误差可以分解成组间误差和组内误差,所不同的是,组间误差中除了有行因子组间误差和列因子组间误差之外,还多了一项反映行列因子交互作用的误差,如图 8-5 所示。

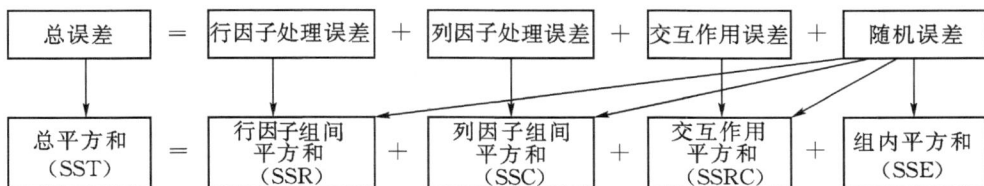

图 8-5 有交互作用的双因子方差分析的误差分解

根据图 8-5,各个误差用相应的平方和表示,则有下列误差分解式:
$$\text{SST} = \text{SSR} + \text{SSC} + \text{SSRC} + \text{SSE} \qquad (8.29)^{①}$$
其中,SST 为总平方和,SSR、SSC 分别为行因子和列因子组间平方和,SSRC 为交互作用平方和,SSE 为组内平方和,它们的计算公式分别为:

$$\text{SST} = \sum_{i=1}^{k}\sum_{j=1}^{r}\sum_{t=1}^{m}(x_{ijt}-\overline{x})^2 \qquad (8.30)$$

$$\text{SSR} = \sum_{i=1}^{k}\sum_{j=1}^{r}\sum_{t=1}^{m}(\overline{x}_{i..}-\overline{x})^2 = rm\sum_{i=1}^{k}(\overline{x}_{i..}-\overline{x})^2 \qquad (8.31)$$

$$\text{SSC} = \sum_{i=1}^{k}\sum_{j=1}^{r}\sum_{t=1}^{m}(\overline{x}_{.j.}-\overline{x})^2 = km\sum_{j=1}^{r}(\overline{x}_{.j.}-\overline{x})^2 \qquad (8.32)$$

$$\text{SSRC} = \sum_{i=1}^{k}\sum_{j=1}^{r}\sum_{t=1}^{m}(\overline{x}_{ij.}-\overline{x}_{i..}-\overline{x}_{.j.}+\overline{x})^2 = m\sum_{i=1}^{k}\sum_{j=1}^{r}(\overline{x}_{ij.}-\overline{x}_{i..}-\overline{x}_{.j.}+\overline{x})^2$$
$$(8.33)$$

$$\text{SSE} = \sum_{i=1}^{k}\sum_{j=1}^{r}\sum_{t=1}^{m}(x_{ijt}-\overline{x}_{ij.})^2 \qquad (8.34)$$

其中,$\overline{x}$ 为所有样本观测值的均值;$\overline{x}_{i..}$ 为行因子第 i 个水平 A_i 下的样本观测值的均值($i=1,2,\cdots,k$);$\overline{x}_{.j.}$ 是列因子第 j 个水平 B_j 下的样本观测值的均值($j=1,2,\cdots,r$);$\overline{x}_{ij.}$ 是行因子第 i 个水平 A_i 与列因子第 j 个水平 B_j 组合下的样本观测值的均值。

容易知道,总平方和 SST 的自由度为 $n-1$(n 为样本总量,即 $n=krm$);行因子组间平方和 SSR 的自由度为 $k-1$;列因子组间平方和 SSC 的自由度为 $r-1$;交互作用平方和 SSRC 的自由度为 $(k-1)(r-1)$;组内平方和 SSE 的自由度为 $kr(m-1)$。由此可计算各个误差的均方(即方差),具体公式如下:

总方差:

---

① 有兴趣的读者可以在数学上严格证明此式。

$$\text{MST} = \frac{\text{SST}}{n-1} = \frac{\sum\limits_{i=1}^{k}\sum\limits_{j=1}^{r}\sum\limits_{t=1}^{m}(x_{ijt}-\overline{x})^2}{n-1} \tag{8.35}$$

行因子组间方差：

$$\text{MSR} = \frac{\text{SSR}}{k-1} = \frac{rm\sum\limits_{i=1}^{k}(\overline{x}_{i..}-\overline{x})^2}{k-1} \tag{8.36}$$

列因子组间方差：

$$\text{MSC} = \frac{\text{SSC}}{r-1} = \frac{km\sum\limits_{j=1}^{r}(\overline{x}_{.j.}-\overline{x})^2}{r-1} \tag{8.37}$$

交互作用方差

$$\text{MSRC} = \frac{\text{SSRC}}{(k-1)(r-1)} = \frac{m\sum\limits_{i=1}^{k}\sum\limits_{j=1}^{r}(\overline{x}_{ij.}-\overline{x}_{i..}-\overline{x}_{.j.}+\overline{x})^2}{(k-1)(r-1)} \tag{8.38}$$

组内方差：

$$\text{MSE} = \frac{\text{SSE}}{kr(m-1)} = \frac{\sum\limits_{i=1}^{k}\sum\limits_{j=1}^{r}\sum\limits_{t=1}^{m}(x_{ijt}-\overline{x}_{ij.})^2}{kr(m-1)} \tag{8.39}$$

(二)检验步骤

1.提出假设

设 $\mu_{i..}$ 为行因子的第 i 个水平对应的总体均值，则检验行因子时提出的检验假设为：

$H_0:\mu_{1..}=\mu_{2..}=\cdots=\mu_{i..}=\cdots=\mu_{k..}$（即行因子对因变量没有显著影响）

$H_1:\mu_{i..}(i=1,2,\cdots,k)$ 不全相等（即行因子对因变量有显著影响）

设 $\mu_{.j.}$ 为列因子的第 j 个水平对应的总体均值，则检验列因子时提出的检验假设为：

$H_0:\mu_{.1.}=\mu_{.2.}=\cdots=\mu_{.j.}=\cdots=\mu_{.r.}$（即列因子对因变量没有显著影响）

$H_1:\mu_{.j.}(j=1,2,\cdots,r)$ 不全相等（即列因子对因变量有显著影响）

设 $\gamma_{ij.}$ 为行因子的第 i 个水平和列因子的第 j 个水平的搭配在一起的交互效应，则检验交互作用时提出的检验假设为：

$H_0:\gamma_{ij.}=0(i=1,2,\cdots,k,j=1,2,\cdots,r)$（即没有交互作用）

$H_1:\gamma_{ij.}(i=1,2,\cdots,k,j=1,2,\cdots,r)$ 不全为 0（即有交互作用）

2.构造检验统计量

类似于无交互作用的双因子方差分析，这里可以构造如下检验统计量：

(1)检验行因子效应的统计量：

$$F_R = \frac{\text{MSR}}{\text{MSE}} \sim F(k-1,kr(m-1)) \tag{8.40}$$

(2)检验列因子效应的统计量：

$$F_C = \frac{\text{MSC}}{\text{MSE}} \sim F(r-1,kr(m-1)) \tag{8.41}$$

（2）检验交互作用的统计量：

$$F_{RC} = \frac{\text{MSRC}}{\text{MSE}} \sim F((k-1)(r-1), kr(m-1)) \tag{8.42}$$

3.给定显著性水平 α ，作出决策

在给定显著性水平 α 下，就可以得到检验各因子（或交互作用）的临界值 F_α，则可以根据（8.40）式、（8.41）式、（8.42）式计算出的 F 统计量与临界值 F_α 的关系，来判断各因子效应（或交互作用）是否显著，即有如下检验规则：

（1）若 $F \geqslant F_\alpha$，则拒绝 H_0，表明因子各水平之间的差异（或交互作用）是显著的，即认为所检验的因子（或交互作用）对所考察的对象有显著影响；

（2）若 $F < F_\alpha$，则不拒绝 H_0，表明因子各水平之间的差异（或交互作用）不显著，即没有足够的证据表明所检验的因子（或交互作用）对所考察的对象有影响。

以上检验规则也可换成用检验的 P 值来描述，在此略去，这里只给出检验 P 值的计算公式：

$$P_R = P(F \geqslant F_R) \tag{8.43}$$
$$P_C = P(F \geqslant F_C) \tag{8.44}$$
$$P_{RC} = P(F \geqslant F_{RC}) \tag{8.45}$$

式中，P_R、P_C、P_{RC} 分别为行因子、列因子及交互作用检验的 P 值，（8.43）、（8.44）、（8.45）式中的随机变量 F 分别服从分布 $F(k-1, kr(m-1))$、$F(r-1, kr(m-1))$ 和 $F((k-1)(r-1), kr(m-1))$。

以上各步骤中的相关计算结果一般通过表 8-7 所示的方差分析表的形式显示出来。

表 8-7 有交互作用的双因子方差分析表

误差来源	平方和	自由度 df	方差	F 统计量的样本值	F 统计量的临界值	检验的 P 值
行因子（组间误差）	SSR	$k-1$	MSR	$F_R = \frac{\text{MSR}}{\text{MSE}}$	$F_\alpha(k-1, kr(m-1))$	$P_R = P(F \geqslant F_R)$
列因子（组间误差）	SSC	$r-1$	MSC	$F_C = \frac{\text{MSC}}{\text{MSE}}$	$F_\alpha(r-1, kr(m-1))$	$P_C = P(F \geqslant F_C)$
交互作用	SSRC	$(k-1)(r-1)$	MSRC	$F_{RC} = \frac{\text{MSRC}}{\text{MSE}}$	$F_\alpha((k-1)(r-1), kr(m-1))$	$P_{RC} = P(F \geqslant F_{RC})$
组内（随机误差）	SSE	$kr(m-1)$	MSE	——	——	——
总和	SST	$n-1$				

在 Excel 2010 中进行有交互作用的双因子方差分析的操作步骤为：依次点击【数据】→【数据分析】→【方差分析：可重复双因素方差分析】→【确定】，出现可重复双因素方差分析对话框后，在【输入区域】中输入原始数据所在的区域（因子各水平所在的单元格也应包含在其中），在【每一样本的行数】中输入行列因子每一组合重复观测的次数（即表 8-6 中的 m），在【 α 】方框内键入显著性水平（默认为 0.05），在【输出选项】中选择输出区域，然后点击【确定】即可输出方差分析的计算结果。

例 8.2 城市道路交通管理部门为研究不同的路段和不同的时间段对行车时间的影响，

让一名交通警察分别在 3 个路段和高峰期与非高峰期亲自驾车进行试验,通过试验取得共获得 30 个行车时间(单位:min)的数据,如表 8-8 所示。试分析路段、时段以及路段和时段的交互效应对行车时间的影响。

表 8-8　不同时段和路段行车试验的数据

		路　段		
		路段 1	路段 2	路段 3
时段	高峰期	36.5	28.1	32.4
		34.1	29.9	33.0
		37.2	32.2	36.2
		35.6	31.5	35.5
		38.0	30.1	35.1
	非高峰期	30.6	27.6	31.8
		27.9	24.3	28.0
		32.4	22.0	26.7
		31.8	25.4	29.3
		27.3	21.7	25.6

解　利用 Excel 求解上述问题,得出的计算结果(显著性水平 $\alpha = 0.05$)如图 8-6 所示。

方差分析:可重复双因素分析						
SUMMARY	路段1	路段2	路段3	总计		
高峰期						
观测数	5	5	5	15		
求和	181.4	151.8	172.2	505.4		
平均	36.28	30.36	34.44	33.69333		
方差	2.267	2.518	2.723	8.702095		
非高峰期						
观测数	5	5	5	15		
求和	150	121	141.4	412.4		
平均	30	24.2	28.28	27.49333		
方差	5.265	6.025	5.797	11.22067		
总计						
观测数	10	10	10			
求和	331.4	272.8	313.6			
平均	33.14	27.28	31.36			
方差	14.30267	14.33733	14.32711			
方差分析						
差异源	SS	df	MS	F	P-value	F crit
样本	288.3	1	288.3	70.33137	1.36E-08	4.259677
列	180.5147	2	90.25733	22.01846	3.71E-06	3.402826
交互	0.024	2	0.012	0.002927	0.997077	3.402826
内部	98.38	24	4.099167			
总计	567.2187	29				

图 8-6　有交互作用的双因子方差分析结果

从这个结果中可以看到 $F_R = 70.331$,大于其临界值 $F_{0.05}(1,24) = 4.260$,故拒绝 H_0。(从 P 值远小于 0.05 也能判断出这点),认为不同的时段行车的时间存在着显著差异。$F_C = 22.018$,大于其临界值 $F_{0.05}(2,24) = 3.403$,故拒绝 H_0。(从 P 值远小于 0.05 也能判断出这点),认为不同的行车路段上的行车时间也存在着显著差异。$F_{RC} = 0.003$,小于其临界值 $F_{0.05}(2,24) = 3.403$,故不拒绝 H_0。(从 P 值为 0.997 也能看出这点),认为行车时段与路段的交互作用不显著。

综合上面的结果可以得出：不同的行车时段和路段对行车时间是有显著影响的，但从获得的数据上看，两者的交互作用却并不显著，即没有证据表明行车时段和路段的交互作用对行车时间有显著影响。

在 R 软件分析例 8.2，只需输入如下代码：

```
X = c(36.5,34.1,37.2,35.6,38.0,28.1,29.9,32.2,31.5,30.1,32.4,33.0,36.2,35.5,35.1,
    30.6,27.9,32.4,31.8,27.3,27.6,24.3,22.0,25.4,21.7,31.8,28.0,26.7,29.3,25.6)
A = gl(2,15);  B = gl(3,5,30)
fit = aov(X～A + B + A : B);  summary(fit)
```

运行结果为：

```
            Df     Sum Sq       Mean Sq       F value       Pr(>F)
A            1     288.300      288.300       0.3314        1.356e-08 * * *
B            2     180.515      90.257        22.0185       3.712e-06 * * *
A : B        2     0.024        0.012         0.0029        0.997
Residuals 24       98.380       4.099
Signif. codes:     0 ‘* * *’ 0.001 ‘* *’ 0.01 ‘*’ 0.05 ‘.’0
```

应用案例

如何确定最优工艺生产条件?

一、问题的提出

某化工企业为研究温度和催化剂对某种化工产品得率（产出的产品与投入的原料之比）的影响，在其他条件均相同的情况下，选择了 3 种催化剂在不同温度组合下独立进行了 45 次试验，试验的有关结果（单位：%）如表 8－9 所示。

表 8－9　某化工产品得率试验结果

		催化剂		
		B_1	B_2	B_3
温度（单位：℃）	A_1 :50～60	60	68	55
		64	77	65
		66	73	66
	A_2 :60～70	83	93	63
		85	95	68
		78	97	70
	A_3 :70～80	90	82	74
		92	85	76
		91	79	77

续表 8-9

		催化剂		
		B_1	B_2	B_3
温度 （单位：℃）	A_4 :80~90	76 82 77	82 85 76	88 85 90
	A_5 :90~100	73 75 78	65 68 62	84 83 85

生产研究人员需要掌握的问题是：

(1)温度对该产品的得率是否有显著影响？如果有影响,应将温度控制在什么范围内可使得率最高？

(2)催化剂种类对产品的得率是否有显著性影响？如有显著影响,那种催化剂的效果最好？

(3)温度和催化剂不同组合的搭配对得率是否有显著影响？若有显著影响,那种温度与催化剂的组合可使得率最高？

了解以上情况,就可以为制定该产品的最佳生产工艺条件提供科学依据。

该生产试验中涉及2个分类自变量(温度的范围和催化剂),一个数值因变量(产品得率),解决这类问题常用的方法无疑是方差分析。下面就用单因子方差分析和双因子方差分析的方法来判别温度与催化剂这两个因素对该产品得率的影响情况,以帮助生产研究人员制订出最佳的生产方案。

二、数据的适用性检验

由于方差分析的理论是建立在数据满足正态性、方差齐性和独立性的基础上的,因此,在使用方差分析的方法之前,首先需要检验所获得的试验数据是否符合方差分析的基本假设。如果不符合方差分析的基本假定,那么方差分析的结果是遭质疑的。由于上述数据是在独立试验的情形下进行的,因此,数据之间是满足独立性的,下面对数据的正态性和方差齐性进行检验。

(一)正态性检验

检验数据的正态性方法有很多,这里使用正态QQ图和夏皮罗—威尔克(Shapiro-Wilk)检验法进行判断。

利用R软件画出行因子(温度)和列因子(催化剂)各水平下试验数据的正态QQ图[1]如图8-7和图8-8所示。

从正态QQ图上看,图中的散点基本上都分布在相应的直线附近,这说明两个因子不同水平下的试验数据基本都满足正态性的假定。

为进一步确定这一点,我们利用R软件对两个因子不同水平下的试验数据进行夏皮罗—威尔克检验[2],具体结果如表8-10所示。

---

① 在R中画出正态QQ图及相应直线的函数分别为qqnorm和qqline,具体使用方法请见函数的在线帮助。

② 在R中进行夏皮罗—威尔克检验的函数为shapiro.test,具体使用方法请见函数的在线帮助。

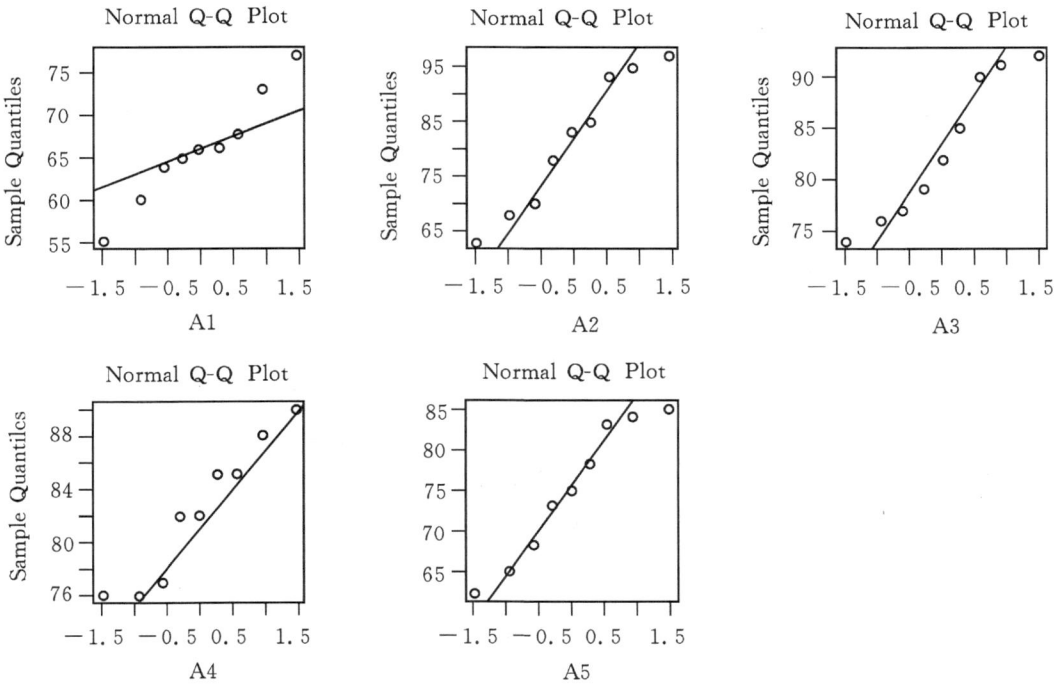

图 8-7　不同温度范围下产品得率的试验数据的正态 QQ 图

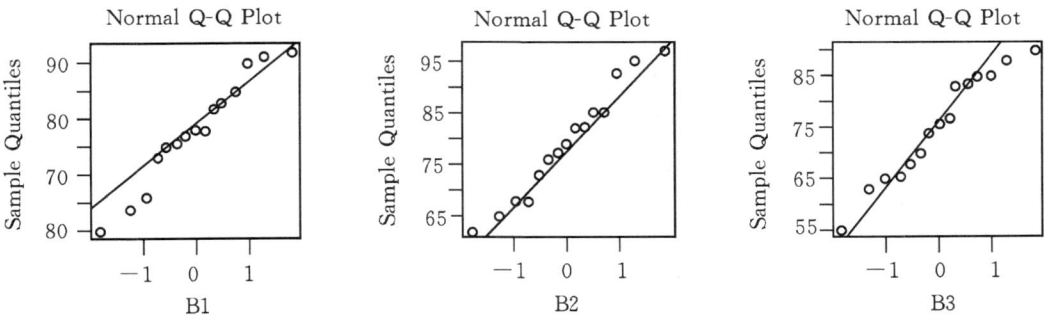

图 8-8　不同催化剂下产品得率的试验数据的正态 QQ 图

表 8-10　温度和催化剂两个因素不同水平下的试验数据的夏皮罗—威尔克检验结果

	温度(℃)					催化剂		
	50～60	60～70	70～80	80～90	90～100	B_1	B_2	B_3
检验统计量(W)	0.9701	0.9334	0.9090	0.9163	0.9310	0.9570	0.9620	0.9502
检验的 P 值	0.8955	0.5146	0.3088	0.3627	0.4912	0.6411	0.7276	0.5282

由表 8-10 可以看到,夏皮罗—威尔克检验的 P 值超过 0.1,因此均不拒绝数据满足正态

性的原假设，因此可以认为该试验得到的观测数据满足正态性的假定。

（二）方差齐性检验

这里选择方差齐性检验最常用的方法——Bartlett 检验来判断两个因子的试验数据是否满足方差齐性的假定。

利用 R 软件对试验的两个因子进行 Bartlett 检验，检验结果如下：

Bartlett test of homogeneity of variances

data：X by A

Bartlett's K-squared = 7.1413, df = 4, p – value = 0.1286

Bartlett test of homogeneity of variances

data：X by B

Bartlett's K-squared = 0.1921, df = 2, p – value = 0.9084

从以上的结果中，可以看到，两个因子方差齐性检验的 P 值均超过了 0.1，不拒绝方差齐性的原假设，可以认为两个因子下的试验数据均满足方差齐性的假定。

三、因子影响分析

这里涉及温度和催化剂两个因子，它们每对水平的组合都进行了重复试验，因此这里采用考虑交互作用的双因子方差分析。利用 R 软件进行有交互作用的双因子方差分析的结果如下：

	Df	Sum Sq	Mean Sq	F value	Pr(>F)
A	4	1860.76	465.19	42.809	5.495e – 12 * * *
B	2	118.53	59.27	5.454	0.009543 * *
A：B	8	2299.91	287.49	26.456	1.444e – 11 * * *
Residuals	30	326.00	10.87		

Signif. codes：0 '* * *' 0.001 '* *' 0.01 '*' 0.05 '.' 0.

从这个结果上可以看到，温度（A）和催化剂（B）以及两者的交互作用（A：B）的 P 值都低于 0.01，因此，可以认为温度和催化剂对产品的得率均有显著的单独影响，并且两者搭配在一起的交互作用也是显著的。

下面我们分析温度和催化剂的最佳选择及两者最佳的搭配方式，为此我们计算出了两者每一组合下的样本均值，如表 8-11 所示。

表 8-11 温度与催化剂每一组合试验观测数据的均值

		催化剂			均值
		B_1	B_2	B_3	
温度（℃）	A_1：50～60	63.33	72.67	62.00	66.00
	A_2：60～70	82.00	95.00	67.00	81.33
	A_3：70～80	91.00	82.00	75.67	82.89
	A_4：80～90	78.33	81.00	87.67	82.33
	A_5：90～100	75.33	65.00	84.00	74.78
均值		78.00	79.13	75.27	

由表 8-11,我们作出了图 8-9 和图 8-10 所示的均值图。

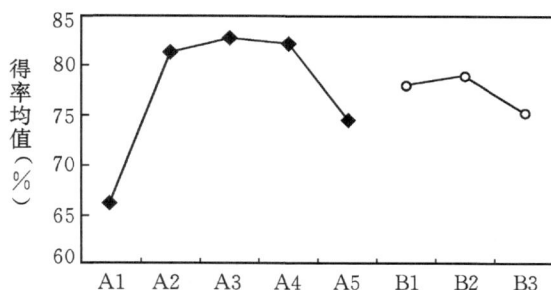

图 8-9　温度和催化剂单独作用下的试验数据的均值图

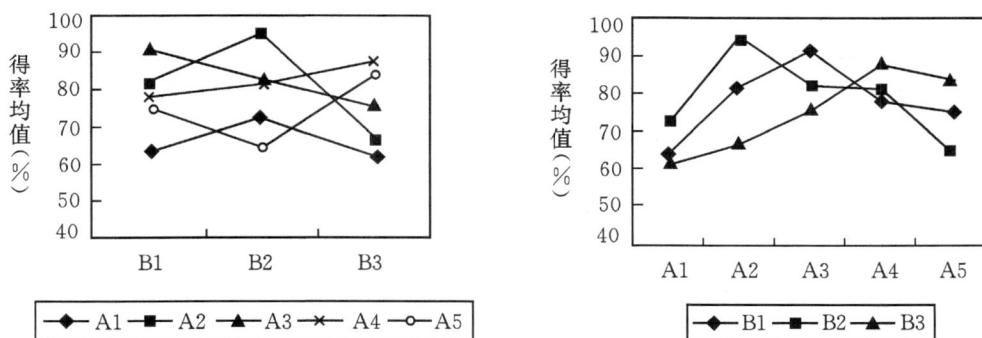

图 8-10　温度和催化剂各水平组合下的试验数据均值图

就温度对产品得率的单独影响来看,由图 8-9 左边所示折线(结合表 8-11)可以看到,试验的温度控制在 A_3(70 ℃~80 ℃)范围内,所得产品的平均得率(82.89%)是最高的,但与 A_2(60 ℃~70 ℃)(平均得率 81.33%)和 A_4(80 ℃~90 ℃)(平均得率 82.33%)相比,却并没有高出多少,三个范围下的平均得率差距并不明显,因此在不考虑使用催化剂的情况下,温度控制在 60 ℃~90 ℃,产品的得率相对较高。

就催化剂对产品得率的单独影响来看,同样图 8-9 右边所示的折线(结合表 8-11)可以看到,使用催化剂 B_2 效果最好(平均得率 79.13%),但相比于催化剂 B_1(平均得率 78%),优势不是十分明显,因此在不考虑温度影响的情况下,使用催化剂 B_1 和 B_2 的效果比使用 B_3 要好。

另外从方差分析的结果看,温度因子的检验 P 值(5.495×10^{-12})比催化剂因子的 P 值(0.009543)要小得多,表明温度对产品得率的影响要比催化剂的影响要显著的多。同时从表 8-11(或图 8-9)也可以看到,温度对产品得率促进作用也大于催化剂的促进作用。

由图 8-10(结合表 8-11)可以看到,A_2(60 ℃~70 ℃)和 B_2 的组合下的平均得率(95%)要明显高于其他组合。同时也可以看到,在这个组合下,其平均得率比单独控制温度和单独使用催化剂要高出许多,明显体现出了两者之间的交互作用。

综合以上分析,我们可以得出如下结论:

(1)在不考虑催化剂的情况下,生产该产品的温度控制在 60 ℃~90 ℃均可,其中温度在 70 ℃~80 ℃下的效果要比 60 ℃~70 ℃和 80 ℃~90 ℃略好;

（2）在不考虑控制温度的情况下，选择催化剂 B_1 和 B_2 均可，其中催化剂 B_2 的效果略好一些；

（3）单独控制试验温度的方式要比单独选择使用催化剂方式的效果要好；

（4）在有条件的情况下，建议同时控制生产的温度和使用催化剂，两者搭配的效果十分明显，其中生产温度控制 60 ℃～70 ℃，催化剂选择使用 B_2 的生产方式效果最佳。

思考与练习

一、单项选择题

1.方差分析的主要目的是判断（　　）。

A.各总体是否存在方差　　　　　　　　B.各样本数据之间是否有显著差异

C.分类型自变量对数值型因变量的影响是否显著

D.分类型因变量对数值型自变量的影响是否显著

2.双因子方差分析有两种类型，有交互作用和无交互作用，两者区别的关键是看（　　）。

A.两因子是否服从正态分布　　　　　　B.两因子是否有相同的自由度

C.两因子的水平是否相同　　　　　　　D.两因子的影响是否独立

3.以下对方差分析叙述不正确的是（　　）。

A.方差分析可以对若干平均值是否相等同时进行检验

B.总离差平方和可以分解为组内平方和与组间平方和两个部分

C.进行方差分析要求各水平下的样本容量相同

D.方差分析方法在社会科学领域也大有用武之地

4.在统计上，将我国的 31 个省市自治区分为东部地区、中部地区、西部地区、东北地区。要检验不同地区的居民收入水平是否相同，在每类地区各随机抽取一个样本。某一地区中样本数据之间的误差属于（　　）。

A.处理误差　　　B.组间方差　　　C.随机误差　　　D.非随机误差

5.一家研究机构从事水稻品种的研发。最近研究出 3 个新的水稻品种。为检验不同品种的平均产量是否相同，对每个品种分别在 5 个地块上进行试验，共获得 15 个产量数据。在该项研究中，不同品种在不同地块上的产量是不同的，这种误差称为（　　）。

A.总误差　　　B.组间误差　　　C.组内误差　　　D.随机误差

6.在方差分析中，如果拒绝原假设，则意味着（　　）。

A.所检验的各总体均值之间不全相等　　B.所检验的各总体均值之间全不相等

C.所检验的各样本均值之间不全相等　　D.所检验的各样本均值之间全不相等

7.为研究食品的包装和销售地区对其销售量是否有影响，在 3 个不同地区用三种不同包装方法进行销售，根据获得的销售量数据计算得到下面的方差分析表。表中"A"、"B"、"C"单元格的结果是（　　）。

差异源	SS	df	MS	F
行	22.22	2	A	0.073
列	955.56	2	B	3.127
组内	611.11	C	152.78	
总计	1588.89	8		

A. 11.11、238.89、4　　　　　　B. 11.11、477.78、4

C. 5.56、477.78、5　　　　　　D. 5.56、238.89、5

8.为了分析某校不同专业学生某次"统计学"测试成绩是否有显著差异(假定其他条件都相同),可适用方差分析方法。在1%的显著性水平下,在10个专业中共计随机抽取50个学生进行调查,拒绝原假设的区域是( )。

A. $[F_{0.01}(9,49),+\infty)$　　　　B. $[F_{0.005}(9,49),+\infty)$

C. $[F_{0.005}(9,40),+\infty)$　　　　D. $[F_{0.01}(9,40),+\infty)$

二、思考题

1.什么是方差分析?它与总体均值的t检验或z检验有什么不同,其优势又是什么?

2.方差分析中有哪些基本假定?

3.说明方差分析的基本原理和基本步骤。

三、计算题

1.一家牛奶公司有4台机器装填牛奶,每桶的容量为4l。下面是从4台机器中抽取的样本数据:

机器1	机器2	机器3	机器4
4.05	3.99	3.97	4.00
4.01	4.02	3.98	4.02
4.02	4.01	3.97	3.99
4.04	3.99	3.95	4.01
	4.00	4.00	
	4.00		

取显著性水平 $\alpha=0.01$,检验不同机器对装填量是否有显著影响?

2.一家产品制造公司管理者想比较A、B、C三种不同的培训方式对产品组装时间的多少是否有显著影响,将26名新员工随机分配给每种培训方式。在培训结束后,参加培训的员工组装一件产品所花的时间如下(单位:min):

		产品组装时间							
培训方式	A	8.8	9.3	8.7	9	8.6	8.3	9.5	9.4	9.2
	B	8.2	6.7	7.4	8	8.2	7.8	8.8	8.4	7.9
	C	8.6	8.5	9.1	8.2	8.3	7.9	9.9	9.4	

取显著性水平 $\alpha=0.05$,确定不同培训方式对产品组装的时间是否有显著影响。若有影响,则哪种培训方式效果最好?

3.某企业准备用三种方法组装一种新的产品,为确定哪种方法每小时生产的产品数量最多,随机抽取了30名工人,并指定每个人使用其中的一种方法。通过对每个工人生产的产品数进行方差分析得到下面的方差分析表:

差异源	SS	df	MS	F	P-value	F crit
组间			210		0.245 946	3.354 131
组内	3836		—	—	—	—
总计		29	—	—	—	—

要求:

(1)完成上面的方差分析表;

(2)若显著性水平 $\alpha = 0.05$,检验三种方法组装的产品数量之间是否有显著差异。

4.有 5 种不同品种的种子和 4 种不同的施肥方案,在 20 块同样面积的土地上,分别采用 5 种种子和 4 种施肥方案搭配进行试验,取得的收获量数据如下表:

品种	施肥方案			
	1	2	3	4
1	12.0	9.5	10.4	9.7
2	13.7	11.5	12.4	9.6
3	14.3	12.3	11.4	11.1
4	14.2	14.0	12.5	12.0
5	13.0	14.0	13.1	11.4

检验种子的不同品种对收获量的影响是否显著,不同的施肥方案对收获量的影响是否显著。($\alpha = 0.05$)

5.一家超市连锁店进行一项研究,确定超市所在的位置和竞争者的数量对销售额是否有显著影响。下面是获得的月销售额数据(单位:万元):

		竞争者数量			
		0 个	1 个	2 个	3 个以上
超市位置	位于市内居民小区	41	38	59	47
		30	31	48	40
		45	39	51	39
	位于写字楼	25	29	44	43
		31	35	48	42
		22	30	50	53
	位于郊区	18	22	29	24
		29	17	28	27
		33	25	26	32

取显著性水平 $\alpha = 0.01$,检验竞争者的数量、超市的位置及两者的交互作用对销售额是否有显著影响。

6. 对本章应用案例的两个因子分别进行单因子方差分析,将所得的结果与案分析中的结果进行比较,说明两者之间是否有矛盾,为什么? 并以此说明单因子方差分析需要注意什么问题?

第九章

相关与回归分析

情景导入

俗语中描述的关系,你知道吗?

人们在长期的实践生活中,总结出了很多俗语来形象地说明事物之间的联系,比如"名师出高徒"、"强将手下无弱兵"、"虎父无犬子"、"种瓜得瓜种豆得豆"、"龙生龙凤生凤,老鼠的儿子会打洞"等。这些俗语所描述的事物间的关系,我们现在称之为相关。对具有相关关系的事物之间进行分析和预测,最基本的方法便是回归。

现代统计学上的"相关"与"回归"的概念是英国著名生物学家兼统计学家弗朗西斯·高尔顿(Francis Galton)首先提出的。1886 年,高尔顿在研究人类身高的遗传时,搜集了 1078 对父亲及其儿子的身高数据。他发现这些数据的散点图大致呈直线状态,也就是说,总的趋势是父亲的身高增加时,儿子的身高也倾向于增加。但是,高尔顿对实验数据进行了深入的分析,发现了一个很有趣的现象——回归效应:当父亲高于平均身高时,他们的儿子身高比他更高的概率小于比他更矮的概率;父亲低于平均身高时,他们的儿子身高比他更矮的概率要小于比他更高的概率。它反映了这样的一个规律,即后代的身高,有向他们父辈的平均身高回归的趋势。这就是统计学上最初出现"回归"时的含义。高尔顿由此还引入了回归直线、相关系数等概念,开创了回归分析。

作为教师,我们在教学中也会看到类似的回归现象。第一次考试成绩比较高的学生在第二次考试时成绩也好,但平均来说不像第一次考试那么好。类似地,第一次考试成绩比较差的学生在第二次考试时成绩平均要好些。在体育上,回归效应也是一种突出的现象:第一年成绩很突出的新手,第二年成绩往往不是那么好。同样,平均来说,第一年利润最低的公司第二年不会最差,而第一年利润最高的公司第二年则不会是最好的。

当然,现代意义上的"回归"要比其原始含义广泛得多,已不再局限于回归效应的发现与分析,而更多地应用于分析变量之间的具体关系和预测。通过对本章的学习,读者会对回归分析有更深入的理解。

第一节 变量间的关系及其度量

一、函数关系和相关关系

从统计角度看,变量之间的关系大体上可以分为两种类型,即函数关系和相关关系。函数关系是人们比较熟悉的,它度量的变量之间的关系是确定的。设有两个变量 x 和 y ,当给定 x

的取值时，y 取唯一的值与之相对应，我们就称 y 与 x 之间是函数关系，或称 y 是 x 的函数。当然这里 y 与 x 之间是一元函数的关系，如果 y 与多个变量的关系是确定的，我们就称 y 是这些变量的多元函数。例如，圆的面积就是圆的半径的一元函数；某商品的销售额是其价格和销售量的二元函数。

在实际问题中，变量间的函数关系是很少见的，大多数变量之间的关系都是不确定的。例如，体重和身高之间就不存在完全确定的关系。也就是说，身高相同的人，他们的体重往往是不相同的，而体重相同的人，他们的身高也可能不相同。这意味着体重并不能完全由人的身高一个因素所确定，还受基因、年龄、饮食习惯等其他因素及随机因素的影响。正是由于影响一个变量的因素有多个（包括随机因素），才造成了它们间关系的不确定性。变量之间这种不确定的关系称为相关关系（correlation）。

下面是相关关系的几个例子。它们的共同特点是：一个变量的取值不能由另一个变量唯一确定，当变量 x 取某个值时，变量 y 的取值可能有多个，或者说，当 x 取某个固定的值时，y 的取值对应着一个分布。

例如，子女的身高（y）与其父母平均身高（x）的关系。从遗传学的角度看，父母身高较高时，其子女的身高一般也比较高。但实际情况并不完全是这样，因为子女的身高并不完全由父母身高一个因素所决定，还有其他许多因素的影响，因此二者之间属于相关关系。这意味着平均身高相同的父母其子女身高的取值有多个，即父母平均身高取某个值时，子女的身高对应着一个分布。

再比如，一个人的消费水平（y）同他收入水平（x）的关系。消费水平相同的人，他们的收入水平可能不相同，而收入水平相同的人，他们的消费水平也往往不相同。因为消费水平虽然与收入水平有关系，但收入水平并不是决定消费水平的唯一因素，消费还受消费者的习惯、消费者的预期、上一期的消费等因素的影响，二者之间是相关关系。因此当收入取某个值时，消费的取值对应着一个分布。

值得注意的是，对具有相关关系的变量，如果我们对它们有了深刻的规律性认识，并且能够把影响所考察的变量变动的因素全部找到，这时的相关关系是可以转化为函数关系的；但如果现象之间始终存在着未知的、随机的影响因素，相关关系是不可能转化为函数关系的。在我们的现实生活中，能转化为函数关系的是很少见的，大多数现象之间的联系，只能是以相关关系的形式存在。

二、相关关系的种类

客观现象的相关关系按照不同的标准可以划分为不同的种类，具体分类如下。

（一）按相关的程度区分

相关关系按相关的程度可分为完全相关、不完全相关和不相关。当一个现象的数量变化完全由另一个现象的数量变化所确定时，称这两种现象间的关系为完全相关。例如，在价格不变的条件下，某种商品的销售总额与其销售量总是成正比例关系。在这种场合，相关关系便成为函数关系，因此从广义上说函数关系是相关关系的一个特例。

当两个现象彼此互不影响，其数量变化各自独立时，称为不相关现象。尽管从哲学的角度看，万事万物都是有联系的，可在实际生活中，许多变量之间的关系非常微弱，完全可以认为是不相关的。比如，某大学某学生自杀与你周末是否上街有什么关系？你的体重与戴安娜的体重有什么关系？奥巴马中午吃什么饭和我们吃什么饭有什么关系？股票价格的高低与气温的高低有什么关系？外星文明的发展状况与地球文明的发展状况有什么关系？以上这些,我们很难想象到所考察的现象之间有什么联系(当然强拉硬扯,说不定能找到一些蛛丝马迹的关系)。在我们生活中总有一些变量,我们感觉它们之间应该有关系,可事实上这种关系非常脆弱,根本靠不住。对于这类问题,如果我们承认变量间是不相关的,从而不受这种关系的干扰,反而有利于我们抓住问题的重点。

两个现象之间的关系介于完全相关和不相关之间,即两者之间有关系,但不是确定的关系,我们就称两者之间不完全相关。实际生活中现象之间的相关,一般都是指这种不完全相关关系。我们通常所说的相关也专指这种不完全相关。

(二)按相关的方向区分

相关关系按现象之间相关的方向可分为正相关关系和负相关关系。当一个现象的数量增加(或减少),另一个现象的数量也随之增加(或减少)时,我们就称两者正相关。例如,一般而言,消费水平随收人的增加而提高,两者之间属于正相关关系。当一个现象的数量增加(或减少),而另一个现象的数量向相反方向变动时,我们就称两者负相关。例如,一般来说,商品的价格提高,商品的需求量会下降,两者之间就是负相关的。

(三)按相关的形式区分

相关关系按相关的形式可分为线性相关和非线性相关。当两种相关现象之间的关系大致呈现为线性关系时,称之为线性相关。例如人均消费水平与人均收人水平通常成线性关系,它们之间就属于线性相关关系。如果两种相关现象之间,并不表现为直线的关系,而是近似于某种曲线方程的关系,则这种相关关系称为非线性相关。例如产品的平均成本与产品总产量就是一种非线性相关。

(四)按研究变量的多少区分

相关关系按所研究的变量多少可分为单相关、复相关和偏相关。研究两个变量之间的相关,称为单相关。当所研究的是一个变量对两个或两个以上其他变量的相关关系时,称为复相关。例如,某种商品的需求与商品自身的价格水平以及消费者的收入水平之间的相关关系便是一种复相关。在某一现象与多种现象相关的场合,假定其他变量不变,专门考察其中两个变量的相关关系称为偏相关。例如,只考虑商品自身的价格水平和消费者收入水平两个影响因素时,在消费者的收入水平不变的情况下,某种商品的需求与其价格水平的关系就是一种偏相关。

三、相关关系的辨别

现象之间的相关,是属于正相关还是负相关,是线性相关还是非线性相关,是需要辨别的。辨别的方法有很多,可以依据实践经验或有关理论进行判断,也可以通过绘制散点图来初步判断,还可以通过回归分析[①]来判断。但在没有经验理论(或经验理论不一定靠得住)的情况下,最基本、最简单的方法便是绘制变量之间的散点图来判断。所谓的散点图是指:对于两个变量 x 和 y,在二维坐标系中依次画出它们的坐标点 (x_i, y_i) 所形成的图形。散点图中的坐标点我

---

① 关于回归分析,我们将在下一节阐述,这里只说明辨别相关的散点图法。

们也通常称为散点。通过散点图中散点的分布、形状及远近等可以判断两个变量之间是否有关系、有什么样的关系及大体的关系强度。图 9-1 就是不同形态的散点图。

从图 9-1 可以看出,(a)和(b)是典型的线性相关关系形态,两个变量的观测点分布在一条直线周围,其中(a)表明一个变量的数值增加,另一个变量的数值也随之增加,因而称之为正线性相关。(b)表明一个变量的数值增加,另一个变量的数值则随之减少,因而称为负线性相关。(c)和(d)表明两个变量的观测点完全落在直线上,称为完全线性相关(这实际上就是函数关系),其中(c)称为完全正线性相关,(d)称为完全负线性相关。(e)表明两个变量之间是非线性相关关系。(f)中观测点很分散,无任何规律,表示变量间没有相关关系。

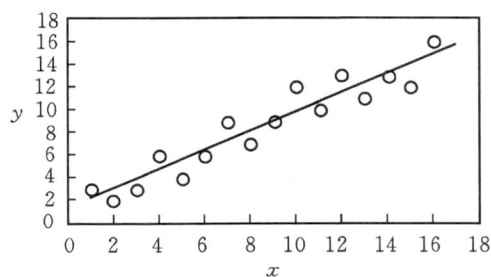

（a）正线性相关

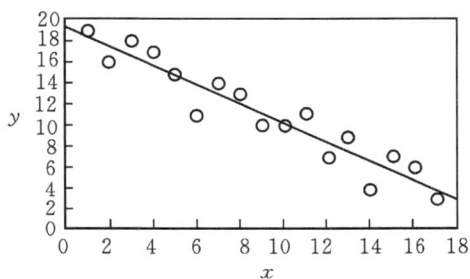

（b）负线性相关

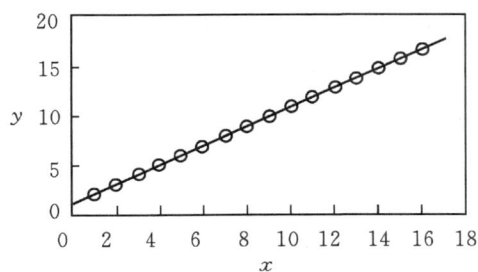

（c）完全正线性相关

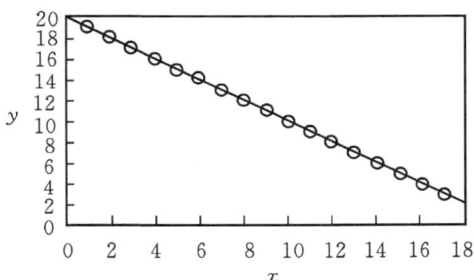

（d）完全负线性相关

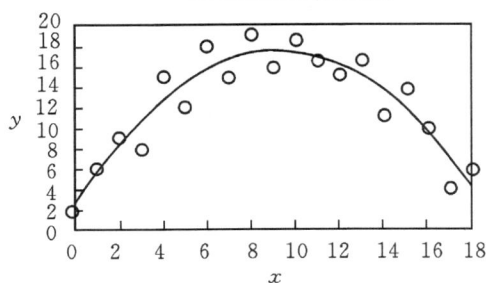

（e）非线性相关

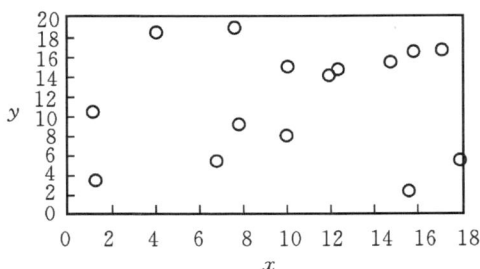

（f）不相关

图 9-1 不同形态的散点图

例 9.1 表 9-1 是我国 2012 年 31 个省、市、自治区城镇居民全年人均消费支出和人均可支配收入的有关资料。试绘制散点图,判断我国城镇居民人均消费支出与人均可支配收入之间的关系。

表 9-1 我国 2012 年 31 个省、市、自治区城镇居民消费和收入情况　　　　单位:元

地区	人均可支配收入	人均消费支出	地区	人均可支配收入	人均消费支出
北　京	36468.75	24045.86	湖　北	20839.59	14495.97
天　津	29626.41	20024.24	湖　南	21318.76	14608.95
河　北	20543.44	12531.12	广　东	30226.71	22396.35
山　西	20411.71	12211.53	广　西	21242.80	14243.98
内蒙古	23150.26	17717.10	海　南	20917.71	14456.55
辽　宁	23222.67	16593.60	重　庆	22968.14	16573.14
吉　林	20208.04	14613.53	四　川	20306.99	15049.54
黑龙江	17759.75	12983.55	贵　州	18700.51	12585.70
上　海	40188.34	26253.47	云　南	21074.50	13883.93
江　苏	29676.97	18825.28	西　藏	18028.32	11184.33
浙　江	34550.30	21545.18	陕　西	20733.88	15332.84
安　徽	21024.21	15011.66	甘　肃	17156.89	12847.05
福　建	28055.24	18593.21	青　海	17566.28	12346.29
江　西	19860.36	12775.65	宁　夏	19831.41	14067.15
山　东	25755.19	15778.24	新　疆	17920.68	13891.72
河　南	20442.62	13732.96			

资料来源:《中国统计年鉴(2013)》。

解　我国城镇居民人均消费支出与人均可支配收入的散点图如图 9-2 所示。从散点图可以看出,随着城镇居民可支配收入的增加,人均消费也随之增加,二者的数据点分布在一条直线附近,因此二者具有正的线性相关关系。

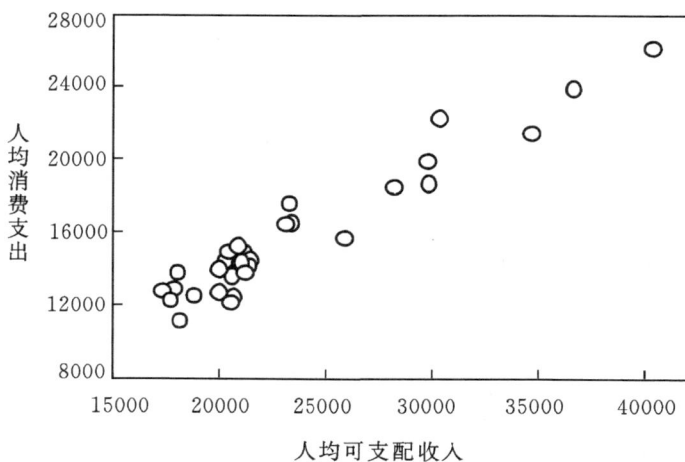

图 9-2 我国城镇居民人均消费与人均可支配收入的散点图

四、相关关系强度的度量

通过散点图可以判断两个变量之间有无相关关系,并对变量间的关系形态作出大致的描述,但散点图不能准确反映变量之间的关系强度。因此,为准确度量两个变量之间的关系强度,需要计算相关系数。

(一)相关系数的定义

相关系数是度量两个变量之间线性关系强度的统计量。如果是根据变量总体中所有的数据计算得到的,称为总体相关系数,如果是根据样本数据计算得到的,则称为样本相关系数。

总体相关系数一般用 ρ 表示,其计算公式为:

$$\rho = \frac{\text{Cov}(x,y)}{\sqrt{\text{Var}(x) \cdot \text{Var}(y)}} \tag{9.1}$$

式中,$\text{Var}(x)$ 和 $\text{Var}(y)$ 分别为变量 x 和 y 的总体方差,$\text{Cov}(x,y)$ 为变量 x 和 y 的总体协方差,其计算公式为:

$$\text{Cov}(x,y) = E[(x - E(x))(y - E(y))] \tag{9.2}$$

总体相关系数是反映两变量之间线性相关程度的一种特征值,表现为一个常数。由于实际上不可能对总体变量 x 和 y 的全部数值进行观测,所以总体相关系数一般是未知的。通常需要从总体中随机抽取一定数量的样本,通过 x 和 y 的样本观测值去计算样本相关系数,以估计总体相关系数。

样本相关系数一般用 r 表示,其计算公式为:

$$r = \frac{\sum (x - \overline{x})(y - \overline{y})}{\sqrt{\sum (x - \overline{x})^2 \cdot \sum (y - \overline{y})^2}} \tag{9.3}$$

按(9.1)式和(9.2)式计算的相关系数也称为皮尔逊(Karl Pearson)相关系数[①]。

可以证明,样本相关系数是总体相关系数的一致估计量。在计算样本相关系数时,需要假定两个变量之间是线性关系,而且两个变量都是随机变量,且服从一个联合的双变量正态分布[②]。此外,样本数据中不应有极端值,否则会对样本相关系数的值有较大影响。

在 Excel 中,计算样本相关系数的函数有【CORREL】或【PEARSON】。除此之外,也可以利用【数据分析】中的【相关系数】来计算,而且通过【相关系数】,可以得到多个变量之间的样本相关系数矩阵。

在 R 软件中计算相关系数的函数为 cor( ),其使用格式为:

cor(x, y = NULL, use = "all.obs", method = c("pearson", "kendall", "spearman"))

其中,x 是数值型向量、矩阵或数据框;y 是空值(NULL,默认值)、向量、矩阵或数据框,但需要与 x 的维数相一致;method 为计算相关系数的方法,默认值为"pearson",即结果为皮尔逊相关系数,若为"kendall"或"spearman",则分别计算的是 Kendall 和 Spearman 等级相关系数[③]。

[①] 相关和回归的概念虽然是 1877—1888 年由高尔顿提出的,但真正使其理论系统化的是他的学生皮尔逊,为纪念皮尔逊的贡献,一般将(9.1.1)式和(9.1.3)式计算的相关系数称为皮尔逊相关系数。

[②] 注意:并不简单地要求两个变量各自服从正态分布。

[③] 关于 Kendall 和 Spearman 等级相关系数,有兴趣的读者可自行查阅数理统计的有关书籍。

(二)相关系数的性质

总体相关系数是确定的常数,而样本相关系数是随机变量,会因样本的改变而变化,除此之外,两者之间的性质基本上是相同的。下面我们主要以样本相关系数为例来说明相关系数的性质。

样本相关系数具有以下性质:

(1) r 的取值范围在 $-1 \sim 1$,即 $-1 \leqslant r \leqslant 1$。$r > 0$ 表明 x 和 y 之间存在正线性相关关系;$r < 0$ 表明 x 和 y 之间存在负线性相关关系;$|r| = 1$ 表明 x 和 y 之间为完全相关关系(实际上就是函数关系),其中 $r = 1$ 表示 x 和 y 之间是完全正线性相关关系,$r = -1$ 表示 x 和 y 之间是完全负线性相关关系;$r = 0$ 表明 x 和 y 之间不存在线性相关关系。

$|r|$ 越接近于 1,说明两个变量之间的线性关系越强;$|r|$ 越接近于 0,说明两个变量之间的线性关系越弱。对于一个具体的 r 取值,根据经验可将相关程度分为以下几种情况:当 $|r| \geqslant 0.8$ 时,可视为高度相关;$0.5 \leqslant |r| < 0.8$ 时,可视为中度相关;$0.3 \leqslant |r| < 0.5$,视为低度相关;当 $|r| < 0.3$ 时,说明两个变量之间的相关程度极弱,可视为不相关。但这种相关程度的划分必须建立在对相关系数的显著性进行检验的基础之上。

(2) r 具有对称性。x 和 y 之间的相关系数 r_{xy} 与 y 和 x 之间的相关系数 r_{yx} 相等,即 $r_{xy} = r_{yx}$。

(3) r 数值大小与 x 和 y 的原点及尺度无关。改变 x 和 y 的数据原点及计量尺度,并不改变 r 数值大小。即对于变量 $u = ax + b$ 和 $v = cy + d$($ac \neq 0$),有:

$$|r_{uv}| = |r_{xy}| \qquad\qquad (9.4)^{①}$$

式中,r_{uv} 为 u 和 v 之间的相关系数,r_{xy} 为 x 和 y 之间的相关系数。

(4) r 仅仅是 x 和 y 之间线性关系的一个度量,它不能用于描述非线性关系。这意味着,$r = 0$ 只表示两个变量之间不存在线性相关关系,并不说明变量之间没有任何关系,它们之间可能存在非线性相关关系。变量之间的非线性相关程度较大时,就可能会导致 $r = 0$。因此,当 $r = 0$ 或很小时,不能轻易得出两个变量之间不存在相关关系的结论,而应结合散点图作出合理的解释。

(5) r 虽然是两个变量之间线性关系的一个度量,却不一定意味着 x 和 y 一定有因果关系。例如,城镇居民的可支配收入和农村居民的可支配收入两者都在逐年增长,它们之间有很高的相关系数,但两者之间毫无疑问是没有因果关系。

(三)相关系数的检验

在实际的客观现象分析研究中,相关系数一般都是利用样本数据计算的,因而带有一定的随机性。样本容量越小其可信程度就越差,因此也需要进行检验。相关系数的显著性检验问题可分为两类:一是对总体相关系数是否等于 0 进行检验;二是对总体相关系数是否等于某一个给定的不为 0 的数值进行检验。限于篇幅,这里只介绍对总体相关系数 ρ 是否等于 0 进行检验。

相关系数的显著性检验通常采用费希尔提出的 t 分布检验,该检验可以用于小样本,也可用于大样本,检验的具体步骤如下。

第一步:提出检验假设:

$$H_0: \rho = 0 \qquad VS \qquad H_1: \rho \neq 0$$

① 请读者自行证明此式。

第二步：计算检验统计量：

$$t = r\sqrt{\frac{n-2}{1-r^2}} \sim t(n-2) \tag{9.5}$$

式中，n 为样本容量。

第三步：给定显著性水平 α，作出决策。若 $|t| \geqslant t_{\alpha/2}(n-2)$，拒绝 H_0，表明总体的两个变量之间存在显著的线性关系；若 $|t| < t_{\alpha/2}(n-2)$，则不拒绝 H_0，总体的两个变量之间的线性关系在统计上不显著。

当然，以上决策可以换成用 P 值进行决策，这里请读者自行叙述。

在 R 软件中提供了进行相关系数检验的函数 cor.test( )，其使用格式为：

cor.test(x, y, alternative = c("two.sided", "less", "greater"),　method = c("pearson", "kendall", "spearman"),

　　exact = NULL, conf.level = 0.95, ...)

其中 x,y 是数据长度相同的向量；alternative 控制备择假设的方向，默认为"two.sided"；method 为计算相关系数的方法，默认为"pearson"，即针对皮尔逊相关系数进行检验；conf.level 为置信水平，默认值为 0.95。

cor.test( ) 函数的另一种使用格式是：

　　　　　　cor.test(formula, data, subset, na.action, ...)

其中，formula 是公式，形如 ~u+v，u 和 v 必须是具有相同长度的数值向量；data 是数据框；subset 是可选择向量，表示观察值的子集。

例 9.2　根据例 9.1 的数据，计算我国城镇居民人均消费支出与人均可支配收入之间的相关系数，并检验相关系数是否显著。（$\alpha = 0.05$）

解　这里利用 R 中的 cor.test( ) 函数。由于数据较多，我们考虑将表 9-1 中数据放入 Excel 中（人均可支配收入和人均消费支出的数据各放一列，变量名依次为 x 和 y），并保存为 csv 文件，文件名为"城镇居民可支配收入与消费支出"，然后用 R 中的函数 read.csv( ) 去读取这个文件。则求解本问题的 R 代码为：

a = read.csv("城镇居民可支配收入与消费支出.csv")

attach(a)　　　　　　　　　　　#将读取的文件中的变量名 x 和 y 载入内存

cor.test(x, y)　　　　　　　　　#此条代码也可改为 cor.test(~x+y)

运行结果为：

Pearson's product-moment correlation

data：x and y

t = 18.8088, df = 29, p-value < 2.2e-16

alternative hypothesis: true correlation is not equal to 0

95 percent confidence interval：

0.9206559　0.9813968

sample estimates：

cor

0.961372

由此结果可以看到，计算出的样本相关系数 $r = 0.9614$，这表明我国城镇居民的人均消费支出与人均可支配收入之间具有较强的正线性相关关系。

从相关系数检验的结果可以看到，其 P 值接近于 0，因此在 0.05 的显著性水平下，拒绝 H_0，认为城镇居民人均消费支出与人均可支配收入之间存在显著的线性相关关系。这点也可从总体相关系数 ρ 的 95% 置信区间为 $[0.9207, 0.9814]$ 看出。

第二节 一元线性回归分析

一、回归分析概述

(一)基本概念

回归分析是重点考察一个特定的变量(因变量)，而把其他变量(自变量)看做影响这一变量的因素，并通过适当的数学模型将变量间的关系表达出来，进而通过一个或几个自变量的取值来分析和预测因变量的取值。

进行回归分析时，首先需要确定出因变量和自变量。在回归分析中，被预测或被解释的变量称为因变量或被解释变量，一般用 y 表示。用来预测或用来解释因变量的一个或多个变量称为自变量或解释变量，一般用 x 表示。例如，在分析人均可支配收入对人均消费支出的影响时，目的是要通过人均可支配收入的变化来分析或预测人均消费支出的变化，因此，人均消费支出是被解释或被预测的变量，称为因变量，而用来解释或预测人均消费支出的人均可支配收入就是自变量。

回归分析的主要任务便是要确定因变量和自变量具体的关系形式，并对这种具体形式进行检验。由于回归分析考察的主要是相关关系，因此因变量除了受自变量的影响外，还受到其他次要因素以及随机因素的影响，因此回归分析所要确定因变量与自变量关系的具体形式一般可以表达为：

$$y = f(x, u) \tag{9.6}$$

式中，自变量 x 可以是单个变量，也可以是多个变量组成的向量；u 为称为随机误差项，它用以反映除自变量 x 以外，其他的因素和随机因素对因变量 y 影响。

(9.6)式表示的随机方程，我们称为因变量 y 与自变量 x 之间的回归模型。回归分析的主要内容就是要用样本观测值去估计这个回归模型，并对其进行检验，检验通过后利用这个回归模型去解释和预测因变量的变动。

(二)相关分析与回归分析的关系

相关分析和回归分析之间具有密切的关系。一方面相关分析是回归分析的基础和前提，如果缺少相关分析，没有从定性上说明现象之间是否具有相关关系，没有对相关关系的程度作出判断，就不能进行回归分析，即使勉强进行了回归分析，也是没有意义的；另一方面回归分析是相关分析的深入和继续，仅仅说明现象间具有密切关系是不够的，只有进行了回归分析，拟合了回归方程，才可能进行有关的分析和预测，相关分析才有实际意义；另外，在进行相关分析时，如果要确定变量间相关的具体形式，又要依赖于回归分析，而且在多个变量的相关分析中相关系数[①]的确定也是建立在回归分析的基础上的。

回归分析与相关分析有如下区别：

(1)二者的研究目的不同。相关分析是用一定的数量指标(相关系数)度量变量间相互联系的方向和程度；回归分析却是要寻求变量间联系的具体数学形式，是要根据自变量的固定值去分析和预测因变量的值。

(2)二者对变量的处理也不同。相关分析考虑的变量具有对称性，不考虑二者的因果关系，不区分自变量与因变量，相关的变量不一定具有因果关系，均视为随机变量。而回归分析必须明确划分自变量与因变量，对变量的处理是不对称的，且通常假定自变量事先给定，将其看做非随机变量。

二、一元线性回归模型的基本问题

(一)模型的理论形式

当回归中只涉及一个自变量时称为一元回归，若 y 与 x 之间为线性关系时称为一元线性回归。对于具有线性关系的两个变量，可以用一个线性方程来表示它们之间的关系，其一般形式为：

$$y = \beta_0 + \beta_1 x + u \tag{9.7}$$

式中，β_0 和 β_1 称为模型的回归参数(或简称参数)，u 为随机误差项。

由(9.7)式可以看出，在一元线性回归模型中，y 是 x 的线性函数($\beta_0 + \beta_1 x$)与随机误差项 u 的和。$\beta_0 + \beta_1 x$ 反映由于 x 的变化而引起的 y 的线性变化；u 是一个随机变量，它是除 x 和 y 之间的线性关系以外的随机因素对 y 的影响，是不能由 x 和 y 之间的线性关系所解释的 y 的变异。

(二)随机误差项的来源

与数学中的函数关系相比，回归模型的显著特点是多了随机误差项 u。随机误差项 u 包含了丰富的内容。产生误差项的原因主要有以下几方面。

1.模型中被忽略掉的影响因素造成的误差

在一般情况下，每一个变量通常要受到多种因素的影响。但是为了简化分析，突出主要矛盾，在构造回归模型时，通常只选取最重要的自变量与因变量构成回归模型，将次要的影响因素忽略掉。这些被忽略的影响因素对因变量 y 的影响就归入了随机误差项 u 中。以家庭消费支出问题为例，家庭消费支出 y 除了受家庭收入 x 的影响之外，可能还会受家庭人口、消费习惯、存款利率和商品价格水平变化趋势等多种因素影响。在构造回归模型时，对于有些影响因素或者没有认识到而被遗漏了，或者认识到了而不可观测被省略了，等等。这些被遗漏或被省略的影响因素都归并在随机误差项 u 中。

2.模型关系设定不准确造成的误差

在一般情况下，自变量与因变量之间的关系是比较复杂的非线性关系。在构造模型时，为了简化模型，用线性模型代替了非线性关系，或者用简单的非线性模型代替了复杂的非线性关

[①]　上一节考虑的相关系数是两个变量之间的，因此属于单相关系数，而这里所说的"多个变量之间相关系数"指复相关系数和偏相关系数，它们的确定需要通过建立的回归方程来计算。具体可见：曾五一，《统计学》，厦门大学出版社。

系,造成了模型关系不准确的误差。在很多情况下,由于人们对现象规律的认识与客观现象规律本身不完全一致,也会造成模型关系不准确的误差。

3. 变量的测量误差

变量的测量误差是在搜集和整理变量数据过程中形成的,也称观测误差。例如,有一匹长度一定的布,用同一把尺子丈量 10 次,可能会得出 10 种结果。产生不同的结果是在丈量过程中形成的,故测量值与真实值之间的误差称为测量误差。由于测量工具的精确度和测量方法不正确的问题,使得观察值与真实值不完全一致,造成测量误差。因此,在进行统计观测时,测量误差不可避免,用 u 代表测量误差。

4. 随机因素造成的误差

对以上三种误差,总可以通过改变模型形式,改进测量设备和技术来减小相应的误差。但是变量本身受很多随机因素影响(比如经济受自然灾害、经济危机的影响等),不具有确定性和重复性。同时,在社会经济问题中,涉及人的思维和行为,也涉及各阶层的物质利益,人的行为具有很多不确定因素,由此造成的误差是随机的,随机误差无法减小,这些随机误差也归入随机误差项 u 中。

总之,误差项的存在是回归模型的特点,是回归模型与数学中完全确定的函数关系的主要区别。回归分析中遇到的各种困难问题几乎都是由于随机误差项 u 的存在造成的。回归模型中的多种估计、检验、预测等分析方法,也是针对不同性质的随机误差项 u 引入的。

(三)模型的基本假定

在建立一元线性回归模型时,首先假定因变量 y 与自变量 x 之间具有线性关系,而且自变量 x 的取值是事先给定的(即假定 x 是非随机的),而 y 是随机变量。其次,为了模型的参数估计量具有良好的性质,通常对模型的随机误差项 u 提出若干假定,具体如下:

(1)零均值假定:对于一个特定的 x,随机误差项 u 的数学期望(均值)为 0,即:

$$E(u) = 0 \tag{9.8}$$

这个假定意味着,对于每一个特定的 x,有:

$$E(y) = \beta_0 + \beta_1 x \tag{9.9}$$

(9.9)式说明了给定 x,虽然不能唯一确定 y,但能确定在同一个 x 值下的 y 的平均值,它和 x 是确定直线关系。回归分析的目的就是要估计这条回归直线,它是 y 和 x 真实的回归直线。

(2)同方差的假定:对于每一个特定的 x,随机误差项 u 的方差都相同,是一个常数 σ^2,即有:

$$\text{Var}(u) = \sigma^2 \tag{9.10}$$

这一假定也意味着,对于每一个特定的 x,y 的方差也都等于 σ^2。作这一假定的其实就是将所有的样本观测数据一视同仁,认为其对确定回归直线的作用程度是相同的。否则,如果不同的 x 对应的 y 的方差不相同,方差大的数据对确定回归直线作用弱一些,而方差小的数据对确定回归直线的作用则要强一些,因此在估计回归模型时,所有的数据是不能一视同仁的,要区别对待,这种情况相对复杂,本章不予讨论,有兴趣的读者可自行查阅相关资料。

(3)序列不相关的假定:对于一个特定的 x 值,它所对应的随机误差项 u 与其他 x 值对应的随机误差项 u 是不相关的。

这一假定也就意味着,对于一个特定的 x 值,它所对应的 y 值与其他 x 值对应的 y 值也不相关。

(4)x 与 u 不相关的假定:u 中不再包含 x 的信息,即对于每一特定的 x 值,u 的变动完全随机。

这一假定在将 x 看成是非随机变量的情况下是自然成立的。

(5)正态性假定:对于每一个特定的 x 值,随机误差项 u 都服从正态分布。结合(1)、(2)假定,即有:

$$u \sim N(0, \sigma^2) \tag{9.11}$$

这一假定也意味着,对于每一个特定的 x 值,y 也都服从正态分布,即有:

$$y \sim N(\beta_0 + \beta_1 x, \sigma^2) \tag{9.12}$$

作这一假定主要是为了得到回归模型参数估计量的分布,这是出于对回归模型进行统计检验和预测的需要而提出的,尤其是在小样本的情形下,该假设尤为重要。

(四)估计的回归方程

回归模型中的参数 β_0 和 β_1 是未知的,需要用样本数据去估计它们。当用样本统计量 $\hat{\beta}_0$ 和 $\hat{\beta}_1$ 估计模型中的参数 β_0 和 β_1 时,就得到了估计的回归方程,它是根据样本数据求出的回归方程的估计。对于一元线性回归,估计的回归方程为:

$$\hat{y} = \hat{\beta}_0 + \hat{\beta}_1 x \tag{9.13}$$

式中,$\hat{\beta}_0$ 是估计的回归直线在 y 轴上的截距;$\hat{\beta}_1$ 是直线的斜率,它表示 x 每变动一个单位,y 的平均变动量。

要注意的是,由(9.13)得出 $\hat{y}$ 是 y 的平均值 $E(y)$ 的估计,但同时也可以看成是 y 的个别值的估计。

三、参数的最小二乘估计

对于 x 和 y 的 n 对观测值,用于描述其关系的直线有多条,究竟用哪条直线代表两个变量之间的关系呢?我们自然会想到距离各观测点最近的一条直线,用它来代表 x 和 y 之间的关系与实际数据的误差比其他任何直线都小。德国科学家卡尔·高斯(Karl Gauss,1777—1855年)提出用最小化图(见图 9-3)中垂直方向的离差平方和来估计参数 β_0 和 β_1,根据这一方法确定模型参数 β_0 和 β_1 的方法称为最小二乘法(method of least squares),也称为最小平方法,它是通过使因变量的观测值 y_i 与估计值 $\hat{y}_i$ 之间的离差平方和达到最小来估计 β_0 和 β_1,由此得到的估计量 $\hat{\beta}_0$ 和 $\hat{\beta}_1$ 也称为参数的最小二乘估计量。

在图 9-3 中,$e = y - \hat{y}$ 称为残差(residual),它代表了其他影响 y 的随机因素的集合,可看成随机误差项 u 的估计量 $\hat{u}$。最小二乘法的估计准则也可以叙述为"残差平方和最小"。

用最小二乘法拟合的直线具有一些优良的性质。首先,根据最小二乘法得到的回归直线能使残差平方和达到最小,虽然这并不能保证它就是拟合数据的最佳直线,但这毕竟是一条与数据拟合良好的直线应有的性质。其次,由最小二乘法求得的回归直线可知 β_0 和 β_1 的估计量的抽样分布。再次,在上面回归模型的基本假定满足时,β_0 和 β_1 的最小二乘具有 $E(\hat{\beta}_0) = \beta_0$,

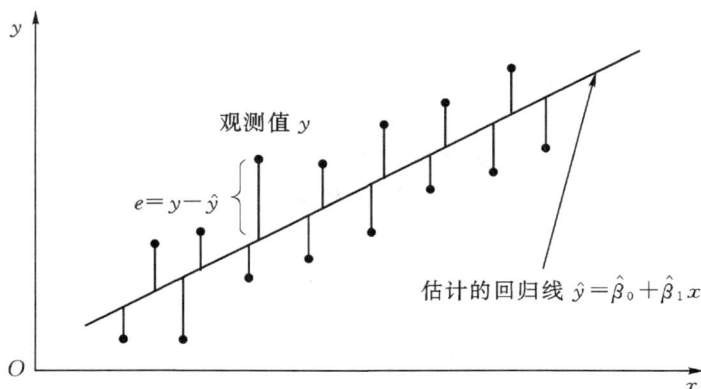

图 9-3 最小二乘的示意图

$E(\hat{\beta}_1) = \beta_1$，而且与其他估计量相比，其抽样分布具有较小的标准差[①]。正是基于上述性质，最小二乘法被广泛用于回归模型参数的估计。

根据最小二乘法，估计的回归方程满足：

$$\sum (y - \hat{y})^2 = \sum (y - \hat{\beta}_0 - \hat{\beta}_1 x)^2 = \min \quad (9.14)$$

令 $Q = \sum (y - \hat{\beta}_0 - \hat{\beta}_1 x)^2$，在给定样本后，$Q$ 是 $\hat{\beta}_0$ 和 $\hat{\beta}_1$ 的函数，且(9.14)式所示的最小值总存在。根据微积分的极值定理，对 Q 求相应于 $\hat{\beta}_0$ 和 $\hat{\beta}_1$ 的偏导数，并令其为 0，便可求出 $\hat{\beta}_0$ 和 $\hat{\beta}_1$，即：

$$\begin{cases} \dfrac{\partial Q}{\partial \hat{\beta}_0} = -2 \sum (y - \hat{\beta}_0 - \hat{\beta}_1 x) = 0 \\ \dfrac{\partial Q}{\partial \hat{\beta}_1} = -2 \sum x(y - \hat{\beta}_0 - \hat{\beta}_1 x) = 0 \end{cases} \quad (9.15)$$

解上述方程组，得：

$$\begin{cases} \hat{\beta}_1 = \dfrac{\sum (x - \overline{x})(y - \overline{y})}{\sum (x - \overline{x})^2} \\ \hat{\beta}_0 = \overline{y} - \hat{\beta}_1 \overline{x} \end{cases} \quad (9.16)$$

其中，$\hat{\beta}_1$ 也可按以下等价变形公式进行计算：

$$\hat{\beta}_1 = \frac{n \sum xy - \sum x \sum y}{n \sum x^2 - (\sum x)^2} \quad (9.17)$$

式中，n 为样本观测点的个数，即样本容量。

例 9.3 根据例 9.1 的数据，求我国城镇居民全年人均消费支出与人均可支配收入的估计的回归方程。

解 由表 9-2 中的计算结果知：

[①] 关于这里叙述的最小二乘估计量的无偏性和最小方差性，读者可以自行证明，也可以查阅有关回归分析或计量经济学方面的书籍。

$$\bar{x} = \frac{719777.4}{31} = 23218.63 \,, \quad \bar{y} = \frac{491199.7}{31} = 15845.15$$

$$\sum (x - \bar{x})(y - \bar{y}) = 623974562.8 \,, \quad \sum (x - \bar{x})^2 = 1024723399.3$$

由此得到：

$$\hat{\beta}_1 = \frac{\sum (x - \bar{x})(y - \bar{y})}{\sum (x - \bar{x})^2} = \frac{623974562.8}{1024723399.3} = 0.60892$$

$$\hat{\beta}_0 = \bar{y} - \hat{\beta}_1 \bar{x} = 15845.15 - 0.60892 \times 23218.63 = 1706.865$$

所以估计的回归方程为：

$$\hat{y} = 1706.865 + 0.60892x$$

表 9－2　回归系数计算表

地　区	x	y	$(x-\bar{x})^2$	$(x-\bar{x})(y-\bar{y})$	地　区	x	y	$(x-\bar{x})^2$	$(x-\bar{x})(y-\bar{y})$
北　京	36468.75	24045.86	175565765.5	108660409.5	湖　北	20839.6	14496.0	5659816.0	3209750.4
天　津	29626.41	20024.24	41059685.9	26778698.7	湖　南	21318.8	14609.0	3609493.8	2348616.5
河　北	20543.44	12531.12	7156624.3	8865651.0	广　东	30226.7	22396.4	49113230.5	45911350.3
山　西	20411.71	12211.53	7878781.8	10199270.7	广　西	21242.8	14244.0	3903891.4	3163635.8
内蒙古	23150.26	17717.1	4674.0	−127979.1	海　南	20917.7	14456.6	5294218.0	3195054.5
辽　宁	23222.67	16593.6	16.3	3026.1	重　庆	22968.1	16573.1	62743.6	−182351.7
吉　林	20208.04	14613.53	9063632.7	3707900.8	四　川	20307.0	15049.5	8477628.7	2316529.2
黑龙江	17759.75	12983.55	29799335.6	15621125.3	贵　州	18700.5	12585.7	20413379.2	14726578.6
上　海	40188.34	26253.47	287971167.0	176626194.6	云　南	21074.5	13883.9	4597279.6	4205105.7
江　苏	29676.97	18825.28	41710197.2	19246698.2	西　藏	18028.3	11184.3	26939284.4	24191089.0
浙　江	34550.3	21545.18	128406818.1	64590870.0	陕　西	20733.9	15332.8	6173966.5	1272962.2
安　徽	21024.21	15011.66	4815465.0	1829025.9	甘　肃	17156.9	12847.1	36744652.7	18173696.9
福　建	28055.24	18593.21	23392827.5	13291300.2	青　海	17566.3	12346.3	31949024.1	19776773.7
江　西	19860.36	12775.65	11277955.7	10308202.0	宁　夏	19831.4	14067.3	11473237.5	6022473.6
山　东	25755.19	15778.24	6434153.0	−169723.1	新　疆	17920.7	13891.7	28068240.0	10349171.6
河　南	20442.62	13732.96	7706213.6	5863455.5	合　计	719777.4	491199.7	1024723399.3	623974562.8

关于最小二乘法的结果,我们很容易看到以下两点：

(1)由(9.15)式知由最小二乘法得到的残差之和为 0,即 $\sum e = 0$。由此可知,用估计的回归方程计算出的拟合值 $\hat{y}$ 的均值与 y 的样本均值相等,即有 $\overline{\hat{y}} = \bar{y}$。

(2)由(9.16)式的第二个式子可知,当 $x = \bar{x}$,$\hat{y} = \bar{y}$,即估计的回归直线 $\hat{y} = \hat{\beta}_0 + \hat{\beta}_1 x$ 通过点 $(\bar{x}, \bar{y})$。

有时回归模型的截距项为 0,即真实的回归直线经过原点,其理论形式为：

$$y = \beta x + u \tag{9.18}$$

这时按上面叙述的最小二乘估计准则去估计模型(9.18),可以得到：

$$\hat{\beta} = \frac{\sum xy}{\sum x^2} \tag{9.19}$$

在 Excel 中,可以用【LINEST】函数提供了按最小二乘法计算回归系数的功能,具体可见第四章第四节。

四、回归直线的拟合优度

估计的回归直线 $\hat{y} = \hat{\beta}_0 + \hat{\beta}_1 x$ 在一定程度上描述了变量 x 和 y 之间的关系。根据这一方程,可用自变量 x 的取值来预测因变量 y 的取值。但预测的精度将取决于回归直线对观测数据的拟合程度。可以想象,如果各观测数据都落在这一直线上,那么这条直线就是对数据的完全拟合,直线充分代表了各个点,此时用 x 来估计 y 没有误差。各观测点越是紧密围绕直线,说明直线对观测数据的拟合程度越好,反之越差。估计的回归直线与各观测点的接近程度称为回归直线对数据的拟合优度。评价拟合优度的一个重要统计量就是判定系数。

(一)判定系数

判定系数是对估计的回归方程拟合优度的度量。为说明它的含义,需要考察因变量 y 取值的误差。

因变量 y 的取值是不同的,y 取值的这种波动称为变差。变差的产生来自两个方面:一是由自变量 x 的取值不同造成的;二是除 x 以外的其他随机因素的影响。对一个具体的观测值来说,变差的大小可以用实际观测值 y 与其均值 $\bar{y}$ 之差($y - \bar{y}$)来表示。而 n 次观察值的总变差可由这些离差的平方和来表示,称为总离差平方和(total sum of squares),记为 TSS ,即:

$$\text{TSS} = \sum (y - \bar{y})^2 \tag{9.20}$$

从图 9-4 可以看到,每个观测点的离差($y - \bar{y}$)都可分解成两部分之和:

$$y - \bar{y} = (y - \hat{y}) + (\hat{y} - \bar{y}) = e + (\hat{y} - \bar{y}) \tag{9.21}$$

其中($\hat{y} - \bar{y}$)是由估计的回归直线计算的回归拟合值与实际观测值 y 的平均值之差,可以认为是由回归直线解释的部分;$e = y - \hat{y}$ 是实际观测值与回归拟合值之差,是回归直线不能解释的部分。显然,若某样本观测点(x, y)落在估计的回归直线上,则这个观测点的离差($y - \bar{y}$)全部来自回归拟合值与样本均值的离差,即完全由估计的回归直线解释,表明在该点处实现完全拟合。

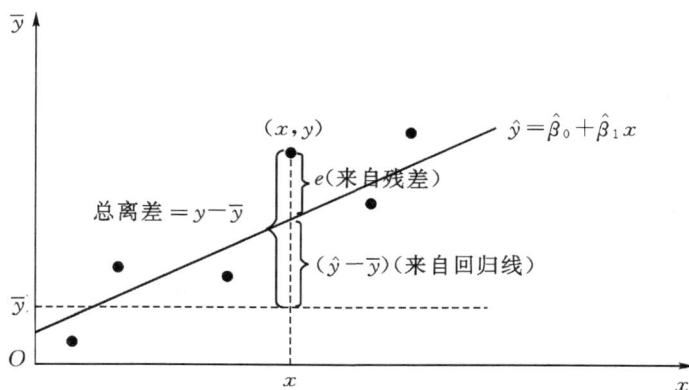

图 9-4 变差分解示意图

对于所有的样本观测点,则需要考虑这些点与样本均值离差的平方和 TSS。由于

$$\sum (y - \overline{y})^2 = \sum e^2 + \sum (\hat{y} - \overline{y})^2 + 2\sum e(\hat{y} - \overline{y}) \tag{9.22}$$

可以证明 $\sum e(\hat{y} - \overline{y}) = 0$,因此有:

$$\sum (y - \overline{y})^2 = \sum e^2 + \sum (\hat{y} - \overline{y})^2 \tag{9.23}$$

记 ESS $= \sum e^2$,称为残差平方和(residual sum of squares);记 RSS $= \sum (\hat{y} - \overline{y})^2$,称为回归平方和(regression sum of squares)。这样:

$$\text{TSS} = \text{RSS} + \text{ESS} \tag{9.24}$$

由(9.24)式可以看到,因变量 y 的观测值围绕其均值变动的总离差平方和 TSS 可以分解为两部分:一部分来自回归线(RSS),其考察的变动是估计的回归直线(或自变量)能解释的部分;另一部分来自随机因素(ESS),其考察的变动是估计的回归直线(或自变量)解释不了的部分。因此,可用回归平方和 RSS 在总离差平方和 TSS 中的比重来判断估计的回归直线对样本观测数据的拟合优度。这一比重我们称为判定系数或可决系数,记为 R^2,即有:

$$R^2 = \frac{\text{RSS}}{\text{TSS}} = \frac{\sum (\hat{y} - \overline{y})^2}{\sum (y - \overline{y})^2} \tag{9.25}$$

显然,在总离差平方和中,回归平方和所占的比重越大,残差平方和所占的比重越小,估计的回归直线与样本观测点拟合的越好。如果回归直线与样本观测值完全拟合,则有 $R^2 = 1$。当然回归直线与样本观测值完全拟合的情况很少发生,R^2 等于 1 的情况较少。但毫无疑问的是该统计量越接近于 1,回归直线的拟合优度越高,越接近于 0,回归直线的拟合优度越差,其中若 $R^2 = 0$,表明因变量 y 的变化与自变量 x 的变化完全无关。

由于

$$\text{RSS} = \sum (\hat{y} - \overline{y})^2 = \sum (\hat{\beta}_0 + \hat{\beta}_1 x - \hat{\beta}_0 - \hat{\beta}_1 \overline{x})^2 = \hat{\beta}_1^2 \sum (x - \overline{x})^2 \tag{9.26}$$

因此,实际计算判定系数时,在 $\hat{\beta}_1$ 已经估计出后,一个较为简单的计算公式为:

$$R^2 = \hat{\beta}_1^2 \frac{\sum (x - \overline{x})^2}{\sum (y - \overline{y})^2} \tag{9.27}$$

例如在例 9.3 中,经计算知 $\sum (y - \overline{y})^2 = 411096797.7$,则应用(9.27)式计算判定系数为:

$$R^2 = \hat{\beta}_1^2 \frac{\sum (x - \overline{x})^2}{\sum (y - \overline{y})^2} = (0.60892)^2 \times \frac{1024723399.3}{411096797.7} = 0.9242$$

这里 $R^2 = 0.9242$ 表明城镇居民的人均消费支出的总变动中有 92.42% 可以由人均消费支出与人均可支配收入之间的线性关系来解释,未解释的部分仅占 7.58%,可见回归方程的拟合优度较高。

将 $\hat{\beta}_1$ 的计算公式代入(9.27)式,可以得到:

$$R^2 = \left[\frac{\sum (x - \overline{x})(y - \overline{y})}{\sum (x - \overline{x})^2} \right]^2 \frac{\sum (x - \overline{x})^2}{\sum (y - \overline{y})^2} = \left[\frac{\sum (x - \overline{x})(y - \overline{y})}{\sqrt{\sum (x - \overline{x})^2 \sum (y - \overline{y})^2}} \right]^2 = r^2$$

$$\tag{9.28}$$

統｜计｜学——原理、方法及应用

式中，r 为自变量 x 和因变量 y 之间的相关系数。

由（9.28）式可以看到，在一元线性回归中，相关系数 r 是判定系数的平方根。这一结论可以帮助我们进一步理解相关系数的含义。实际上，相关系数 r 也从另一角度说明了回归直线的拟合优度。$|r|$ 越接近于 1，表明回归直线对观测数据的拟合优度越高。但用 r 说明回归直线的拟合优度需要慎重，因为 r 的值总是大于 R^2 的值（除非 $r=0$ 或 $r=1$）。比如，当 $r=0.5$ 时，表面上看似乎一半相关了，但 $R^2=0.25$，这表明自变量 x 只能解释因变量 y 的总变差的 25%。$r=0.7$ 才能解释近一半的变差，$r<0.3$ 意味着只有很少的一部分变差可由回归直线来解释。

（二）估计标准误差

估计标准误差（standard error of estimate）是残差平方和的均方根，即残差的标准差，用 s_e 来表示，其计算公式为：

$$s_e = \sqrt{\frac{\sum (y-\hat{y})^2}{n-2}} = \sqrt{\frac{\text{ESS}}{n-2}} \tag{9.29}$$

估计标准误差 s_e 是度量各观测点在直线周围分散程度的一个统计量，它反映了实际观测值 y 与回归拟合值 $\hat{y}$ 之间的平均差异程度。s_e 也是对随机误差项 u 的标准差 σ 的估计，它可以看做在排除了 x 对 y 的线性影响后，y 随机波动大小的一个估计量。从估计标准误差 s_e 的实际意义看，它反映了用估计的回归方程预测因变量 y 时预测误差的大小。若各观测点越靠近直线，s_e 越小，回归直线对各观测点的代表性就越好，根据估计的回归方程进行预测也就越准确；若各观测点全部落在直线上，则 $s_e=0$，此时用自变量来预测因变量时是没有误差的。可见 s_e 也从另一个角度说明了回归直线的拟合优度。

但要注意的是，由于 s_e 衡量的是一种平均绝对误差，它会受到因变量 y 本身数据水平高低及计量单位的影响，因此，用 s_e 来判断模型的拟合优度时，需要结合因变量 y 自身的数据水平来进行判断。比如，因变量 y 的数据基本都是 5 位数，而 s_e 的计算结果是 3 位数，我们可以认为估计标准误差不是很大，模型的拟合优度较高（当然还要结合实际问题）；但如果 y 的数据基本都是 3~4 位数（假如离 5 位数还有一定的差距），计算出的 s_e 仍是一个 3 位数，估计的标准误差相对而言就要大得多了。

在例 9.3 中：

$$s_e = \sqrt{\frac{\text{ESS}}{n-2}} = \sqrt{\frac{\text{TSS}\times(1-R^2)}{n-2}} = \sqrt{\frac{411096797.7\times(1-0.9242)}{29}} = 1036.34（元）$$

其实际意义是：根据城镇居民人均可支配收入来预测人均消费支出时，平均的误差为 1036.34 元。结合原始数据（见表 9-2）可以看到，这不算是一个很大的预测误差。

五、回归系数的显著性检验

在建立回归模型之前，已经假定 x 对 y 是有线性影响的，但这种假定是否成立，需要对回归系数进行检验。

回归系数检验简称为 t 检验，它用于检验自变量对因变量的影响是否显著。在一元线性回归中，其检验假设为：

$$H_0:\beta_1 = 0（自变量对因变量的影响不显著）$$

$$H_1:\beta_1 \neq 0 \text{（自变量对因变量的影响显著）}$$

检验该问题,检验统计量的构造是以回归系数 $\hat{\beta}_1$ 的抽样分布为基础的[①]。可以证明,$\hat{\beta}_1$ 服从正态分布,期望值为 $E(\hat{\beta}_1) = \beta_1$,标准差的估计量（也称 $\hat{\beta}_1$ 的估计标准误差）为:

$$s_{\hat{\beta}_1} = \frac{s_e}{\sqrt{\sum (x - \overline{x})^2}} \tag{9.30}$$

将回归系数标准化,就可以得到用于检验回归系数 β_1 的统计量 t。在原假设成立的条件下,$\hat{\beta}_1 - \beta_1 = \hat{\beta}_1$,因此检验统计量为:

$$t = \frac{\hat{\beta}_1}{s_{\hat{\beta}_1}} \sim t(n-2) \tag{9.31}$$

给定显著性水平 α,得出拒绝域的临界值 $t_{\alpha/2}(n-2)$,则有如下检验规则:

(1)当 $|t| \geqslant t_{\alpha/2}(n-2)$,拒绝 H_0,认为自变量 x 对因变量 y 有显著影响;

(2)当 $|t| < t_{\alpha/2}(n-2)$,不拒绝 H_0,没有充分的证据表明自变量 x 对因变量 y 的影响是显著的。

当然,以上 t 检验规则也可以换成用 P 值去表述,其 P 值的计算可以参见第七章。

对于例 9.3,有:

$$s_{\hat{\beta}_1} = \frac{s_e}{\sqrt{\sum (x - \overline{x})^2}} = \frac{1036.34}{\sqrt{1024723399.3}} = 0.032374$$

$$t = \frac{\hat{\beta}_1}{s_{\hat{\beta}_1}} = \frac{0.60892}{0.032374} = 18.809$$

在显著性水平 $\alpha = 0.05$ 下,有 $t_{0.025}(29) = 2.045$,故 $|t| > t_{0.025}(29)$,拒绝 H_0,认为城镇居民人均可支配收入 x 对人均消费支出 y 的影响是显著的。

关于回归系数的检验,这里说明以下两点:

(1)有时候还需要对回归模型是否含有截距项 β_0 进行检验,这时检验假设、检验统计量和检验规则与对 β_1 的检验是完全类似的,这其中计算检验统计量涉及到的 $\hat{\beta}_0$ 的标准误差的计算公式为:

$$s_{\hat{\beta}_0} = s_e \sqrt{\frac{\sum x^2}{n \sum (x - \overline{x})^2}} \tag{9.32}$$

(2)以上对回归系数 β_0 和 β_1 进行的都是双侧检验,但很多时候需要对 β_0 或 β_1 进行单侧检验,此时检验假设及相应的检验规则和 P 值的计算只需稍作调整,这里不再赘述。

在 Excel 中,【数据分析】中的【回归】提供比较完整的回归分析的功能,其在 Excel 2010 中的操作步骤为:依次点击【数据】→【数据分析】→【回归】→【确定】,出现如图 9-5 所示的对话框,在该对话框的【Y 值输入区域】方框内输入因变量数据的单元格范围,在【X 值输入区域】方框内输入自变量的数据单元格范围,在【置信度】选项内设定置信水平（默认值为 95%）,在【输出选项】中选择输出区域,在【残差】分析选项中选择所需的选项（可不选）,然后点击【确定】即可得出回归分析的若干结果。

[①] $\hat{\beta}_0$ 和 $\hat{\beta}_1$ 都是根据样本数据计算的,会因样本的不同而不同,因此都是随机变量,也都有自己的分布。

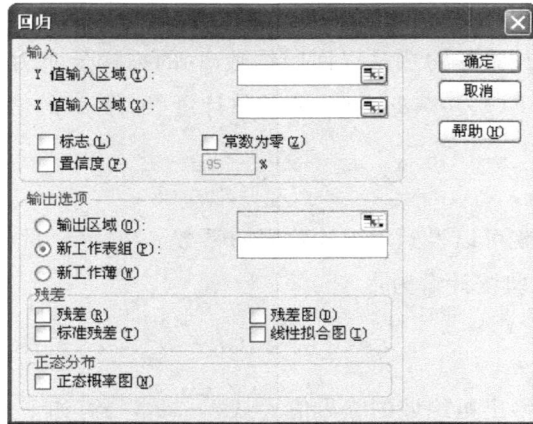

图 9-5 【回归】设置对话框

对于例 9.3,我们利用 Excel 的【数据分析】中的【回归】功能,得出如图 9-6 所示的结果。

图 9-6 例 9.3 回归分析的结果

从图 9-6 可以看到,利用 Excel 进行回归分析的结果包括三个部分,分别如下:

第一部分是"回归统计"。这部分给出了回归分析中的一些常用统计量,包括相关系数(Multiple R)、判定系数(R Square)、调整的判定系数(Adjusted R Square)、标准误差、观测值的个数等。

第二部分是"方差分析"。这部分给出的是回归分析的方差分析表,包括自由度(df)、回归平方和、残差平方和、总平方和(SS)、回归和残差的均方(MS)、检验统计量(F)、F 检验的显著性水平(Significance F)。"方差分析"部分的主要作用是对回归方程的线性关系进行显著性检验。我们在下一节将作详细介绍。

第三部分是回归参数估计的有关内容。这部分包括回归方程的截距(Intercept)、斜率(X Variable 1)、截距和斜率的标准误差、用于检验回归系数的 t 统计量(t Stat)和 P 值(P-value),以及截距和斜率的置信区间(Lower 95% 和 Upper 95% 或下限 95.0% 和上限 95.0%)等。

此外,如果在图 9-5 中勾选【残差】的若干选项,还会得出"残差分析"部分,这里暂时未给出其输出结果。

六、利用回归方程进行预测

回归分析的一个重要目的就是根据所建立的回归方程,用给定的自变量的值来预测因变量的值。如果对于 x 的一个给定值 x_0，求出 y 的一个预测值 $\hat{y}_0$，就是点估计。在点估计的基础上，可以求出 y 的一个估计区间。估计区间有两种类型：平均值的置信区间和个别值的预测区间。

（一）点预测

对于自变量 x 的一个给定值 x_0，根据建立的回归方程可以得出：

$$\hat{y}_0 = \hat{\beta}_0 + \hat{\beta}_1 x_0 \tag{9.33}$$

严格来说，$\hat{y}_0$ 是平均值 $E(y_0)$ 的估计，而且是无偏估计，即有 $E(\hat{y}_0) = E(y_0)$，因此在估计 $E(y_0)$ 的置信区间时，可将 $\hat{y}_0$ 作为估计区间的中心。由于：

$$E(y_0 - \hat{y}_0) = E(y_0) - E(\hat{y}_0) = 0 \tag{9.34}$$

即在多次观测中，$\hat{y}_0$ 可能大于 y_0，也可能小于 y_0，但两者之间的平均偏差为 0，从这个意义上讲，也可以将 $\hat{y}_0$ 作为个别值 y_0 的一个预测值，且可用 $\hat{y}_0$ 作为其预测区间的中心。

（二）区间预测

1.平均值的置信区间

平均值的置信区间是对 x 的一个给定值 x_0，求出的一定置信水平下 y 的平均值 $E(y_0)$ 的估计区间。当 $x = x_0$ 时，$\hat{y}_0 = \hat{\beta}_0 + \hat{\beta}_1 x_0$ 是 $E(y_0)$ 的一个无偏估计。但一般来说，不能期望点估计值 $\hat{y}_0$ 精确地等于 $E(y_0)$，因此要用 $\hat{y}_0$ 推断 $E(y_0)$ 的区间。根据参数估计原理，y 的平均值的置信区间等于点估计值 $\pm$ 极限误差，即 $\hat{y}_0 \pm \Delta$。Δ 是由所要求的置信水平下的概率度和点估计量（$\hat{y}_0$）的标准误差（即抽样的平均误差）构成的。可以证明，求 y 的平均值的置信区间时，$\hat{y}_0$ 的标准误差为：

$$s_{\hat{y}_0} = s_e \sqrt{\frac{1}{n} + \frac{(x_0 - \overline{x})^2}{\sum (x - \overline{x})^2}} \tag{9.35}$$

式中，$s_{\hat{y}_0}$ 表示 $\hat{y}_0$ 估计 $E(y_0)$ 时的标准误差。

因此，对于给定的 x_0，平均值 $E(y_0)$ 在 $1-\alpha$ 置信水平下的置信区间为：

$$\hat{y}_0 \pm s_e \sqrt{\frac{1}{n} + \frac{(x_0 - \overline{x})^2}{\sum (x - \overline{x})^2}} t_{\alpha/2}(n-2) \tag{9.36}$$

例如在例 9.3 中，当城镇居民人均可支配收入 $x_0 = 18820$ 元时，$\hat{y}_0 = 13166.74$ 元，$E(y_0)$ 的 95% 置信区间为：

$$13166.74 \pm 1036.34 \times \sqrt{\frac{1}{31} + \frac{(18820 - 23218.63)^2}{1024723399.3}} \times 2.045 = 13166.74 \pm 479.26 =$$

$[12687.48, 13464.00]$

即在 95% 的置信水平下，认为城镇居民消费支出的平均值在 12687.48～13464.00 元。

2.个别值的预测区间

个别值的预测区间是对 x 的一个给定值 x_0，求出 y 的一个个别值的估计区间。与平均值的置信区间类似，y 的个别值的预测区间等于点估计值 $\pm$ 极限误差，即 $\hat{y}_0 \pm \Delta$。Δ 是由所要求的置信水平下的概率度和点估计量（$\hat{y}_0$）的标准误差构成的。可以证明，求 y 的个别值的预测区间时，$\hat{y}_0$ 的标准误差为：

$$s_{ind} = s_e \sqrt{1 + \frac{1}{n} + \frac{(x_0 - \overline{x})^2}{\sum (x - \overline{x})^2}} \qquad (9.37)$$

因此,对于给定的 x_0,个别值 y_0 在 $1 - \alpha$ 置信水平下的置信区间为:

$$\hat{y}_0 \pm s_e \sqrt{1 + \frac{1}{n} + \frac{(x_0 - \overline{x})^2}{\sum (x - \overline{x})^2}} t_{\alpha/2}(n-2) \qquad (9.38)$$

与(9.36)式相比,(9.38)式的根号内多了一个1。因此,即使对同一个 x_0,这两个区间的宽度也是不一样的(见图 9-7),预测区间要比置信区间宽一些,这也就是说估计 y 的平均值比预测 y 的一个个别值更准确一些。

例如在例 9.3 中,当城镇居民人均可支配收入 $x_0 = 18820$ 元时,置信水平为 95% 的 y_0 的预测区间为:

$$13166.74 \pm 1036.34 \sqrt{1 + \frac{1}{31} + \frac{(18820 - 23218.63)^2}{1024723399.3}} \times 2.045 = 13166.74 \pm 2172.83 =$$
$$[10993.91, 15339.57]$$

即在 95% 的置信水平下,认为城镇居民消费支出在 $10993.91 \sim 15339.57$ 元。

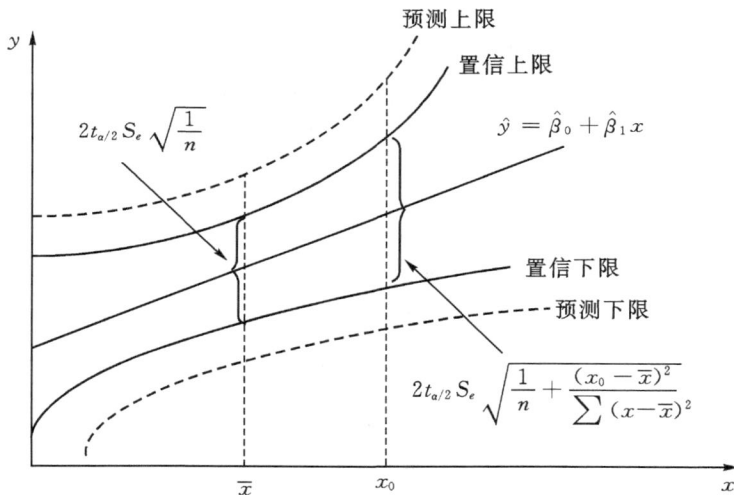

图 9-7 置信区间和预测区间示意图

(三)影响估计区间的宽度

由(9.36)式和(9.38)式(结合图 9-7)可以看出,影响估计区间宽度的因素有四个。

(1)置信水平 $1 - \alpha$。置信水平 $1 - \alpha$ 越高,概率度 $t_{\alpha/2}$ 越大,置信区间和预测区间就越宽,预测就不精确。

(2)标准误差 s_e 的大小。这是由随机因素决定的,标准误差 s_e 越小,置信区间和预测区间就越窄,预测精确度越高。

(3)样本容量 n 的大小。当 n 变大,置信区间和预测区间的宽度都减小,预测就越精确。当 n 趋向于无穷大,$\sum (x - \overline{x})^2$ 也趋向于无穷大,而 $(x_0 - \overline{x})^2$ 是有限的,这时平均值 $E(y_0)$

的置信区间将与样本回归线重合，y_0 的预测区间也将变得最窄，预测误差将达到最小值。当 x 的值给定时，而需要同时提高估计的精度和可靠程度时，唯一的办法是增加样本容量 n。

（4）x_0 与 $\bar{x}$ 的差异程度。从图 9-7 可以看到，当 $x_0 = \bar{x}$ 时，置信区间和预测区间的宽度是最小的，而随着 x_0 远离 $\bar{x}$，置信区间和预测区间的宽度都逐渐增大，这说明在自变量 x 的样本均值处进行预测是最准确的。这是因为预测信息来自于样本，越接近样本中心 $(\bar{x}, \bar{y})$ 信息越充分。这个特点表明用回归分析不适合作长期预测，否则预测误差一般会很大。

第三节　多元线性回归分析

上一节介绍的一元线性回归分析所反映的是一个因变量与一个自变量之间的关系。但是，在现实中，某一现象的变动常受多种现象变动的影响。例如，消费除了受本期收入水平的影响外，还会受以往消费和收入水平的影响；一个工业企业利润额的大小除了与总产值多少有关外，还与成本、价格等有关。这就是说，影响因变量的自变量通常不是一个，而是多个。在许多场合，仅仅考虑单个变量是不够的，还需要就一个因变量与多个自变量的联系来进行考察，才能获得比较满意的结果。这就产生了测定与分析多因素之间相关关系的问题。

研究在线性相关条件下，两个和两个以上自变量对一个因变量的数量变化关系，称为多元线性回归分析，表现这一数量关系的数学公式，称为多元线性回归模型。多元线性回归模型是一元线性回归模型的扩展，其基本原理与一元线性回归模型相类似，只是在计算上比较麻烦一些而已。限于本书的篇幅和程度，本节对于多元回归分析中与一元回归分析相类似的内容，仅给出必要的结论，不作进一步的论证。只对某些多元回归分析所特有的问题作比较详细的说明。

一、多元线性回归模型

设因变量为 y，k 个自变量分别为 $x_1, x_2, \cdots, x_k$，多元线性回归模型就是描述因变量 y 如何依赖于自变量 $x_1, x_2, \cdots, x_k$ 和随机误差项 u 的方程，其一般形式可表示为：

$$y = \beta_0 + \beta_1 x_1 + \beta_2 x_2 + \cdots + \beta_k x_k + u \tag{9.39}$$

式中，$\beta_0, \beta_1, \beta_2, \cdots, \beta_k$ 是模型的回归参数。

（9.39）式表明，y 是 $x_1, x_2, \cdots, x_k$ 的线性函数（$\beta_0 + \beta_1 x_1 + \beta_2 x_2 + \cdots + \beta_k x_k$ 部分）加上随机误差项 u。随机误差项反映了除 $x_1, x_2, \cdots, x_k$ 对 y 的线性关系之外的随机因素对 y 的影响，是不能由 $x_1, x_2, \cdots, x_k$ 与 y 之间的线性关系所解释的 y 的变异。

与一元线性回归分析相类似，为了进行多元线性回归分析也需要提出一些必要的假定。多元线性回归分析的基本假定除了包括上一节中已经提出的关于随机误差项的假定外，还要追加一条无多重共线性的假定。所谓的无多重共线性，即指自变量 $x_1, x_2, \cdots, x_k$ 之间没有线性关系（或线性关系较弱），即线性无关。无多重共线性的假定得不到满足，即 $x_1, x_2, \cdots, x_k$ 之间有较强的线性关系，可能会造成模型的参数估计不够稳定，回归分析的结果混乱，参数估计的正负号与预期相反甚至参数估计量不可得等严重后果。

根据回归模型的假定，有：

$$E(y) = \beta_0 + \beta_1 x_1 + \beta_2 x_2 + \cdots + \beta_k x_k \tag{9.40}$$

(9.40)式称为多元线性回归方程,它描述了因变量的期望值与自变量 $x_1,x_2,\cdots,x_k$ 之间的函数关系。

回归模型中的参数 $\beta_0,\beta_1,\beta_2,\cdots,\beta_k$ 是未知的,需要利用样本数据去估计它们。当用样本统计量 $\hat{\beta}_0,\hat{\beta}_1,\hat{\beta}_2,\cdots,\hat{\beta}_k$ 去估计回归方程中的未知参数 $\beta_0,\beta_1,\beta_2,\cdots,\beta_k$ 时,就得到了估计的多元线性回归方程,其一般形式为:

$$\hat{y} = \hat{\beta}_0 + \hat{\beta}_1 x_1 + \hat{\beta}_2 x_2 + \cdots + \hat{\beta}_k x_k \tag{9.41}$$

式中,$\hat{\beta}_0,\hat{\beta}_1,\hat{\beta}_2,\cdots,\hat{\beta}_k$ 是参数 $\beta_0,\beta_1,\beta_2,\cdots,\beta_k$ 的估计值;$\hat{y}$ 是因变量 y 的估计值(严格来说是 $E(y)$ 的估计值)。其中的 $\hat{\beta}_1,\hat{\beta}_2,\cdots,\hat{\beta}_k$ 称为偏回归系数。$\hat{\beta}_1$ 表示当 $x_2,x_3,\cdots,x_k$ 不变时,x_1 每变动一个单位因变量 y 的平均变动量;$\hat{\beta}_2$ 表示当 $x_1,x_3,\cdots,x_k$ 不变时,x_2 每变动一个单位因变量 y 的平均变动量,其余偏回归系数的含义类似。

二、参数的最小二乘估计

多元线性回归模型中的参数估计 $\hat{\beta}_0,\hat{\beta}_1,\hat{\beta}_2,\cdots,\hat{\beta}_k$ 仍然是根据最小二乘法求得。也就是使残差平方和最小,即:

$$Q = \sum(y-\hat{y})^2 = \sum(y-\hat{\beta}_0-\hat{\beta}_1 x_1-\hat{\beta}_2 x_2-\cdots-\hat{\beta}_k x_k)^2 = \min \tag{9.42}$$

由此可以得到求解 $\hat{\beta}_0,\hat{\beta}_1,\hat{\beta}_2,\cdots,\hat{\beta}_k$ 的正规方程组为:

$$\begin{cases} \dfrac{\partial Q}{\partial \hat{\beta}_0} = -2\sum(y-\hat{\beta}_0-\hat{\beta}_1 x_1-\hat{\beta}_2 x_2-\cdots-\hat{\beta}_k x_k) = 0 \\[2mm] \dfrac{\partial Q}{\partial \hat{\beta}_i} = -2\sum x_i(y-\hat{\beta}_0-\hat{\beta}_1 x_1-\hat{\beta}_2 x_2-\cdots-\hat{\beta}_k x_k) = 0, i=1,2,\cdots,k \end{cases} \tag{9.43}$$

解这一方程组即可得到参数估计 $\hat{\beta}_0,\hat{\beta}_1,\hat{\beta}_2,\cdots,\hat{\beta}_k$。由于其解的形式比较复杂,需要借助于矩阵来表达,这里略去。

实际中求解多元线性回归模型一般借助于计算机,在 Excel 中,用【LINEST】函数和【数据分析】中的【回归】求解多元线性回归模型与求解一元线性回归模型的操作步骤是相同的,只是要注意把自变量的数据摆放在相邻的列。

三、回归方程的拟合优度

多元线性回归方程的拟合优度可以根据多重判定系数、估计标准误差等统计量来评价。

(一)多重判定系数

在多元线性回归模型中,因变量的总离差平方和 $TSS = \sum(y-\bar{y})^2$ 同样被分解成两个部分:回归平方和 $RSS = \sum(\hat{y}-\bar{y})^2$ 与残差平方和 $ESS = \sum(y-\hat{y})^2 = \sum e^2$,显然有:$TSS = RSS + ESS$。

多重判定系数是多元线性回归中回归平方和占总平方和的比例,计算公式为:

$$R^2 = \frac{RSS}{TSS} = 1 - \frac{ESS}{TSS} \tag{9.44}$$

R^2 度量了多元线性回归方程的拟合优度,它表示因变量 y 的总变差中被多个自变量所共同解释的比例。R^2 的平方根称为多重相关系数,也称复相关系数,它度量了因变量与 k 个自变量的总体相关程度。

在应用过程中发现,如果在模型中增加一个自变量,R^2 往往增大。这是因为残差平方和往往随着自变量个数的增加而减少,至少不会增加。这就给人一个错觉:要使模型拟合得好,只要增加自变量即可。但是,现实情况往往是,由增加自变量个数引起的 R^2 的增大与拟合好坏无关,因此在多元线性回归模型之间比较拟合优度,R^2 就不是一个合适的指标,必须加以调整。

在样本容量一定的情况下,增加自变量必定使得自由度减少,所以调整的思路是将残差平方和与总离差平方和分别除以各自的自由度,以剔除变量个数对拟合优度的影响。记 $\bar{R}^2$ 为调整的多重判定系数,则有:

$$\bar{R}^2 = 1 - \frac{\text{ESS}/(n-k-1)}{\text{TSS}/(n-1)} \tag{9.45}$$

式中,$n-k-1$ 为残差平方和的自由度,$n-1$ 为总离差平方和的自由度。显然,如果增加的自变量没有解释因变量变动的能力,则对残差平方和 ESS 的减小没有多大帮助,但增加了待估计参数的个数 k,从而使 $\bar{R}^2$ 大幅度的下降。

调整的多重判定系数与未经调整的多重判定系数之间存在如下关系:

$$\bar{R}^2 = 1 - (1 - R^2)\frac{n-1}{n-k-1} \tag{9.46}$$

从(9.46)式中可以看到,$\bar{R}^2$ 始终小于 R^2,它是将增加自变量而导致 R^2 高估模型的拟合优度的部分调整了下来,因此,在多元回归分析中,通常用调整的多重判定系数来评价回归方程的拟合优度。

(二)估计标准误差

多元回归中的估计标准误差是其残差平方和的算术平方根,它是对随机误差项 u 的标准差 σ 的一个估计值,计算公式为:

$$s_e = \sqrt{\frac{\sum(y-\hat{y})^2}{n-k-1}} = \sqrt{\frac{\text{ESS}}{n-k-1}} \tag{9.47}$$

式中,k 为自变量的个数。

由于 s_e 也是预测误差的标准差的估计量,因此其含义也可以解释为:根据自变量 $x_1, x_2, \cdots, x_k$ 来预测因变量 y 的平均预测误差。所以估计标准误差 s_e 在衡量多元回归方程的拟合优度方面也起着重要作用。

四、回归模型的显著性检验

回归模型的显著性检验主要包括线性关系的检验和回归系数的检验两个方面的内容。线性关系的检验主要是检验多个自变量对因变量的整体线性影响是否显著,这在一元回归的时候与回归系数的检验是等价的,因此我们在介绍一元线性回归的显著性检验时,只介绍了回归系数的检验。但在多元线性回归模型中,两者之间是有明显差别的。为此,我们下面分别介绍这两种检验。

(一)线性关系的检验

从上面的拟合优度可以看出,拟合优度越高,自变量对因变量的解释程度就越高,可以推测模型整体线性关系成立,但拟合优度高到什么样的程度,模型的整体线性关系成立,却没有严格的标准。因此拟合优度的判断是模糊的,不能给出统计上一个严格的结论,这就需要对回归模型的整体线性关系是否显著进行检验。

线性关系的检验是检验因变量与 k 个自变量之间的关系是否显著,也称为总体显著性检验,检验的假设为:

$H_1 : \beta_0 = \beta_1 = \beta_2 = \cdots = \beta_k = 0$(因变量与自变量之间的整体线性关系不显著)

$H_1 : \beta_0, \beta_1, \beta_2, \cdots, \beta_k = 0$ 不全为 0(因变量与自变量之间的整体线性关系显著)

检验该问题的检验统计量为:

$$F = \frac{\text{RSS}/k}{\text{ESS}(n-k-1)} \sim F(k, n-k-1) \tag{9.48}$$

给定显著性水平 α,得出检验拒绝域的临界值 $F_\alpha(k, n-k-1)$,则有如下检验规则:

(1)若 $F \geqslant F_\alpha(k, n-k-1)$,拒绝 H_0,认为因变量与 k 个自变量之间的线性关系是显著的;

(2)若 $F < F_\alpha(k, n-k-1)$,不拒绝 H_0,没有足够的证据表明因变量与 k 个自变量之间的线性关系是显著的。

检验以上问题,也可用 P 值进行判断,其 P 值的计算公式为:

$$P = P(F > F_0) \tag{9.49}$$

式中,F 为服从 $F(k, n-k-1)$ 的随机变量,F_0 为样本观测值代入(9.48)式计算出的 F 统计量的具体数值。

(二)回归系数的检验

对于多元线性回归模型,方程的总体线性关系是显著的,并不能说明每个自变量对因变量的影响都是显著的,因此,必须对每个回归系数进行显著性检验,以决定其对应的自变量是否应保留在模型中。同一元线性回归模型,回归系数的显著性检验采用的是 t 检验,检验假设为:

$$H_0 : \beta_i = 0 \qquad \text{VS} \qquad H_1 : \beta_i = 0 (i = 1, 2, \cdots, k)$$

检验该问题的统计量为:

$$t_i = \frac{\hat{\beta}_i}{s_{\hat{\beta}_i}} \sim t(n-k-1) \tag{9.50}$$

式中,$s_{\hat{\beta}_i}$ 为 $\hat{\beta}_i$ 的标准差的估计(即 $\hat{\beta}_i$ 的估计标准误差),它的计算这里不讨论,我们借助于计算机得出。

给定显著性水平 α,有检验规则:若 $|t_i| \geqslant t_{\alpha/2}(n-k-1)$,拒绝 H_0,认为自变量 x_i 对因变量 y 的影响是显著的;否则 $|t_i| \geqslant t_{\alpha/2}(n-k-1)$,不拒绝 H_0,即没有足够的证据表明自变量 x_i 对因变量 y 的影响是显著的。

例 9.4 在上一节例 9.3 中,我们建立了 2012 年中国城镇居民全年人均消费支出与人均可支配收入的一元线性回归模型。这里我们再考虑建立多元线性回归模型。首先,城镇居民人均可支配收入(x_1)仍是其消费支出(y)的重要影响因素;另外,居民消费水平具有一定的惯性,也就是说,居民当年的消费支出在一定程度上受上一年已经实现了消费支出的影响,因此,模型中可再引入前一年,即 2011 年城镇居民人均消费支出(x_2)作为另一自变量。样本观测值如表 9-3 所示。

表 9 - 3　我国 31 个省、市、自治区城镇居民消费和收入情况　　　　　　单位:元

地　区	2012 年人均可支配收入 x_1	2011 年人均消费支出 x_2	2012 年人均消费支出 y	地　区	2012 年人均可支配收入 x_1	2011 年人均消费支出 x_2	2012 年人均消费支出 y
北　京	36468.75	21984.37	24045.86	湖　北	20839.59	13163.77	14495.97
天　津	29626.41	18424.09	20024.24	湖　南	21318.76	13402.87	14608.95
河　北	20543.44	11609.29	12531.12	广　东	30226.71	20251.82	22396.35
山　西	20411.71	11354.30	12211.53	广　西	21242.80	12848.37	14243.98
内蒙古	23150.26	15878.07	17717.10	海　南	20917.71	12642.75	14456.55
辽　宁	23222.67	14789.61	16593.60	重　庆	22968.14	14974.49	16573.14
吉　林	20208.04	13010.63	14613.53	四　川	20306.99	13696.30	15049.54
黑龙江	17759.75	12054.19	12983.55	贵　州	18700.51	11352.88	12585.70
上　海	40188.34	25102.14	26253.47	云　南	21074.50	12248.03	13883.93
江　苏	29676.97	16781.74	18825.28	西　藏	18028.32	10398.91	11184.33
浙　江	34550.30	20437.45	21545.18	陕　西	20733.88	13782.75	15332.84
安　徽	21024.21	13181.46	15011.66	甘　肃	17156.89	11188.57	12847.05
福　建	28055.24	16661.05	18593.21	青　海	17566.28	10955.46	12346.29
江　西	19860.36	11747.21	12775.65	宁　夏	19831.41	12896.04	14067.15
山　东	25755.19	14560.67	15778.24	新　疆	17920.68	11839.40	13891.72
河　南	20442.62	12336.47	13732.96				

资料来源:《中国统计年鉴(2012—2013)》。

基于以上考虑,我们拟建立多元线性回归模型:

$$y = \beta_0 + \beta_1 x_1 + \beta_2 x_2 + \mu$$

根据表 9 - 3 中的数据,利用 Excel【数据分析】中的【回归】功能进行分析,得出如图 9 - 8 所示的回归分析报告。

SUMMARY OUTPUT					
回归统计					
Multiple R	0.995470506				
R Square	0.990961528				
Adjusted R Square	0.990315922				
标准误差	364.2843809				
观测值	31				
方差分析					
	df	SS	MS	F	Significance F
回归分析	2	407381111	2.04E+08	1534.934	2.42846E-29
残差	28	3715687.08	132703.1		
总计	30	411096798			
	Coefficients	标准误差	t Stat	P-value	Lower 95%	Upper 95%	下限 95.0%	上限 95.0%
Intercept	977.5137671	276.891716	3.530311	0.001457	410.3268056	1544.701	410.3268	1544.701
X Variable 1	-0.072877163	0.04876818	-1.49436	0.146267	-0.172774244	0.02702	-0.17277	0.02702
X Variable 2	1.152162825	0.08013779	14.37727	1.88E-14	0.988008012	1.316318	0.988008	1.316318

图 9 - 8　例 9.4 回归分析的结果

从上面回归分析的结果可以看到，复相关系数为 0.9955，说明 2012 年城镇居民人均消费支出与当年人均可支配收入和上一年的人均消费支出是具有极高的线性相关关系的。模型调整的多重判定系数 $\overline{R}^2$，表明 2012 年城镇居民人均消费支出的变动，有 99.03% 可用当年的人均可支配收入和上一年的人均消费支出去解释，说明模型的拟合优度是很高的。

从 F 检验上看，检验的 P 值为 2.43×10^{-29}，几乎为 0，表明回归方程线性关系的检验是显著的，即自变量 x_1 和 x_2 对因变量的整体线性影响是显著的。

从 t 检验上看，x_2 的回归系数的 t 检验的 P 值为 1.88×10^{-14}，说明 x_2 因变量 y 的影响是很显著的。而 x_1 的回归系数的 t 检验的 P 值为 0.1463，这说明即使在显著性水平 $\alpha = 0.1$ 下，x_1 的回归系数也是不显著的。读者可以将例 9.3 回归分析的结果与这里相比较，可以发现，在例 9.3 我们只考虑了 x_1 单个变量的情况，其 t 检验的结果说明回归系数是显著的，即 x_1 对因变量 y 的影响是显著的。这看似与这里的结果相矛盾，但实际上不然，造成在例 9.4 中 x_1 的回归系数的 t 检验不显著的主要原因是自变量 x_1 与 x_2 之间可能存在严重的多重共线性，这从 x_1 的回归系数的符号出现了反常（为负数）也能看出①。为了验证这一点，我们求出了 x_1 和 x_2 之间的相关系数，为 0.9724，可见两者之间线性相关程度极高，这说明模型存在着极其严重的多重共线性。

当然，导致模型的 t 检验失效还可能存在其他原因，比如这里采用的样本观测数据是截面数据，而经验表明截面数据往往不满足同方差的假定。理论表明，同方差的假定得不到满足时，即出现了异方差，也会导致模型的 t 检验失效。这里，我们不打算讨论多重共线性与异方差问题的检验与克服问题，有兴趣的读者可以参阅有关统计书籍。

通过例 9.4 也说明了：当有实践经验或理论表明选择的自变量对因变量有影响时，也最好对建立的回归模型进行显著性检验，因为当我们发现检验的结果与实际不相符时，我们就有理由去怀疑我们建立模型的前提，即各基本假定是否满足，如果不满足，就需要对模型进行调整，甚至需要重新建立模型。

五、利用回归方程进行预测

建立多元线性回归模型后，可根据给定的 k 个自变量，求出因变量 k 的平均值的置信区间和个别值的预测区间。由于置信区间和预测区间的计算公式较为复杂，这里不再给出。我们可以利用统计软件很容易给出预测的结果，具体可见第五节，我们介绍了利用 R 软件如何实现区间预测。

第四节　非线性回归分析介绍

一、非线性回归分析的意义

在前几节中，我们一直假定因变量与自变量之间的相关关系可以用线性方程来近似地反映。但是，在现实生活中，非线性关系是大量存在的。在许多场合，非线性回归模型比线性回

---

① 经验表明，多元线性回归模型中，回归系数的符号出现反常，多是由回归模型存在严重的多重共线性所导致的。

归模型更能够正确地反映客观现象之间的联系。例如,在考虑建立生产函数时,线性假定就不大合适。因为,线性生产函数实际上是假定各生产要素的边际生产率不变,即在其他要素不变的情况下,资本投入或劳动投入每增加 1 单位,产出总是增加固定的数量。在这种类型的生产函数中,资金和劳动之间能够完全替代,即便某一生产要素投入是 0,只要另一生产要素的投入足够多,产出还会继续增加。显而易见,这是不可能的。而要建立边际生产率递减、生产要素之间可以替代但又不能完全替代这样一种更符合客观现实的函数模型,就必须考虑采用非线性回归模型。

非线性回归分析必须着重解决以下两个问题:第一,如何确定非线性模型的具体形式。与线性回归分析的场合不同,非线性回归模型有多种多样的具体形式,需要根据研究的问题的性质并结合实际的样本观测值作出恰当的选择。第二,如何估计模型中的参数。非线性回归分析最常用的方法仍然是最小二乘法,但需要根据模型的不同类型,作适当处理。

二、非线性回归模型形式的确定

在对实际的客观现象进行定量分析时,选择回归方程的具体形式应遵循以下原则:

首先,方程形式应与有关实质性科学的基本理论相一致。例如,采用幂函数的形式,能够较好地表现生产函数;采用多项式方程,能够较好地反映总成本与总产量之间的关系;等等。

其次,方程有较高的拟合优度。因为只有这样,才能说明回归方程可以较好地反映现实问题的实际情况。

最后,方程的数学形式要尽可能简单。如果几种形式都基本符合上述两项要求,则应该选择其中数学形式较简单的一种。一般来说,数学形式越简单,可操作性就越强。

为了帮助读者选择合适的模型形式,下面我们主要以一元回归为例,扼要介绍实际分析中较常用的几种非线性模型的特点。

(一)抛物线模型

抛物线模型的具体形式为:

$$y = \beta_0 + \beta_1 x + \beta_2 x^2 + u \tag{9.51}$$

式中,β_0,β_1,β_2 为模型的参数。

判断某种现象是否适合应用抛物线模型,可以利用差分法,其步骤如下:

首先将样本观测值按自变量 x 的大小顺序排列,然后按以下两式计算自变量 x 和因变量 y 的一阶差分 Δx_i 和 Δy_i 以及 y 的二阶差分 $\Delta x^{(2)} y_i$。

$$\Delta x_i = x_i - x_{i-1}, \Delta y_i = y_i - y_{i-1} \tag{9.52}$$

$$\Delta^{(2)} y_i = \Delta y_i - \Delta y_{i-1} \tag{9.53}$$

当 Δx_i 接近于常数,而 $\Delta^{(2)} y_i$ 的绝对值也接近于常数时,因变量 y 和自变量 x 之间的关系就可以用抛物线模型来近似反映。

(二)指数曲线模型

指数曲线模型的一般形式为:

$$y = ab^x e^u \tag{9.54}$$

式中,a,b 为模型参数。当 $a>0$,$b>1$ 时,曲线随 x 值的增加而弯曲上升,趋向于 $+\infty$;当 $a>0$,$0<b<1$ 时,曲线随 x 值的增加而弯曲下降趋于 0。

这种曲线被广泛用于描述客观现象的变动趋势。例如,产值、产量按一定比率增长,就符合第一种形式的曲线;成本,原材料消耗按一定比例下降,就符合第二种形式的曲线。

(三)对数模型

对数模型的一般形式为:

$$y=\beta_0+\beta_1\ln x+u \tag{9.55}$$

对数模型的特点是随着 x 的增大,x 的单位变动对因变量 y 的影响效果不断递减。

在对数模型中,回归参数 β_1 的含义为:自变量 x 每变动一个百分点,因变量 y 平均变动 β_1 个绝对单位。

(四)幂函数模型

幂函数模型的一般形式为:

$$y=ax^be^u \tag{9.56}$$

这类模型的优点在于:模型中的参数 b 可以直接反映因变量 y 对自变量 x 的弹性。所谓的 y 对 x 的弹性,是指 x 变动一个百分点所引起的 y 变动的百分比。弹性是一个无量纲的数值,它是定量分析中常用的一个尺度。其定义式如下:

$$E=\frac{x}{y}\cdot\frac{dy}{dx} \tag{9.57}$$

用(9.57)式容易验证,参数 b 就是 y 对 x 的弹性。由于幂函数模型具有这一优点,因此它在生产函数分析和需求函数分析中得到了广泛的应用。

(五)双曲线模型

双曲线模型的一般形式为:

$$y=a+\frac{b}{x}+u \tag{9.58}$$

双曲线模型的特点是:当 $b>0$ 时,因变量 y 随着自变量 x 增加而减少,且开始减少得很快,以后逐渐放慢并趋于稳定;当 $b>0$ 时,因变量 y 随着自变量 x 增加而增加,且开始增加得很快,以后逐渐放慢并趋于稳定。

(六)S 形曲线模型

最常用的 S 形曲线是逻辑曲线。逻辑曲线的方程式如下:

$$y=\frac{L}{1+ae^{-bx+u}} \tag{9.59}$$

逻辑曲线具有以下性质:y 是 x 的非减函数,开始时随着 x 的增加,y 的增长速度也逐渐加快,但是 y 达到一定水平之后,其增长速度又逐渐放慢,最后无论 y 如何增加,y 只会趋近于 L,而永远不会超过 L。由于逻辑曲线的这一特点,它常被用来表现耐用消费品普及率的变化。

(七)多项式函数模型

多项式函数模型在非线性回归分析中占有重要的地位。因为根据数学上级数展开的原理,任何曲线、曲面、超曲面的问题,在一定的范围内都能够用多项式任意逼近。所以,当因变量与自变量之间的确实关系未知时,可以用适当幂次的多项式来近似反映。

当所涉及的自变量只有一个时,所采用的多项式函数模型称为一元多项式模型,其一般形式如下：

$$y = \beta_0 + \beta_1 x + \beta_2 x^2 + \cdots + \beta_k x^k + u \tag{9.60}$$

前面介绍过的一元线性回归模型、抛物线模型都是一元多项式的特例。

当所涉及的自变量在两个以上时，所采用的多项式称为多元多项式。例如，二元二次多项式的形式如下：

$$y = \beta_0 + \beta_1 x_1 + \beta_x x_2 + \beta_3 x_1 x_2 + \beta_4 x_1^2 + \beta_5 x_2^2 + u \tag{9.61}$$

一般来说，涉及的变量越多，变量的幂次越高，计算量就越大。因此，在实际的定量分析中，一般尽量避免采用多元高次多项式。

三、非线性回归模型的估计

不少具有实用价值的非线性回归，可以通过适当的变换，转化为线性回归，然后再利用线性回归分析的方法进行估计和检验。

对于可以转化为线性回归模型的非线性回归模型，变换的方法主要有两种类型：变量代换和函数变换。

(一)变量代换

上面介绍的多项式模型、对数模型和双曲线模型都可以直接使用变量代换法，将其转换为线性回归模型。比如对于多项式模型(9.60)式，只需令 $x_i = x^i (i = 1, 2, \cdots, k)$，即可将其转化为下面的多元线性回归模型：

$$y = \beta_0 + \beta_1 x_1 + \beta_2 x_2 + \cdots + \beta_k x_k + u \tag{9.62}$$

对于对数模型(9.55)式，只需令 $X = \ln x$，则模型可转换为：

$$y = \beta_0 + \beta_1 X + u \tag{9.63}$$

可以直接使用变量代换法的非线性模型的特点一般是：虽然模型关于变量是非线性的，但关于回归参数却是线性的形式。

(二)函数变换

对于有些非线性回归模型(关于回归参数非线性)，变量代换法就无能为力了，这时函数变换是常用的方法。

例如，对于上面介绍的指数曲线模型(9.54)式，将方程两边同时取对数，则有：

$$\ln y = \ln a + x \ln b + u \tag{9.64}$$

这时，再对模型(9.64)式实施变量代换(令 $Y = \ln y$)即可将模型转换成线性回归模型。

对于幂函数模型(9.56)式，同样在模型两边同时取对数，有：

$$\ln y = \ln a + b \ln x + u \tag{9.65}$$

此时再对模型实施变量代换即可转换成线性回归模型。由于模型(9.65)式中因变量和自变量都是对数的形式，因此幂函数模型也往往称为双对数模型。

当然，并不是所有的非线性回归模型都可以通过上面的方法转换成与原模型等价的线性回归模型的。在遇到这种情况时，还需要利用其他一些方法如泰勒级数展开法等去进行估计。这些方法比较复杂，超出了本书的程度，这里不再作进一步的介绍。

例9.5 表9-4给出了1990—2012年间西藏总产出 Q(用地区生产总值 GDP 度量，单位：亿元)、劳动投入 L(用从业人员度量，单位：万人)以及资本投入 K(用全社会固定资产投资度量，单位：万元）的数据。试根据这些数据建立西藏柯布—道格拉斯（Cobb—Douglas）生产函数模型，并进行分析。

表 9－4　1990—2012 年间西藏总产出与投入要素的数据

年份	Q	L	K
1990	27.70	107.88	76105
1991	30.53	109.73	105665
1992	33.29	110.92	133297
1993	37.42	112.35	181458
1994	45.99	114.34	211718
1995	56.11	115.09	369492
1996	64.98	117.70	303605
1997	77.24	120.47	345495
1998	91.50	120.22	427457
1999	105.98	123.91	566030
2000	117.80	124.18	665044
2001	139.16	126.33	857725
2002	162.04	130.20	1089868
2003	185.09	132.81	1386165
2004	220.34	137.32	1684361
2005	248.80	143.60	1961916
2006	290.76	148.20	2323503
2007	341.43	158.15	2711811
2008	394.85	163.50	3099304
2009	441.36	169.07	3794158
2010	507.46	173.39	4632585
2011	605.83	185.55	5492690
2012	701.03	202.06	7099822

资料来源：《西藏统计年鉴（2013）》。

解　柯布—道格拉斯生产函数模型的理论形式可以写为：

$$\ln Q = \beta_0 + \beta_1\beta_L + \beta_2\beta_K + u$$

用 Excel 估计以上模型，需要先将原始数据先取对数。在 Excel 中，取自然对数的函数是【LN】。根据取对数后的数据，应用【数据分析】中的【回归】进行估计，得出的结果如图 9－9 所示。

图 9－9 中，X Variable 1 代表的是 $\ln L$，X Variable 2 代表的是 $\ln K$。因此，建立的柯布—道格拉斯生产函数模型为：

$$\ln\hat{Q} = -7.75 + 0.76\ln L + 0.66\ln K$$

```
SUMMARY OUTPUT
```

回归统计	
Multiple R	0.996614894
R Square	0.993241247
Adjusted R Square	0.992565372
标准误差	0.087776926
观测值	23

方差分析

	df	SS	MS	F	Significance F
回归分析	2	22.64534	11.32267	1469.563	1.98914E-22
残差	20	0.154096	0.007705		
总计	22	22.79944			

	Coefficients	标准误差	t Stat	P-value	Lower 95%	Upper 95%	下限 95.0%	上限 95.0%
Intercept	-7.745601304	1.055939	-7.33528	4.33E-07	-9.948250981	-5.5429516	-9.948251	-5.5429516
X Variable 1	0.760153218	0.330854	2.297552	0.032512	0.0700047	1.45030174	0.0700047	1.45030174
X Variable 2	0.65559833	0.044994	14.57086	4.11E-12	0.561742939	0.74945372	0.56174294	0.74945372

图 9-9　例 9.5 回归分析的结果

其中，偏回归系数 0.76 表示产出对劳动投入的弹性，也就是说，在资本投入保持不变的条件下，西藏的劳动投入每增加一个百分点，其产出将平均增加 0.76 个百分点。类似地，在劳动投入保持不变的条件下，西藏的资本投入每增加一个百分点，其产出将平均增加 0.66 个百分点。如果将两个弹性系数相加，我们将得到一个重要的经济参数——规模报酬参数，它反映了产出对投入的比例变动。如果两个弹性系数之和为 1，则称规模报酬不变（即劳动投入和资本投入同时扩大 1 倍时，产出也扩大 1 倍）；如果两个弹性系数之和大于 1，则称为规模报酬递增（即劳动投入和资本投入同时扩大 1 倍时，产出扩大超过 1 倍）；如果两个弹性系数之和小于 1，则称为规模报酬递减（即劳动投入和资本投入同时扩大 1 倍时，产出扩大少于 1 倍）。在本例中，两个弹性系数之和为 1.42，表明西藏经济的特征是规模报酬递增的。

从图 9-9 还可以看到，估计标准误差 $s_e = 0.0878$ 亿元，修正的判定系数 $\overline{R}^2 = 0.9926$，表明劳动投入（对数）和资本投入（对数）对产出（对数）的解释能力为 99.26%，很高的解释程度表明模型很好地拟合了样本数据。另外，根据检验的 P 值可以看到，在 0.05 的显著性水平下，本例中回归模型的整体显著性以及回归系数的显著性检验都通过了。

第五节　用于回归分析的 R 函数介绍

R 软件中提供了非常丰富的应用于线性回归模型的估计、检验和预测的函数，常用的有 lm( )、summary( )、coef( )、resid( )、deviance( )、confint( )、predict( )等，下面将这些函数的使用方法逐一介绍。

1. 线性回归模型的基本函数是 lm( )

其调用形式是：

$$lm(formula, data = data.\,frame, weights, \cdots)$$

该函数返回值是线性回归模型结果的对象。其中 formula 为模型公式，data.frame 为数据框，weights（默认为空，进行普通最小二乘估计）为加权最小二乘估计的权重向量，其他参数（这里省略没写）见该函数帮助。

说明 1：作 y 关于 x 的一元线性回归，则 formula 为 y～x；若作 y 关于 x 过原点（即无截距

项)的一元线性回归,formula 为 y～0＋x;若作 y 关于 x1 和 x2 的二元线性回归,formula 为
y～x1＋x2;三元及以上线性回归(包括无截距项)的情况类似。

说明 2:data. frame 中的变量通过函数 attach( )已载入内存,则 data＝data. frame 可省
略,故下述代码 lm(formula, data＝data. frame)和 attach(data. frame);lm(formula)等价。
当然,formula 公式中涉及变量不以数据框的形式储存,而是单独输入的,则 data＝data. frame
直接省略。

说明 3:对于可以转化为线性的非线性回归模型,可以直接使用 lm( )进行估计,只是涉及
到变量代换时的模型估计,可以分成两步来完成,也可以直接一步来完成。如果分成两步完
成,则第一步先在 R 中实现变量代换,第二步再利用 lm( )函数进行估计。如果要一步直接实
现估计过程,则需要注意的是,lm( )函数的 formula 参数中涉及的变量运算,除了函数运算
外,其他运算(如四则运算)得到的整体必须用 I( )的形式来表达,例如对于抛物线模型 $y＝\beta_0$
$＋\beta_1 x＋\beta_2 x^2＋u$,formula 应为 y～x＋I(x^2);当然,对于涉及到的变量代换是函数运算,则可
不用 I( )表达,可直接输入,如对上节的生产函数模型,formula 为 log(Q)～log(K)＋log(L)。

2. summary( )**函数**

单纯使用 lm( )函数,则只返回模型的参数估计值,模型的各项检验统计量等相关信息没
有显示,若需要显示这些信息,则需要使用 summary( )函数来提取模型的各项信息,返回模型
模拟的结果,其格式为:

$$summary(object, ...)$$

其中,object 为估计的模型返回值。

这里我们以例 9.4 的数据为例,来说明应用 lm( )和 summary( )函数如何进行回归分析。
由于例 9.4 数据较多,我们考虑将表 9-4 中数据放入 Excel 中(人均可支配收入、2011 年人均
消费支出和 2012 年人均消费支出的数据分别各放一列,变量名依次为 x1、x2 和 y),并保存为
csv 文件,文件名为"城镇居民人均可支配收入与消费支出(2011－2012)",然后用 R 中的函数
read. csv( )去读取这个文件。则求解本问题的 R 代码为:

```
a = read.csv("城镇居民人均可支配收入与消费支出(2011 - 2012).csv")
attach(a)              ♯将读取的文件中的变量名 x1、x2 和 y 载入内存
fit = lm(y～x1 + x2)
summary(fit)
```

运行上面的代码,结果为:

```
Call:
lm(formula = y ～ x1 + x2)
Residuals:
    Min        1Q       Median        3Q          Max
 -716.98    -273.20      11.17       278.36       675.24
Coefficients:
             Estimate    Std. Error    t value    Pr(>|t|)
(Intercept)  977.51377   276.89172     3.530      0.00146     * *
x1           -0.07288    0.04877      -1.494      0.14627
```

```
x2                1.15216      0.08014   14.377       1.88e-14    * * *
Signif. codes：0 ‘ * * * ’ 0.001 ‘ * * ’ 0.01 ‘ * ’ 0.05 ‘.’ 0.1 ‘ ’ 1
Residual standard error：364.3 on 28 degrees of freedom
Multiple R-squared：0.991,         Adjusted R-squared：0.9903
F-statistic： 1535 on 2 and 28 DF， p-value：< 2.2e-16
```

这里，Residuals 给出的是模型残差最小值、各四分位数和最大值；Coefficients 给出了回归系数的估计及其估计标准误差、t 统计量及其 P 值；Signif. codes 给出显著性的标准（用"*"的多少标注显著性的程度）；Residual standard error 给出模型的估计标准误差及其自由度；Multiple R-squared 是未调整的判定系数；Adjusted R-squared 是调整的判定系数；F-statistic 给出 F 检验统计量的值，后面的 p-value 为其 P 值。

读者可以比较这里的结果与第三节用 Excel 输出的结果，两者是完全相同的。

3. coef( )函数

该函数的作用是将模型回归系数的估计值以向量的形式返回（从而可以以向量的形式进行相关运算），其格式为：

$$coef(object, \ldots)$$

4. resid( )函数

该函数用于计算模型的残差向量，其格式为：

$$resid(object, \ldots)$$

5. deviance( )函数

函数用于计算模型的残差平方和 $\sum(y-\hat{y})$，其使用格式为：

$$deviance(object, \ldots)$$

该函数运算结果与 sum(resid(object)^2)相同。

6. confint( )函数

该函数用于计算模型回归系数的置信区间，其格式为：

$$confint(object, parm, level = 0.95, \ldots)$$

其中，level 为置信水平（默认为 0.95）。

7. predict( )函数

在 R 软件中，提供了直接进行预测的函数 predict( )，其使用格式为：

$$predict(object, newdata, interval=none, level = 0.95)$$

其中，newdata 省略，则输出已有的自变量 x 对应的因变量 y 的拟合值。当要根据 x 的新值预测 y 的值时，则需要先将 x 的新值（或新值向量）以数据框的形式赋予 newdata，即在预测前先建立这样一个数据框：newdata = data.frame(x=…)；interval 表示预测区间，默认是 none，即只有点预测，选项"confidence"和"prediction"分别表示输出总体均值的置信区间和个别值的预测区间。level 为置信水平，默认为 0.95。

还是以例 9.4 的数据为例来说明 predict( )函数的使用。这里我们假定计算 $x_1=18000$ 元，$x_2=12000$ 元时 y 的点预测和区间预测，这时只需在上面进行回归分析的代码的基础上输入：

```
new = data.frame(x1 = 18000, x2 = 12000)
predict(fit, newinterval = "confidence")  #计算 y 的平均值的 95% 置信区间
predict(fit, new, interval = "prediction",level = 0.99)  #计算 y 的个别值的 99% 置
信区间
```

运行结果依次为：

```
> predict(fit, new,interval = "confidence")
        fit        lwr         upr
1    13491.68   13275.92    13707.44
> predict(fit, new, interval = "prediction",level = 0.99)
        fit        lwr         upr
1    13491.68   12443.83    14539.53
```

可以看到，y 的点预测值为 13491.68 元，y 的平均值的 95% 置信区间为 [13275.92，13707.44]，y 的个别值的 99% 预测区间为 [12443.83，14539.53]。

应用案例

用 PPI 预测 CPI[①]

国家统计局定期公布各类价格指数。其中，消费者比较关心的主要是消费者价格指数（CPI），我国称之为居民消费价格指数。而生产者比较关心生产者价格指数（PPI），我国称之为工业生产者出厂价格指数。

CPI 是反映一定时期城乡居民所购买的生活消费品价格和服务项目价格变动趋势和程度的相对数，是对城市居民消费价格指数和农村居民消费价格指数进行综合汇总计算的结果。该指数可以观察和分析消费品的零售价格和服务项目价格变动对城乡居民实际生活费支出的影响程度。其具体作用可见第五章我们对 CPI 的介绍。

PPI 是反映一定时期全部工业产品出厂价格总水平的变动趋势和程度的相对数，包括工业企业售给本企业以外所有单位的各种产品和直接售给居民用于生活消费的产品。该指数可以观察出厂价格变动对工业总产值及增加值的影响。

合理预测 CPI 和 PPI 未来的走势，无论是对消费者还是生产者都具有重要的参考价值。表 9-5 给出了 1991—2013 年我国的居民消费价格指数（CPI）和工业生产者出厂价格指数（PPI）。这些指数都是以上年为 100 而计算的百分比数。

下面我将运用相关与回归分析的方法对 CPI 和 PPI 之间的关系进行分析，并在此基础上建立预测模型，对居民消费价格指数进行预测。

表 9-5   1991—2013 年的 CPI 和 PPI 数据

年份	居民消费价格指数（%）	工业品出厂价格指数（%）
1991	103.4	106.2
1992	106.4	106.8
1993	114.7	124.0

[①] 本案例选自《统计学案例与分析》，贾俊平、郝静等编著，笔者作了较多删改、调整和补充，并对数据进行了更新。

年份	居民消费价格指数(%)	工业品出厂价格指数(%)
1994	124.1	119.5
1995	117.1	114.9
1996	108.3	102.9
1997	102.8	99.7
1998	99.2	95.9
1999	98.6	97.6
2000	100.4	102.8
2001	100.7	98.7
2002	99.2	97.8
2003	101.2	102.3
2004	103.9	106.1
2005	101.8	104.9
2006	101.5	103.0
2007	104.8	103.1
2008	105.9	106.9
2009	99.3	94.6
2010	103.3	105.5
2011	105.4	106.0
2012	102.6	98.3
2013	102.6	98.1

资料来源：国家统计局官方网站：http://www.stats.gov.cn/。

一、CPI 与 PPI 之间的关系

变量之间关系的分析对回归模型的初步选择十分有用。描述变量之间关系的方法就是散点图，而测度变量之间关系强度的方法则是相关系数。根据 CPI 和 PPI 数据绘制的散点图如图 9－10 所示。

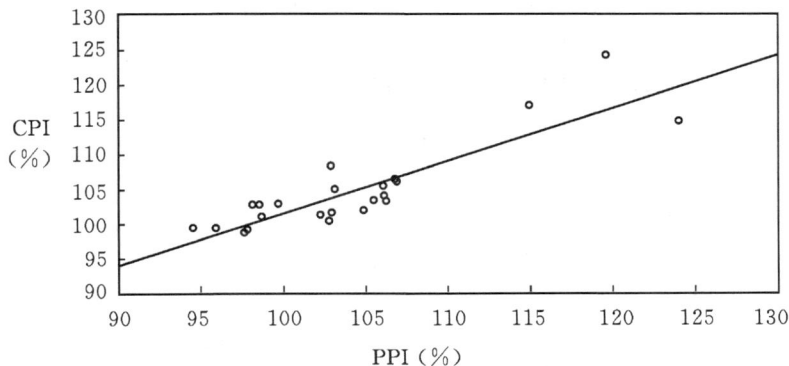

图 9－10　CPI 与 PPI 的散点图

从散点图可以看出,CPI 与 PPI 之间具有一定的线性相关关系,也就是说,随着 PPI 的上涨,CPI 也随之上涨。

利用 R 软件,得出 CPI 与 PPI 之间的相关系数及其显著性检验的结果如下:

Pearson's product – moment correlation

data: CPI and PPI

t = 8.3604, df = 21, p – value = 4.034e – 08

alternative hypothesis: true correlation is not equal to 0

95 percent confidence interval:

0.7277685   0.9468566

sample estimates:

cor

0.8769088

从这个结果中可以看到相关系数的检验的 P 值极小,说明 CPI 与 PPI 之间的相关关系是显著成立的,而两者之间测算的样本相关系数为 0.8769,显示两者高度线性相关。

二、CPI 与 PPI 之间的线性回归分析

由于 CPI 与 PPI 之间具有显著的线性关系,因此,可建立一元线性回归模型,用 PPI 来预测 CPI。CPI 作为因变量,PPI 作为自变量,由 R 软件得到的回归结果如下:

Call:

lm(formula = CPI ~ PPI)

Residuals:

Min	1Q	Median	3Q	Max
– 5.0096	– 2.2593	– 0.6403	1.7027	7.8031

Coefficients:

	Estimate	Std. Error	t value	Pr(>|t|)	
(Intercept)	25.67175	9.46963	2.711	0.0131	*
PPI	0.75837	0.09071	8.360	4.03e – 08	* * *

Signif. codes: 0 '* * *' 0.001 '* *' 0.01 '*' 0.05 '.' 0.1 ' ' 1

Residual standard error: 3.07 on 21 degrees of freedom

Multiple R-squared: 0.769,   Adjusted R – squared: 0.758

F-statistic: 69.9 on 1 and 21 DF, p – value: 4.034e – 08

根据这个结果可知,CPI 与 PPI 之间的一元线性回归方程为:

$$\widehat{CPI} = 25.672 + 0.758 PPI$$

这表明,PPI 每上涨 1%,CPI 平均上涨 0.758%。

从回归方程的拟合优度来看,在 CPI 取值的总变动中,有 76.9% 是由 CPI 与 PPI 之间的线性关系引起的,而用 PPI 预测 CPI 的平均预测误差为 3.07%,这都说明模型的拟合优度较高。

从模型显著性检验的结果来看,F 检验和 t 检验的 P 值都接近于 0,这都表明二者之间有显著的线性相关关系,或者说,PPI 对 CPI 的线性影响是显著成立的。

三、模型的合理性检验

在对模型的参数进行最小二乘估计时,对模型的随机误差项做了同方差、序列不相关、正态性和与自变量不相关的假定。但这些假定在实际问题,未必都满足。当这些假定得不到满足时,以上根据最小二乘估计得出的一系列回归分析的结果未必是可靠的。因此,很有必要判断建立的模型是否满足这些基本假定,即需要对模型进行合理性检验。

(一)同方差性的判断

判断模型随机误差项是否满足同方差性的方法很多,有图示法和解析法[①]两大类,这里采用图示法进行初步的判断。为此,我们作出了模型残差的平方与PPI的散点图,如图9-11所示。

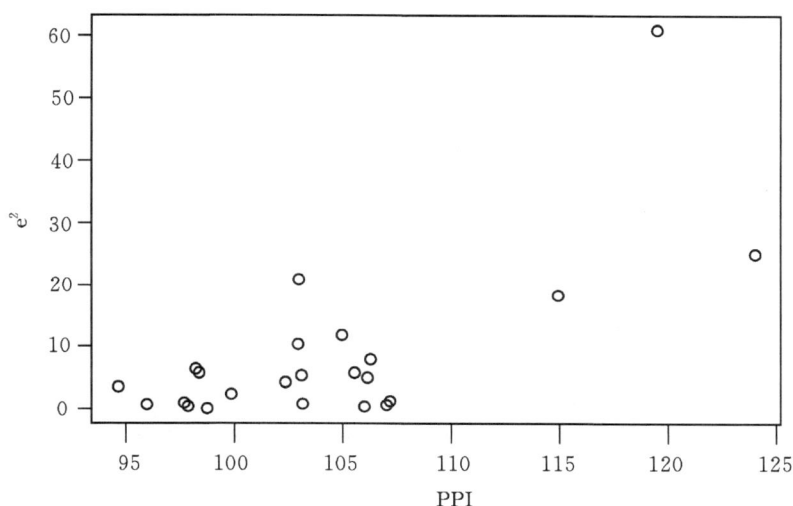

图9-11 PPI与模型残差平方的散点图

从图9-11可以看到,随着PPI的增加,模型残差的平方有一定扩大的趋势,但并不严重。由于残差的平方(e^2)一定程度上代表了模型随机误差项的方差,因此可以认为建立的回归模型的随机误差项存在一定的异方差现象,但不是很严重。

(二)模型序列不相关的判断

这里采用检验模型序列相关性较常用的杜宾—瓦特森检验法(Durbin—Watson test,简称 D.W.检验)来检验模型的随机误差项是否存在序列相关性。我们利用 R 软件得出的 D.W.检验的结果如下:

Durbin—Watson test

data：CPI ~ PPI

DW = 1.4759, p—value = 0.07489

alternative hypothesis：true autocorrelation is greater than 0

从这里可以看到 D.W.检验统计量为 1.4759。对应于样本观测值个数 $n=23$、变量个数 $k=1$ 的 D.W.检验临界值的上限 $d_U=1.44$,由于 1.4759>1.44,因此,没有证据表明 CPI 与 PPI 之

① 常用的解析法有 G-Q 检验法、White 检验法、戈里瑟—帕克检验法等,这里由于篇幅和内容深度的原因,不作介绍,有兴趣的读者可自行查阅有关书籍。

间的线性模型的随机误差项存在序列相关性[1]。

(三)正态性检验

判断回归模型是否满足正态性的假定,可以用标准化残差[2]的散点图和正态 QQ 图形进行判断,也可以进行非参数检验(这里使用夏皮罗—威尔克检验)。

图 9-12 和图 9-13 分别给出了标准化残差的散点图和正态 QQ 图。

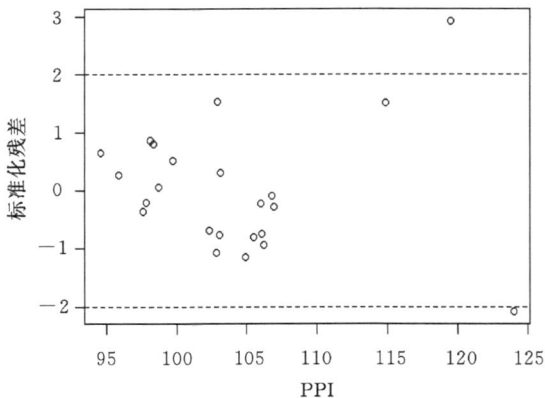

图 9-12　模型的标准化残差散点图

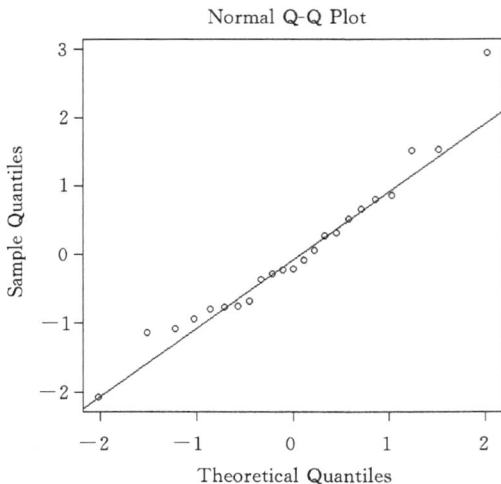

图 9-13　模型的标准化残差的正态 QQ 图

当模型随机误差项服从正态分布时,标准化残差服从标准正态分布。由于标准正态随机变量在 -2 和 2 之间的概率约为 95.45%,因此若标准化残差服从标准正态分布,则在 -2 和 2 之间标准化残差的比例要接近 95.45%。从图 9-12 可以看到只有两个标准化残差不在 -2 和 2 之间,故模型标准化残差在这一区间内的比例为 $21/23 \approx 91.30\%$,接近 95.45%,因此可以认为标准化残差基本服从标准正态分布,模型基本满足正态性假定。

通过图 9-13 也可以看到,标准化残差正态 QQ 图中的散点也大致分布在一条直线的附近,因此也可以认为标准化残差大致服从标准正态分布。

进一步,我们对标准化残差进行夏皮罗—威尔克检验,检验结果如下:

Shapiro—Wilk normality test

data：e. st

W $= 0.9579$, p—value $= 0.423$

---

[1]　应用 D. W. 检验判断是否存在序列相关性的规则是:$0 <$ D. W. $< d_L$,模型存在正序列相关性;$d_L <$ D. W. $< d_U$,无法判断模型是否存在序列相关性;$d_U <$ D. W. $< 4 - d_U$,模型不存在序列相关性;$4 - d_U <$ D. W. $< 4 - d_L$,无法判断模型是否存在序列相关性;$4 - d_L <$ D. W. < 4,模型存在负序列相关性。这里 d_L 和 d_U 分别为 D. W. 检验临界值的上限和下限,可查 D. W. 检验临界值表得出。由于本书正文并没有介绍 D. W. 检验,因此本书后面的附表没有列出 D. W. 检验的临界值表,读者可以自行查阅相关书籍。

[2]　这里我们使用的标准化残差是内学生化残差,其在一元线性回归时的计算公式为 $r_i = \dfrac{e_i}{s_e\sqrt{1 - \dfrac{\sum(x - x_i)^2}{n\sum(x - \overline{x})^2}}}$,式中 x

为一元回归中的自变量,x_i 是它的第 i 个数值。R 软件中计算这种标准化残差的函数是 rstandard( ),具体使用请参见帮助。

从这个检验的结果中可以看到,检验的 P 值为 0.423,显然不拒绝正态性的原假设,因此夏皮罗—威尔克检验也显示模型满足正态性的基本假定。

(四)随机误差项与自变量不相关的判断

若随机误差项与自变量不相关,则计算出的标准化残差与自变量 PPI 也不相关,则 PPI 与标准化残差构成的残差图(即图 9－12)中的散点应不呈现任何趋势。而图 9－12 显示的散点也确实没有任何变化趋势,因此我们可以认为随机误差项与自变量 PPI 是不相关的。

综合以上判断,我们认为 CPI 与 PPI 之间的线性回归模型基本上满足回归分析的基本假定,因此,前面得出的回归分析结果,我们认为是可靠的,故可以应用 PPI 预测 CPI 的变化。

四、用 PPI 预测 CPI

根据前面建立的模型,就可以根据 PPI 的数值对 CPI 进行预测了。为了判断预测的效果,我们拟合了 1991—2013 年的 CPI 的数值及相应的置信区间和预测区间,结果如表 9－6 所示。

表 9－6　CPI 的拟合结果

年份	CPI(%)	PPI(%)	CPI 的拟合值	CPI 的置信区间		CPI 的预测区间	
				上限(%)	下限(%)	上限(%)	下限(%)
1991	103.4	106.2	106.2	104.8	107.6	99.7	112.7
1992	106.4	106.8	106.7	105.2	108.1	100.1	113.2
1993	114.7	124.0	119.7	115.7	123.7	112.2	127.2
1994	124.1	119.5	116.3	113.1	119.5	109.2	123.4
1995	117.1	114.9	112.8	110.4	115.2	106.0	119.6
1996	108.3	102.9	103.7	102.4	105.1	97.2	110.2
1997	102.8	99.7	101.3	99.7	102.9	94.7	107.9
1998	99.2	95.9	98.4	96.4	100.4	91.7	105.1
1999	98.6	97.6	99.7	97.9	101.5	93.1	106.3
2000	100.4	102.8	103.6	102.3	105.0	97.1	110.2
2001	100.7	98.7	100.5	98.8	102.2	93.9	107.1
2002	99.2	97.8	99.8	98.0	101.6	93.2	106.5
2003	101.2	102.3	103.3	101.9	104.6	96.7	109.8
2004	103.9	106.1	106.1	104.8	107.5	99.6	112.7
2005	101.8	104.9	105.2	103.9	106.6	98.7	111.7
2006	101.5	103.0	103.8	102.4	105.1	97.3	110.3
2007	104.8	103.1	103.9	102.5	105.2	97.3	110.4
2008	105.9	106.9	106.7	105.3	108.2	100.2	113.3
2009	99.3	94.6	97.4	95.2	99.7	90.6	104.2
2010	103.3	105.5	105.7	104.3	107.0	99.2	112.2

年份	CPI(%)	PPI(%)	CPI 的拟合值	CPI 的置信区间		CPI 的预测区间	
				上限(%)	下限(%)	上限(%)	下限(%)
2011	105.4	106.0	106.1	104.7	107.4	99.5	112.6
2012	102.6	98.3	100.2	98.5	101.9	93.6	106.8
2013	102.6	98.1	100.1	98.3	101.8	93.4	106.7

　　根据表 9 - 6 的数据，我们作出了预测的效果图，如图 9 - 14 所示。由表 9 - 6 和图 9 - 14 可以看到，模型预测的效果还是很理想的。尤其是 CPI 平均值的置信区间，它的上、下限与拟合的回归直线非常接近；对于 CPI 个别值的预测区间，上下限与拟合的回归直线稍微远些，这主要是影响 CPI 的因素比较多且复杂所导致的。在后续的讨论中可以加入一些其他重要影响因素，考虑多元回归，以增加模型预测的精度。

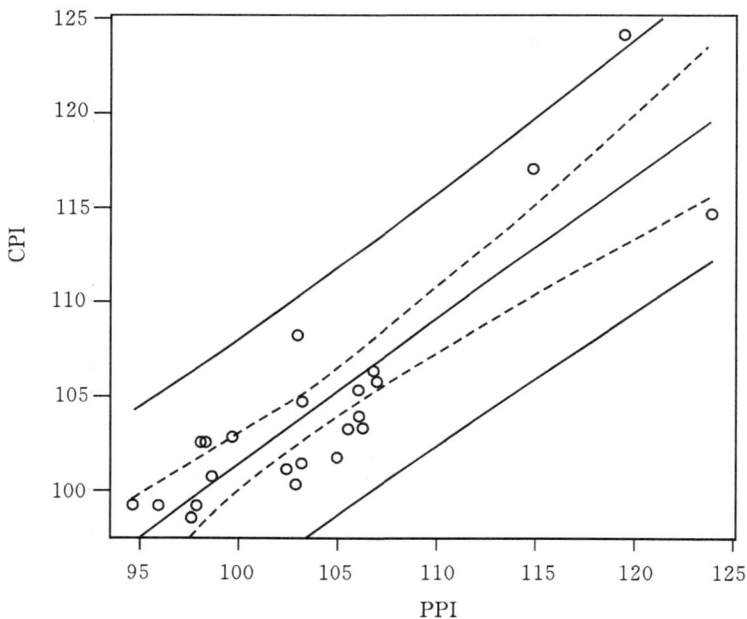

图 9 - 14　预测效果图

思考与练习

一、单项选择题

1. 下列关系中，不属于通常所说的相关关系的是（　　　）。

A. 人均收入与人均消费之间的关系　　　　　B. 投入与产出的关系

C. 稻谷总产量与平均每亩稻谷产量的关系　　D. 销售收入与销售成本的关系

2. 根据下面的散点图，可以判断两个变量之间存在（　　　）。

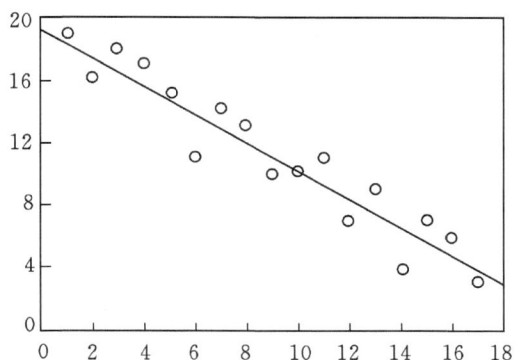

A. 正线性相关关系　　　B. 负线性相关关系　　　C. 非线性关系　　　D. 函数关系

3. 当两个变量之间的样本相关系数为 0.7 时,表明两个变量之间( )。

A. 不相关　　　　　　　B. 高度相关　　　　　　C. 中度相关　　　　　D. 低度相关

4. 下面关于相关系数的陈述中,哪一个是正确的?( )

A. 数值越小说明两个变量之间的关系越弱

B. 其结果靠近于 1,表明两个变量之间因果关系很强

C. 相关系数 $r = 0$,表明两个变量之间是不相关的

D. 变量 x 和 y 之间的相关系数与变量 y 和 x 之间的相关系数相同

5. 线性相关系数反映了( )。

A. 变量线性关系的密切程度　　　　　　B. 两个变量变动的一致性程度

C. 两个变量线性关系的拟合程度　　　　D. 自变量变动对因变量变动的解释程度

6. 最小二乘法要求( )。

A. 所有自变量的平方和最小

B. 所有自变量与因变量的平方和最小

C. 所有观测值的平方和最小

D. 因变量的所有观测值与其估计值的离差平方和最小

7. 下面关于回归模型的假定中,不正确的是( )。

A. 自变量 x 是随机的

B. 随机误差项 u 是一个期望值为 0 的随机变量

C. 对于所有的 x 的值,u 的方差 σ^2 都相同

D. 随机误差项 u 是一个服从正态分布的随机变量

8. 在一元线性回归方程 $\hat{y} = \hat{\beta}_0 + \hat{\beta}_1 x$ 中,回归系数 $\hat{\beta}_0$ 的实际意义是( )。

A. 当 $x = 0$ 时,y 的期望值

B. 当 x 变动一个单位时,y 的平均变动数量

C. 当 x 变动一个单位时,y 增加的总数量

D. 当 y 变动一个单位时,x 的平均变动数量

9. 下面关于判定系数的陈述中不正确的是( )。

A. 回归平方和占总平方和的比重

B. 取值范围是 $[-1, 1]$

C. 取值范围是[0,1]

D. 评价回归方程拟合优度的一个统计量

10. 下面关于线性回归模型的标准误差的陈述中不正确的是

A. 均方残差的算术平方根

B. 对随机误差项 u 的标准差 σ 的估计

C. 排除了自变量对因变量的线性影响后,因变量随机波动大小的一个估计量

D. 度量了因变量与自变量之间的关系强度

11. 已知回归平方和 RSS＝4854,残差平方和 ESS＝146,则判定系数 R^2＝（　　　）。

A. 97.08%　　　　B. 2.92%　　　　C. 3.01%　　　　D. 33.25%

12. 已知 x 与 y 之间存在负相关关系,下列回归方程中肯定错误的是（　　　）。

A. $\hat{y}=-15-1.35x$　　B. $\hat{y}=15-0.48x$　　C. $\hat{y}=25+0.85x$　　D. $\hat{y}=120-3.56x$

13. 在一元线性回归估计中,自变量的取值 x_0 越远离其平均值 $\bar{x}$,求得的因变量 y 的预测区间（　　　）。

A. 越宽　　　　　B. 越窄　　　　　C. 越准确　　　　D. 越接近实际值

14. 回归平方和反映了因变量 y 的总变差中（　　　）。

A. 由于自变量与因变量之间的线性关系引起的 y 的变化部分

B. 除了自变量对因变量的线性影响之外的其他因素对 y 变差的影响

C. 由于自变量与因变量之间的非线性关系引起的 y 的变化部分

D. 由于自变量与因变量之间的函数关系引起的 y 的变化部分

15. 残差平方和反映了因变量 y 的总变差中（　　　）。

A. 由于自变量与因变量之间的线性关系引起的 y 的变化部分

B. 除了自变量对因变量的线性影响之外的其他因素对 y 变差的影响

C. 由于自变量与因变量之间的非线性关系引起的 y 的变化部分

D. 由于自变量与因变量之间的函数关系引起的 y 的变化部分

16. 某汽车生产商欲了解广告费用（x）对销售量（y）的影响,收集了过去 12 年的有关数据。通过计算得到下面的方差分析表（$\alpha＝0.02$）：

变差来源	df	SS	MS	F	Significance F
回归	1	1602708.6	1602708.6	…	2.17E−09
残差	10	40158.07	…	——	——
总计	11	1642866.67	…	——	——

根据上表计算的相关系数为（　　　）。

A. 0.9844　　　　B. 0.9855　　　　C. 0.9866　　　　D. 0.9877

17. 在回归模型 $y＝\beta_0+\beta_1x+u$ 中,随机误差项 u 反映的是（　　　）。

A. 由于 x 的变化引起的 y 的线性变化部分

B. 由于 y 的变化引起的 x 的线性变化部分

C. 除 x 和 y 的线性关系之外的随机因素对 y 的影响

D. 由于 x 和 y 的线性关系对 y 的影响

18. 应用某市 1979—2010 年人均可支配收入与人均消费支出的数据资料建立的一元线性

消费函数,估计结果得到判定系数 $R^2 = 0.99$,总离差平方和 $TSS = 480$,则随机误差项 u 的标准差估计值为(　　)。

  A. 3.980   B. 3.854   C. 0.4   D. 0.38

19.用一组 20 个样本观测值估计模型 $y = \beta_0 + \beta_1 x + u$,在 0.05 的显著性水平下对 β_1 的显著性作 t 检验,则 β_1 显著不等于零的条件是统计量 t 的绝对值大于(　　)。

  A. $t_{0.05}(20)$ B. $t_{0.025}(20)$ C. $t_{0.05}(18)$ D. $t_{0.025}(18)$

20.利用样本容量为 25 的一组样本建立的三元线性回归模型中,计算的判定系数为 0.86,则调整后的判定系数为(　　)。

  A. 0.8   B. 0.86   C. 0.84   D. 0.9

21.用一组 20 个样本观测值估计模型 $y = \beta_0 + \beta_1 x_1 + \beta_2 x_2 + u$,在 0.05 的显著性水平下对回归方程的整体显著性作 F 检验,则回归方程整体显著的条件是统计量 F 大于(　　)。

  A. $F_{0.05}(2,20)$ B. $F_{0.025}(2,20)$ C. $F_{0.05}(2,17)$ D. $F_{0.025}(2,17)$

22.在多元线性回归方程 $\hat{y} = \hat{\beta}_0 + \hat{\beta}_1 x_1 + \hat{\beta}_2 x_2 + \cdots + \hat{\beta}_k x_k$ 中,回归系数 $\hat{\beta}_i$ 表示(　　)。

  A. 自变量 x_i 变动一个单位时,因变量 y 的平均变动量为 $\hat{\beta}_i$

  B. 在其他变量不变的条件下,自变量 x_i 变动一个单位时,因变量 y 的平均变动量为 $\hat{\beta}_i$

  C. 在其他变量不变的条件下,自变量 x_i 变动一个单位时,因变量 y 的变动总量为 $\hat{\beta}_i$

  D. 因变量 y 变动一个单位时,自变量 x_i 的变动总量为 $\hat{\beta}_i$

23.在多元线性回归分析中,通常需要计算调整的多重判定系数 R_a^2,这样可以避免 R^2 的值(　　)。

  A. 由于模型中自变量个数的增加而越来越接近于 1

  B. 由于模型中自变量个数的增加而越来越接近于 0

  C. 由于模型中样本容量的增加而越来越接近于 1

  B. 由于模型中样本容量的增加而越来越接近于 0

24.在多元线性回归模型中,如果 F 检验表明线性关系显著,则意味着(　　)。

  A. 在多个自变量中至少有一个自变量与因变量之间的线性关系显著

  B. 所有自变量与因变量之间的线性关系都显著

  C. 在多个自变量中至少有一个自变量与因变量之间的线性关系不显著

  D 所有自变量与因变量之间的线性关系都不显著

25.设估计的多元线性回归方程为 $\hat{y} = \hat{\beta}_0 + \hat{\beta}_0 + \hat{\beta}_1 x_1 + \hat{\beta}_2 x_2 + \hat{\beta}_3 x_3$,若回归系数 $\hat{\beta}_2$ 没有通过检验,则表明(　　)。

  A. 整个回归模型的线性关系不显著

  B. 自变量 x_2 同因变量 y 的线性关系肯定不显著

  C. 自变量 x_1,x_2,x_3 之间肯定存在多重共线性

  D. 自变量 x_1,x_2,x_3 之间可能存在多重共线性

二、思考题

1.利用相关系数如何判断变量之间的相关的方向和相关关系的密切程度?

2.应用相关系数来分析变量之间的关系应注意哪些问题?

3.相关分析与回归分析有哪些联系和区别?

4.根据经济学理论,一般商品的需求量与其价格呈反向变动。可是,观察我国水产品销售量和其价格的时间序列数据,会发现两者之间呈现正相关关系。试利用单相关和偏相关的概念,分析和说明这一现象产生的原因。

5.估计线性回归模型通常需要作哪些基本假定?

6.解释总平方和、回归平方和、残差平方和的含义,并说明它们之间的关系。

7.简述决定系数的含义和作用。

8.怎样评价回归分析的结果?

9.解释多重共线性的含义。

10.若利用回归模型进行预测,影响预测精度的因素有哪些?

三、计算题

1.对某种农作物的亩产量 y(单位:公斤)和施肥量 x(单位:10公斤)进行观测得到如下结果:

$$\sum y = 959, \sum y^2 = 93569, \sum x = 9.4, \sum x^2 = 9.28, \sum xy = 924.8, n=10$$

要求:

(1)以产量为因变量,施肥量为自变量,建立线性回归方程;

(2)计算残差平方和与判定系数,并对判定系数的结果作简单评析;

(3)对回归系数 $\hat{\beta}_2$ 进行显著性检验;

(4)给出当施肥量为10公斤时,置信度为95%的农作物亩产量预测区间。

2.一家产品销售公司在30个地区设有销售分公司。为研究产品销售量(y)与该公司的销售价格(x_1)、各地区的年人均收入(x_2)、广告费用(x_3)之间的关系,搜集到30个地区的有关数据。利用 Excel 得到下面的回归结果:

方差分析表

变差来源	df	SS	MS	F	Significance F
回归	3	12026774.1	4008924.7	72.79726	8.88341E−13
残差	26	1431812.6	55069.7	—	—
总计	29	13458586.7	—	—	—

参数估计表

	Coefficients	标准误差	t Stat	P-value
Intercept	7589.1025	2445.0213	3.1039	0.00457
X Variable 1	−117.8861	31.8974	−3.6958	0.00103
X Variable 2	80.6107	14.7676	5.4586	0.00001
X Variable 3	0.5012	0.1259	3.9814	0.00049

(1)写出销售量与销售价格、年人均收入、广告费用的多元线性回归方程,并解释各自变量回归系数的意义。

(2)检验回归方程的线性关系是否显著?($\alpha=0.05$)

(3)检验各回归系数是否显著?($\alpha=0.05$)

(4)根据实际意义,对销售价格的回归系数进行单侧检验,写出检验的假设,并说明在0.01的显著性水平下的检验结论。

(5)计算调整的判定系数 $\overline{R}^2$,并解释它的实际意义。

3. 学生在期末考试之前用于复习的时间(单位:小时)和考试分数(单位:分)之间是否有关系?为研究这一问题,一位研究者抽取了由8名学生构成的一个随机样本,得到的数据如下:

复习时间 x	20	16	34	23	27	32	18	22
考试分数 y	64	61	84	70	88	92	72	77

(1) 绘制复习时间和考试分数的散点图,判断二者之间的关系形态。

(2) 计算相关系数,说明两个变量之间的关系强度。

(3) 建立线性回归方程,并解释回归系数的实际意义。

4. 一家物流公司的管理人员想研究货物的运输距离和运输时间的关系,为此,他抽出了公司中最近10个卡车运货记录的随机样本,得到运送距离(单位:km)和运送时间(单位:天)的数据如下:

运送距离 x	825	215	1070	550	480	920	1350	325	670	1215
运送时间 y	3.5	1.0	4.0	2.0	1.0	3.0	4.5	1.5	3.0	5.0

(1)绘制运送距离和运送时间的散点图,判断二者之间的关系形态。

(2)计算线性相关系数,说明两个变量之间的关系强度。

(3)建立线性回归方程,并对结果进行分析。

5. 工业企业某种产品产量与单位成本资料如下表所示:

年　份	2006	2007	2008	2009	2010	2011	2012	2013
产品产量(万件)	2	3	4	3	4	5	6	7
单位成本(元/件)	73	72	71	73	69	68	66	65

要求:

(1)根据以上资料,绘制散点图,判别该数列相关与回归的种类;

(2)拟合适当的回归方程;

(3)根据回归方程,指出每当产品产量增加1万件时,单位成本的变动情况;

(4)计算判定系数,并说明其含义;

(5)计算估计的标准误差;

(6)当产量为8万件时,在95.45%的置信水平下,对单位成本作区间估计。

6. 随机抽取的10家航空公司,对其最近一年的航班正点率和顾客投诉次数进行了调查,所得数据如下:

航空公司编号	航班正点率(%)	投诉次数(次)
1	81.8	21
2	76.6	58
3	76.6	85

航空公司编号	航班正点率(%)	投诉次数(次)
4	75.7	68
5	73.8	74
6	72.2	93
7	71.2	72
8	70.8	122
9	91.4	18
10	68.5	125

(1)绘制散点图,说明二者之间的关系形态。

(2)用航班正点率作自变量,顾客投诉次数作因变量,求出估计的回归方程,并解释回归系数的意义。

(3)检验回归系数的显著性($\alpha=0.05$)。

(4)如果航班正点率为80%,估计顾客的投诉次数。

(5)求航班正点率为80%时,顾客投诉次数95%的置信区间和预测区间。

7.一家电气销售公司的管理人员认为,每月的销售额是广告费用的函数,并想通过广告费用对月销售额作出估计。下面是近8个月的销售额与广告费用数据:

月销售收入 y(万元)	电视广告费用 x_1(万元)	报纸广告费用 x_2(万元)
96	5.0	1.5
90	2.0	2.0
95	4.0	1.5
92	2.5	2.5
95	3.0	3.3
94	3.5	2.3
94	2.5	4.2
94	3.0	2.5

(1)用电视广告费用作自变量,月销售额作因变量,建立估计的回归方程。

(2)用电视广告费用和报纸广告费用作自变量,月销售额作因变量,建立估计的回归方程。

(3)上述(1)和(2)所建立的估计方程,电视广告费用的系数是否相同? 对其回归系数分别进行解释。

(4)根据问题(2)所建立的估计方程,在销售收入的总变差中,被估计的回归方程所解释的比例是多少?

(5)根据问题(2)所建立的估计方程,检验回归系数是否显著

8.某大型牙膏制造企业为了更好地拓展产品市场,有效地管理库存,公司董事会要求销售部门根据市场调查,找出公司生产的牙膏销售量与销售价格、广告投入等之间的关系。为此,销售部门的研究人员收集了过去30个销售周期(每个周期为4周)公司生产的牙膏的销售量、

销售价格、投入的广告费用,以及各周期其他厂家生产同类牙膏的市场平均价格的数据,如下表所示:

销售周期	公司销售价格(元)	其他厂家平均价格(元)	广告费用(百万元)	销售量(百万支)
1	3.85	3.80	5.50	7.38
2	3.75	4.00	6.75	8.51
3	3.70	4.30	7.25	9.52
4	3.70	3.70	5.50	7.50
5	3.60	3.85	7.00	9.33
6	3.60	3.80	6.50	8.28
7	3.60	3.75	6.75	8.75
8	3.80	3.85	5.25	7.87
9	3.80	3.65	5.25	7.10
10	3.85	4.00	6.00	8.00
11	3.90	4.10	6.50	7.89
12	3.90	4.00	6.25	8.15
13	3.70	4.10	7.00	9.10
14	3.75	4.20	6.90	8.86
15	3.75	4.10	6.80	8.90
16	3.80	4.10	6.80	8.87
17	3.70	4.20	7.10	9.26
18	3.80	4.30	7.00	9.00
19	3.70	4.10	6.80	8.75
20	3.80	3.75	6.50	7.95
21	3.80	3.75	6.25	7.65
22	3.75	3.65	6.00	7.27
23	3.70	3.90	6.50	8.00
24	3.55	3.65	7.00	8.50
25	3.60	4.10	6.80	8.75
26	3.65	4.25	6.80	9.21
27	3.70	3.65	6.50	8.27
28	3.75	3.75	5.75	7.67
29	3.80	3.85	5.80	7.93
30	3.70	4.25	6.80	9.26

(1)以销售量为因变量,以公司销售价格为自变量,建立估计的回归方程。

(2)以销售量为因变量,以公司销售价格、其他厂家平均价格为自变量,建立的估计的回归方程。

(3)以销售量为因变量,以公司销售价格、其他厂家平均价格、广告费用为自变量,建立的估计的回归方程。

(4)上述(1)、(2)、(3)所建立的估计方程,公司销售价格的系数是否相同? 对其回归系数分别进行解释。

(5)比较(1)、(2)、(3)所建立的模型,选出一个最合理的,以备公司的决策层参考。

(6)对公司的销售价格进行 t 检验,是进行双侧检验还是单侧检验,在(5)选出的模型中,检验结论如何? ($\alpha=0.01$)

(7)若在同类产品的平均价格为 4.2 元的情况下,该公司预制定该种牙膏销售价格为 4元、投入的广告费用为 7.5 百万元的决策,则该种牙膏的销售量将达到多少?

附录一
R 软件的基本操作简介

一、R 语言基本知识概述

(一)R 软件的下载与安装

R 软件的官方网站为"https://www.r-project.org/,"该网站包含了大量的 R 软件学习资料,同时 R 软件的安装文件也可以在该网站下载。另外,若要下载 R 软件的最新 Windows 版本(R-3.2.1 版,2015 年 6 月 18 日发布,约 62.05 兆),可以直接进入网站:"http://cran.r-project.org/bin/windows/base/",点击"Download R 3.2.1 for Windows"即可下载。

下载了 R 软件的安装文件后,点击运行该安装文件,按照 Windows 的提示进行安装即可。安装完成后,程序会创建 R 程序组并在桌面上创建 R 主程序的快捷方式(也可以在安装过程中选择不要创建)。通过快捷方式运行 R 软件,便可调出 R 软件的主窗口,如图 1 所示。

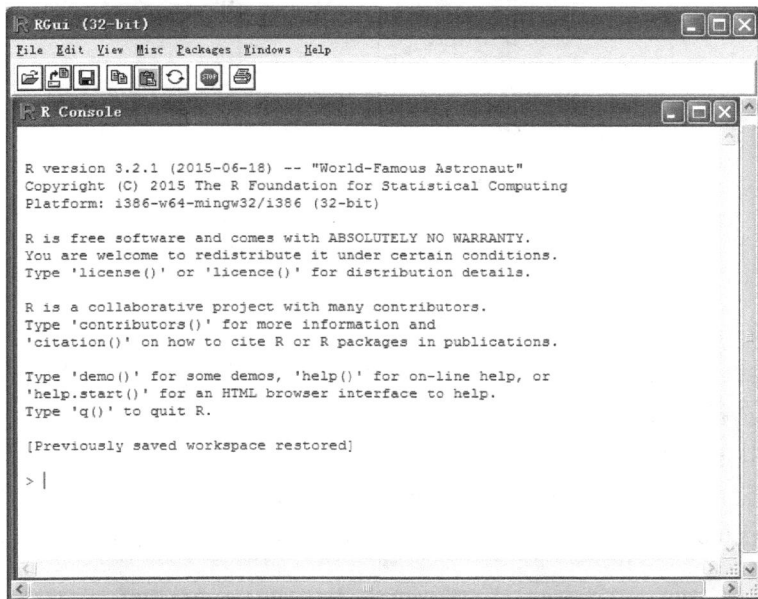

图 1   R 软件的主窗口

R 软件的界面与 Windows 的其他编程软件相类似,是由一些菜单和快捷按钮组成。快捷按钮下面的窗口便是命令输入窗口,它也是部分运算结果的输出窗口,有些运算结果(如图形)则会在新建的窗口中输出。主窗口上方的一些文字(如果是 R 软件中文版,则显示中文)是刚打开 R 软件时出现的一些说明和指引。文字下的">"符号便是 R 的命令提示符(矩形光标),在其后可输出命令。R 一般采用交互式工作方式,在命令提示符后输入命令,回车后便会输出计算结果。

需要注意的是,刚开始安装的 R 软件只包括了 8 个基本的模块,一些扩展的功能需要先安装相应的扩展程序包(简称扩展包)。R 软件中扩展包的安装有以下三种方式:

(1)菜单方式:单击主窗口工具栏中的【Packages】,选择【Install package(s)】,弹出如图 2 所示的窗口,在该对话框中选择想要安装的程序包,单击【确定】按钮。此时计算机将自动链接到指定的镜像点,下载程序包,并自动安装。

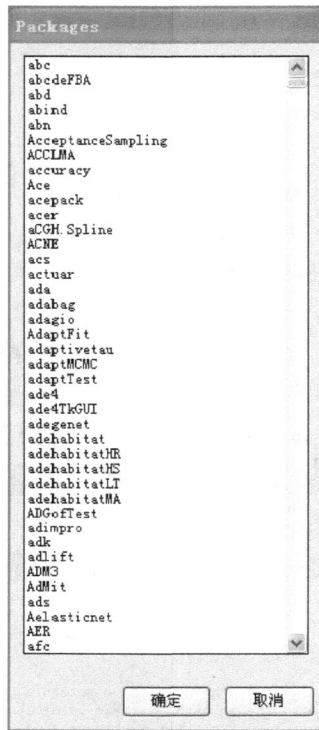

图 2　选择程序包对话框

(2)命令方式:用函数 install. packages( ),如果已经连接到互联网,在括号中输入要安装的程序包名称,选择镜像后,程序将自动下载并安装程序包。例如:要安装 lmtest 包,在控制台中输入"install. packages("lmtest")"即可。

(3)本地安装:在 R 软件的官方网站中下载所需要的扩展包,再依次点击 R 软件工具栏中的【Packages】→【Install package(s) from local zip files …】,选择下载好的扩展包文件,点击确定即可安装。

R 的扩展包安装后必须先载入内存才能使用,载入内存的方式有两种:

(1)菜单方式:点击 R 软件工具栏中的【Packages】→【Load package】,再从已有的程序包中选定一个需要的进行加载。

(2)命令方式:通过函数 library( )进行加载,如要载入程序包 lmtest,输入的代码为 library(lmtest)。

(二)R 程序脚本的建立、打开和保存

在 R 软件主窗口可以输入、运行代码,但由于在主窗口,每回车一次,就会运行代码,导致结果与代码混淆,不够直观清晰。因此,当要输入的 R 代码较多时,建议建立一个 R 文本,在该文本中输入代码,通过有选择性的运行该文件中的代码,既可以做到代码与结果的分离,也可以起到控制结果输出的作用,同时,还可以将这个 R 文本保存起来,以备下次再用。

在 R 软件中,建立 R 文本可以在工具栏中点击【File】→【New script】即可。初次保存建立的文本,可以依次点击【File】→【Save as】,然后在出现的保存窗口中给 R 文本命名(要注意加上后缀名".r",否则下次在 R 中打开该文本时找不到文件),点击【确定】即可。若要打开保存好的 R 文本,可以在工具栏中点击【File】→【Open script】,选择要打开的文本即可。

(三)数据的录入

用 R 软件录入数据,可以以向量、矩阵、列表和数据框等形式输入数据,但统计分析往往面临的数据量较大,变量也很多,输入数据往往显得很困难。这时,可以考虑先在其他软件中录入数据,然后将数据读到 R 软件中。由于 Excel 是最为强大数据管理工具,因此,这里只说明 R 软件如何从 Excel 中读取数据。

R 软件的基本程序包中没有直接读取 Excel 数据文件的函数,此时需先将 Excel 默认文件类型(xlsx 或 xls)转化为"CSV(逗号分隔)"文件,其后缀名为".csv",如图 3 所示:

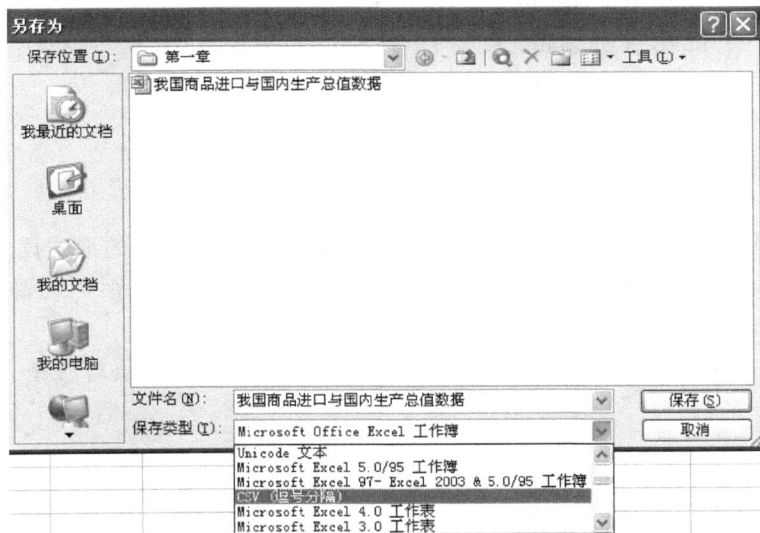

图 3　将 EXCEL 表另存为 csv 文件

然后再用函数 read.csv( )读取该 csv 文件,格式如下:

read.csv("文件路径/文件名. csv")[①]

例如,将我国 1989—2008 年的商品进口与国内生产总值的数据保存为 Excel 的 csv 文件后,在 R 中输入代码:

rc＝read.csv("我国商品进口与国内生产总值数据.csv");　rc

运行结果为:

　year　　　　GDP　　　　　IM

---

① R 语言中表达路径用正斜杠"/"或双反斜杠"\\",这点与 Windows 操作系统不同(Windows 用单反斜杠);另外,当文件在 R 语言工作目录中时,文件路径可以省略。

1	1989	16992.3	2199.9
2	1990	18667.8	2574.3
3	1991	21781.5	3398.7
4	1992	26923.5	4443.3
5	1993	35333.9	5986.2
6	1994	48197.9	9960.1
7	1995	60793.7	11048.1
8	1996	71176.6	11557.4
9	1997	78973.0	11806.5
10	1998	84402.3	11626.1
11	1999	89677.1	13736.4
12	2000	99214.6	18638.8
13	2001	109655.2	20159.2
14	2002	120332.7	24430.3
15	2003	135822.8	34195.6
16	2004	159878.3	46435.8
17	2005	183217.4	54273.7
18	2006	211923.5	63376.9
19	2007	257305.6	73284.6
20	2008	300670.0	79526.5

要注意的是,函数 read.csv( )的结果是将读取的数据以数据框的形式读入 R 软件中,其 Excel 文件的第一行作为变量名。由于数据框中的变量没有载入内存,因此要直接调用变量,要先使用 attach( )函数,将各变量名字连接到内存中,如输入:

```
attach(rc)        ♯将数据框 rc 的变量名连接到内存
GDP
```

运行结果为:

[1] 16992.3 18667.8 21781.5 26923.5 35333.9 48197.9 60793.7 71176.6 78973.0 84402.3

[11]89677.1 99214.6 109655.2 120332.7 135822.8 159878.3 183217.4 211923.5 257305.6 300670.0

(四)R 软件的运算

1.四则运算

R 软件中,四则运算和乘方运算符号分别为:+,−,*,/,^,其运算的优先级与数学中的法则相同。例如,在语言中输入代码6+5*3^2,运行后结果为51。

2.赋值运算

读者可以用符号"<−"、"="或"−>"来将数值赋给一个变量,至于用哪个符号则视读者的喜好而定。例如,若将数值9赋给变量 x,则输入代码 x<−9 或 9−>x 或 x=9。

要注意的是,赋值运算不显示结果,若要显示赋值的结果,可以在 R 中输入变量名,也可

以在在赋值时将代码用括号括起来。例如,在 R 中输入代码:

```
x = 9; x
```

运行结果为:

```
[1] 9
```

或输入代码:

```
(x = 9)
```

运行结果为:

```
[1] 9
```

3. 函数运算

R 软件中提供了大量的 R 函数,其调用的格式可以分为"有参数"和"无参数"两类。

如果函数 functionname 是没有参数的,那么只需输入"functionname( )"便可。但若该函数有参数,则用户就需要设定该函数的参数值。例如,R 软件中,算术平方根函数 sqrt( )和绝对值函数 abs( )都是只有一个参数的函数,若要计算 16 的算术平方根和 −6 的绝对值,可以在 R 中输入代码:

```
sqrt(16); abs( − 6)
```

运行结果为:

```
[1] 4
[1] 6
```

4. 关系运算

R 软件中关系运算的结果是 TRUE(简写为 T)或 FALSE(简写为 F),主要的关系运算符有"<"、"<="、"=="、">"、">="、"! =",分别表示"小于"、"小于或等于"、"等于"、"大于"、"大于或等于"、"不等于"。

关于运算就是要比较两个表达式是否存在关系符所表达的关系,如果有这种关系,则结果为 TRUE,否则结果为 FALSE。例如在 R 软件中输入代码:

```
x = 3;y = 4
x< = y; x = = y; x>y; x! = y
```

运行结果为:

```
[1] TRUE
[1] FALSE
[1] FALSE
[1] TRUE
```

要注意的是,在 R 软件中,TRUE 或 FALSE 是可以分别作为数值 1 或 0 来参与四则运算的,例如,在 R 中输入代码:

```
(x< = y) + (x = = y)
```

运行结果为:

```
[1] 1
```

5. 逻辑运算

R 软件中逻辑运算的结果是 TRUE 或 FALSE,主要的逻辑运算符有"&"、"|"、"!",分别

表示"与"、"或"、"非"。"&"主要判断表达式是否都成立,如果都成立,则运行的结果为TURE,否则为FALSE;"|"用于判断多个表达式中是否有成立的,若有,则结果为TURE,否则为FALSE;"!"改变某表达式成立的属性,如果该表达式成立,则对该表达式作"!"运算,则结果为FALSE,反之则反。例如在 R 软件中输入:

x = 3;y = 4;z = 2

(x>y)&(x>z); (x>y)|(x>z); ! (x< = y)

运行结果为:

[1] FALSE

[1] TRUE

[1] FALSE

(五)R 软件的几点注意事项

(1)R 软件区分大小写(这一点与 Excel 是不相同的),即 A 与 a 不同;正常情况下所有数字和字母都是可用的;

(2)变量的名称中可以包含任何英文字母、数字、"_"及"."等,但第一个字必须是英文字母,除此之外,R 不允许变量名包含空格或四则运算符等;

(3)代码之间可用";"来分隔,或另起新行;

(4)R 软件中以"#"代表注释,即"#"后的内容代码的注释;

(5)R 区分全角和半角,一般 R 中的标点(如分号和逗号)和括号都是半角输入法下输入的,否则无法识别;

(6)R 软件提供强大的在线帮助,读者可以通过在线帮助自主学习 R 软件的一些函数、程序包、运算符等的使用方法。关于 R 函数的帮助文件,可以通过"? 函数名"、"help(函数名)"或"help("函数名")"的方式来获取;关于程序包的帮助文件,可以通过"help(package=程序包名)"的方式获取;关于运算符的帮助文件,则可以通过"help("运算符")"来获取。

二、R 软件中的向量与矩阵

(一)向量

1.向量的生成

(1)一般向量的生成。

在 R 软件中,生成向量最简单和最常用的函数是 c( ),如果要生成一个变量名为 x,各元素分别为 8.2,3.7,4.5,5.6,7.3 的向量,在 R 软件中可以输入代码:

x = c(8.2,3.7,4.5,5.6,7.3)

c( )函数还可以将不同的向量合并成一个长度更大的向量,例如,在 R 软件中输入代码:

x = c(8.2,3.7,4.5,5.6,7.3)

y = c(1,5,2)

c(x,0,y)

运行结果为:

[1] 8.2 3.7 4.5 5.6 7.3 0.0 1.0 5.0 2.0

(2)生成步长为 1(逐项加 1 或减 1)的向量。

在 R 软件中,可以借助于":"运算来生成步长为 1 的向量。若 a 小于 b,则 a:b 表示生成从 a 开始,逐项加 1,直到最后一个元素是不超过 b 的最大数的向量;如果 a 大于 b,则 a:b 表示生成从 a 开始,逐项减 1,直到最后一个元素是不低于 b 的最小数的向量。例如,在 R 软件中输入代码:

1:5; 5:1; 1.2:5; 5.2:1

运行结果为:

[1] 1 2 3 4 5
[1] 5 4 3 2 1
[1] 1.2 2.2 3.2 4.2
[1] 5.2 4.2 3.2 2.2 1.2

要注意的是,":"运算要优先于四则运算,例如在 R 软件中输入代码:

1:9−1; 1:(9−1)

运行结果为:

[1] 0 1 2 3 4 5 6 7 8
[1] 1 2 3 4 5 6 7 8

(3)生成等差向量。

如果要产生任意公差的等差向量,还可以使用 seq() 函数,其使用格式为:

$$seq(from = value1, to = value2, by = value3)$$

它表示产生从 value1 开始,到 value2 结束,公差为 value3 的等差向量。例如,在 R 软件中输入代码:

seq(−2, 2, 0.5)

运行结果为:

[1] −2.0 −1.5 −1.0 −0.5 0.0 0.5 1.0 1.5 2.0

(4)生成重复向量。

如果向量的元素中存在很多相同的数,则可以采用 rep() 函数来生成,其使用格式为:

$$rep(x, times = n)$$

它表示将 x(可以是数、向量等)重复 n 次后构成的向量。例如在 R 软件中输入代码:

x = 1:3
rep(2,3); rep(x,3)

运行结果为:

[1] 2 2 2
[1] 1 2 3 1 2 3 1 2 3

2.向量的运算

对于向量可以作加(+)、减(−)、乘(*)、除(/)和乘方(^)运算,其含意是对向量的每一个元素进行相应的运算。例如在 R 软件中输入代码:

x = c(1,3,5); y = c(2,4,6)
x + y; x − y; x * y; x/y; x^2

运行结果为:

[1] 3 7 11

```
[1] -1 -1 -1
[1]  2 12 30
[1] 0.5000000  0.7500000  0.8333333
[1]  1  9 25
```

在 R 软件中,做类似于数学中向量的乘法(即内积)用符号％＊％,例如对上面产生的 x 和 y 向量,做内积运算,只需在 R 中输入:

```
x％＊％y
```

运行结果为:

```
      [,1]
[1,]   44
```

3.向量的元素和子向量的提取

R 软件提供了十分灵活地提取向量的元素和向量子集的功能。向量 x 中的某一个元素只要用 x[i]的格式提取即可。向量 x 的子集可以用 x[v]的形式提取,这里 v 是子向量的元素在 x 中的位置构成的向量;也可以用 x[-w]的形式的形式提取,这里 w 是非子向量的元素在 x 中的位置构成的向量。

例如,在 R 软件中输入代码:

```
x = c(1,5,2,4,6,2,7,9,8,5)
x[5]; x[1:3]; x[c(1,3,5)]; x[-5]
```

运行结果为:

```
[1] 6
[1] 1 5 2
[1] 1 2 6
[1] 1 5 2 4 2 7 9 8 5
```

4.与向量有关的常用函数

R 软件中提供了大量针对向量的函数,这里列举一些较为常用的基础函数,并指出了它们的基本功能,具体如表 1 所示。

表 1 与向量有关的基础函数及其功能

函数名	功能
length	计算向量的长度
min	求向量各元素中最小的元素
max	求向量各元素中最大的元素
sum	求向量各元素之和
prod	求向量各元素的连乘积
max	求向量各元素的最大值
min	求向量各元素的最小值
mean	求数据向量的算术平均数

续表1

函数名	功能
median	求数据向量的中位数
var	求数据向量的样本方差
sd	求数据向量的样本标准差
sort	计算数据向量的顺序统计量
order	计算数据向量的顺序统计量在原数据中的位置

例如,在 R 软件中输入代码:

```
x = c(1,5,7,3)
length(x); min(x);max(x); sum(x); prod(x);mean(x);var(x);sd(x)
```

运行结果为:

```
[1] 4
[1] 1
[1] 7
[1] 16
[1] 105
[1] 4
[1] 6.666667
[1] 2.581989
```

(二)矩阵

1. 矩阵的生成

R 软件中生成矩阵的方法很多,这里只介绍生成矩阵的函数 matrix( ),其一般使用格式为:

$$matrix(data=NA,nrow=1,ncol=1,byrow=FALSE,dimnames=NULL)$$

其中,data 是一个向量数据;nrow 是矩阵的行数;ncol 是矩阵的列数;当 byrow = TRUE 时,生成矩阵的数据按行放置,byrow = FALSE(默认值),数据按列放置;dimnames 是设置矩阵行列名称的参数,缺省时不设置矩阵行列的名称。

例如,要生成一个元素分别为 1 到 20 的 4×5 矩阵,可以在 R 软件中输入代码:

```
A = matrix(1:20,nrow = 4,ncol = 5)
B = matrix(1:20,nrow = 4,ncol = 5,byrow = T)
A; B
```

运行结果为:

```
     [,1] [,2] [,3] [,4] [,5]
[1,]   1    5    9   13   17
[2,]   2    6   10   14   18
[3,]   3    7   11   15   19
[4,]   4    8   12   16   20
```

```
      [,1] [,2] [,3] [,4] [,5]
[1,]   1    2    3    4    5
[2,]   6    7    8    9   10
[3,]  11   12   13   14   15
[4,]  16   17   18   19   20
```

要注意的是,当用于生成矩阵的数据的个数刚好等于矩阵行数与列数的乘积时,行参数 nrow 和列参数 ncol 只需设置一个即可,例如代码 matrix(1:20,nrow＝4)得到的矩阵与上面得到的 A 矩阵是相同的;当用于生成矩阵的数据的个数不等于矩阵行数与列数的乘积时,行参数 nrow 和列参数 ncol 就都需要设置,例如:

C = matrix(1：20,nrow = 4,ncol = 4)

D = matrix(1：20,nrow = 5,ncol = 5)

C；D

运行的结果为:

```
      [,1] [,2] [,3] [,4]
[1,]   1    5    9   13
[2,]   2    6   10   14
[3,]   3    7   11   15
[4,]   4    8   12   16
```

```
      [,1] [,2] [,3] [,4] [,5]
[1,]   1    6   11   16    1
[2,]   2    7   12   17    2
[3,]   3    8   13   18    3
[4,]   4    9   14   19    4
[5,]   5   10   15   20    5
```

2.矩阵的运算

(1)矩阵的四则运算。

在 R 软件中,对相同形状(行数与列数分别相同)的矩阵进行四则运算(＋、－、＊、/),其含意是对矩阵的每一个元素进行相应的运算。例如,在 R 软件中输入代码:

A = matrix(1：9,nrow = 3,byrow = T)

B = matrix(2：10, nrow = 3,byrow = T)

A；B；A + B；A － B；A ＊ B；A/B

运行的结果为:

```
      [,1] [,2] [,3]
[1,]   1    2    3
[2,]   4    5    6
[3,]   7    8    9
```

```
      [,1] [,2] [,3]
```

```
[1,]    2    3    4
[2,]    5    6    7
[3,]    8    9   10
     [,1] [,2] [,3]
[1,]    3    5    7
[2,]    9   11   13
[3,]   15   17   19


     [,1] [,2] [,3]
[1,]   -1   -1   -1
[2,]   -1   -1   -1
[3,]   -1   -1   -1


     [,1] [,2] [,3]
[1,]    2    6   12
[2,]   20   30   42
[3,]   56   72   90


       [,1]       [,2]        [,3]
[1,]  0.500  0.6666667   0.7500000
[2,]  0.800  0.8333333   0.8571429
[3,]  0.875  0.8888889   0.9000000
```

（2）矩阵的数乘运算和乘法运算。

在 R 软件中,矩阵的数乘运算可以直接用"＊"来实现,而线性代数中的矩阵乘法运算,需要通过运算符"％＊％"来实现。例如,在 R 软件中输入代码:

```
A = matrix(1 : 12, nrow = 3, byrow = T)
B = matrix(12 : 1, nrow = 4, byrow = T)
A; B; 2 * A; A % * % B
```

运行结果为:

```
     [,1] [,2] [,3] [,4]
[1,]    1    2    3    4
[2,]    5    6    7    8
[3,]    9   10   11   12


     [,1] [,2] [,3]
[1,]   12   11   10
[2,]    9    8    7
[3,]    6    5    4
[4,]    3    2    1
```

```
     [,1] [,2] [,3] [,4]
[1,]   2    4    6    8
[2,]  10   12   14   16
[3,]  18   20   22   24


     [,1] [,2] [,3]
[1,]  60   50   40
[2,] 180  154  128
[3,] 300  258  216
```

3. 矩阵的元素、行列向量及子矩阵的提取

在 R 软件中,可以用 A[u,v]的形式对矩阵 A 的一部分进行提取,这里 u 是要提取的部分在原矩阵中行的位置构成的向量(或数),v 是要提取的部分在原矩阵中列的位置构成的向量(或数),并且在 u 或 v 省略时,取出所有的行或列。例如,在 R 软件中输入代码:

```
A = matrix(1:12,nrow = 3,byrow = T)
A; A[3,2]; A[1,]; A[,2]; A[1:3,3:4]; A[c(1,3),c(3,2)]
```

运行结果为:

```
     [,1] [,2] [,3] [,4]
[1,]   1    2    3    4
[2,]   5    6    7    8
[3,]   9   10   11   12


[1] 10


[1] 1 2 3 4


[1]  2  6 10
     [,1] [,2]
[1,]   3    4
[2,]   7    8
[3,]  11   12


     [,1] [,2]
[1,]   3    2
[2,]  11   10
```

4. 与矩阵有关的常用函数

R 软件中提供了大量针对矩阵的函数,这里列举一些较为常用的矩阵函数,并指出了它们的基本功能,具体如表 2 所示。

表 2　与矩阵有关的常用函数及其功能

函数名	功能
t	求矩阵的转置
det	求方阵的行列式
diag	当做用的对象是一个向量时,生成对角矩阵;当做用的对象时一个矩阵,则取该矩阵的主对角线
solve	A 为方阵,b 为向量(长度与矩阵 A 的函数相同),则 solve(A)计算矩阵 A 的逆;solve(A,b)求解线性方程组 AX＝b。
eigen	求矩阵的特征值与特征向量
cbind	A,B 为两矩阵,则 cbind(A,B)按列合并 A,B 矩阵
rbind	A,B 为两矩阵,则 rbind(A,B)按行合并 A,B 矩阵
apply	对矩阵的各行或各列进行某种运算,其实格式为 apply(A, MARGIN, FUN, …),其中 A 是一个矩阵(或数组);MARGIN＝1 表示对矩阵的行进行运算,MARGIN＝2 表示对矩阵的列进行运算;FUN 是用来计算的函数。

例如,在 R 中输入代码:

A = matrix(c(1 : 8,10),nrow = 3,byrow = T); b = c(2,5,10)

A; t(A); det(A); diag(A); diag(b); solve(A); solve(A,b); apply(A,1,sum)

运行结果为:

```
     [,1] [,2] [,3]
[1,]   1    2    3
[2,]   4    5    6
[3,]   7    8   10


     [,1] [,2] [,3]
[1,]   1    4    7
[2,]   2    5    8
[3,]   3    6   10
[1] -3
[1]  1  5 10


     [,1] [,2] [,3]
[1,]   2    0    0
[2,]   0    5    0
[3,]   0    0   10


             [,1]        [,2] [,3]
[1,] -0.6666667 -1.333333    1
```

```
[2,] - 0.6666667  3.666667   - 2
[3,]  1.0000000 - 2.000000     1
[1]  2 - 3  2
[1]  6 15 25
```

三、列表、数据框与因子

(一)列表

列表是一种特别的对象集合,组成它的元素的类型可以是任意对象(包括列表),且不同元素可以是不同类型的数据。

1. 列表的生成

在 R 软件中,生成列表的函数是 list( )。例如,在 R 软件中输入代码:

list(name = "James",height = 2.03,no.children = 2,child.ages = c(11,8))

运行结果为:

```
$ name
[1] "James"
$ height
[1] 2.03
$ no.children
[1] 2
$ child.ages
[1] 11   8
```

2. 列表的元素与子列表的提取

列表的元素可以用"列表名[[下标]]"或"列表名 $ 元素名"的格式提取。例如,在 R 软件中输入代码:

L = list(name = "James",height = 2.03,no.children = 2,child.ages = c(11,8))

L[[1]];L[[4]]; L $ height

运行结果为

```
[1] "James"
[1] 11   8
[1] 2.03
```

要注意的是,列表不同于向量,它每次只能提取一个元素,如 L[[1：2]] 的用法是不允许的。

要提取一个列表的子列表,可以用"列表名[下标]"或"列表名[下标范围]"来实现。例如,对于上面产生的列表 L,分别提取它的第一个元素构成的子列表和前两个元素构成的子列表,可以在 R 中输入代码:

L[1]; L[1：2]

运行结果为:

```
$ name
```

```
[1] "James"

$ name
[1] "James"
$ height
[1] 2.03
```

（二）数据框

数据框是 R 软件的一种数据结构。它通常是矩阵形式的数据,但矩阵各列可以是不同类型的。数据框的每列是一个变量,每行都是某个具体对象在各个变量上的一组观测值。

1. 数据框的生成

生成数据框的函数是 data. frame( )。例如,在 R 软件中输入代码:

```
sjk = data. frame(Name = c("Zhang Hua", "Wang Lei", "Du Xiaoming"),
            class = c("t1","t2","t3"),score = c(70,85,76))
sjk
```

运行结果为:

```
      Name  class  score
1   Zhang Hua   t1     70
2    Wang Lei   t2     85
3 Du Xiaoming   t3     76
```

2. 数据框的元素与子数据框的提取

数据框的元素与子数据框的提取,既可以采用类似于矩阵元素和子矩阵的提取方式,也可以采用"数据框名 $ 元素名"的方式来提取。例如,在得到上面数据框 sjk 的基础上,在 R 软件中输入代码:

```
sjk[2:3,c(1,3)]; sjk $ score
```

运行结果为:

```
      Name      score
2   Wang Lei       85
3  Du Xiaoming     76

[1] 70 85 76
```

3. 数据框变量的调用和 attach( )函数

数据框的主要用途是保存不同类型的多变量的数据,但由于数据框的变量名没有载入内存,因此要调用该变量,须采用"数据框名 $ 元素名"的方式。但是,这样比较麻烦,可以考虑用 R 软件中的 attach( )函数把数据框中的变量"连接"到内存中,这样便可以自由调用该变量了。例如,在 R 软件中输入代码:

```
attach(sjk); score
```

运行结果为:

```
[1] 70 85 76
```

有时为了方便,需要取消变量的链接,这时可以使用与 attach( )功能相反的函数 detach( )(无参数即可)。

(三)因子

因子是 R 软件中一类特殊的对象,其主要目的是为了表达与说明定性变量的取值。生成因子最基本的函数是 factor( )。例如,在知道 5 位学生的性别后,生成一个性别因子,可以在 R 软件中输入代码:

```
sex = c("M","F","M","M", "F")
sexf = factor(sex);   sexf
```

运行结果为:

```
[1]  M  F  M  M  F
Levels: F  M
```

产生一些有规律的因子,还经常使用 gl( )函数,该函数的使用格式为:

$$gl(n, k, length = n * k, labels = 1 : n, ordered = FALSE)$$

其中,n 为水平数;k 为重复的次数;length 为结果的长度;labels 是一个 n 维向量;表示因子水平;ordered 是逻辑变量;表示是否为有序因子;缺省值为 FALSE。

在 R 软件中输入代码:

```
gl(3,5)
```

运行结果为:

```
[1] 1 1 1 1 1 2 2 2 2 2 3 3 3 3 3
Levels: 1 2 3
```

在 R 软件中输入代码:

```
gl(3,1,15)
```

运行结果为:

```
[1] 1 2 3 1 2 3 1 2 3 1 2 3 1 2 3
Levels: 1 2 3
```

要注意的是,gl( )函数产生的因子中数字并不是真正意义上的数,它仅仅只代表类别,如上面产生的因子中的"1"、"2"、"3"分别代表第 1 类、第 2 类和第 3 类。

四、R 软件程序设计

与其他高级语言类似,R 软件也提供了的分支、循环等程序设计结构,下面主要介绍常用的三种结构:if/else 结构,for 循环和 while 循环。这些结构经常包含大量的 R 命令,故建议在 R 文本中编写。

(一)if/else 结构

if/else 结构的格式为:

if(cond) {statement1}

if (cond1) { statement1 }   else if (cond2) {statement2 }   else {statement3}

第一种格式的意思是:如果条件 cond 成立,则执行表达式 statement1;否则跳过。

第二种格式的意思是:如果条件 cond1 成立,则执行表达式 statement1;如果条件 cond2

成立,则执行表达式 statement2;否则(cond1 和 cond2 都不成立),则执行表达式 statement3。

例1 表达如下分段函数:

$$f(x) = \begin{cases} x^2 + 1, & x > 1 \\ 2x, & x \leqslant 1 \end{cases}$$

解 在 R 软件中输入代码:

```
if(x>1) {y = x^2 + 1} else {y = 2 * x}
```

(二)for 循环

for 循环的格式为:

$$\text{for (name in expr\_1)\{ expr\_2 \}}$$

其中,name 是循环变量,expr1 是一个向量表达式(通常是个序列,如 1:20),expr_2 通常是一组表达式。

例2 构造一个 3 阶的 Hibert 矩阵 $(a_{ij})_{3\times3} = \left(\dfrac{1}{i+j}\right)_{3\times3}$。

解 在 R 软件中输入代码:

```
A = matrix(0, nrow = 3, ncol = 3)
for (i in 1:3) {
    for (j in 1:3) {A[i,j] = 1/(i + j) } }; A
```

运行结果为:

```
        [,1]       [,2]       [,3]
[1,] 0.5000000  0.3333333  0.2500000
[2,] 0.3333333  0.2500000  0.2000000
[3,] 0.2500000  0.2000000  0.1666667
```

(三)while 循环

while 循环语句的格式为:

$$\text{while (condition) \{ expression\}}$$

其意为当条件 condition 成立,则执行表达式 expr。

例3 设银行年利率为 11.25%(按复利),将 10000 元存入银行,问多长时间会连本带息翻一番?

解 在 R 软件中输入代码:

```
year = 0; a = 10000
while (a<20000)
{a = a * (1 + 11.25/100); year = year + 1};  year; a
```

运行结果为:

```
[1] 7
[1] 21091.14
```

五、编写函数

R 语言允许用户创建自己的函数(function)对象。一个 R 函数是通过下面的语句形式来定义的:

$$name = function(arg1, arg2, \dots) \quad \{expression\}$$

其中,expression 是一组 R 语言表达式,它利用各参数(arg1,arg2,…)计算最终的结果。该组表达式的值就是函数的返回值。

例 4 将例 1 中的数学函数编写为 R 函数。

解 在 R 软件中输入代码:

```
f = function(x) {
if(x>1)  {y = x^2 + 1}   else  {y = 2 * x}
y
}
```

运行该函数的代码后,若要求出例 1.1 的数学函数在 0,1,2 的取值,则只需在 R 中输入代码:

```
f(0); f(1); f(2)
```

运行结果为:

```
[1] 0
[1] 2
[1] 5
```

关于函数的调用,这里在补充说明两点:

(1)当调用函数时,参数值是按顺序设置的,则参数名可以省略不写。但如果参数值不是按顺序设置的,则改变顺序的参数值必须带上参数名,即必须按"name=object"方式给出参数值。

(2)许多时候,参数会被设定一些默认值,如果默认值符合要求,则可以省略这些参数的设置。

例如,定义如下函数:

```
fun = function(data,data. frame,graph = TRUE,limit = 20) {
            ……(省略)
}
```

则以下调用方式是等价的:

```
fun(d,df,TRUE)
fun(d,df, graph = TRUE,limit = 20)
fun(data = d,limit = 20,graph = TRUE,data. frame = df)
```

五、R 绘图

在 R 软件中,有两类作图函数,一类是高级绘图函数,另一类是低级绘图函数。所谓高级绘图函数,是指在图形设备上产生一个新的图区,它可能包括坐标轴、标签、标题等。而低级绘图函数是自身无法生成图形,它只在一个已经存在的图上加上更多的图形元素,如额外的点、线和标签等。

(一)plot( )函数

R 软件中常用的高级绘图函数有很多,但鉴于本书后面的内容需要,这里只介绍 plot( ) 这一高级绘图函数。

plot( )函数可绘制数据的散点图、曲线图等,其用途很广,用法也很多,下面主要讲三种常用的用法。

1. plot(x, y)

这里 x 和 y 是两变量数据构成的向量,此种用法生成的是变量 x(作自变量)与变量 y(作因变量)之间的散点图。

2. plot(x)

这里如果 x 是一时间序列,则此种用法生成时间序列散点图。如果 x 是向量,则产生 x 关于下标的散点图。

3. plot(df); plot(~expr); plot(y~expr)

这里 df 是数据框,y 是任意一个对象,expr 是对象名称的表达式,如 a+b+c。其中 plot (df)绘制数据框 df 中两两变量之间的散点图;plot(~expr)绘制表达式 expr 中涉及的变量两两之间的散点图,如 plot(~x+y)与 plot(x,y)绘制的图形是相同的;plot(y~expr)绘制的是变量 y 作为因变量,与 expr 中各变量之间的散点图,如 plot(y~x)与 plot(x,y)绘制的图形是相同的。

例 5　某产品 10 个销售周期的销售量、价格、销售费用的数据如表 3 所示。根据这些数据绘制该产品销售量、价格、销售费用之间的散点图。

表 3　某产品的销售量、价格、销售费用的数据

销售周期	销售量(百万支)	销售价格(元)	销售费用(百万元)
1	7.38	3.85	5.50
2	8.51	3.75	6.75
3	9.52	3.70	7.25
4	7.50	3.70	5.50
5	9.33	3.60	7.00
6	8.28	3.60	6.50
7	8.75	3.60	6.75
8	7.87	3.80	5.25
9	7.10	3.80	5.25
10	8.00	3.85	6.00

解　以 Q 代表该产品销售量,P 代表产品价格,X 代表产品的销售费用,在 R 中输入代码:

```
df = data.frame(
Q = c(7.38,8.51,9.52,7.50,9.33,8.28,8.75,7.87,7.10,8.00),
P = c(3.85,3.75,3.70,3.70,3.60,3.60,3.60,3.80,3.80,3.85),
X = c(5.50,6.75,7.25,5.50,7.00,6.50,6.75,5.25,5.25,6.00))
attach(df)
plot(Q)
```

```
plot(P,Q)            ♯或为 plot(Q~P)
plot(Q~P+X)
plot(df)
```

运行结果为(见图 4 至图 7):

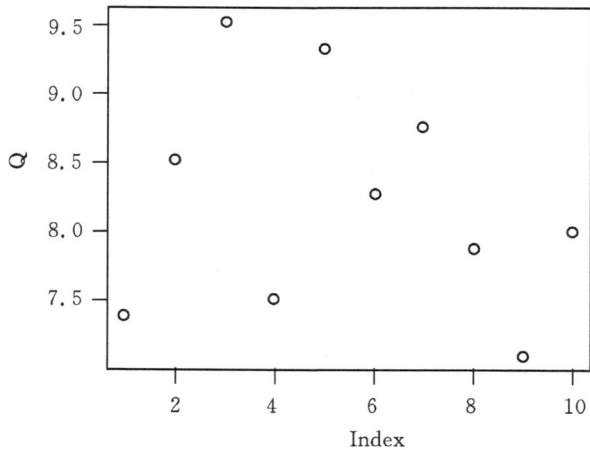

图 4　plot(Q)的运行结果

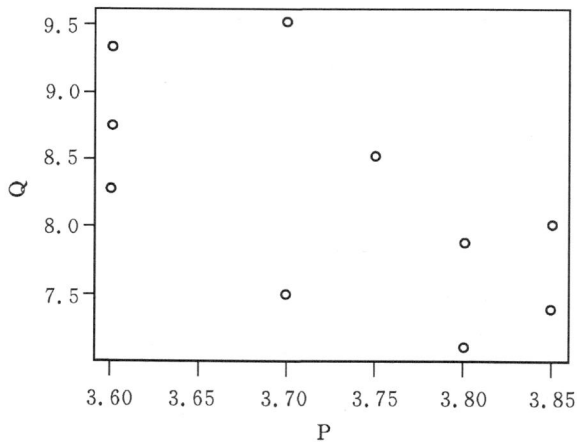

图 5　plot(P，Q)或 plot(Q~P)的运行结果

(二)常用的低级绘图函数

1.加"点"与"线"的函数

加点函数是 points( ),其作用是在已有图上加点,命令 points(x, y)其功能相当于 plot (x,y)。

加线函数是 lines( ),其作用是在已有图上加线,命令 lines(x, y)其功能相当于 plot(x, y, type="l")。

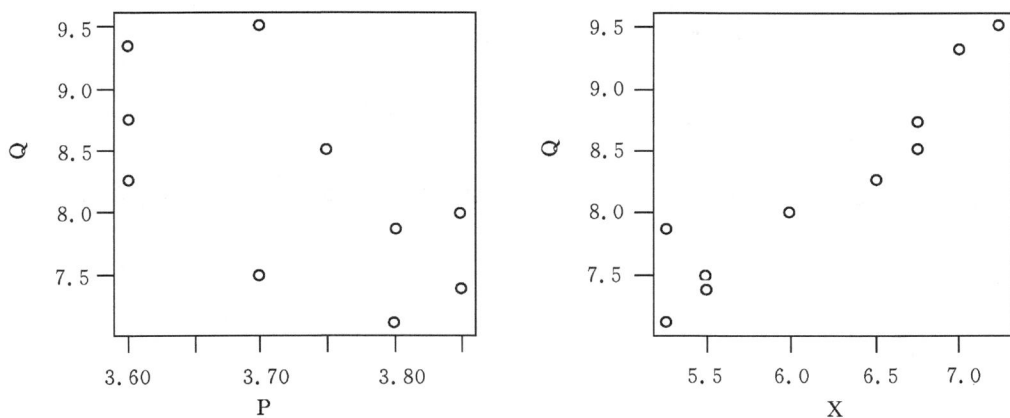

图 6 plot(Q~P+X)的运行结果

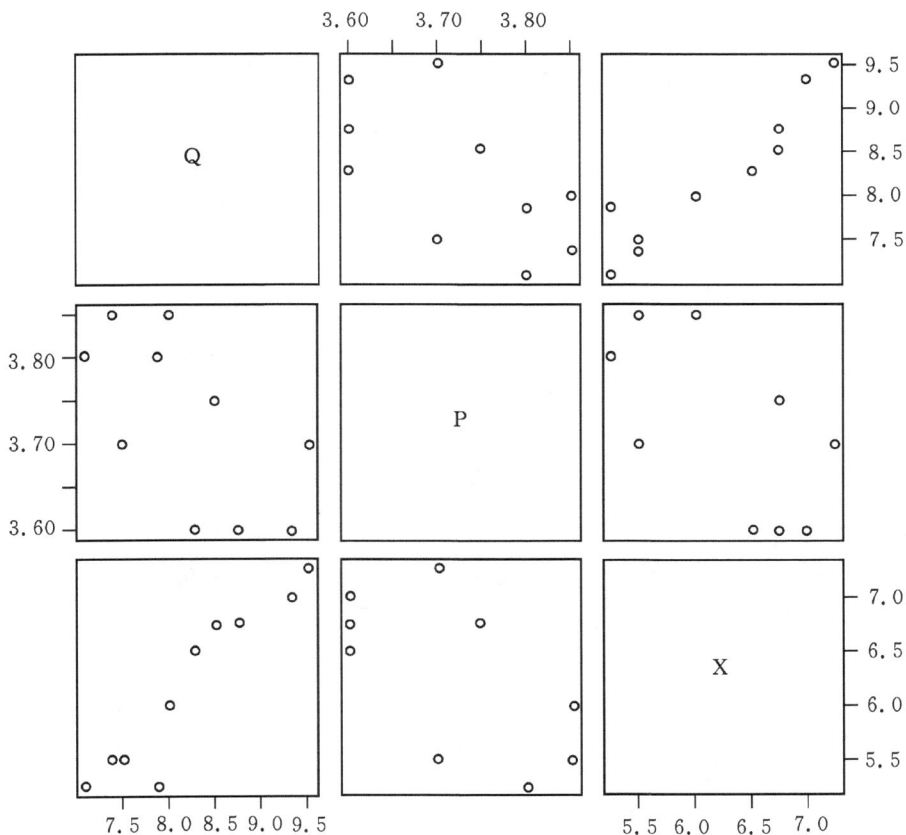

图 7 plot(df)的运行结果

2. 在图上加直线

函数 abline( )可以在图形上加直线,其使用方法有四种格式。

（1）abline(a，b)。

该命令的意思是在原图上画一条 $y=a+bx$ 的直线。

（2）abline(h＝y)。

该命令表示在原图上画一条水平直线 $y=h$,相当于命令 abline(h，0)。

（3）abline(v＝x)。

该命令表示在原图上画一条竖直线 $x=v$,例如在图5上加横线 $Q=8$ 和竖线 $P=3.7$,可以在 R 中输入：

plot(P,Q)

abline(h = 8)

abline(v = 3.7)

运行结果为(见图8)：

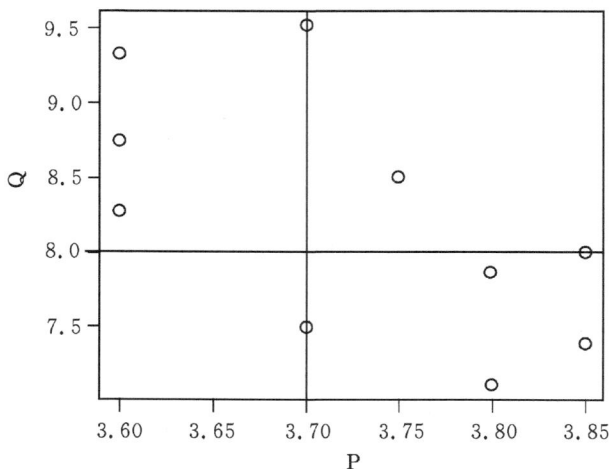

图 8　加横线和竖线后的散点图

（4）abline(lm.obj)。

此命令表示绘出线性回归[①]模型得到的线性方程。如对例5产品销售量和价格的数据,在两者的散点图上加上回归直线,可以在 R 中输入代码：

fm = lm(Q~P)

plot(P,Q)

abline(fm)

运行结果为(见图9)：

3. 在图上加标记

在图上加文字、标记或其他内容有两个函数,一个是加图的题目的函数 title( ),用法是：
$$\text{title(main＝"Main Title"，sub = "sub title"，)}$$
其中,主题目加在图的顶部,子题目加在图形的底部。

[①] 　关于"回归",我们将在第七章详细介绍。

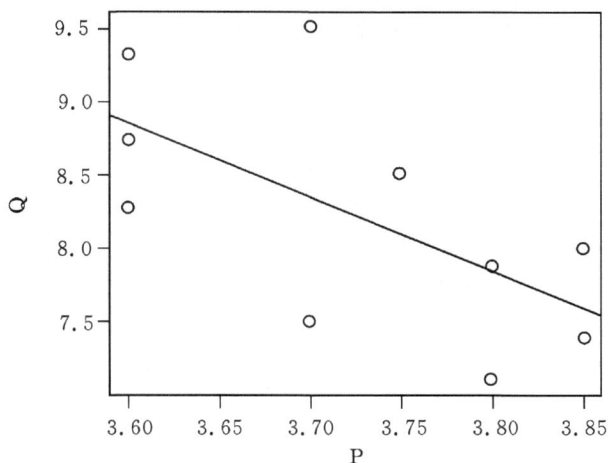

图 9　添加回归直线的散点图

另一个函数是 text( ),其作用是在图上加标记,命令格式为:

$$\text{text}(x,\ y,\ labels,\cdots)$$

其中,x,y 是数据向量,labels 可以是整数,也可以是字符串。在默认状态下,labels＝1：length(x)。例如,需要绘出(x,y)的散点图,并将所有点用数字标记,其代码为:

```
plot(x,y);   text(x,y)
```

说明 1:text(x,y)将标记每个散点,如果将(x,y)改成具体的坐标点,则只在这个坐标点的位置标记。

说明 2:用 text(x,y,expression(…))可以在一个图形上加上数学公式,函数 expression 把自变量转换为数学公式。代码为:

```
text(a, b, expression(p = = over(1, 1 + e^-(beta * x + alpha))))
```

则在图中相应坐标点(a,b)处显示下面的方程:

$$p=\frac{1}{1+e^{-(\beta x+\alpha)}}$$

4.改变坐标轴

修改和增加定制的坐标轴,可用函数 axis( ),其格式为:

$$\text{axis}(side, at＝seq(from＝value1, to＝value2, by＝value3),\cdots)$$

其中,side(1～4,从底部顺时钟方式数)表示在某一侧增加一个坐标轴。另一个参数 at 控制坐标轴相对图区的位置,刻度位置和标签位置。例如,axis(1,at＝seq(0,20,5))表示坐标轴画在底部,坐标刻度从 0 开始,刻度之间间隔 5,到 20 结束。

5.添加图例

在统计图上添加图例的函数为 legend( ),其使用格式为:

legend(x, y = NULL, legend, fill = NULL, col = par("col"), lty, lwd, pch,…)

其中,x 和 y 是添加图例位置的横坐标和纵坐标数值;legend 是字符或表达式构成的向量,是图例的说明;col 是颜色参数;lty 控制图例的符号是用虚线还是实线;lwd 控制图例符号的粗细;pch 控制图例点的符号参数;其他参数请参见在线帮助。

关于 legend( )函数的具体使用方法,读者可参见第八章的案例。

6.绘图布局的控制

par( )函数可统一要求后面的绘制图形都按照 par 指定的参数来绘制(除非后面的函数再单独设置了参数,否则一律按 par( )指定的来绘制)。例如:

par(bg = "yellow")   ♯bg 为背景参数

将导致后来的图形都以黄色的背景来绘制。

另外 par( )函数还可将后面的图形按顺序控制在一张画面输出,具体代码为:

par(mfrow = c(2,2))或 par(mfcol = c(2,2))

以上代码的意思是将后面的四幅图按 2 行 2 列的方式输出在一张画面上,其中 mfrow 是指按行排列,mfcol 是指按列排列。

(三)常用的绘图参数

不管是高级绘图函数,还是低级绘图函数,都需要使用一些特定的绘图参数来控制图形的输出,下面的表 4 给出了常用的一些绘图参数。

表 4 常用的绘图参数

参数名	用途及设置
add	add=TRUE 表示所绘图形在原图上加图,默认值 add=FALSE,即用新图替换原图
axes	axes=FALSE 表示所绘图形没有坐标轴,默认值 axes=TRUE
type	type="p",绘散点图(默认值) type="l",绘实线,但不画点 type="b",所有点被实线连接 type="o",实线通过所有的点 type="h",绘出点到横轴的竖线 type="s",绘出阶梯形曲线 type="n",不绘制任何点和线
bg	指定背景色(例如 bg="red", bg="blue";用 colors( )可以显示 657 种可用的颜色名)
bty	控制图形边框形状,可用的值为:"o","l","7","c","u" 和"]"(边框和字符的外表相像);如果 bty="n"则不绘制边框
col	控制符号的颜色,可以为整数,也可以为字符串,如 col=2 和 col="red"都表示红色。(可用 colors( )可以显示 657 种可用的颜色名)
font	控制文字字体的整数(1:正常,2:斜体,3:粗体,4:粗斜体)
lty	控制连线的线型,可以是整数(1:实线,2:虚线,3:点线,4:点虚线,5:长虚线,6:双虚线),或者是不超过 8 个字符的字符串(字符为从"0"到"9"之间的数字)交替地指定线和空白的长度,单位为磅(points)或象素,例如 lty="44"和 lty=2 效果相同
lwd	控制图形的粗细;取实数值,其值越大,图形越粗,反之则反

参数名	用途及设置
cex	控制图形中数据点的大小；取实数值，其值越大，数据点越大，反之则反
legend	图例参数；除了利用 x, y 设置图例的坐标外，用"topleft"、"center"、"bottomright"等设置位置非常方便；ncol 设置图例的列数，horiz 设置图例的排列方向
pch	点的符号参数；其值在 0:25，其中 pch = 19 为实圆点、pch = 20 为小实圆点、pch = 21 为圆圈、pch = 22 为正方形、pch = 23 为菱形、pch = 24 为正三角尖、pch= 25 为倒三角尖，另外 21－25 可以填充颜色(用 bg 参数)
mfrow	c(nr, nc) 的向量，分割绘图窗口为 nr 行 nc 列的矩阵布局，按列次序使用各子窗口
xlab	其值为字符串，用来说明 x 轴
ylab	其值为字符串，用来说明 y 轴
main	其值为字符串，用来说明主标题
sub	其值为字符串，用来说明子标题
xlim	用来设置 x 轴的区间范围，若 x 轴范围为 $-1\sim1$，则可以设置 xlim=c$(-1,1)$
ylim	用来设置 y 轴的区间范围，设置方法同 xlim

下面以例 5 的数据为例，综合应用上面介绍的高级绘图函数、低级绘图函数及绘图参数来绘制图形。在 R 软件中输入代码：

```
Q = c(7.38,8.51,9.52,7.50,9.33,8.28,8.75,7.87,7.10,8.00)
P = c(3.85,3.75,3.70,3.70,3.60,3.60,3.60,3.80,3.80,3.85)
X = c(5.50,6.75,7.25,5.50,7.00,6.50,6.75,5.25,5.25,6.00)
model = lm(Q~P + X)
se = sqrt(deviance(model)/(length(x) - 3))
        #函数 deviance( )计算模型残差平方和,本代码主要是要计算模型的标准误差 se
e = resid(model)                    #计算模型残差
par(col = 4, lty = 3)
par(mfrow = c(3,2))                 #将后面四幅图以 2 行 2 列方式绘在统一画面
plot(P,Q)
plot(X,Q)
plot(e,type = "o",xlab = "t" ,ylim = c(-1,1))
abline(0,0) #在图上添加水平线 y = 0
abline(se,0,lty = 2,col = "red")         #在图上添加水平线虚线 y = se
abline(- se,0,lty = 2,col = "red")       #在图上添加水平线虚线 y = - se
Qhat = predict(model)               #计算 Q 的估计值(拟合值)
plot(P,e^2,ylab = as.expression(substitute(e^2)))
#作 P 与残差平方的散点图
plot(X,e^2,ylab = as.expression(substitute(e^2)))
```

♯作 X 与残差平方的散点图

plot(Q,Qhat)

运行结果为(见图 10):

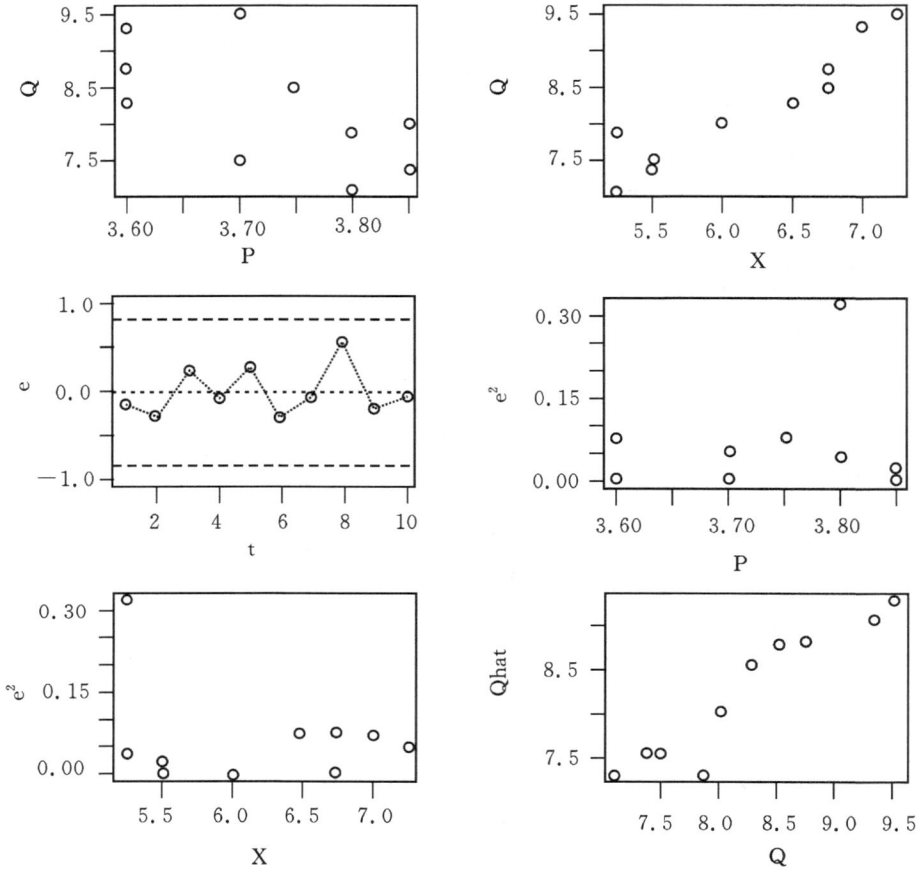

图 10　Q 关于 P 和 X 的回归模型的各散点图

附录二
常用统计表

附表1　标准正态分布函数表

x	0.00	0.01	0.02	0.03	0.04	0.05	0.06	0.07	0.08	0.09
0.0	0.5000	0.5040	0.5080	0.5120	0.5160	0.5199	0.5239	0.5279	0.5319	0.5359
0.1	0.5398	0.5438	0.5478	0.5517	0.5557	0.5596	0.5636	0.5675	0.5714	0.5753
0.2	0.5793	0.5832	0.5871	0.5910	0.5948	0.5987	0.6026	0.6064	0.6103	0.6141
0.3	0.6179	0.6217	0.6255	0.6293	0.6331	0.6368	0.6406	0.6443	0.6480	0.6517
0.4	0.6554	0.6591	0.6628	0.6664	0.6700	0.6736	0.6772	0.6808	0.6844	0.6879
0.5	0.6915	0.6950	0.6985	0.7019	0.7054	0.7088	0.7123	0.7157	0.7190	0.7224
0.6	0.7257	0.7291	0.7324	0.7357	0.7389	0.7422	0.7454	0.7486	0.7517	0.7549
0.7	0.7580	0.7611	0.7642	0.7673	0.7704	0.7734	0.7764	0.7794	0.7823	0.7852
0.8	0.7881	0.7910	0.7939	0.7967	0.7995	0.8023	0.8051	0.8078	0.8106	0.8133
0.9	0.8159	0.8186	0.8212	0.8238	0.8264	0.8289	0.8315	0.8340	0.8365	0.8389
1.0	0.8413	0.8438	0.8461	0.8485	0.8508	0.8531	0.8554	0.8577	0.8599	0.8621
1.1	0.8643	0.8665	0.8686	0.8708	0.8729	0.8749	0.8770	0.8790	0.8810	0.8830
1.2	0.8849	0.8869	0.8888	0.8907	0.8925	0.8944	0.8962	0.8980	0.8997	0.9015
1.3	0.9032	0.9049	0.9066	0.9082	0.9099	0.9115	0.9131	0.9147	0.9162	0.9177
1.4	0.9192	0.9207	0.9222	0.9236	0.9251	0.9265	0.9279	0.9292	0.9306	0.9319
1.5	0.9332	0.9345	0.9357	0.9370	0.9382	0.9394	0.9406	0.9418	0.9429	0.9441
1.6	0.9452	0.9463	0.9474	0.9484	0.9495	0.9505	0.9515	0.9525	0.9535	0.9545
1.7	0.9554	0.9564	0.9573	0.9582	0.9591	0.9599	0.9608	0.9616	0.9625	0.9633
1.8	0.9641	0.9649	0.9656	0.9664	0.9671	0.9678	0.9686	0.9693	0.9699	0.9706
1.9	0.9713	0.9719	0.9726	0.9732	0.9738	0.9744	0.9750	0.9756	0.9761	0.9767
2.0	0.9772	0.9778	0.9783	0.9788	0.9793	0.9798	0.9803	0.9808	0.9812	0.9817
2.1	0.9821	0.9826	0.9830	0.9834	0.9838	0.9842	0.9846	0.9850	0.9854	0.9857
2.2	0.9861	0.9864	0.9868	0.9871	0.9875	0.9878	0.9881	0.9884	0.9887	0.9890
2.3	0.9893	0.9896	0.9898	0.9901	0.9904	0.9906	0.9909	0.9911	0.9913	0.9916
2.4	0.9918	0.9920	0.9922	0.9925	0.9927	0.9929	0.9931	0.9932	0.9934	0.9936
2.5	0.9938	0.9940	0.9941	0.9943	0.9945	0.9946	0.9948	0.9949	0.9951	0.9952
2.6	0.9953	0.9955	0.9956	0.9957	0.9959	0.9960	0.9961	0.9962	0.9963	0.9964

x	0.00	0.01	0.02	0.03	0.04	0.05	0.06	0.07	0.08	0.09
2.7	0.9965	0.9966	0.9967	0.9968	0.9969	0.9970	0.9971	0.9972	0.9973	0.9974
2.8	0.9974	0.9975	0.9976	0.9977	0.9977	0.9978	0.9979	0.9979	0.9980	0.9981
2.9	0.9981	0.9982	0.9982	0.9983	0.9984	0.9984	0.9985	0.9985	0.9986	0.9986
3.0	0.9987	0.9987	0.9987	0.9988	0.9988	0.9989	0.9989	0.9989	0.9990	0.9990
3.1	0.9990	0.9991	0.9991	0.9991	0.9992	0.9992	0.9992	0.9992	0.9993	0.9993
3.2	0.9993	0.9993	0.9994	0.9994	0.9994	0.9994	0.9994	0.9995	0.9995	0.9995
3.3	0.9995	0.9995	0.9995	0.9996	0.9996	0.9996	0.9996	0.9996	0.9996	0.9997
3.4	0.9997	0.9997	0.9997	0.9997	0.9997	0.9997	0.9997	0.9997	0.9997	0.9998
3.5	0.9998	0.9998	0.9998	0.9998	0.9998	0.9998	0.9998	0.9998	0.9998	0.9998
3.6	0.9998	0.9998	0.9999	0.9999	0.9999	0.9999	0.9999	0.9999	0.9999	0.9999
3.7	0.9999	0.9999	0.9999	0.9999	0.9999	0.9999	0.9999	0.9999	0.9999	0.9999
3.8	0.9999	0.9999	0.9999	0.9999	0.9999	0.9999	0.9999	0.9999	0.9999	0.9999
3.9	1.0000	1.0000	1.0000	1.0000	1.0000	1.0000	1.0000	1.0000	1.0000	1.0000
4.0	1.0000	1.0000	1.0000	1.0000	1.0000	1.0000	1.0000	1.0000	1.0000	1.0000

附表 2　标准正态分布分位数表（下侧）

p	0.000	0.001	0.002	0.003	0.004	0.005	0.006	0.007	0.008	0.009
0.50	0.0000	0.0025	0.0050	0.0075	0.0100	0.0125	0.0150	0.0175	0.0201	0.0226
0.51	0.0251	0.0276	0.0301	0.0326	0.0351	0.0376	0.0401	0.0426	0.0451	0.0476
0.52	0.0502	0.0527	0.0552	0.0577	0.0602	0.0627	0.0652	0.0677	0.0702	0.0728
0.53	0.0753	0.0778	0.0803	0.0828	0.0853	0.0878	0.0904	0.0929	0.0954	0.0979
0.54	0.1004	0.1030	0.1055	0.1080	0.1105	0.1130	0.1156	0.1181	0.1206	0.1231
0.55	0.1257	0.1282	0.1307	0.1332	0.1358	0.1383	0.1408	0.1434	0.1459	0.1484
0.56	0.1510	0.1535	0.1560	0.1586	0.1611	0.1637	0.1662	0.1687	0.1713	0.1738
0.57	0.1764	0.1789	0.1815	0.1840	0.1866	0.1891	0.1917	0.1942	0.1968	0.1993
0.58	0.2019	0.2045	0.2070	0.2096	0.2121	0.2147	0.2173	0.2198	0.2224	0.2250
0.59	0.2275	0.2301	0.2327	0.2353	0.2378	0.2404	0.2430	0.2456	0.2482	0.2508
0.60	0.2533	0.2559	0.2585	0.2611	0.2637	0.2663	0.2689	0.2715	0.2741	0.2767
0.61	0.2793	0.2819	0.2845	0.2871	0.2898	0.2924	0.2950	0.2976	0.3002	0.3029
0.62	0.3055	0.3081	0.3107	0.3134	0.3160	0.3186	0.3213	0.3239	0.3266	0.3292
0.63	0.3319	0.3345	0.3372	0.3398	0.3425	0.3451	0.3478	0.3505	0.3531	0.3558
0.64	0.3585	0.3611	0.3638	0.3665	0.3692	0.3719	0.3745	0.3772	0.3799	0.3826
0.65	0.3853	0.3880	0.3907	0.3934	0.3961	0.3989	0.4016	0.4043	0.4070	0.4097
0.66	0.4125	0.4152	0.4179	0.4207	0.4234	0.4261	0.4289	0.4316	0.4344	0.4372
0.67	0.4399	0.4427	0.4454	0.4482	0.4510	0.4538	0.4565	0.4593	0.4621	0.4649
0.68	0.4677	0.4705	0.4733	0.4761	0.4789	0.4817	0.4845	0.4874	0.4902	0.4930
0.69	0.4959	0.4987	0.5015	0.5044	0.5072	0.5101	0.5129	0.5158	0.5187	0.5215
0.70	0.5244	0.5273	0.5302	0.5330	0.5359	0.5388	0.5417	0.5446	0.5476	0.5505
0.71	0.5534	0.5563	0.5592	0.5622	0.5651	0.5681	0.5710	0.5740	0.5769	0.5799
0.72	0.5828	0.5858	0.5888	0.5918	0.5948	0.5978	0.6008	0.6038	0.6068	0.6098
0.73	0.6128	0.6158	0.6189	0.6219	0.6250	0.6280	0.6311	0.6341	0.6372	0.6403
0.74	0.6433	0.6464	0.6495	0.6526	0.6557	0.6588	0.6620	0.6651	0.6682	0.6713
0.75	0.6745	0.6776	0.6808	0.6840	0.6871	0.6903	0.6935	0.6967	0.6999	0.7031
0.76	0.7063	0.7095	0.7128	0.7160	0.7192	0.7225	0.7257	0.7290	0.7323	0.7356
0.77	0.7388	0.7421	0.7454	0.7488	0.7521	0.7554	0.7588	0.7621	0.7655	0.7688
0.78	0.7722	0.7756	0.7790	0.7824	0.7858	0.7892	0.7926	0.7961	0.7995	0.8030
0.79	0.8064	0.8099	0.8134	0.8169	0.8204	0.8239	0.8274	0.8310	0.8345	0.8381
0.80	0.8416	0.8452	0.8488	0.8524	0.8560	0.8596	0.8633	0.8669	0.8705	0.8742
0.81	0.8779	0.8816	0.8853	0.8890	0.8927	0.8965	0.9002	0.9040	0.9078	0.9116
0.82	0.9154	0.9192	0.9230	0.9269	0.9307	0.9346	0.9385	0.9424	0.9463	0.9502

p	0.000	0.001	0.002	0.003	0.004	0.005	0.006	0.007	0.008	0.009
0.83	0.9542	0.9581	0.9621	0.9661	0.9701	0.9741	0.9782	0.9822	0.9863	0.9904
0.84	0.9945	0.9986	1.0027	1.0069	1.0110	1.0152	1.0194	1.0237	1.0279	1.0322
0.85	1.0364	1.0407	1.0450	1.0494	1.0537	1.0581	1.0625	1.0669	1.0714	1.0758
0.86	1.0803	1.0848	1.0893	1.0939	1.0985	1.1031	1.1077	1.1123	1.1170	1.1217
0.87	1.1264	1.1311	1.1359	1.1407	1.1455	1.1503	1.1552	1.1601	1.1650	1.1700
0.88	1.1750	1.1800	1.1850	1.1901	1.1952	1.2004	1.2055	1.2107	1.2160	1.2212
0.89	1.2265	1.2319	1.2372	1.2426	1.2481	1.2536	1.2591	1.2646	1.2702	1.2759
0.90	1.2816	1.2873	1.2930	1.2988	1.3047	1.3106	1.3165	1.3225	1.3285	1.3346
0.91	1.3408	1.3469	1.3532	1.3595	1.3658	1.3722	1.3787	1.3852	1.3917	1.3984
0.92	1.4051	1.4118	1.4187	1.4255	1.4325	1.4395	1.4466	1.4538	1.4611	1.4684
0.93	1.4758	1.4833	1.4909	1.4985	1.5063	1.5141	1.5220	1.5301	1.5382	1.5464
0.94	1.5548	1.5632	1.5718	1.5805	1.5893	1.5982	1.6072	1.6164	1.6258	1.6352
0.95	1.6449	1.6546	1.6646	1.6747	1.6849	1.6954	1.7060	1.7169	1.7279	1.7392
0.96	1.7507	1.7624	1.7744	1.7866	1.7991	1.8119	1.8250	1.8384	1.8522	1.8663
0.97	1.8808	1.8957	1.9110	1.9268	1.9431	1.9600	1.9774	1.9954	2.0141	2.0335
0.98	2.0537	2.0749	2.0969	2.1201	2.1444	2.1701	2.1973	2.2262	2.2571	2.2904
0.99	2.3263	2.3656	2.4089	2.4573	2.5121	2.5758	2.6521	2.7478	2.8782	3.0902

注:$P(Z \leqslant z_P) = p$,其中 Z 为正态随机变量,p 为置信水平。

附表3 t分布分位数表（上侧）

α＼df	0.100	0.050	0.025	0.010	0.005	0.001	0.0005
1	3.0777	6.3138	12.7062	31.8205	63.6567	318.3088	636.6192
2	1.8856	2.9200	4.3027	6.9646	9.9248	22.3271	31.5991
3	1.6377	2.3534	3.1824	4.5407	5.8409	10.2145	12.9240
4	1.5332	2.1318	2.7764	3.7469	4.6041	7.1732	8.6103
5	1.4759	2.0150	2.5706	3.3649	4.0321	5.8934	6.8688
6	1.4398	1.9432	2.4469	3.1427	3.7074	5.2076	5.9588
7	1.4149	1.8946	2.3646	2.9980	3.4995	4.7853	5.4079
8	1.3968	1.8595	2.3060	2.8965	3.3554	4.5008	5.0413
9	1.3830	1.8331	2.2622	2.8214	3.2498	4.2968	4.7809
10	1.3722	1.8125	2.2281	2.7638	3.1693	4.1437	4.5869
11	1.3634	1.7959	2.2010	2.7181	3.1058	4.0247	4.4370
12	1.3562	1.7823	2.1788	2.6810	3.0545	3.9296	4.3178
13	1.3502	1.7709	2.1604	2.6503	3.0123	3.8520	4.2208
14	1.3450	1.7613	2.1448	2.6245	2.9768	3.7874	4.1405
15	1.3406	1.7531	2.1314	2.6025	2.9467	3.7328	4.0728
16	1.3368	1.7459	2.1199	2.5835	2.9208	3.6862	4.0150
17	1.3334	1.7396	2.1098	2.5669	2.8982	3.6458	3.9651
18	1.3304	1.7341	2.1009	2.5524	2.8784	3.6105	3.9216
19	1.3277	1.7291	2.0930	2.5395	2.8609	3.5794	3.8834
20	1.3253	1.7247	2.0860	2.5280	2.8453	3.5518	3.8495
21	1.3232	1.7207	2.0796	2.5176	2.8314	3.5272	3.8193
22	1.3212	1.7171	2.0739	2.5083	2.8188	3.5050	3.7921
23	1.3195	1.7139	2.0687	2.4999	2.8073	3.4850	3.7676
24	1.3178	1.7109	2.0639	2.4922	2.7969	3.4668	3.7454
25	1.3163	1.7081	2.0595	2.4851	2.7874	3.4502	3.7251
26	1.3150	1.7056	2.0555	2.4786	2.7787	3.4350	3.7066
27	1.3137	1.7033	2.0518	2.4727	2.7707	3.4210	3.6896
28	1.3125	1.7011	2.0484	2.4671	2.7633	3.4082	3.6739
29	1.3114	1.6991	2.0452	2.4620	2.7564	3.3962	3.6594
30	1.3104	1.6973	2.0423	2.4573	2.7500	3.3852	3.6460
40	1.3031	1.6839	2.0211	2.4233	2.7045	3.3069	3.5510
60	1.2958	1.6706	2.0003	2.3901	2.6603	3.2317	3.4602

α \ df	0.100	0.050	0.025	0.010	0.005	0.001	0.0005
120	1.2886	1.6577	1.9799	2.3578	2.6174	3.1595	3.3735
∞	1.2816	1.6449	1.9600	2.3263	2.5758	3.0902	3.2905

注:$P(t > t_\alpha(df)) = \alpha$,其中 α 为显著性水平,df 为自由度。

附表4 χ^2 分布分位数表(上侧)

α df	0.995	0.975	0.20	0.10	0.05	0.025	0.02	0.01	0.005	0.002	0.001
1	0.0000393	0.000982	1.642	2.706	3.841	5.024	5.412	6.635	7.879	9.550	10.828
2	0.0100	0.0506	3.219	4.605	5.991	7.378	7.824	9.210	10.597	12.429	13.816
3	0.0717	0.216	4.642	6.251	7.815	9.348	9.837	11.345	12.838	14.796	16.266
4	0.207	0.484	5.989	7.779	9.488	11.143	11.668	13.277	14.860	16.924	18.467
5	0.412	0.831	7.289	9.236	11.070	12.833	13.388	15.086	16.750	18.907	20.515
6	0.676	1.237	8.558	10.645	12.592	14.449	15.033	16.812	18.548	20.791	22.458
7	0.989	1.690	9.803	12.017	14.067	16.013	16.622	18.475	20.278	22.601	24.322
8	1.344	2.180	11.030	13.362	15.507	17.535	18.168	20.090	21.955	24.352	26.124
9	1.735	2.700	12.242	14.684	16.919	19.023	19.679	21.666	23.589	26.056	27.877
10	2.156	3.247	13.442	15.987	18.307	20.483	21.161	23.209	25.188	27.722	29.588
11	2.603	3.816	14.631	17.275	19.675	21.920	22.618	24.725	26.757	29.354	31.264
12	3.074	4.404	15.812	18.549	21.026	23.337	24.054	26.217	28.300	30.957	32.909
13	3.565	5.009	16.985	19.812	22.362	24.736	25.472	27.688	29.819	32.535	34.528
14	4.075	5.629	18.151	21.064	23.685	26.119	26.873	29.141	31.319	34.091	36.123
15	4.601	6.262	19.311	22.307	24.996	27.488	28.259	30.578	32.801	35.628	37.697
16	5.142	6.908	20.465	23.542	26.296	28.845	29.633	32.000	34.267	37.146	39.252
17	5.697	7.564	21.615	24.769	27.587	30.191	30.995	33.409	35.718	38.648	40.790
18	6.265	8.231	22.760	25.989	28.869	31.526	32.346	34.805	37.156	40.136	42.312
19	6.844	8.907	23.900	27.204	30.144	32.852	33.687	36.191	38.582	41.610	43.820
20	7.434	9.591	25.038	28.412	31.410	34.170	35.020	37.566	39.997	43.072	45.315
21	8.034	10.283	26.171	29.615	32.671	35.479	36.343	38.932	41.401	44.522	46.797
22	8.643	10.982	27.301	30.813	33.924	36.781	37.659	40.289	42.796	45.962	48.268
23	9.260	11.689	28.429	32.007	35.172	38.076	38.968	41.638	44.181	47.391	49.728
24	9.886	12.401	29.553	33.196	36.415	39.364	40.270	42.980	45.559	48.812	51.179
25	10.520	13.120	30.675	34.382	37.652	40.646	41.566	44.314	46.928	50.223	52.620
26	11.160	13.844	31.795	35.563	38.885	41.923	42.856	45.642	48.290	51.627	54.052
27	11.808	14.573	32.912	36.741	40.113	43.195	44.140	46.963	49.645	53.023	55.476
28	12.461	15.308	34.027	37.916	41.337	44.461	45.419	48.278	50.993	54.411	56.892
29	13.121	16.047	35.139	39.087	42.557	45.722	46.693	49.588	52.336	55.792	58.301
30	13.787	16.791	36.250	40.256	43.773	46.979	47.962	50.892	53.672	57.167	59.703

注:注:$P(\chi^2 > \chi^2_\alpha(df)) = \alpha$,其中 α 为显著性水平,df 为自由度,χ^2 为服从 $\chi^2(df)$ 的随机变量。

附表 5　F 分布分位数表(上侧, $\alpha = 0.05$)

f_1 \ f_2	1	2	3	4	5	6	7	8	9	10	20	∞
1	161.448	199.500	215.707	224.583	230.162	233.986	236.768	238.883	240.543	241.882	248.013	254.313
2	18.513	19.000	19.164	19.247	19.296	19.330	19.353	19.371	19.385	19.396	19.446	19.496
3	10.128	9.552	9.277	9.117	9.013	8.941	8.887	8.845	8.812	8.786	8.660	8.526
4	7.709	6.944	6.591	6.388	6.256	6.163	6.094	6.041	5.999	5.964	5.803	5.628
5	6.608	5.786	5.409	5.192	5.050	4.950	4.876	4.818	4.772	4.735	4.558	4.365
6	5.987	5.143	4.757	4.534	4.387	4.284	4.207	4.147	4.099	4.060	3.874	3.669
7	5.591	4.737	4.347	4.120	3.972	3.866	3.787	3.726	3.677	3.637	3.445	3.230
8	5.318	4.459	4.066	3.838	3.687	3.581	3.500	3.438	3.388	3.347	3.150	2.928
9	5.117	4.256	3.863	3.633	3.482	3.374	3.293	3.230	3.179	3.137	2.936	2.707
10	4.965	4.103	3.708	3.478	3.326	3.217	3.135	3.072	3.020	2.978	2.774	2.538
11	4.844	3.982	3.587	3.357	3.204	3.095	3.012	2.948	2.896	2.854	2.646	2.404
12	4.747	3.885	3.490	3.259	3.106	2.996	2.913	2.849	2.796	2.753	2.544	2.296
13	4.667	3.806	3.411	3.179	3.025	2.915	2.832	2.767	2.714	2.671	2.459	2.206
14	4.600	3.739	3.344	3.112	2.958	2.848	2.764	2.699	2.646	2.602	2.388	2.131
15	4.543	3.682	3.287	3.056	2.901	2.790	2.707	2.641	2.588	2.544	2.328	2.066
16	4.494	3.634	3.239	3.007	2.852	2.741	2.657	2.591	2.538	2.494	2.276	2.010
17	4.451	3.592	3.197	2.965	2.810	2.699	2.614	2.548	2.494	2.450	2.230	1.960
18	4.414	3.555	3.160	2.928	2.773	2.661	2.577	2.510	2.456	2.412	2.191	1.917
19	4.381	3.522	3.127	2.895	2.740	2.628	2.544	2.477	2.423	2.378	2.155	1.878
20	4.351	3.493	3.098	2.866	2.711	2.599	2.514	2.447	2.393	2.348	2.124	1.843
21	4.325	3.467	3.072	2.840	2.685	2.573	2.488	2.420	2.366	2.321	2.096	1.812
22	4.301	3.443	3.049	2.817	2.661	2.549	2.464	2.397	2.342	2.297	2.071	1.783
23	4.279	3.422	3.028	2.796	2.640	2.528	2.442	2.375	2.320	2.275	2.048	1.757
24	4.260	3.403	3.009	2.776	2.621	2.508	2.423	2.355	2.300	2.255	2.027	1.733
25	4.242	3.385	2.991	2.759	2.603	2.490	2.405	2.337	2.282	2.236	2.007	1.711
26	4.225	3.369	2.975	2.743	2.587	2.474	2.388	2.321	2.265	2.220	1.990	1.691
27	4.210	3.354	2.960	2.728	2.572	2.459	2.373	2.305	2.250	2.204	1.974	1.672
28	4.196	3.340	2.947	2.714	2.558	2.445	2.359	2.291	2.236	2.190	1.959	1.654
29	4.183	3.328	2.934	2.701	2.545	2.432	2.346	2.278	2.223	2.177	1.945	1.638
30	4.171	3.316	2.922	2.690	2.534	2.421	2.334	2.266	2.211	2.165	1.932	1.622
40	4.085	3.232	2.839	2.606	2.449	2.336	2.249	2.180	2.124	2.077	1.839	1.509

f_1＼f_2	1	2	3	4	5	6	7	8	9	10	20	∞
50	4.034	3.183	2.790	2.557	2.400	2.286	2.199	2.130	2.073	2.026	1.784	1.438
60	4.001	3.150	2.758	2.525	2.368	2.254	2.167	2.097	2.040	1.993	1.748	1.389
80	3.960	3.111	2.719	2.486	2.329	2.214	2.126	2.056	1.999	1.951	1.703	1.325
100	3.936	3.087	2.696	2.463	2.305	2.191	2.103	2.032	1.975	1.927	1.676	1.283
125	3.917	3.069	2.677	2.444	2.287	2.172	2.084	2.013	1.956	1.907	1.655	1.248
150	3.904	3.056	2.665	2.432	2.274	2.160	2.071	2.001	1.943	1.894	1.641	1.223
300	3.873	3.026	2.635	2.402	2.244	2.129	2.040	1.969	1.911	1.862	1.606	1.150
500	3.860	3.014	2.623	2.390	2.232	2.117	2.028	1.957	1.899	1.850	1.592	1.113
∞	3.841	2.996	2.605	2.372	2.214	2.099	2.010	1.938	1.880	1.831	1.571	1.000

注：$P(F > F_{0.05}(f_1, f_2)) = 0.05$，其中 f_1 为分子自由度，f_2 为分母自由度。

参考文献

[1]贾俊平. 统计学[M].4 版北京:中国人民大学出版社,2011.

[2]曾五一,肖红叶. 统计学导论[M]. 北京:科学出版社,2007.

[3]吴喜之. 统计学——从数据到结论[M].4 版. 北京:中国统计出版社,2013.

[4]李洁明,祁新娥. 统计学原理[M].6 版. 上海:复旦大学出版社,2014.

[5]赵喜仓,查奇芬. 统计学[M]. 北京:北京师范大学出版社,2010.

[6]金勇进. 统计学[M]. 北京:中国人民大学出版社,2010.

[7]茆诗松,等. 概率论与数理统计[M]. 北京:高等教育出版社,2004.

[8]袁卫,刘超. 统计学——思想、方法与应用[M]. 北京:中国人民大学出版社,2011.

[9] Gudmund R. Iversen,Mary Gergen. 统计学——基本概念和方法[M]. 吴喜之,等译. 北京:高等教育出版社,施普林格出版社,2000.

[10]Thomas A. Williams,Dennis J. Sweeney,David R. Anderson. 商务与经济统计.[M].5 版.张建华,王健,等译. 北京:中国人民大学出版社,2014.

[11]徐国祥. 统计预测和决策[M].4 版. 上海:上海财经大学出版社,2012.

[12]朱建平. 经济预测与决策[M]. 厦门:厦门大学出版社,2011.

[13]贾俊平,郝静. 统计学案例与分析[M]. 北京:中国人民大学出版社,2010.

[14]高敏雪,蒋妍. 统计学专业课程教学案例选编[M]. 北京:中国人民大学出版社,2013.

[15]袁卫,庞皓,曾五一,贾俊平. 统计学习题与案例[M]. 北京:高等教育出版社,2006.

[16]David M. Levine,Timothy C. Krehbiel,Mark L. Berenson. 商务统计学[M].5 版.黄耀锋,王小勇,等译. 北京:中国人民大学出版社,2010.

[17]李子奈,潘文卿. 计量经济学[M].3 版.北京:高等教育出版社,2009.

[18]薛毅,陈立萍. 统计建模与 R 软件[M]. 北京:清华大学出版社,2006.

[19]汤银才. R 语言与统计分析[M]. 北京:高等教育出版社,2008.

[20]Norman Matloff. R 语言编程艺术[M]. 北京:机械工业出版社,2013.

[21]汪朋. R 语言在计量经济学上的应用研究[M]. 西安:西安交通大学出版社,2014.

[22]Neil J. Salkind. 爱上统计学[M]. 史玲玲,译. 重庆:重庆大学出版社,2011.

[23]魏振军. 漫游数据王国[M]. 北京:中国统计出版社,2010.

图书在版编目(CIP)数据

统计学:原理、方法及应用/汪朋主编. —西安：
西安交通大学出版社,2016.3(2024.7重印)
ISBN 978 - 7 - 5605 - 8285 - 6

Ⅰ.①统… Ⅱ.①汪… Ⅲ.①统计学 Ⅳ.①C8

中国版本图书馆 CIP 数据核字(2016)第 030653 号

书　　名	统计学——原理、方法及应用	
主　　编	汪　朋	
责任编辑	李逢国	

出版发行　西安交通大学出版社
　　　　　（西安市兴庆南路 1 号　邮政编码 710048）
网　　址　http://www.xjtupress.com
电　　话　(029)82668357　82667874(市场营销中心)
　　　　　(029)82668315(总编办)
传　　真　(029)82668280
印　　刷　西安日报社印务中心

开　　本　787mm×1092mm　1/16　印张 24.125　**字数** 587 千字
版次印次　2016 年 3 月第 1 版　2024 年 7 月第 5 次印刷
书　　号　ISBN 978 - 7 - 5605 - 8285 - 6
定　　价　59.80 元

如发现印装质量问题,请与本社市场营销中心联系。
订购热线:(029)82665248　(029)82667874
投稿热线:(029)82668133　(029)82664840
读者信箱:xj_rwjg@126.com

版权所有　侵权必究